Dr. Martin Leo,

Seehandelsrecht.

Deutsches
Seehandelsrecht

(Handelsgesetzbuch: Buch IV, Seehandel, in der Fassung des Gesetzes vom 10. V. 1897 und des Abänderungsgesetzes vom 2. VI. 1902)

nebst einem **Anhang** enthaltend

die Nebengesetze.

Handausgabe mit Erläuterungen und ausführlichem Sachregister

von

Dr. Martin Leo,
Rechtsanwalt in Hamburg.

München 1902.
J. Schweitzer Verlag (Arthur Sellier)

K. B. Hof- & Universitäts-Buchdruckerei Fr. Junge (Junge & Sohn) Erlangen.

Vorwort.

Das vorliegende Werk ist bestimmt, als Fortsetzung von Frankenburger's Ausgabe des Handelsgesetzbuchs zu erscheinen, und zwar sollte es sich an dessen erste Auflage anschließen, eine Absicht, die allerdings durch die wider Erwarten späte Erledigung der Seemannsordnung vereitelt wurde. Die vorliegende Ausgabe will daher auch keineswegs einen Kommentar bringen, sondern nur eine knappe Erläuterung der Gesetzesbestimmungen durch Heranziehung der einschlagenden anderweiten gesetzlichen Vorschriften und der Ergebnisse der Rechtsprechung, die noch während des Druckes bis in die neueste Zeit nachgetragen sind. Außer der reichsgerichtlichen ist dabei namentlich die für den Seehandelsverkehr so hervorragend wichtige und vielfach grundlegende hanseatische Judikatur berücksichtigt worden. Der Verfasser hat aber geglaubt, den Rahmen seiner Aufgabe, wie er sie auffaßt, nicht zu überschreiten, wenn er bei manchen wichtigen Punkten seine eigene Ansicht kurz wiedergab oder andeutete. Wenn er auch dabei, entsprechend der ersten Auflage des Frankenburger'schen Werkes, die einschlägige Litteratur nicht citirt hat, so muß er doch hier wenigstens der hervorragenden größeren seerechtlichen Arbeiten von Schaps und Boyens gedenken, die im Erscheinen fortschritten, nachdem das vorliegende Büchlein im Manuskript schon wesentlich fertig vorlag und zu seinem Erscheinen auf die Seemannsordnung wartete. Namentlich bei wichtigen Fragen des Frachtrechts fand der Verfasser dabei z. Th. eigene Ansichten bestätigt.

Daß bei Wiedergabe der Nebengesetze der Rahmen des Seehandelsrechts nicht scharf innegehalten ist und namentlich der Complex der jüngst erlassenen Gesetze vollständig wiedergegeben ist, dürfte im Interesse der Brauchbarkeit liegen.

Hamburg, im September 1902.

Der Verfasser.

Inhaltsübersicht.

Verzeichnis der Abkürzungen.

Allg.Seev.Bed. = Allgemeine Seeversicherungs-Bedingungen (Hamburger) von 1869.

B. = Bolze. Praxis des Reichsgerichts in Civilsachen (citirt nach Band und Seite).

B.G.B. = Bürgerliches Gesetzbuch für das Deutsche Reich.

B.G.Bl. = Bundesgesetzblatt.

B.Sch.G. = Gesetz, betreffend die privatrechtlichen Verhältnisse der Binnenschiffahrt.

C.P.O. = Civilprozeßordnung.

E.G. = Einführungsgesetz zum Handelsgesetzbuch.

E.G.z.B.G.B. = Einführungsgesetz zum Bürgerlichen Gesetzbuch.

G.V.G. = Gerichtsverfassungsgesetz.

Freiw.Gerichtsb. = Gesetz über die Angelegenheiten der freiwilligen Gerichtsbarkeit.

H. = Hanseatische Gerichtszeitung (bis Bd. 12 einschl. Hamburgerische Handelsgerichts-Zeitung), Hauptblatt (citirt nach Jahrgang und Nummer).

H.G.B. = Handelsgesetzbuch.

H.M. = Die gesammten Materialien zu den Reichs-Justizgesetzen, herausgegeben von E. Hahn, fortgesetzt von C. Mugdan, 6. Bd.: Materialien zum Handelsgesetzbuch.

J.W. = Juristische Wochenschrift (citirt nach Jahrgang. Seite und Nummer).

K.O. = Konkursordnung.

O.S.A = Entscheidungen des Oberseeamts und der Seeämter des Deutschen Reichs (citirt nach Band und Seite).

R.G. = Reichsgericht
Entscheidungen des Reichsgerichts in Civilsachen (citirt nach Band und Seite).

R.G.Str. = Entscheidungen des Reichsgerichts in Strafsachen (citirt nach und Seite).

R.G.Bl = Reichsgesetzblatt.

R.O. = Entscheidungen des Reichsoberlandesgerichts (citirt nach Band und Seite.)

S.A. = Seufert's Archiv (citirt nach Band und Seite).

Seem.O. = Seemannsordnung.

W.O. = Wechselordnung.

Zw.V.G. = Gesetz über die Zwangsversteigerung und die Zwangsverwaltung.

Berichtigungen und Zusätze.

Auf S. 7 Zeile 22 von oben lies „Nr. 42" statt Nr. 106.
„ „ 23 „ 4 von unten bis 2 von unten zu streichen.
„ „ 24 „ 23 von oben hinzuzufügen: nebst Abänderung vom 16. Oktober 1902 (R.G.Bl. S. 265).
„ „ 48 „ 13 von unten lies „schließt" statt schlichtet.
„ „ 48 „ 9 von unten lies „Schiffes" statt Schiffers.
„ „ 103 „ 16 von unten lies „Unterverfrachter" statt Unterfrachter.
„ „ 127 nach Zeile 8 von oben hinzuzufügen: „Zu Z. 5 §§ 49, 51 jetzt §§ 61, 64 Seem.O.
„ „ 328 „ „ 4 von unten lies „Geldstrafe" statt Geld.
„ „ 330 Überschrift zu Nr. 6 lies „Zusammenstoßens" statt Zusammenstoßes.

Handelsgesetzbuch vom 10. Mai 1897.

Gesetz, betr. Abänderung seerechtlicher Vorschriften des Handelsgesetzbuchs, vom 2. Juni 1902.

Viertes Buch.

Seehandel.

Vorbemerkung.

Buch 4 H.G.B. behandelt die Beziehungen der Seeschiffe, R.G. 5 S. 91, und zwar der zum Erwerb durch die Seefahrt bestimmten (§ 474) bzw. dazu dienenden (§ 484) Schiffe, R.G. 38 S. 86; ein anderer Ausdruck für diese ist Kauffahrteischiffe, § 1 Ges. betr. das Flaggenrecht der Kauffahrteischiffe vom 22. Juni 1899, Anhang II Nr. 1.

In weiterem Sinne, nämlich für alle Schiffe außer denen der Marine, gebraucht den Ausdruck § 1 Ges. betr. die Untersuchung von Seeunfällen vom 27. Juli 1887 (R.G.Bl. S. 549). O.S.A. 3 S. 101.

Den Kauffahrteischiffen stehen gleich:

1. in allen Beziehungen (was allerdings bestritten ist): seegehende Lustyachten, Schulschiffe, solche Seefahrzeuge, die für Rechnung von ausländischen Staaten oder von Angehörigen von solchen in Deutschland gebaut sind, sowie sonstige nicht zum Erwerb durch die Seefahrt bestimmten Seefahrzeuge, wenn für sie durch kaiserliche Verordnung unter Zustimmung des Bundesraths die Anwendbarkeit des Flaggenrechtsgesetzes bestimmt ist, jedoch in allen Fällen nur, sofern diese Schiffe von der Befugniß zur Führung der Reichsflagge Gebrauch machen, § 26 Ges. betr. das Flaggenrecht, Anhang II Nr. 1.

2. für §§ 474, 475, 485, 486 Abs. 1 Z. 3, 734—739: alle Seeschiffe nach Art. 6, 7 E.G.:

Artikel 6.

Die Vorschriften der §§ 474 475 des Handelsgesetzbuchs finden auch im Falle der Veräußerung eines Seeschiffs, das nicht zum Erwerbe durch die Seefahrt bestimmt ist, sowie im Falle der Veräußerung eines Antheils an einem solchen Schiffe Anwendung.

Artikel 7.

Die Vorschriften des § 485 und des § 486 Abs. 1 Nr. 3 des Handelsgesetzbuchs über die Haftung des Rheders für das Verschulden einer Person der Schiffsbesatzung sowie die Vorschriften der §§ 734—739 des Handelsgesetzbuchs über die Haftung im Falle des Zusammenstoßes von Schiffen finden auch Anwendung, wenn die Verwendung eines Schiffes zur Seefahrt nicht des Erwerbes wegen erfolgt.

Im Einzelnen ist zum Begriff des Kauffahrteischiffes erforderlich:

1. ein Schiff. Schiffe sind auch Bagger, H. 1893 Nr. 105; Schleppkähne, R.G.Str. 20 S. 373; H. 1887 Nr. 10 — dauernde oder (z. B. bei einer Reparatur) vorübergehende Unmöglichkeit eigener Bewegung schließt die Schiffseigenschaft nicht aus. B. 23 S. 137.

2. Seefahrt. Für die Abgrenzung von See- und Binnengewässern ist die seemännische Anschauung maßgebend. Es kann nicht etwa der Bundesrath die Grenzen authentisch festsetzen. R.G. 13 S. 70; H. 1894 Nr. 42. Der Bundesrath bestimmt allerdings nach § 25 Z. 1 Ges. betr. das Flaggenrecht, Anhang II Nr. 1, die Grenzen der Seefahrt im Sinne dieses Gesetzes, diese Festsetzung (Anhang II Nr. 2) ist aber für die Anwendung des H.G.B. nicht formell bindend.

Einen weiteren Begriff bezeichnet „Seefahrt" in § 2 Ges. über die Unfallversicherung der Seeleute vom 13. Juli 1887 (R.G.Bl. S. 329), wonach darin auch die Fahrt auf Buchten, Haffen und Watten eingeschlossen ist. Ueber die eigentliche Seefahrt gehen sodann hinaus die Verordnung zur Verhütung des Zusammenstoßens von Schiffen auf See, Anhang II Nr. 6, die für alle Schiffe auf See und den mit ihr zusammenhängenden, von Seeschiffen befahrenen Gewässern anwendbar ist, sowie §§ 20, 21, 25 Strand.O., Anhang II Nr. 10.

3. Erwerb durch Seefahrt, einerlei ob er unmittelbar oder mittelbar geschieht. Kauffahrteischiffe sind daher: Hochseefischerfahrzeuge, Seeschlepper, Bergungsdampfer, ferner Lootsendampfer (auch der Marine), die gegen Entgelt Lootsen abgeben. R.G. 32 S. 106; R.G. in H. 1894 Nr. 88 (= S.A. 50 S. 193); O.S.A. 4 S. 483, 5 S. 204, 7 S. 336. Vgl. auch § 1 Ges. betr. das Flaggenrecht,

Anhang II Nr. 1. Nicht dagegen sind Kauffahrteischiffe: Zolldampfer, R.G. 32 S. 146; Feuerschiffe, R.G. 38 S. 86; Marinetransportschiffe, S.A. 38 S. 81.

4. Bestimmung bzw. Dienen zum Erwerb durch Seefahrt. Entscheidend ist die regelmäßige Verwendung, nicht die Bauart, nicht die Registrirung, nicht die ursprüngliche Bestimmung, auch nicht die Vornahme gelegentlicher Fahrten in See. R.G. 13 S. 70; H. 1891 Nr. 65; R.G. in H. 1892 Nr. 3, 1894 Nr. 42; R.G. in S.A. 38 S. 82; O.S.A. 4 S. 482. (Die Verwendung zur Seefahrt braucht aber nur mit einer gewissen Regelmäßigkeit, nicht ausschließlich oder hauptsächlich zu erfolgen. B. 19 S. 19.) Daß ein Flußschiff für die aus einer gelegentlichen Seefahrt selbst herrührenden Beziehungen nicht ganz oder theilweise als Seeschiff zu behandeln ist (z. B. für die Frachtverträge) ist damit nicht gesagt. (Für außervertragliche Verhältnisse wird dies verneint H. 1902 Nr. 48). Die Verwendung im einzelnen Fall muß jedenfalls dann genügen, wenn ein Schiff regelmäßig bald zu See-, bald zu Binnenfahrten verwandt wird und nicht die eine Verwendung durchaus überwiegt. Darüber, ob auf den Zusammenstoß eines ein Seeschiff schleppenden und unter dessen Kommando stehenden Binnenschleppers mit einem dritten Schiff in Binnengewässern Seerecht oder Binnenschiffahrtsrecht anzuwenden ist, wirft Zweifel auf H. 1902 Nr. 42.

Erster Abschnitt.

Allgemeine Vorschriften.

§ 474.

Veräußerung eines Seeschiffs.

Wird ein zum Erwerbe durch die Seefahrt bestimmtes Schiff oder ein Antheil an einem solchen Schiffe (Schiffspart) veräußert, so kann die nach den Vorschriften des bürgerlichen Rechtes zum Eigenthumsübergang erforderliche Uebergabe durch die zwischen dem Veräußerer und dem Erwerber getroffene Vereinbarung ersetzt werden, daß das Eigenthum sofort auf den Erwerber übergehen soll.

„Zum Erwerb durch die Seefahrt bestimmtes Schiff" — Kauffahrteischiff, s. Vorbemerkung S. 1. §§ 474 u. 475 sind nach Art. 6 E.G. (s. Vorbem. S. 1) auf alle Seeschiffe ausgedehnt.

„Sofort" heißt: ohne Uebergabe, auch bedingte und betagte Uebertragung ist gem. § 474 möglich.

Die Sätze vom Schutz des gutgläubigen Erwerbes, §§ 932 ff. B.G.B., sind bei der ohne Besitzübergabe erfolgenden Uebertragung des § 474 H.G.G. nicht anwendbar, nach Analogie §§ 933, 934, 936 B.G.B. (vgl. auch § 926 Abs. 2 B.G.B.) ist aber anzunehmen, daß, wenn der Erwerber auf Grund einer nach § 474 H.G.B. erfolgten Veräußerung den Besitz am Schiff erlangt, der Rechtsmangel durch guten Glauben in diesem Zeitpunkt geheilt ist. Auch ohne Besitzerwerb des neuen Eigenthümers erlischt nach § 1262 Abs. 2 B.G.B. bei gutem Glauben desselben ein zu Unrecht im Schiffsregister gelöschtes Schiffspfandrecht, während (das. Abs. 1) umgekehrt ein eingetragenes Pfandrecht auch bei gutem Glauben des neuen Eigenthümers bestehen bleibt.

Die Eintragung ins Schiffsregister ist für Erwerb und Verlust des Eigenthums unerheblich, s. Anm. zu § 484.

Weitere besondere Vorschriften über dingliche Rechte an Schiffen finden sich in §§ 510 Abs. 2 H.G.B. (Belastung des Schiffes durch einen Ausrüster), 754—776 H.G.B. (Schiffsgläubigerrecht), §§ 1259—1272 B.G.B. (Schiffspfandrecht an eingetragenen Schiffen und an Schiffsparten), § 435 Abs. 2 B.G.B. (der Verkäufer eines Schiffes ist verpflichtet, eingetragene aber nicht bestehende Rechte zur Löschung zu bringen). Einen Vorbehalt für die Landesgesetzgebung enthält Art. 20 E.G.:

> Unberührt bleiben die landesgesetzlichen Vorschriften, nach welchen ein Pfandrecht an einem im Bau begriffenen Schiffe ohne Uebergabe des Schiffes durch Eintragung in ein besonderes Register bestellt werden kann, sowie die landesgesetzlichen Vorschriften über die Zwangsversteigerung eines solchen Schiffes.

Im Uebrigen gelten für Schiffe die Regeln des Mobiliarsachenrechts, insbesondere für die Eigenthumsübertragung, wenn sie nicht nach § 474 H.G.B. erfolgt, die §§ 929 ff. B.G.B.

Prozessuale Bestimmungen für Schiffe enthalten §§ 864 Abs. 1, 865, 869 C.P.O., §§ 162—171 Zw.V.G. (Zwangsversteigerung von eingetragenen deutschen Schiffen und von entsprechend großen ausländischen Schiffen im Wege der Zwangsvollstreckung und in besonderen Fällen), § 858 C.P.O. (Vollstreckung in Schiffsparten), § 931 C.P.O. (Arrest in Schiffe).

§ 475.

In allen Fällen der Veräußerung eines Schiffes oder einer Schiffspart kann jeder Theil verlangen, daß ihm auf seine Kosten eine öffentlich beglaubigte Urkunde über die Veräußerung ertheilt wird.

Die Urkunde kann nur verlangt werden, wenn der Eigenthumsübergang selbst zu Stande gekommen ist. R.O. 24 S. 47.

§ 476.

Wird ein Schiff oder eine Schiffspart veräußert, während sich das Schiff auf der Reise befindet, so ist im Verhältnisse zwischen dem Veräußerer und dem Erwerber in Ermangelung einer anderen Vereinbarung anzunehmen, daß dem Erwerber der Gewinn der laufenden Reise gebühre oder der Verlust der laufenden Reise zur Last falle.

Forderungen und Schulden aus früheren Reisen gehen nicht über. H. 1902 Nr. 49.

§ 477.

Durch die Veräußerung eines Schiffes oder einer Schiffspart wird in den persönlichen Verpflichtungen des Veräußerers gegen Dritte nichts geändert.

§ 478.

Zubehör.

Zubehör eines Schiffes sind auch die Schiffsboote.

Im Zweifel werden Gegenstände, die in das Schiffsinventar eingetragen sind, als Zubehör des Schiffes angesehen.

Ueber die Begriffsbestimmung des Zubehörs s. § 97 B.G.B., über die Wirkungen der Zubehöreigenschaft §§ 314, 2164 Abs. 1 B.G.B. (Veräußerung und Vermächtniß erstrecken sich im Zweifel aufs Zubehör), § 1265 B.G.B. (das Schiffspfandrecht umfaßt das Zubehör, außer den Stücken, die nicht ins Eigenthum des Schiffseigenthümers gelangt sind). Nach § 865 C.P.O. können die Zubehörstücke, auf die sich das eingetragene Pfandrecht erstreckt, nicht gepfändet werden. Vgl. auch die Bemerkungen zu §§ 755, 761 H.G.B. über die Rechte des Schiffsgläubigers am Zubehör.

§ 479.

Reparaturunfähigkeit und -unwürdigkeit.

Im Sinne dieses vierten Buches gilt ein seeuntüchtig gewordenes Schiff:

1. als reparaturunfähig, wenn die Reparatur des Schiffes überhaupt nicht möglich ist oder an dem Orte, wo sich das Schiff befindet, nicht bewerkstelligt, das Schiff auch nicht nach dem Hafen, wo die Reparatur auszuführen wäre, gebracht werden kann;
2. als reparaturunwürdig, wenn die Kosten der Reparatur ohne Abzug für den Unterschied zwischen

alt und neu mehr betragen würden als drei Viertheile seines früheren Werthes.

Ist die Seeuntüchtigkeit während einer Reise eingetreten, so gilt als der frühere Werth derjenige, welchen das Schiff bei dem Antritte der Reise gehabt hat, in den übrigen Fällen derjenige, welchen das Schiff, bevor es seeuntüchtig geworden ist, gehabt hat oder bei gehöriger Ausrüstung gehabt haben würde.

Seetüchtigkeit s. Anm. zu § 559.

Z. 1 unterscheidet absolute und relative Reparaturunfähigkeit. R.O. 16 S. 106.

Reparaturunfähigkeit besteht nicht, wenn die Reparatur am Ort, wo das Schiff sich befindet, nur z. Zt. unmöglich, besonders schwierig oder außergewöhnlich kostspielig ist. Dagegen steht die nur unter Aufwendung ganz unverhältnißmäßiger Mittel vorhandene Möglichkeit zur Verbringung in einen Reparaturhafen der Unmöglichkeit gleich. R.G. 21 S. 86.

Z. 2. Die Kosten für Anschaffung des Geldes sind bei Feststellung der Quote nicht zu berücksichtigen. R.O. 12 S. 404. Ueber den Abzug von neu für alt s. § 710, über den früheren Werth § 873 Abs. 3.

§ 480. Heimathshafen.

Als Heimathshafen des Schiffes gilt der Hafen, von welchem aus die Seefahrt mit dem Schiffe betrieben wird.

Die Vorschriften dieses Gesetzbuchs, welche sich auf den Aufenthalt des Schiffes im Heimathshafen beziehen, können durch die Landesgesetze auf alle oder einige Häfen des Reviers des Heimathshafens ausgedehnt werden.

Der Heimathshafen ist der rechtliche Mittelpunkt des Rhedereibetriebs. R.O. 6 S. 83. Es ist der Hafen, von dem aus der Schifffahrtsbetrieb geleitet wird; nicht nothwendig ist, daß das Schiff regelmäßig dorthin zurückkehrt.

Die erste Eintragung eines Schiffes ins Schiffsregister erfolgt nach § 6 Ges. betr. das Flaggenrecht, Anhang II Nr. 1, regelmäßig in das Register des Hafens, „von welchem aus, als dem Heimathshafen die Seefahrt mit dem Schiffe betrieben werden soll". Wird das Schiff darauf thatsächlich zur Seefahrt verwandt, so ist sein Heimathshafen nur der Hafen, von dem aus die Seefahrt betrieben wird. H.M., S. 419. Wird dann der Betriebsort (Heimathshafen im Sinne § 480) nach einem anderen Hafen verlegt, so muß das Schiff in dessen Register übertragen werden. H.M., S. 640, § 13 Ges. betr. das Flaggenrecht (Anh. II Nr. 1).

Es ist denkbar, daß ein deutsches Schiff seinen Heimathshafen im Ausland hat; es kann dann einen davon verschiedenen inländischen Registerhafen haben nach § 6 Abs. 2 des erwähnten Gesetzes.

Von der Befugniß des Abs. 2 ist Gebrauch gemacht für Schleswig-Holstein, Hannover, das Jadegebiet, Oldenburg, Lübeck, Bremen, Hamburg.

§ 481. Schiffsbesatzung.

Zur Schiffsbesatzung werden gerechnet der Schiffer, die Schiffsoffiziere, die Schiffsmannschaft sowie alle übrigen auf dem Schiffe angestellten Personen.

Die Worte „die Schiffsoffiziere" sind durch Gesetz, betr. Abänderung seerechtlicher Vorschriften des Handelsgesetzbuchs vom 2. Juni 1902, hinzugefügt mit Rücksicht darauf, daß die neue Seemannsordnung die Schiffsoffiziere als besondere Klasse der Mitglieder der Besatzung aus der Schiffsmannschaft ausscheidet.

Schiffsbesatzung sind alle auf dem Schiff im Dienste des Rheders zu Schiffszwecken angestellten Personen, auch wenn sie nur zeitweilig angestellt sind. R.G. 13 S. 17, 20 S. 85. Der Ausdruck „auf dem Schiff" ist aber nicht zu urgiren, auch die Besatzung des Schleppers ist Besatzung des geschleppten Schiffes, das sich ihrer Dienste bedient, R.G. 20 S. 86; R.G. in H. 1896 Nr. 68, — jedenfalls wenn das Kommando auf dem Schlepper ist (vgl. R.G. 46 S. 45). Ist das Kommando auf dem geschleppten Schiff, so wird dessen Führung zur Besatzung des Schleppers gerechnet nach R.G. in H. 1902 Nr. 106. Vgl. hierzu R.G. in H. 1896 Nr. 68. Der freiwillig genommene Lootse gehört zur Besatzung, R.G. 13 S. 117, 20 S. 85, nicht der Zwangslootse, s. § 738.

Personen, die zwischen Entlassung der alten und Anmusterung der neuen Mannschaft Schiffsdienste verrichten, insbesondere Angestellte der Rhederei, die die Schiffswinde bedienen, gehören zur Besatzung. R.G. 13 S. 107, 20 S. 85. Dagegen sind Personen, die im Hafen an Bord nicht Schiffsdienste verrichten, sondern auf Grund eines bestimmten Dienst- oder Werkvertrages einzelne bestimmt abgegrenzte Arbeiten ausführen, nicht auf dem Schiffe angestellt. R.G. Strafs. 25 S. 440. Nicht zur Besatzung gehören daher der das Schiff entlöschende Stauer und die von ihm angestellten Schauerleute. H. 1887 Nr. 121, 1892 Nr. 95; S.A. 44 S. 68.

Ueber den Begriff der Schiffsmannschaft s. § 2 Seem.O., Anh. II Nr. 3.

§ 482. Vollstreckungsfreiheit des segelfertigen Schiffs.

Die Zwangsversteigerung eines Schiffes im Wege der Zwangsvollstreckung darf nicht angeordnet werden, wenn das Schiff zum Abgehen fertig (segelfertig) ist. Auch darf ein segelfertiges Schiff nicht mit Arrest belegt werden.

Diese Vorschriften finden keine Anwendung, wenn die Schuld, wegen deren die Zwangsversteigerung oder der

Arrest stattfinden soll, zum Behufe der bevorstehenden Reise eingegangen ist.

Ueber Zwangsversteigerung in eingetragene (und entsprechend große ausländische) Schiffe im Wege der Zwangsvollstreckung s. §§ 162 ff., 171 Zw.V.G., über Arrest in eingetragene Schiffe § 931 C.P.O.

Unter Abs. 2 fällt auch die Verpflichtung des Schiffers, über abgeladene Waaren Konnossemente auszustellen (§ 642). R.G. 32 S. 58. An Bord befindliche Güter können, wenn nicht der Rheder (bzw. Schiffer) zur Herausgabe bereit ist, nur durch Pfändung des Anspruchs des Schuldners auf Herausgabe derselben mit Beschlag belegt werden. Die Herausnahme kann der pfändende Gläubiger dann aber nur unter denselben Bedingungen verlangen, wie der Schuldner selbst (§§ 581 ff., 630, 638, 641). Ueber die Vollziehung der zivilprozessualen Haft gegen Personen auf dem Schiffe (s. auch H.M., S 420) bestimmt § 904 C.P.O.:

„Die Haft ist unstatthaft

3. gegen den Schiffer, die Schiffsmannschaft und alle übrigen auf einem Seeschiff angestellten Personen, wenn das Schiff zum Abgehen fertig (segelfertig) ist."

Dasselbe gilt nach § 933 C.P.O. für den persönlichen Sicherheitsarrest.

§ 483. **Europäische Häfen.**

Wenn in diesem vierten Buche die europäischen Häfen den außereuropäischen Häfen entgegengesetzt werden, so sind unter den ersteren sämmtliche Häfen des Mittelländischen, Schwarzen und Azowschen Meeres als mitbegriffen anzusehen.

Vgl. § 82 Seem.-O., Anh. II Nr. 3.

Zweiter Abschnitt.

Rheder und Rhederei.

§ 484. 1. **Rheder.** a) **Begriff.**

Rheder ist der Eigenthümer eines ihm zum Erwerbe durch die Seefahrt dienenden Schiffes.

Zum Erwerb durch die Seefahrt dienendes Schiff s. Vorbemerkung S. 2. „Ihm dienenden": wenn der Eigenthümer das Schiff einem Dritten überläßt, so ist er nicht Rheder, insbesondere also nicht während eines Ausrüsterverhältnisses (§ 510), R.G. 25 S. 113, ebensowenig z. B. bei Vermiethung eines Schiffes an die Marine.

Durch die Eintragung als Rheder ins Schiffsregister (§ 7 Ges. betr. das Flaggenrecht, Anh. II Nr. 1) wird eine Vermuthung für die Rhedereigenschaft begründet. H. 1886 Nr. 28 (= S.A. 42 S. 197); R.G. 42 S. 71.

Der Rheder, der die Beförderung von Gütern oder Reisenden übernimmt, ist Kaufmann nach § 1 Z. 5 H.G.B. der Rheder, der das Schiff zu anderem Erwerb, z. B. Fischerei, verwendet, dann, wenn das Unternehmen nach Art und Umfang einen in kaufmännischer Weise eingerichteten Geschäftsbetrieb erfordert und die Firma eingetragen ist, § 2.

§ 485. b) **Rhederhaftung.**

Der Rheder ist für den Schaden verantwortlich, den eine Person der Schiffsbesatzung einem Dritten durch ihr Verschulden in Ausführung ihrer Dienstverrichtungen zufügt.

§ 485 ist nach Art. 7 E.G. auf alle Seeschiffe anwendbar, s. Vorbemerkung S. 2, dem Rheder entspricht der Eigenthümer eines solchen Schiffes.

Zu den Dienstverrichtungen der Besatzung gehört eine Thätigkeit dann, wenn sie zum Rhedereibetrieb selbst, d. h. der Benutzung des Schiffes zum Erwerb durch die Seefahrt, in unmittelbarer Beziehung steht. R.G. 13 S. 118.

„Dritter“ kann auch eine andere Person der Besatzung selbst sein. R.G. 13 S. 119; R.G. in H. 1883 Nr. 5. Nicht aber der Schuldige selbst oder der Rheder. R.G. 45 S. 50.

Der Rheder haftet außerkontraktlich nur, wenn und soweit der Schuldige selbst haften würde. R.G. 9 S. 162.

Die schuldige Person braucht nicht namentlich festgestellt zu werden. R.G. in H. 1885 Nr. 48.

§ 486.

Der Rheder haftet für den Anspruch eines Dritten nicht persönlich, sondern nur mit Schiff und Fracht:

1. wenn der Anspruch auf ein Rechtsgeschäft gegründet wird, welches der Schiffer als solcher kraft seiner gesetzlichen Befugnisse und nicht mit Bezug auf eine besondere Vollmacht geschlossen hat;
2. wenn der Anspruch auf die Nichterfüllung oder auf die unvollständige oder mangelhafte Erfüllung eines von dem Rheder abgeschlossenen Vertrags gegründet wird, sofern die Ausführung des Vertrags zu den Dienstobliegenheiten des Schiffers gehört hat, ohne Unterschied, ob die Nichterfüllung oder die unvollständige oder mangelhafte Erfüllung von einer Person der Schiffsbesatzung verschuldet ist oder nicht;
3. wenn der Anspruch auf das Verschulden einer Person der Schiffsbesatzung gegründet wird.

Diese Vorschrift findet in den Fällen der Nr. 1, 2 keine Anwendung, wenn den Rheder selbst in Ansehung der Vertragserfüllung ein Verschulden trifft oder wenn er die Vertragserfüllung besonders gewährleistet hat.

Die Ergänzung zu § 486 giebt Abschnitt 9, Schiffsgläubigerrecht, insbesondere s. § 754 Z. 8, 9.

Zu unterscheiden ist bei der Haftung des Rheders:

a) die beschränkt dingliche Haftung des § 486, sog. Exekutionssystem;

b) die beschränkt persönliche Haftung, §§ 771 Abs. 4, 5, 772—774, 775 Abs. 3;

c) die unbeschränkt persönliche Haftung in allen anderen Fällen, namentlich für eigene, nicht vom Schiffer zu erfüllende Verträge und für eigene Schuld des Rheders sowie für Heuerverträge (§ 487).

Die persönliche Haftung kann mit einem Vorzugsrecht am Seevermögen (Schiffsgläubigerrecht) verbunden sein (§ 762), die beschränkt dingliche ist es immer, s. § 754 insb. Z. 8, 9, wo dies Recht für alle Fälle des § 486 gegeben wird. Die Geltendmachung der beschränkten Haftung ist keine eigentliche Einrede, sondern von Amtswegen zu berücksichtigen. H. 1900 Nr. 61 (= S.A. 55 S. 431).

Zu den einzelnen Ziffern des § 486:

Zu Z. 1: Ueber die gesetzlichen Befugnisse des Schiffers s. §§ 526 bis 528. Für die Haftung des Rheders ist das Recht der Flagge maßgebend. R.O. 22 S. 98, 24 S. 85; R.G. 34 S. 75.

Wenn anstatt des Schiffers ein anderer Vertreter des Rheders handelt, so ist er, sofern der Abschluß zu den gesetzlichen Befugnissen des Schiffers gehört, dessen Substitut und haftet der Rheder für ihn mit Schiff und Fracht. Für die Zeichnung des Konnossements durch andere Vertreter s. auch die Bemerkung zu § 642.

Zu Z. 2: Diese Bestimmung ist nur anwendbar, wenn im Einzelnen Fall thatsächlich bereits die Zeit der Ausführung des Vertrages durch den Schiffer gekommen war. H. 1887 Nr. 129 (= S.A. 43 S. 213).

Zu Z. 3: Die beschränkte Haftung für Verschulden der Besatzung gilt nach Art. 7 E.G., s. Vorbemerkung S. 1, auch für Nichterwerbsschiffe, nicht dagegen gelten damit auch für diese die Bestimmungen übers Schiffsgläubigerrecht.

Die Frage, ob und inwieweit der Rheder für außerkontraktliches Verschulden haftet, richtet sich nach dem Rechte des Thatorts, soweit nicht das Recht des angerufenen Gerichts im einzelnen Fall zwingende gegentheilige Sätze enthält. R.G. 29 S. 92. Bei Handlungen auf hoher See entscheidet das Recht der Flagge, sofern nicht entweder zwingende Sätze entgegenstehen oder (bei Zusammenstößen) die Rechte der Flaggen von einander abweichen. R.G. in H. 1902 Nr. 21. Fürs Recht der Flagge auch R.O. 24 S. 85. Vgl. andererseits R.G. 19 S. 10; H. 1888 Nr. 116 (= S.A. 45 S. 76). Vgl. hierzu auch Art. 12 E.G. z. B.G.B.:

Aus einer im Auslande begangenen unerlaubten Handlung können gegen einen Deutschen nicht weitergehende Ansprüche geltend gemacht werden, als nach den deutschen Gesetzen begründet sind

Der Rheder, der zugleich Schiffer ist (Schifferrheder), haftet für einen selbstverschuldeten Zusammenstoß persönlich. H. 1886 Nr. 33.

Zum Schlußabsatz: Für einen von ihm selbst verschuldeten Bruch eines Frachtvertrags haftet der Rheder persönlich. R.O. 11 S. 260; H. 1887 Nr. 129.

Für Prozeßzinsen und Prozeßkosten soll nach R.G. 33 S. 84 auch bei Geltendmachung einer Schiffsschuld persönliche Haftung eintreten. Das dingliche Vorzugsrecht besteht für dieselben unabhängig von der Entscheidung dieser Frage nach § 760. — Eine persönliche Haftung für Anweisungen an den Schiffer bestimmt § 512.

§ 487.

Der Rheder haftet für die Forderungen der zur Schiffsbesatzung gehörenden Personen aus den Dienst- und Heuerverträgen nicht nur mit Schiff und Fracht, sondern persönlich.

Durch § 487 war § 68 der früheren Seem.O. ersetzt; dieser ist durch Art. 8 Z. 3 E.G. aufgehoben worden.

Schiffsgläubigerrecht für Heuerforderungen s. §§ 754 Z. 3, 762 Abs. 2.

§ 488.

c) **Gerichtsstand.**

Der Rheder als solcher kann wegen eines jeden Anspruchs, ohne Unterschied, ob er persönlich oder nur mit Schiff und Fracht haftet, vor dem Gerichte des Heimathshafens (§ 480) belangt werden.

Maßgebend ist also nicht der Registerhafen als solcher, s. Anm. zu § 480.

Der Gerichtsstand ist nicht ausschließlich. Einen anderen besonderen Gerichtsstand bestimmt § 39 Strand.O., Anh. II. Nr. 10.

§ 489.

2. **Rhederei**
a) **Begriff der Rhederei.**

Wird von mehreren Personen ein ihnen gemeinschaftlich zustehendes Schiff zum Erwerbe durch die Seefahrt für gemeinschaftliche Rechnung verwendet, so besteht eine Rhederei.

Der Fall, wenn das Schiff einer Handelsgesellschaft gehört, wird durch die Vorschriften über die Rhederei nicht berührt.

Die Rhederei ist eine Erwerbsgesellschaft eigener Art. R.G. 11 S. 195. Es überwiegt bei ihr das Miteigenthum über das

Gesellschaftsverhältniß: Veräußerung und Verpfändung von Schiffsparten (s. §§ 474—477, 503, 504) ist deshalb als solche von körperlichen Sachen zu betrachten. R.G. 14 S. 15.

Subsidiär anwendbar ist das bürgerliche Recht, R.O. 16 S. 382, also jetzt §§ 705—740 B.G.B. (Gesellschaft) und §§ 741—758 B.G.B. (Gemeinschaft). Von den ersteren Bestimmungen ist für anwendbar zu erachten insbesondere § 719 Abs. 2 B.G.B.:

> Gegen eine Forderung, die zum Gesellschaftsvermögen gehört, kann der Schuldner nicht eine ihm gegen einen einzelnen Gesellschafter zustehende Forderung aufrechnen.

Von den Vorschriften über Gemeinschaft ist u. a. § 756 B.G.B. anwendbar, s. Anm. zu § 500.

Die Rhederei ist keine juristische Person. R.O. 8 S. 342. Sie kann daher nicht als solche klagen und verklagt werden und es ist entsprechend der für die Gesellschaft gegebenen Bestimmung § 736 C.P.O. ein vollstreckbarer Titel gegen alle Mitrheder nöthig. Nach Begr. z. C.P.O. (Drucks. d. Reichst. 9. Leg.-P. 5. Session 97/98 Nr. 61) S. 150 genügt gem. § 714 B.G.B. zur Beschaffung eines gegen alle Gesellschafter vollstreckbaren Titels in der Regel die Klage gegen den geschäftsführenden Gesellschafter. Dieser ist aber nach § 714 nur Vertreter der übrigen Gesellschafter, nicht alleinige Partei; Eide sind daher von den Mitrhedern zu leisten. Unberührt hiervon bleibt die Frage, ob die Gesellschafter als solche unter einem Kollektivnamen klagen und verklagt werden können und ob bei der Rhederei daher die Angabe des Schiffsnamens genügt. Das R.G. hat einmal die Bezeichnung „N. in Vollmacht der Rhederei des Dampfers X" mangels genügender Bezeichnung der Partei (§§ 253, 313 C.P.O.) bei einem ausländischen Schiffe für ungenügend erklärt, H. 1898 Nr. 113, dagegen ein anderes Mal die Bezeichnung „N. als Korrespondentrheder des Dampfers X" zugelassen, R.G. 42 S. 69. — R.O. 8 S. 344 stellt die Frage bei Zustellung der dinglichen Klage an den Korrespondentrheder dahin.

Soweit der Schiffer aktiv oder passiv legitimirt ist, ist die Anführung der Mitrheder jedenfalls nicht für erforderlich zu erachten, s. §§ 527 Abs. 2, 761 Abs. 2 und das dazu Bemerkte.

Der einzelne Mitrheder ist nicht als solcher Kaufmann. S.A. 55 S. 61.

Der Ausdruck „zustehen" bezeichnet das Miteigenthum, vgl. § 484.

§ 490.

b) Organisation der Rhederei.

Das Rechtsverhältniß der Mitrheder unter einander bestimmt sich zunächst nach dem zwischen ihnen geschlossenen Vertrage. Soweit eine Vereinbarung nicht getroffen ist, finden die nachstehenden Vorschriften Anwendung.

§ 491.

Beschlußfassung.

Für die Angelegenheiten der Rhederei sind die Beschlüsse der Mitrheder maßgebend. Bei der Beschlußfassung entscheidet die Mehrheit der Stimmen. Die Stimmen werden nach der Größe der Schiffsparten berechnet; die Stimmenmehrheit für einen Beschluß ist vorhanden, wenn der Person oder den Personen, welche für den Beschluß gestimmt haben, zusammen mehr als die Hälfte des ganzen Schiffes gehört.

Einstimmigkeit sämmtlicher Mitrheder ist erforderlich zu Beschlüssen, die eine Abänderung des Rhedereivertrags bezwecken oder die den Bestimmungen des Rhedereivertrags entgegen oder dem Zwecke der Rhederei fremd sind.

Eine förmliche Abstimmung ist nicht erforderlich, ein Beschluß ist gefaßt, sobald sich die Mehrheit für ihn erklärt hat; es brauchen nicht die übrigen Mitrheder befragt zu werden. Ein einzelner Mitrheder, der die Mehrheit der Parten hat, kann ohne die übrigen Mitrheder beschließen. R.O. 16 S. 383.

Die Abänderung von Vertragsbestimmungen, die das gesetzliche Recht wiederholen, erfordert Einstimmigkeit nur dann, wenn erhellt, daß sie aufgenommen sind, um eine Abänderung zu erschweren, oder doch, weil ihnen besondere Erheblichkeit beigelegt ist. R.O. 15 S. 160.

Dem Rhedereizwecke fremd ist eine Freigebigkeit, nicht aber die Bezahlung einer streitigen Schiffsschuld. R.G. 9 S. 141.

Eine von § 491 abweichende Bestimmung des mecklenburgischen Rechts über die Berechnung der Stimmen von nicht ortsansässigen und von verhinderten Mitrhedern ist durch Art. 19 Z. 1 E.G. aufrechterhalten.

§ 492. **Korrespondentrheder.**

Durch Beschluß der Mehrheit kann für den Rhedereibetrieb ein Korrespondentrheder (Schiffsdirektor, Schiffsdisponent) bestellt werden. Zur Bestellung eines Korrespondentrheders, der nicht zu den Mitrhedern gehört, ist ein einstimmiger Beschluß erforderlich.

Die Bestellung des Korrespondentrheders kann zu jeder Zeit durch Stimmenmehrheit widerrufen werden, unbeschadet des Anspruchs auf die vertragsmäßige Vergütung.

Der Korrespondentrheder ist nicht ohne Weiteres Kaufmann, da seine Thätigkeit nicht unter § 1 Z. 5 H.G.B. fällt. (Vgl. S.A. 55 S. 61). Sein Vertragsverhältniß regelt sich (abgesehen von Abs. 2 oben) nach dem B.G.B., insbesondere für den salarirten Korrespondentrheder nach §§ 611 ff. B.G.B., Dienstvertrag. Für die Frage, ob er ohne Vereinbarung Vergütung verlangen kann, sind § 612 B.G.B. und § 354 H.G.B. maßgebend.

Eine Anmeldung des Korrespondentrheders zum Schiffsregister erfolgt nach § 7 Z. 5 Ges. betr. das Flaggenrecht, Anh. II Nr. 1.

In Mecklenburg ist die Bestellung eines Korrespondentrheders obligatorisch (aufrechterhalten durch Art. 19 Z. 1 E.G.).

Abs. 2 gilt auch für den im Rhedereivertrag bestimmten Korrespondentrheder; ebenso ist er auch auf eine Beschränkung der Rechte des Korrespondentrheders anwendbar. R.O. 15 S. 161.

§ 493.

Im Verhältnisse zu Dritten ist der Korrespondentrheder kraft seiner Bestellung befugt, alle Geschäfte und Rechtshandlungen vorzunehmen, die der Geschäftsbetrieb einer Rhederei gewöhnlich mit sich bringt.

Diese Befugniß erstreckt sich insbesondere auf die Ausrüstung, die Erhaltung und die Verfrachtung des Schiffes, auf die Versicherung der Fracht, der Ausrüstungskosten und der Havereigelder sowie auf die mit dem gewöhnlichen Geschäftsbetriebe verbundene Empfangnahme von Geld.

Der Korrespondentrheder ist in demselben Umfange befugt, die Rhederei vor Gericht zu vertreten.

Er ist befugt, den Schiffer anzustellen und zu entlassen; der Schiffer hat sich nur an dessen Anweisungen und nicht auch an die etwaigen Anweisungen der einzelnen Mitrheder zu halten.

Im Namen der Rhederei oder einzelner Mitrheder Wechselverbindlichkeiten einzugehen oder Darlehen aufzunehmen, das Schiff oder Schiffsparten zu verkaufen oder zu verpfänden sowie für das Schiff oder für Schiffsparten Versicherung zu nehmen, ist der Korrespondentrheder nicht befugt, es sei denn, daß ihm eine Vollmacht hierzu besonders ertheilt ist.

Die Vollmacht des Korrespondentrheders bleibt auch während der Liquidation bestehen. R.G. 11 S. 196, 42 S. 74.

Zu Abs. 1: Der Korrespondentrheder ist zu Allem befugt, was im Geschäftsverkehr einer Rhederei in der Lage, in der sie sich thatsächlich befindet, normaler Weise geschieht; es entscheidet nicht, ob es auch der gewöhnliche Geschäftsbetrieb mit sich bringt; die Vollmacht erstreckt sich auf Einforderung von Ansegelungsschäden, auch wenn das Schiff durch den Zusammenstoß untergegangen ist. R.G. 42 S. 70.

Zu Abs. 3. Die vom R.G. 1 S. 298 offen gelassene Frage, ob die Zustellung der Klage nach C.P.O. wirksam an den Korrespondentrheder erfolgen kann, wird nach § 173 C.P.O., der die Zustellung an Prokuristen und Generalbevollmächtigte gestattet, zu bejahen sein, da der Korrespondentrheder entweder geradezu als Generalbevollmächtigter zu betrachten oder seine einen ganzen Geschäftskreis umfassende und die Prozeßführung mit enthaltende Vollmacht als der eines solchen und eines Prokuristen analog anzusehen ist.

Die Frage, ob in der ihm zugestellten Klage alle Rheder zu benennen sind, wird dadurch nicht berührt, s. Anm. zu § 489.

Zu Abs. 5: Der Korrespondentrheder kann dem Schiffer keinen Kredit eröffnen. R.O. 25 S. 49.

§ 494.

Durch ein Rechtsgeschäft, welches der Korrespondentrheder als solcher innerhalb der Grenzen seiner Befugnisse schließt, wird die Rhederei dem Dritten gegenüber auch dann berechtigt und verpflichtet, wenn das Geschäft ohne Nennung der einzelnen Mitrheder geschlossen wird.

Ist die Rhederei durch ein von dem Korrespondentrheder abgeschlossenes Geschäft verpflichtet, so haften die Mitrheder in gleichem Umfange (§ 486), als wenn das Geschäft von ihnen selbst geschlossen wäre.

§ 495.

Eine Beschränkung der im § 493 bezeichneten Befugnisse des Korrespondentrheders kann die Rhederei einem Dritten nur entgegensetzen, wenn die Beschränkung dem Dritten zur Zeit des Abschlusses des Geschäfts bekannt war.

Die Vollmacht ist also, wie die Handlungsvollmacht (§ 54 H.G.B.) und anders als die Prokura (§ 50 H.G.B.), nach außen beschränkbar.

§ 496.

Der Rhederei gegenüber ist der Korrespondentrheder verpflichtet, die Beschränkungen einzuhalten, welche von ihr für den Umfang seiner Befugnisse festgesetzt sind; er hat sich ferner nach den gefaßten Beschlüssen zu richten und die Beschlüsse zur Ausführung zu bringen.

Im Uebrigen ist der Umfang seiner Befugnisse auch der Rhederei gegenüber nach den Vorschriften des § 493 mit der Maßgabe zu beurtheilen, daß er zu neuen Reisen und Unternehmungen, zu außergewöhnlichen Reparaturen sowie zur Anstellung oder zur Entlassung des Schiffers vorher die Beschlüsse der Rhederei einzuholen hat.

Neu ist jede Reise, die nicht schon früher beschlossen ist, sich auch nicht als Ausführung oder Vollendung einer schon begonnenen darstellt und eine neue Ausrüstung erfordert. R.O. 22 S. 290.

Zur Bezahlung von Schiffsschulden, die durch außergewöhnliche Bedürfnisse verursacht sind, ist der Beschluß der Rhederei einzuholen. R.G. 9 S. 139.

§ 497.

Der Korrespondentrheder ist verpflichtet, in den Angelegenheiten der Rhederei die Sorgfalt eines ordentlichen Rheders anzuwenden.

§ 498.

Der Korrespondentrheder hat über seine die Rhederei betreffende Geschäftsführung abgesondert Buch zu führen und die dazu gehörigen Belege aufzubewahren. Er hat auch jedem Mitrheder auf dessen Verlangen Kenntniß von allen Verhältnissen zu geben, die sich auf die Rhederei, insbesondere auf das Schiff, die Reise und die Ausrüstung, beziehen; er hat ihm jederzeit die Einsicht der die Rhederei betreffenden Bücher, Briefe und Papiere zu gestatten.

Zur Führung einer gesonderten Kasse ist der Korrespondentrheder nicht verpflichtet. Er kann eine ihm zustehende Forderung an einen Mitrheder gegen dessen Forderung auf Auskehrung des Gewinnantheils aufrechnen. S.A. 45 S. 74.

§ 499.

Der Korrespondentrheder ist verpflichtet, jederzeit auf Beschluß der Rhederei dieser Rechnung zu legen. Die Genehmigung der Rechnung sowie die Billigung der Verwaltung des Korrespondentrheders durch die Mehrheit hindert die Minderheit nicht, ihr Recht geltend zu machen.

Rechnungslegung: §§ 259, 261 B.G.B.

§ 500. **Beitragspflicht.**

Jeder Mitrheder hat nach dem Verhältnisse seiner Schiffspart zu den Ausgaben der Rhederei, insbesondere zu den Kosten der Ausrüstung und der Reparatur des Schiffes, beizutragen.

Ist ein Mitrheder mit der Leistung seines Beitrags im Verzug und wird das Geld von Mitrhedern für ihn vorgeschossen, so ist er diesen zur Entrichtung von Zinsen von dem Zeitpunkte der Vorschüsse an verpflichtet. Durch den Vorschuß wird ein versicherbares Interesse hinsichtlich der Schiffspart für die Mitrheder begründet. Im Falle der Versicherung dieses Interesses hat der säumige Mitrheder die Kosten der Versicherung zu ersetzen.

Ohne Verzug besteht eine Zinspflicht nur, wenn beide Theile Kaufleute sind, § 353 H.G.B.

Ein versicherbares Interesse (§ 778) besteht für die Vorschüsse auch dann, wenn der zur Beitragsleistung verpflichtete Mitrheder nicht im Verzuge war und wenn jemand Anderes als ein Mitrheder (z. B. der Korrespondentrheder) sie giebt. R.O. 15 S. 162. Einen Anspruch auf Ersatz der Kosten hat der Vorschießende dann aber nicht.

Für Vorschüsse von Mitrhedern besteht ferner, und zwar auch außer dem Falle des Verzugs, ein Vorzugs- und Absonderungsrecht nach § 756 B.G.B.:

> Hat ein Theilhaber gegen einen anderen Theilhaber eine Forderung, die sich auf die Gemeinschaft gründet, so kann er bei der Aufhebung der Gemeinschaft die Berichtigung seiner Forderung aus dem auf den Schuldner entfallenden Theile des gemeinschaftlichen Gegenstandes verlangen

und § 51 K.O.:

> Wer sich mit dem Gemeinschuldner in einem Miteigenthum, in einer Gesellschaft oder in einer anderen Gemeinschaft befindet, kann wegen der auf ein solches Verhältniß sich gründenden Forderungen abgesonderte Befriedigung aus dem bei der Theilung oder sonstigen Auseinandersetzung ermittelten Antheile des Gemeinschuldners verlangen.

§ 501. **Abandon.**

Wenn eine neue Reise oder wenn nach der Beendigung einer Reise die Reparatur des Schiffes oder wenn die Befriedigung eines Gläubigers beschlossen worden ist, dem die Rhederei nur mit Schiff und Fracht haftet, so kann jeder Mitrheder, welcher dem Beschlusse nicht zugestimmt hat, sich von der Leistung der zur Ausführung des Beschlusses erforderlichen Einzahlungen dadurch befreien, daß er seine Schiffspart ohne Anspruch auf Entgelt aufgiebt.

Der Mitrheder, welcher von dieser Befugniß Gebrauch machen will, muß dies den Mitrhedern oder dem Korrespondentrheder binnen drei Tagen nach dem Tage des Beschlusses oder, wenn er bei der Beschlußfassung nicht anwesend und nicht vertreten war, binnen drei Tagen nach der Mittheilung des Beschlusses gerichtlich oder notariell kundgeben.

Die aufgegebene Schiffspart fällt den übrigen Mitrhedern nach dem Verhältnisse der Größe ihrer Schiffsparten zu.

Das Recht des Mitrheders zur Aufgabe seiner Part („Abandon") besteht auch, wenn ihm die Unternehmung einer neuen Reise erst nach deren Antritt mitgetheilt wird; nicht dagegen, wenn während einer genehmigten Reise eine Reparatur im Nothhafen beschlossen wird. R.O. 22 S. 293. Im Falle späterer Mittheilung der Reise ist die Abandonerklärung auf deren Anfang zurückzubeziehen. R.G. 40 S. 3.

Die gerichtliche oder notarielle „Kundgebung" ist Beurkundung (§ 128 B.G.B., §§ 167 ff. Ges. freiw. Gerichtsb.), nicht Beglaubigung. Da das Gesetz unmöglich wollen kann, daß die Erklärung innerhalb der drei Tage an alle Mitrheder gelangt sein müsse, so muß § 130 B.G.B., nach dem empfangsbedürftigen Willenserklärungen mit dem Zugehen wirksam werden, für nicht anwendbar erachtet und § 501 dahin ausgelegt werden, daß nur die Abgabe (ev. die Absendung) der Erklärung in die Frist fallen muß.

In Mecklenburg besteht statt des Rechts zum Abandon das durch Art. 19 Z. 1 E.G. aufrechterhaltene Setzungsrecht: Die Minderheit kann einen Preis fürs Schiff setzen und verlangen, daß die Mehrheit dafür das Schiff entweder übernehme oder ihr überlasse.

§ 502. Vertheilung von Gewinn und Verlust.

Die Vertheilung des Gewinns und Verlustes geschieht nach der Größe der Schiffsparten.

Die Berechnung des Gewinns und Verlustes und die Auszahlung des etwaigen Gewinns erfolgt jedesmal, nachdem das Schiff in den Heimathshafen zurückgekehrt ist oder nachdem es in einem anderen Hafen seine Reise beendigt hat und die Schiffsmannschaft entlassen ist.

Außerdem muß auch vor dem erwähnten Zeitpunkte das eingehende Geld, soweit es nicht zu späteren Ausgaben oder zur Deckung von Ansprüchen einzelner Mitrheder an die Rhederei erforderlich ist, unter die einzelnen Mitrheder nach dem Verhältnisse der Größe ihrer Schiffsparten vorläufig vertheilt und ausgezahlt werden.

§ 503.

c) **Veräußerung der Schiffspart.**

Jeder Mitrheder kann seine Schiffspart jederzeit und ohne Einwilligung der übrigen Mitrheder ganz oder theilweise veräußern.

Die Veräußerung einer Schiffspart, in Folge deren das Schiff das Recht, die Reichsflagge zu führen, verlieren würde, kann nur mit Zustimmung aller Mitrheder erfolgen.

Für Veräußerung von Schiffsparten gelten die (auch auf Nichterwerbsschiffe anwendbaren) §§ 474—477. Ueber die Pfändung von Schiffsparten s. § 858 C.P.O., über Verpfändung § 1272 B.G.B., über die Uebernahme der Part des Schiffers § 552 H.G.B.

Das Recht, die Reichsflagge zu führen, geht beim Uebergang auch nur einer Part an einen Ausländer verloren, § 2 Ges. betr. das Flaggenrecht, Anh. II Nr. 1. Die entgegen dem Abs. 2 erfolgende Veräußerung ist nichtig. Abs. 2 bezieht sich aber nur auf Veräußerung durch Vertrag; über andere Fälle des Ueberganges enthält Bestimmungen § 3 dess. Ges.

§ 504.

Der Mitrheder, welcher seine Schiffspart veräußert hat, wird, solange die Veräußerung von ihm und dem Erwerber den Mitrhedern oder dem Korrespondentrheder nicht angezeigt worden ist, im Verhältnisse zu den Mitrhedern noch als Mitrheder betrachtet und bleibt wegen aller vor dieser Anzeige begründeten Verbindlichkeiten als Mitrheder den übrigen Mitrhedern verhaftet.

Der Erwerber der Schiffspart ist jedoch im Verhältnisse zu den übrigen Mitrhedern schon seit dem Zeitpunkte der Erwerbung als Mitrheder verpflichtet.

Er muß die Bestimmungen des Rhedereivertrags, die gefaßten Beschlüsse und eingegangenen Geschäfte gleichwie der Veräußerer gegen sich gelten lassen; die übrigen Mitrheder können außerdem alle gegen den Veräußerer als Mitrheder begründeten Verbindlichkeiten in Bezug auf die veräußerte Schiffspart gegen den Erwerber zur Aufrechnung bringen, unbeschadet des Rechtes des Erwerbers auf Gewährleistung gegen den Veräußerer.

Die Anzeige ist wirksam nur, wenn sie von beiden Theilen erstattet wird. Für die Dritten gegenüber bestehenden Verpflichtungen s. § 507 Abs. 2.

§ 505. d) Aenderung der Personen und Auflösung.

Eine Aenderung in den Personen der Mitrheder ist ohne Einfluß auf den Fortbestand der Rhederei.

Stirbt ein Mitrheder oder wird der Konkurs über das Vermögen eines Mitrheders eröffnet, so hat dies die Auflösung der Rhederei nicht zur Folge.

Eine Aufkündigung von Seiten eines Mitrheders oder eine Ausschließung eines Mitrheders findet nicht statt.

Eintretende Unfähigkeit eines Mitrheders zur Vermögensverwaltung hat die Auflösung der Rhederei ebensowenig zur Folge, wie der entsprechende Fall bei der Gesellschaft des B.G.B. H.M., S 421.

§ 506.

Die Auflösung der Rhederei kann durch Stimmenmehrheit beschlossen werden. Der Beschluß, das Schiff zu veräußern, steht dem Beschlusse der Auflösung gleich.

Ist die Auflösung der Rhederei oder die Veräußerung des Schiffes beschlossen, so muß das Schiff öffentlich verkauft werden. Der Verkauf kann nur geschehen, wenn das Schiff zu einer Reise nicht verfrachtet ist und sich in dem Heimathshafen oder in einem inländischen Hafen befindet. Ist jedoch das Schiff als reparaturunfähig oder reparaturunwürdig kondemnirt (§ 479), so kann der Verkauf, auch wenn das Schiff verfrachtet ist, und selbst im Ausland erfolgen. Soll von diesen Vorschriften abgewichen werden, so ist die Zustimmung aller Mitrheder erforderlich.

Im Liquidationsstadium (nach Verkauf oder Verlust des Schiffes) bleiben die Vorschriften über die Rhederei anwendbar und bleibt auch die Vollmacht des Korrespondentrheders bestehen. R.G. 11 S. 196, 42 S. 74. S. auch § 730 Abs. 2 B.G.B.

In den in Abs. 2 S. 2 angegebenen Fällen ist nur der Verkauf selbst, nicht der Auflösungsbeschluß unzulässig. Der einmal gefaßte Auflösungsbeschluß kann nur durch Einstimmigkeit wieder aufgehoben werden. R.O. 14 S. 418.

Ueber den öffentlichen Verkauf s. §§ 180—184 Zw.V.G.; § 180:

> Soll die Zwangsversteigerung zum Zwecke der Aufhebung einer Gemeinschaft erfolgen, so finden die Vorschriften des ersten und zweiten Abschnitts entsprechende Anwendung, soweit sich nicht aus den §§ 181—184 ein Anderes ergiebt.

§ 181 Abs. 3:
Ein vollstreckbarer Titel ist nicht erforderlich.

— — — — — — — — — — — — — — — —

Betrifft der Antrag ein Schiff, so ist durch Urkunden glaubhaft zu machen, daß das Eigenthum dem Antragsteller und denjenigen, gegen welche sich der Antrag richtet, gemeinschaftlich zusteht und daß einer von ihnen im Besitz des Schiffes ist.

Darnach wird gegenüber dem Antrage eines Mitrheders auf Versteigerung des Schiffes der Mitrheder, der bestreitet, daß die Voraussetzungen des § 506 vorlagen, seinerseits gemäß § 771 C.P.O. klagen müssen. Vgl. Stenogr. Ber. über die Verhandlungen des Reichstags, 9. Legislaturper. V Session 1895/97, 5. Anl.-Bd. S. 2858.

§ 507. e) Haftung.

Die Mitrheder als solche haften Dritten, wenn ihre persönliche Haftung eintritt, nur nach dem Verhältnisse der Größe ihrer Schiffsparten.

Ist eine Schiffspart veräußert, so haften für die in der Zeit zwischen der Veräußerung und der im § 504 erwähnten Anzeige etwa begründeten persönlichen Verbindlichkeiten rücksichtlich dieser Schiffspart sowohl der Veräußerer als der Erwerber.

§ 507 bezieht sich nur auf die Fälle, wo die Mitrheder von Anfang an persönlich haften, nicht aber auf die Fälle der an Stelle der dinglichen Haftung tretenden beschränkt persönlichen Haftung, §§ 771 Abs. 4, 5, 772—774, 775 Abs. 3. In diesen Fällen haften die Mitrheder für die Schuldsumme und die Kosten als Gesammtschuldner. R.G. 33 S. 87. Diesem Urtheil lag indessen ein Fall zu Grunde, in dem die die persönliche Haftung begründende Handlung allen Mitrhedern zur Last fiel, die Frage ob auch ein unschuldiger Mitrheder aufs Ganze haftet, ist nicht erörtert.

§ 508. f) Gerichtsstand.

Die Mitrheder als solche können wegen eines jeden Anspruchs, ohne Unterschied, ob dieser von einem Mitrheder oder von einem Dritten erhoben wird, vor dem Gerichte des Heimathshafens (§ 480) belangt werden.

Diese Vorschrift kommt auch dann zur Anwendung, wenn die Klage nur gegen einen Mitrheder gerichtet wird.

S. § 488.

§ 509.

3. Baurhederei.

Auf die Vereinigung zweier oder mehrerer Personen, ein Schiff für gemeinschaftliche Rechnung zu erbauen und zur Seefahrt zu verwenden, finden die Vorschriften der §§ 490, 491, 500, 505 sowie des § 507 Abs. 1 und, sobald das Schiff vollendet und von dem Erbauer abgeliefert ist, außerdem die Vorschriften der §§ 503, 504, 506 sowie des § 507 Abs. 2 Anwendung; die Vorschrift des § 500 gilt auch für die Baukosten.

Ein Korrespondentrheder (§ 492) kann schon vor der Vollendung des Schiffes bestellt werden; er hat in diesem Falle sogleich nach seiner Bestellung in Bezug auf den künftigen Rhedereibetrieb die Rechte und Pflichten eines Korrespondentrheders.

Für im Bau befindliche Schiffe s. ferner Art 20 E.G.:

Unberührt bleiben die landesgesetzlichen Vorschriften, nach welchen ein Pfandrecht an einem im Bau begriffenen Schiffe ohne Uebergabe des Schiffes durch Eintragung in ein besonderes Register bestellt werden kann, sowie die landesgesetzlichen Vorschriften über die Zwangsversteigerung eines solchen Schiffes.

Nach Art. 15 Abs. 2 E.G. bezieht sich dieser Vorbehalt nicht nur auf die schon bestehenden Landesgesetze (z. Zt. giebt es solche nur in Bremen), sondern es können solche Vorschriften auch in anderen Staaten neu erlassen werden. Art. 20 bezieht sich ferner nicht nur auf solche Schiffe, die nach ihrer Fertigstellung ins reichsrechtliche Schiffsregister eingetragen werden können.

§ 510.

4. Ausrüster.

Wer ein ihm nicht gehöriges Schiff zum Erwerbe durch die Seefahrt für seine Rechnung verwendet und es entweder selbst führt oder die Führung einem Schiffer anvertraut, wird im Verhältnisse zu Dritten als der Rheder angesehen.

Der Eigenthümer kann denjenigen, welcher aus der Verwendung einen Anspruch als Schiffsgläubiger herleitet, an der Durchführung des Anspruchs nicht hindern, es sei denn, daß die Verwendung ihm gegenüber eine widerrechtliche und der Gläubiger nicht in gutem Glauben war.

Wer ein fremdes Schiff zum Erwerb verwendet, heißt Ausrüster. Solange ein solcher die Verfügung übers Schiff hat, ist der Eigenthümer nicht Rheder, R.G. 25 S. 113; Dritten gegenüber trifft dann die Haftung aus § 486 nicht etwa auch den Eigenthümer, sondern nur den Ausrüster; gegen wen die dingliche Haftung verfolgende Schiffsklage zu erheben ist, richtet sich danach, wer zur Zeit der Klagerhebung als Rheder oder als Ausrüster legitimirt ist. H. 1886 Nr. 28 (= S.A. 42 S. 195). Für die persönliche Haftung ist dagegen die Zeit der Entstehung der Forderung maßgebend.

Ob Jemand Ausrüster oder bloßer Befrachter des ganzen Schiffes ist, hängt davon ab, ob er es ist, der dem Schiffer die Führung anvertraut hat, d. h. während der betreffenden Zeit sein Dienstherr ist H. 1896 Nr. 37 (= S.A. 51 S. 439); H. 1899 Nr. 74.

Ob durch Handlungen des Schiffers eines deutschen Schiffes der Eigenthümer oder ein Anderer als Ausrüster verpflichtet wird, richtet sich nach deutschem Recht. H. 1896 Nr. 37 (= S.A. 51 S. 438).

Auf Nichterwerbsschiffe ist durch Art. 7 E.G. (s. Vorbemerkung S. 2) zwar die dingliche Haftung für Verschulden der Besatzung, nicht aber § 510 mit ausgedehnt. Bei ihnen haftet also nur der Eigenthümer, nicht der Verwender des Schiffes, mit dem Schiffsvermögen.

Abs. 2 enthält eine Ausdehnung des Schutzes des guten Glaubens auf Rechte, die nicht mit dem Besitz verbunden sind. Der gute Glaube wird durch grobe Fahrlässigkeit ausgeschlossen entsprechend § 932 Abs. 2 B.G.B.

Die Vereinigung mehrerer Ausrüster unterliegt — jedenfalls nach innen — nicht den Regeln der Rhederei.

Dritter Abschnitt.

Schiffer.

Schiffer und Steuerleute bedürfen (außer bei der Küstenfahrt) eines Befähigungszeugnisses. Die Vorschriften über den Nachweis der Befähigung erläßt der Bundesrath. S. § 31 Gewerbeordnung, § 4 Seem.O., Anh. II Nr. 3,
sowie

Bekanntmachung, betr. die Prüfung der Seeschiffer und Seesteuerleute auf deutschen Kauffahrteischiffen, vom 25. September 1869 (B.G.Bl. S. 660) und Bekanntmachung, betr. den Nachweis der Befähigung als Seeschiffer und Seesteuermann auf deutschen Kauffahrteischiffen, vom 6. August 1887 (R.G.Bl. S. 395), nebst Abänderung vom 4. März 1895 (R.G.Bl. S. 179), sowie ferner

Bekanntmachung, betr. die Gleichstellung der Seefahrzeit der jetzigen Obermatrosen mit der Seefahrzeit der ehemaligen Matrosen I. oder II. Klasse der Kaiserlichen Marine, vom 25. Juni 1875 (Centr.Bl. S. 376),

Bekanntmachung, betr. die Zulassung als Schiffer auf kleiner Fahrt und Hochseefischereifahrzeugen, vom 12. März 1885 (R.G.Bl. S. 82),

Bekanntmachung, betr. den Nachweis der Befähigung

als Seeschiffer und Seesteuermann auf deutschen Kauffahrteischiffen, vom 11. Juni 1891 (R.G.Bl. S. 348),

Bekanntmachung, betr. die Zulassung zur Führung von Hochseefischerfahrzeugen in kleiner und in der Islandfahrt, vom 10. Februar 1899 (R.G.Bl. S. 129),

Bekanntmachung, betr. die Abänderung der Vorschriften über den Nachweis der Befähigung als Seeschiffer und Seesteuermann auf deutschen Kauffahrteischiffen, vom 4. März 1899 (R.G.Bl. S. 134).

Eine Entziehung der Befugniß zur Ausübung des Schiffer- und des Steuermanngewerbes kann erfolgen durch Spruch des Seeamts nach § 26 Ges. betr. die Untersuchung von Seeunfällen vom 27. Juli 1877 (R.G.Bl. S. 549).

Auf Maschinisten sind die in der Gewerbeordnung (deren § 31 aber in jetziger Fassung sich ohnehin mit auf sie erstreckt) und in dem zuletzt genannten Gesetz für Seesteuerleute getroffenen Bestimmungen ausgedehnt durch das Gesetz, betr. den Gewerbebetrieb der Maschinisten auf Seedampfschiffen, vom 11. Juni 1878 (R.G.Bl. S. 109). Auf Grund desselben ist erlassen die Bekanntmachung, betr. die Vorschriften über den Befähigungsnachweis und die Prüfung der Maschinisten auf Seedampfschiffen der deutschen Handelsflotte, vom 26. Juli 1891 (R.G.Bl. S. 359).

§ 511.

1. Dienstpflichten des Schiffers.
Allgemeine Dienstpflichten.

Der Führer des Schiffes (Schiffskapitän, Schiffer) ist verpflichtet, bei allen Dienstverrichtungen, namentlich bei der Erfüllung der von ihm auszuführenden Verträge, die Sorgfalt eines ordentlichen Schiffers anzuwenden. Er haftet für jeden durch sein Verschulden entstehenden Schaden, insbesondere für den Schaden, welcher aus der Verletzung der in diesem und den folgenden Abschnitten ihm auferlegten Pflichten entsteht.

Der Schiffer kann vom Rheder bestellt, kann aber auch vom Konsul ernannt sein. § 35 Ges. betr. die Organisation der Bundeskonsulate vom 8. November 1867 (B.G.Bl. S. 137):

> Die Bundeskonsuln sind befugt, an Stelle eines gestorbenen, erkrankten oder sonst zur Führung des Schiffes untauglich gewordenen Schiffers auf den Antrag der Betheiligten einen neuen Schiffsführer einzusetzen.

Der Konsul ist bei der Einsetzung gesetzlicher Vertreter des Rheders. Der vom Konsul ernannte Schiffer hat Anspruch auf angemessene Gage unter Berücksichtigung der im Heimathshafen üblichen. R.O. 22 S. 47.

Der Schiffer hat sich im Auslande beim Reichskonsul zu melden,

Ges. betr. die Schiffsmeldungen bei den Konsulaten des deutschen Reichs, vom 25. März 1880 (R.G.Bl. S. 183).

Dem Schiffer unterstehen die auf dem Schiff befindlichen Personen, auch das Maschinenpersonal. O.S.A. 10 S. 416. S. auch Seem.O. § 3.

Ueber die Stellung des Schiffers nach Verlust des Schiffes s. §§ 555, 632, 634 Abs. 7.

Maßgebend ist bei Beurtheilung des Verhaltens des Schiffers auch bei Ansegelungen nicht, was ein besonders befähigter Schiffer gethan hätte, aber auch nicht was jeder Schiffer gethan hätte, sondern die Sorgfalt eines ordentlichen Schiffers. R.G. 42 S. 76.

§ 512.

Diese Haftung des Schiffers besteht nicht nur gegenüber dem Rheder, sondern auch gegenüber dem Befrachter, Ablader und Ladungsempfänger, dem Reisenden, der Schiffsbesatzung und demjenigen Schiffsgläubiger, dessen Forderung aus einem Kreditgeschäfte (§ 528) entstanden ist, insbesondere dem Bodmereigläubiger.

Der Schiffer wird dadurch, daß er auf Anweisung des Rheders gehandelt hat, den übrigen vorgenannten Personen gegenüber von der Haftung nicht befreit.

Durch eine solche Anweisung wird auch der Rheder persönlich verpflichtet, wenn er bei der Ertheilung der Anweisung von dem Sachverhältniß unterrichtet war.

Die Haftung aus § 512 besteht nur den darin angeführten Personen gegenüber; wegen unerlaubter Handlungen haftet der Schiffer auch Anderen gegenüber nach bürgerlichem Recht. R.G. 10 S. 19.

Auch öffentlich-rechtlich wird der Schiffer von seiner Haftung für die Navigirung und für die Verpflichtungen der §§ 513 ff. durch Anweisungen des Rheders nicht befreit. O.S.A. 8 S. 596, 10 S. 440.

Ueber die Pflichten des Schiffers nach dem Tode eines Reisenden s. § 675; über seine Haftung beim Frachtvertrag s. § 661, bei der Bodmerei §§ 692—694, für die Verzögerung der Dispache § 728, für die Auslieferung von Gütern, die mit Havereibeiträgen oder mit Berge- oder Hülfslohn belastet sind § 731 bzw. § 752. Ueber die Pflichten beim Tode eines Schiffsmanns s. § 65 Seem.O., Anh. II Nr. 3.

§ 513.

Der Schiffer hat vor dem Antritte der Reise dafür zu sorgen, daß das Schiff in seetüchtigem Stande, gehörig eingerichtet und ausgerüstet, gehörig bemannt und verproviantirt ist und daß die zum Ausweise für Schiff, Besatzung und Ladung erforderlichen Papiere an Bord sind.

Seetüchtigkeit § 559.

§ 514.

Der Schiffer hat zu sorgen für die Tüchtigkeit der Geräthschaften zum Laden und Löschen sowie für die gehörige Stauung nach Seemannsbrauch, auch wenn die Stauung durch besondere Stauer bewirkt wird.

Er hat dafür zu sorgen, daß das Schiff nicht überladen und daß es mit dem nöthigen Ballast und der erforderlichen Garnirung versehen wird.

Der Schiffer haftet nicht unbedingt für die Tüchtigkeit der Geräthschaften zum Laden und die Ordnungsmäßigkeit der Stauung. Seine Diligenzpflicht ist verschieden je nachdem, ob er die Stauung selbst besorgt oder durch Dritte besorgen läßt. Auch im letzten Fall aber hat er die Pflicht zur Ueberwachung. R.O. 19 S. 264; R.G. 10 S. 21. Ueblichkeit eines Mißbrauchs bei der Stauung macht sie nicht zur Stauung nach Seemannsbrauch. R.G. in H. 1889 Nr. 37 (= S.A. 44 S. 436).

Garnier ist eine Vorrichtung (z. B. Planken) zum Schutz der Ladung gegen das im untersten Schiffsraum angesammelte Wasser.

§ 515.

Wenn der Schiffer im Auslande die dort geltenden Vorschriften, insbesondere die Polizei-, Steuer- und Zollgesetze, nicht beobachtet, so hat er den daraus entstehenden Schaden zu ersetzen.

Desgleichen hat er den Schaden zu ersetzen, welcher daraus entsteht, daß er Güter ladet, von denen er wußte oder wissen mußte, daß sie Kriegskontrebande seien.

Der Schiffer ist zur Aussetzung von Kriegskontrebande und von Gütern, deren Ausfuhr oder Einfuhr verboten ist, im Falle der Gefährdung befugt, §§ 563, 564, und verpflichtet. R.O. 21 S. 157.

S. auch § 297 St.G.B.:

Ein Reisender oder Schiffsmann, welcher ohne Vorwissen des Schiffers, ingleichen ein Schiffer, welcher ohne Vorwissen des Rheders Gegenstände an Bord nimmt, welche das Schiff oder die Ladung gefährden, indem sie die Beschlagnahme oder

Einziehung des Schiffes oder der Ladung veranlassen können, wird mit Geldstrafe bis zu eintausendfünfhundert Mark oder mit Gefängniß bis zu zwei Jahren bestraft.

§ 516.

Sobald das Schiff zum Abgehen fertig ist, hat der Schiffer die Reise bei der ersten günstigen Gelegenheit anzutreten.

Auch wenn er durch Krankheit oder andere Ursachen verhindert ist, das Schiff zu führen, darf er den Abgang des Schiffes oder die Weiterfahrt nicht ungebührlich aufhalten; er muß vielmehr, wenn Zeit und Umstände gestatten, die Anordnung des Rheders einzuholen, diesem ungesäumt die Verhinderung anzeigen und für die Zwischenzeit die geeigneten Vorkehrungen treffen, im entgegengesetzten Falle einen anderen Schiffer einsetzen. Für diesen Stellvertreter ist er nur insofern verantwortlich, als ihm bei dessen Wahl ein Verschulden zur Last fällt.

Ueber den vom Konsul bestellten Schiffer s. Bemerk. zu § 511.

§ 517.

Vom Beginn des Ladens an bis zur Beendigung der Löschung darf der Schiffer das Schiff gleichzeitig mit dem Steuermann nur in dringenden Fällen verlassen; er hat in solchen Fällen zuvor aus den Schiffsoffizieren oder der übrigen Mannschaft einen geeigneten Vertreter zu bestellen.

Dasselbe gilt auch vor dem Beginne des Ladens und nach der Beendigung der Löschung, wenn das Schiff in einem nicht sicheren Hafen oder auf einer nicht sicheren Rhede liegt.

Bei drohender Gefahr oder wenn das Schiff sich in See befindet, muß der Schiffer an Bord sein, sofern nicht eine dringende Nothwendigkeit seine Abwesenheit rechtfertigt.

Bei Abwesenheit des Schiffers hat der Steuermann ihn zu vertreten. R.O. 20 S. 121.

§ 518. **Schiffsrath.**

Wenn der Schiffer in Fällen der Gefahr mit den Schiffsoffizieren einen Schiffsrath zu halten für angemessen findet, so ist er gleichwohl an die gefaßten Beschlüsse nicht gebunden; er bleibt stets für die von ihm getroffenen Maßregeln verantwortlich.

Schiffsoffiziere: s. § 2 Abs. 2 Seem.O., Anh. II Nr. 3.

§ 519. **Führung des Tagebuchs (Journals).**

Auf jedem Schiffe muß ein Tagebuch geführt werden, in welches für jede Reise alle erheblichen Begebenheiten, seit mit dem Einnehmen der Ladung oder des Ballastes begonnen ist, einzutragen sind.

Das Tagebuch wird unter der Aufsicht des Schiffers von dem Steuermann und im Falle der Verhinderung des letzteren von dem Schiffer selbst oder unter seiner Aufsicht von einem durch ihn zu bestimmenden geeigneten Schiffsmanne geführt.

Ueber die Führung des Tagebuchs (Journals) haben die Bundesseestaaten in den Jahren 1889/90 übereinstimmende ergänzende Verordnungen erlassen.

Bei einem Unfall hat der Schiffer vor Allem für Rettung des Journals zu sorgen, O.S.A. 1 S. 216, entsprechend für den Strandvogt § 11 Strand.O., Anhang II Nr. 10.

Ueber Eintragungen durch den Schiffer selbst s. Bemerk. zu § 520 a. E.

§ 520.

Von Tag zu Tag sind in das Tagebuch einzutragen:
- die Beschaffenheit von Wind und Wetter;
- die von dem Schiffe gehaltenen Kurse und zurückgelegten Entfernungen;
- die ermittelte Breite und Länge;
- der Wasserstand bei den Pumpen.

Ferner sind in das Tagebuch einzutragen:
- die durch das Loth ermittelte Wassertiefe;
- jedes Annehmen eines Lootsen und die Zeit seiner Ankunft und seines Abganges;

die Veränderungen im Personal der Schiffsbesatzung;
die im Schiffsrathe gefaßten Beschlüsse;
alle Unfälle, die dem Schiffe oder der Ladung zustoßen, und eine Beschreibung dieser Unfälle.

Auch die auf dem Schiffe begangenen strafbaren Handlungen und die verhängten Disziplinarstrafen sowie die vorgekommenen Geburts- und Sterbefälle sind in das Tagebuch einzutragen.

Die Eintragungen müssen, soweit nicht die Umstände es hindern, täglich geschehen.

Das Tagebuch ist von dem Schiffer und dem Steuermanne zu unterschreiben.

„Von Tag zu Tag" bezeichnet die Zeitbestimmung nach Kalendertagen. O.S.A. 1 S. 591.

Die Eintragung von strafbaren Handlungen und von Disziplinarstrafen ist nebst verschiedenen anderen besonders vorgeschriebenen Eintragungen geregelt §§ 43, 57, 58, 70, 89, 92, 98, 99 Seem.O., Anh. II Nr. 3, vgl. die Strafvorschrift § 114 Z. 12 das.

Ueber die Eintragung von Geburts- und Sterbefällen ist das Nähere bestimmt im Ges. über die Beurkundung des Personenstandes vom 6. Juli 1875 (R.G.Bl. S. 23), sechster Abschnitt (§§ 61 bis 64): Beurkundung des Personenstandes der auf See befindlichen Personen.

Die Eintragungen von Geburts- und Sterbefällen und die oben angeführten der Seemannsordnung müssen vom Schiffer selbst gemacht werden. — Auch sonst ist es aber dem Schiffer nicht verwehrt, Eintragungen selbst zu bewirken. O.S.A. 1 S. 443.

§ 521.

Die Landesgesetze können bestimmen, daß auf kleineren Fahrzeugen (Küstenfahrern und dergleichen) die Führung eines Tagebuchs nicht erforderlich ist.

Verordnungen, die von dieser Befugniß in verschiedenem Umfange Gebrauch machen, sind in allen Bundesseestaaten außer für die altpreußischen Küstenprovinzen erlassen worden.

Für die Küstenschiffahrt ist von Bedeutung das Ges. betr. die Küstenfrachtfahrt, vom 22. Mai 1881 (R.G.Bl. S. 97), das die Küstenfrachtfahrt zwischen deutschen Häfen ausschließlich deutschen Schiffen zuweist; durch Staatsverträge ist aber einer großen Anzahl fremder Staaten die deutsche Küstenfrachtfahrt gestattet worden.

§ 522.

Verklarung.

Der Schiffer hat über alle Unfälle, die sich während der Reise ereignen, sie mögen den Verlust oder die Beschädigung des Schiffes oder der Ladung, das Einlaufen in einen Nothhafen oder einen sonstigen Nachtheil zur Folge haben, mit Zuziehung aller Personen der Schiffsbesatzung oder einer genügenden Anzahl von ihnen eine Verklarung abzulegen.

Die Verklarung ist ohne Verzug zu bewirken und zwar:

im Bestimmungshafen oder bei mehreren Bestimmungshäfen in demjenigen, welchen das Schiff nach dem Unfalle zuerst erreicht;

im Nothhafen, sofern in diesem reparirt oder gelöscht wird;

am ersten geeigneten Orte, wenn die Reise endet, ohne daß der Bestimmungshafen erreicht wird.

Ist der Schiffer gestorben oder außer Stande, die Aufnahme der Verklarung zu bewirken, so ist hierzu der im Range nächste Schiffsoffizier berechtigt und verpflichtet.

Die Verklarung bezweckt die Regelung der aus einem Seeunfall erwachsenden privatrechtlichen Verhältnisse und Streitigkeiten, nicht die Wahrung öffentlicher Interessen. O.S.A. 8 S. 247.

§ 523.

Die Verklarung muß einen Bericht über die erheblichen Begebenheiten der Reise, namentlich eine vollständige und deutliche Erzählung der erlittenen Unfälle unter Angabe der zur Abwendung oder Verringerung der Nachtheile angewendeten Mittel, enthalten.

§ 524.

Im Gebiete dieses Gesetzbuchs muß die Verklarung, unter Vorlegung des Tagebuchs und eines Verzeichnisses aller Personen der Schiffsbesatzung, bei dem zuständigen Gericht angemeldet werden.

Das Gericht hat nach Eingang der Anmeldung sobald als thunlich die Verklarung aufzunehmen.

Der dazu anberaumte Termin wird in geeigneter Weise öffentlich bekannt gemacht, sofern die Umstände einen solchen Aufenthalt gestatten.

Die Interessenten von Schiff und Ladung sowie die etwa sonst bei dem Unfalle Betheiligten sind berechtigt, selbst oder durch Vertreter der Ablegung der Verklarung beizuwohnen.

Die Verklarung geschieht auf der Grundlage des Tagebuchs. Kann das geführte Tagebuch nicht beigebracht werden oder ist ein Tagebuch nicht geführt (§ 521), so ist der Grund hiervon anzugeben.

Zuständig zur Abnahme der Verklarung ist in Deutschland das Amtsgericht nach § 145 Ges. freiw. Gerichtsb.:

> Die Amtsgerichte sind zuständig für die nach . . . . § 524 Abs. 1, 2, § 530 Abs. 1, §§ 590, 685, § 729 Abs. 1, § 884 Nr. 4 des Handelsgesetzbuchs von dem Gerichte zu erledigenden Angelegenheiten.

Ueber das Verfahren bei Abnahme der Verklarung kommen als reichsrechtliche Bestimmungen außer den §§ 524, 525 H.G.B. in Betracht der erste Abschnitt des Ges. freiw. Gerichtsb. (§§ 1—34) „Allgemeine Vorschriften", sowie § 146 Abs. 2, 3 das. Letztere lauten:

> Gegen die Verfügung, durch welche über den Antrag entschieden wird, findet die sofortige Beschwerde statt.
>
> Eine Anfechtung der Verfügung, durch welche einem nach § 524 Abs. 1, 2, § 530 Abs. 1, § 685, § 729 Abs. 1, § 884 Nr. 4 des Handelsgesetzbuchs gestellten Antrage stattgegeben wird, ist ausgeschlossen.

Im Auslande sind die deutschen Konsuln zur Aufnahme der Verklarung befugt, § 36 Ges. über die Organisation der Bundeskonsulate vom 8. November 1867 (B.G.Bl. S. 137):

> Sie (die Bundeskonsuln) sind befugt, die Verklarungen aufzunehmen, und bei Unfällen, von welchen die Schiffe betroffen werden, die erforderlichen Bergungs- und Rettungsmaßregeln einzuleiten und zu überwachen, sowie in Fällen der großen Haverei auf Antrag des Schiffers die Dispache aufzumachen.

Der Schiffer darf aber die Verklarung auch vor der nach dem ausländischen Recht zuständigen Behörde ablegen.

§ 525.

Der Richter ist befugt, außer den gestellten noch andere Personen der Schiffsbesatzung, deren Abhörung er angemessen findet, zu vernehmen. Er kann zum Zwecke besserer Aufklärung dem Schiffer sowie jeder anderen Person der Schiffsbesatzung geeignete Fragen zur Beantwortung vorlegen.

Der Schiffer und die zugezogenen übrigen Personen der Schiffsbesatzung haben ihre Aussagen zu beschwören.

Die über die Verklarung aufgenommene Verhandlung ist in Urschrift aufzubewahren und jedem Betheiligten auf Verlangen eine beglaubigte Abschrift zu ertheilen.

Der von der Besatzung zu leistende Eid ist Zeugeneid, nicht auferlegter Eid. R.G.Str. 19 S. 220.

Die Frage, ob und wieweit der Rheder aus Rechtshandlungen des Schiffers haftet, richtet sich nach dem Recht der Flagge. R.G. 34 S. 75.

§ 526.

2. Der Schiffer als geschäftlicher Vertreter.

a) Der Schiffer als Vertreter des Rheders.

Rechtsgeschäfte, die der Schiffer eingeht, während sich das Schiff im Heimathshafen befindet, sind für den Rheder nur dann verbindlich, wenn der Schiffer auf Grund einer Vollmacht gehandelt hat oder wenn ein anderer besonderer Verpflichtungsgrund vorhanden ist.

Zur Annahme der Schiffsmannschaft ist der Schiffer auch im Heimathshafen befugt.

§ 526 stellt nur einen nicht ausnahmslos gültigen Grundsatz auf. Auch im Heimathshafen ist der Schiffer zur Ausstellung der Konnossemente befugt (§ 642), ebenso zur Auslieferung der Ladung (§§ 594 ff.), damit aber auch zum Abschluß der zur Bewirkung der Auslieferung nöthigen Verträge, z. B. zur Annahme eines Stauers zur Entlöschung. H. 1887 Nr. 128 (= S.A. 43 S. 317). Ferner ist der Schiffer auch im Heimathshafen für die Schiffsklage passiv legitimirt. § 761 Abs. 2.

Nicht befugt ist er zur Anschaffung von Proviant. H. 1887 Nr. 116.

§ 527.

Befindet sich das Schiff außerhalb des Heimathshafens, so ist der Schiffer Dritten gegenüber kraft seiner Anstellung befugt, für den Rheder alle Geschäfte und Rechtshandlungen vorzunehmen, welche die Ausrüstung, die Bemannung, die Verproviantirung und die Erhaltung des Schiffes sowie überhaupt die Ausführung der Reise mit sich bringen.

Diese Befugniß erstreckt sich auch auf die Eingehung von Frachtverträgen; sie erstreckt sich ferner auf die Anstellung von Klagen, die sich auf den Wirkungskreis des Schiffers beziehen.

Abs. 1. Der Ausdruck „mit sich bringen" bezeichnet alle bei einem regelmäßigen Betrieb vorkommenden Geschäfte, nicht nur die unabweisbar nothwendigen. R.G. 13 S. 83, 36 S. 3. Der Schiffer ist bevollmächtigt zum Abschluß von Hülfslohnverträgen, R.O. 9 S. 368, zur Vornahme von Reparaturen, auch wenn sie nur zur Erhaltung der Klasse des Schiffes nothwendig sind, sowie zu Anerkenntnißverträgen über von ihm selbst abgeschlossene Geschäfte, R.G. 13 S. 81, dagegen nicht zur willkürlichen Abänderung eines vom Rheder geschlossenen Frachtvertrages. R.G. 36 S. 3.

Der Schiffer ist auch zur Stellung von Strafanträgen wegen Sachbeschädigung des Schiffes befugt.

Die in Abs. 2 dem Schiffer verliehene Prozeßvollmacht ist eine solche besonderer Art, aber kein Fall der „gesetzlichen Vertretung", da sie auf der Anstellung, also einem Willensakt des Rheders, beruht und man auch nicht etwa das Schiffsvermögen als juristische Person auffassen kann. Auch durch Klagen kann der Schiffer, da §§ 486, 533 mindestens analog zutreffen, den Rheder nur mit Schiff und Fracht verpflichten. Die Anführung aller Mitrheder in den vom Schiffer angestellten Klagen muß als nicht erforderlich erachtet werden, auch wenn man sie für Klagen der Rhederei selbst verlangt (s. Bemerk. zu § 489), denn der Schiffer kann gar nicht wissen, wer im Augenblick der Klageerhebung Rheder oder Mitrheder ist, die ihm ertheilte Vollmacht hat also überhaupt nur dann Sinn, wenn man in ihrer Anordnung zugleich eine Ausnahme von etwa gegentheiligen Formvorschriften sieht. Die Praxis erfordert auch nichts weiter als Angabe des Schiffes und der Schiffereigenschaft. — Die Passivlegitimation des Schiffers für die Schiffsklage s. § 761 Abs. 2, die aktive und passive Prozeßvollmacht für die Ladung s. Anm. zu § 535.

An Stelle des Schiffers können auch andere Vertreter des Rheders handeln, s. Bemerk. zu §§ 486 und 642. In Hamburg gilt der Schiffsmakler als zur Einklagung der Fracht bevollmächtigt. H. 1890 Nr. 3.

§ 528.

Zur Aufnahme von Darlehen, zur Eingehung von Käufen auf Borg sowie zum Abschluß ähnlicher Kreditgeschäfte ist der Schiffer nur dann befugt, wenn es zur Erhaltung des Schiffes oder zur Ausführung der Reise nothwendig, und nur insoweit, als es zur Befriedigung des Bedürfnisses erforderlich ist. Ein Bodmereigeschäft einzugehen, ist er nur dann befugt, wenn es zur Ausführung der Reise nothwendig, und nur insoweit, als es zur Befriedigung des Bedürfnisses erforderlich ist.

Die Gültigkeit des Geschäfts ist weder von der wirklichen Verwendung noch von der Zweckmäßigkeit der unter mehreren Kreditgeschäften getroffenen Wahl noch von dem Umstand abhängig, ob dem Schiffer das erforderliche Geld zur Verfügung gestanden hat, es sei denn, daß der Dritte in bösem Glauben war.

Zur Erhaltung des Schiffes kann der Schiffer nur die in Abs. 1 aufgeführten Geschäfte abschließen; dagegen kann er zur Ausführung der Reise außerdem Schiff und Fracht verbodmen und zur Fortsetzung der Reise auch die Ladung verbodmen, aber nur mit Schiff und Fracht zusammen (§§ 538, 540 Abs. 2, 680 Abs. 2), und über die Ladung verfügen (§ 538); Verbodmung und Verwendung der Ladung geschehen dann für Rechnung des Rheders oder der Havereigemeinschaft (§§ 539, 541). Die Verbodmung ist in diesen Fällen zulässig außerhalb des Heimathhafens (§ 680). Dagegen kann er die Ladung allein verbodmen, wenn es in ihrem ausschließlichen Interesse ist (zu ihrer Erhaltung und Weiterbeförderung; §§ 535 Abs. 3, 680 Abs. 2).

Die Voraussetzungen für die Gültigkeit des Kreditgeschäfts hat der Gläubiger zu beweisen.

§ 529.

Auf den persönlichen Kredit des Rheders Geschäfte abzuschließen, insbesondere Wechselverbindlichkeiten für den Rheder einzugehen, ist der Schiffer nur auf Grund einer ihn hierzu ermächtigenden Vollmacht (§ 486 Abs. 1 Nr. 1) befugt. Verhaltungsmaßregeln und dienstliche Anweisungen, die der Schiffer vom Rheder erhält, genügen nicht, die persönliche Haftung des Rheders dem Dritten gegenüber zu begründen.

§ 530.

Die Befugniß zum Verkaufe des Schiffes hat der Schiffer nur im Falle dringender Nothwendigkeit und nur, nachdem diese durch das Ortsgericht nach Anhörung von Sachverständigen und mit Zuziehung des deutschen Konsuls, wo ein solcher vorhanden, festgestellt ist.

Ist keine Gerichtsbehörde und auch keine andere Behörde, welche die Untersuchung übernimmt, am Orte vorhanden, so hat der Schiffer zur Rechtfertigung seines Verfahrens das Gutachten von Sachverständigen einzuholen und, wenn dies nicht möglich ist, sich mit anderen Beweisen zu versehen.

Der Verkauf muß öffentlich geschehen.

Zuständig ist in Deutschland das Amtsgericht, §§ 145, 146 Ges. freiw. Gerichtsb., s. bei § 524. Die Befugniß des Konsuls ist ausgesprochen auch in § 37 Ges. betr. die Organisation der Bundeskonsulate vom 8. November 1867 (B.G.Bl. S. 137).

Das Gutachten muß mit Gründen versehen sein. R.O. 16 S. 108. Vgl. auch die Bemerkungen zu § 873.

Ueber den Einfluß des Verkaufs auf Schiffsgläubigerrechte s. § 764, über die Gültigkeit der Kondemnation im Versicherungsrecht s. § 873.

§ 531.

Der Rheder, welcher die gesetzlichen Befugnisse des Schiffers beschränkt hat, kann dem Dritten die Nichteinhaltung dieser Beschränkungen nur entgegensetzen, wenn sie dem Dritten bekannt waren.

Es genügt zur Anwendung des § 531, daß der Dritte aus Vorverhandlungen weiß, daß der Rheder das Geschäft nicht will. R.G. 15 S. 206.

§ 532.

Hat der Schiffer ohne besonderen Auftrag für Rechnung des Rheders aus eigenen Mitteln Vorschüsse geleistet oder sich persönlich verpflichtet, so stehen ihm gegen den Rheder wegen des Ersatzes keine größeren Rechte als einem Dritten zu.

§ 533.

Durch ein Rechtsgeschäft, welches der Schiffer in seiner Eigenschaft als Führer des Schiffes, sei es mit, sei es ohne Bezeichnung des Rheders, innerhalb seiner gesetzlichen Befugnisse schließt, wird der Rheder dem Dritten gegenüber berechtigt und die Haftung des Rheders mit Schiff und Fracht begründet.

Der Schiffer selbst wird dem Dritten durch das Rechtsgeschäft nicht verpflichtet, es sei denn, daß er eine Gewährleistung für die Erfüllung übernimmt oder seine Befugnisse überschreitet. Die Haftung des Schiffers nach Maßgabe der §§ 511, 512 wird hierdurch nicht ausgeschlossen.

Haftung mit Schiff und Fracht s. § 486.

§ 534. **Befugnisse des Schiffers nach innen im Verhältniß zum Rheder.**

Auch dem Rheder gegenüber sind für den Umfang der Befugnisse des Schiffers die Vorschriften der §§ 526—530 maßgebend, soweit nicht der Rheder diese Befugnisse beschränkt hat.

Der Schiffer ist verpflichtet, von dem Zustande des Schiffes, den Begebnissen der Reisen, den von ihm geschlossenen Verträgen und den anhängig gewordenen Prozessen den Rheder in fortlaufender Kenntniß zu erhalten und in allen erheblichen Fällen, namentlich in den Fällen der §§ 528, 530 oder wenn er eine Reise zu ändern oder einzustellen sich genöthigt findet, oder bei außergewöhnlichen Reparaturen und Anschaffungen, die Ertheilung von Verhaltungsmaßregeln nachzusuchen, sofern die Umstände es gestatten.

Zu außergewöhnlichen Reparaturen und Anschaffungen, selbst wenn er sie mit den ihm zur Verfügung stehenden Mitteln des Rheders bestreiten kann, darf er nur im Falle der Nothwendigkeit schreiten.

Wenn er sich das zur Bestreitung eines Bedürfnisses nöthige Geld nicht anders verschaffen kann als durch Bodmerei oder durch den Verkauf von entbehrlichem Schiffszubehör oder von entbehrlichen Schiffsvorräthen, so hat er diejenige Maßregel zu ergreifen, welche für den Rheder mit dem geringsten Nachtheile verbunden ist.

Er muß dem Rheder nach der Rückkehr in den Heimathshafen und außerdem, so oft es verlangt wird, Rechnung legen.

§ 535. b) **Der Schiffer als Vertreter der Ladungsbetheiligten.**

Im Interesse der Ladungsbetheiligten hat der Schiffer während der Reise zugleich für das Beste der Ladung nach Möglichkeit Sorge zu tragen.

Werden zur Abwendung oder Verringerung eines Verlustes besondere Maßregeln erforderlich, so liegt ihm ob, das Interesse der Ladungsbetheiligten als deren Vertreter wahrzunehmen, wenn thunlich ihre Anweisungen einzuholen und, soweit es den Verhältnissen entspricht, zu befolgen, sonst aber nach eigenem Ermessen zu verfahren und überhaupt thunlichst dafür zu sorgen, daß die Ladungsbetheiligten von solchen Vorfällen und den dadurch veranlaßten Maßregeln schleunigst in Kenntniß gesetzt werden.

Er ist in solchen Fällen namentlich auch berechtigt, die Ladung ganz oder zu einem Theile zu löschen, äußerstenfalls, wenn ein erheblicher Verlust wegen drohenden Verderbs oder aus sonstigen Gründen anders nicht abzuwenden ist, zu verkaufen oder behufs der Beschaffung der Mittel zu ihrer Erhaltung und Weiterbeförderung zu verbodmen, sowie im Falle der Anhaltung oder Aufbringung zu reklamiren oder, wenn sie auf andere Weise seiner Verfügung entzogen ist, ihre Wiedererlangung außergerichtlich und gerichtlich zu betreiben.

Wenn die Eigenthümer der Ladung selbst anwesend oder vertreten sind, ist der Schiffer nicht befugt, Rechtsgeschäfte, die die Ladung betreffen, ohne deren Mitwirkung einzugehen. R.O. 4 S. 442.

§ 535 bezieht sich nur auf die Zeit der Reise, der Schiffer hat aber nach §§ 632, 634 Abs. 7 dieselben Rechte und Pflichten, wenn der Frachtvertrag wegen Verlusts des Schiffes, Aufenthalt von hoher Hand u. s. w. aufgelöst ist.

§ 535 giebt dem Schiffer ein gesetzliches Mandat. R.G. in H. 1895 Nr. 20. Für die Erfüllung der Pflichten des Schiffers haftet der Rheder nach § 486. R.O. 25 S. 9. Der Schiffer persönlich haftet nach § 512.

Der Schiffer verpflichtet (mangels besonderer Vollmacht, § 537) nur die Ladung selbst. Ueber Pfandrechte an der Ladung s. § 777.

Ist eine beschädigte Waare im Nothhafen weder konservirbar noch verschiffbar, so hat der Schiffer den öffentlichen Verkauf zu versuchen und darf sich, wenn dieser nicht möglich ist, der Waare entledigen. R.O. 21 S. 155.

Wenn bei Weiterbeförderung beschädigter Waare eine Vergrößerung des Schadens zu befürchten ist, ist der Schiffer zum Verkauf verpflichtet. R.O. 25 S. 9.

Zu längerem Aufenthalt im Nothhafen, um die Wiederherstellung einer beschädigten Waare abzuwarten, ist er nicht verpflichtet. R.G. 14 S. 39.

Im Falle des Abs. 2 kann die Waare allein verbodmet werden, § 680 Abs. 2, s. Anm. zu § 528. Die Verbodmung ist hier zulässig während der Reise, § 680 Z. 2.

Zum Reklamiren gehört insbesondere das Verfahren vor den Prisengerichten. Eine Konfiskation von Ladung kann nach der Pariser Seerechtsdeklaration vom 16. April 1856 erfolgen bei Kriegskontrebande und bei feindlicher Ladung in feindlichem Schiffe, ferner unter Umständen bei Blockadebruch.

Der Schluß des § 535 ertheilt dem Schiffer eine Prozeßvollmacht für die Ladungsbetheiligten. Eine Passivlegitimation des Schiffers ist ausdrücklich gegeben für die Ladungsklage des Bodmereigläubigers (§ 696 Abs. 2 S. 2) und des Berge- und Hülfslohnberechtigten (§ 751 Abs. 2). Eine darüber hinausgehende Vertretungsbefugniß s. H. 1884 Nr. 126.

Für die Unabhängigkeit des Geschäfts von der Zweckmäßigkeit der Wahl u. s. w. gilt gem. § 542 die Regel des § 528 Abs. 2.

§ 536.

Wird die Fortsetzung der Reise in der ursprünglichen Richtung durch einen Zufall verhindert, so ist der Schiffer befugt, die Reise in einer anderen Richtung fortzusetzen oder sie auf kürzere oder längere Zeit einzustellen oder nach dem Abgangshafen zurückzukehren, je nachdem es den Verhältnissen und den möglichst zu berücksichtigenden Anweisungen entspricht.

Im Falle der Auflösung des Frachtvertrags hat er nach den Vorschriften des § 632 zu verfahren.

§ 537.

Auf den persönlichen Kredit der Ladungsbetheiligten Geschäfte abzuschließen, ist der Schiffer auch in den Fällen des § 535 nur auf Grund einer ihn hierzu ermächtigenden Vollmacht befugt.

§ 538. c) Verfügung über Ladung im Interesse des Rheders und der Havereigemeinschaft.

Außer den Fällen des § 535 ist der Schiffer zur Verbodmung der Ladung oder zur Verfügung über Ladungstheile durch Verkauf oder Verwendung nur befugt, soweit es zum Zwecke der Fortsetzung der Reise nothwendig ist.

Die verschiedenen Fälle des § 538 führen auf § 539 und 540.

§ 539.

Gründet sich das Bedürfniß auf eine große Haverei und kann der Schiffer ihm durch verschiedene Maßregeln abhelfen, so hat er diejenige Maßregel zu ergreifen, welche für die Betheiligten mit dem geringsten Nachtheile verbunden ist.

Die Maßregel geschieht für Rechnung der Havereigemeinschaft. § 706 Z. 7 Abs. 3. Die Ladung kann ebenso wie im Falle des § 540 (Abs. 2) nur mit Schiff und Fracht zusammen verbodmet werden (§ 680 Abs. 2).

§ 540.

Liegt der Fall einer großen Haverei nicht vor, so ist der Schiffer zur Verbodmung der Ladung oder zur Verfügung über Ladungstheile durch Verkauf oder Verwendung nur befugt, wenn er dem Bedürfniß auf anderem Wege nicht abhelfen kann oder wenn die Wahl eines anderen Mittels einen unverhältnißmäßigen Schaden für den Rheder zur Folge haben würde.

Auch in diesen Fällen kann er die Ladung nur zusammen mit dem Schiffe und der Fracht verbodmen (§ 680 Abs. 2).

Er hat die Verbodmung vor dem Verkaufe zu wählen, es sei denn, daß die Verbodmung einen unverhältnißmäßigen Schaden für den Rheder zur Folge haben würde.

Da die Verfügung in § 540 im Interesse des Rheders geschieht, so ist sie abgesehen von der allgemeinen Voraussetzung des § 539 an besondere, gegenüber dem § 538 strengere Bedingungen geknüpft.

§ 541.

Die Verbodmung der Ladung oder die Verfügung über Ladungstheile durch Verkauf oder Verwendung wird in den Fällen des § 540 als ein für Rechnung des Rheders abgeschlossenes Kreditgeschäft (§ 528, § 754 Nr. 6) angesehen.

Als Ersatz ist vom Rheder nach § 612 der gemeine Handelswerth am Bestimmungsort, bzw. ein etwa höherer Erlös zu vergüten. Ein Verlust, den ein Ladungsbetheiligter dadurch erleidet, daß Schiff und Fracht nicht zu seiner Befriedigung ausreichen, wird nach § 732 nach den Regeln der großen Haverei vertheilt.

Handelt der Schiffer in der Wahl der Maßnahme schuldhaft (er verkauft z. B. zu werthvolle Güter), so haftet er nach § 512 und der Rheder gemäß § 486 auf vollen Schadensersatz. Der Geschädigte hat aber für die den gemeinen Werth übersteigende Forderung in der Reihenfolge der Schiffsgläubiger einen niedrigeren Rang, vgl. § 754 Z. 6 mit Z. 9.

§ 542. **d) Gültigkeit aller Verfügungen über Ladung.**

In Bezug auf die Gültigkeit der in den Fällen der §§ 535, 538—540 von dem Schiffer abgeschlossenen Rechtsgeschäfte finden die Vorschriften des § 528 Abs. 2 Anwendung.

§ 543. **3. Vertragsverhältniß des Schiffers. a) Kaplaken, Belohnungen.**

Was der Schiffer vom Befrachter, Ablader oder Ladungsempfänger außer der Fracht als Kaplaken, Primage oder sonst als Belohnung oder Entschädigung, gleichviel unter welchem Namen, erhält, hat er dem Rheder als Einnahme in Rechnung zu bringen.

Kaplaken ist ein Frachtzuschlag zu Gunsten des Schiffers, Primage eine Prämie.

Alles was der Schiffer durch Ausübung seiner Pflicht erwirbt, gebührt dem Rheder, auch Geschenke der Ladungsempfänger, auch eine persönlich bewilligte Ausfuhrprämie. R.O. 6 S. 65.

§ 544. **Verbot eigener Verladung.**

Der Schiffer darf ohne Einwilligung des Rheders für eigene Rechnung keine Güter verladen. Handelt er dieser Vorschrift zuwider, so hat er dem Rheder die höchste am Abladungsorte zur Abladungszeit für solche Reisen und Güter bedungene Fracht zu erstatten, unbeschadet des Anspruchs des Rheders auf den Ersatz eines ihm verursachten höheren Schadens.

§ 545. **b) Aufhebung des Dienstverhältnisses. Jederzeitige Auflösbarkeit.**

Der Schiffer kann, selbst wenn das Gegentheil vereinbart ist, jederzeit von dem Rheder entlassen werden, jedoch unbeschadet seines Anspruchs auf Entschädigung.

§ 546. **Ansprüche des wegen Verschuldens entlassenen Schiffers.**

Erfolgt die Entlassung, weil der Schiffer untüchtig befunden ist oder weil er seiner Pflicht nicht genügt, so erhält er nur dasjenige, was er von der Heuer einschließlich aller sonst bedungenen Vortheile bis dahin verdient hat.

§ 547. **Ansprüche des wegen eines Schiff oder Ladung betreffenden Zufalls entlassenen Schiffers.**

Wird ein Schiffer, der für eine bestimmte Reise angestellt ist, entlassen, weil die Reise wegen Krieg, Embargo oder Blockade, wegen eines Einfuhr- oder Ausfuhrverbots oder wegen eines anderen Schiff oder Ladung betreffenden Zufalls nicht angetreten oder fortgesetzt werden kann, so erhält er gleichfalls nur dasjenige, was er von der Heuer einschließlich aller sonst bedungenen Vortheile bis dahin verdient hat. Dasselbe gilt, wenn ein auf unbestimmte Zeit angestellter Schiffer aus einem der angeführten Gründe entlassen wird, nachdem er die Ausführung einer bestimmten Reise übernommen hat.

Erfolgt in diesen Fällen die Entlassung während der Reise, so kann der Schiffer außerdem nach seiner Wahl entweder freie Rückbeförderung nach dem Hafen, wo er geheuert worden ist, oder eine entsprechende Vergütung beanspruchen.

Ein nach den Vorschriften dieses Gesetzbuchs begründeter Anspruch auf freie Rückbeförderung umfaßt auch den Unterhalt während der Reise *sowie die Beförderung der Sachen des Schiffers*.

Das H.G.B. regelt abgesehen vom Falle des § 546 die Ansprüche des Schiffers, für den § 546 nicht zutrifft und der

1. für eine *bestimmte Reise* angestellt ist (§ 547), oder
2. auf *unbestimmte Zeit* angestellt ist, aber die Ausführung *einer bestimmten Reise* übernommen hat (§§ 547, 548), und zwar wird für den ersten Fall die Frage der Entschädigung bei vorzeitiger Beendigung des Dienstverhältnisses nur für den Fall einer Behinderung der Reise geregelt (§ 547), für den zweiten Fall dagegen vollständig (§§ 547, 548).

Ferner ist für den Fall, daß ein Schiffer auf unbestimmte Zeit angestellt ist und die Ausführung einer bestimmten Reise noch nicht übernommen hat, aus dem Zusammenhange der §§ 547—551 zu entnehmen, daß ihm jederzeit gekündigt werden kann, ohne daß er weitere Ansprüche als die des § 550 hat. Vgl. H. 1888 Nr. 2, 1893 Nr. 36 (R.G.)

Im Uebrigen ist (abgesehen immer von § 546) für alle anderen Fälle (Anstellung für eine bestimmte Reise, wenn nicht eine Behinderung der Reise in Frage steht; Anstellung für bestimmte Zeit; Anstellung auf Lebenszeit) das B.G.B. mit den Maßgabe anwendbar, daß die Entlassung zwar nach § 546 jederzeit zulässig ist, für die Entschädigung aber die sonst nicht gerechtfertigte Vertragsaufhebung wie nicht zulässig zu behandeln ist.

Bei wichtigen Gründen kommt dann in Betracht, daß der Rheder gemäß § 626 B.G.B. zur Kündigung ohne Kündigungsfrist berechtigt ist, bei Fehlen solcher hat der Schiffer in den betr. Fällen vollen Schadensersatz (die Vertragsleistungen abzüglich anderweiten Verdienstes) zu beanspruchen.

Abs. 1. Der Schiffer befindet sich auch dann auf einer übernommenen bestimmten Reise, wenn er am ersten Zielpunkt des Schiffes auf weitere Ordre wartet; den Gegensatz bildet der Fall, wo ein Schiffer sich nur allgemein zur Verfügung gestellt hat. Der ohne sein Verschulden im Ausland entlassene Schiffer hat immer Anspruch auf Zurückbeförderung. H. 1891 Nr. 72, 1893 Nr. 36 (R.G.).

Embargo ist Anhalten infolge Handelsverbot und Beschlagnahme, insbesondere als anticipierte Konfiskation bei drohendem Krieg.

§ 548. **Ansprüche des aus anderen Gründen entlassenen Schiffers.**

Wird ein Schiffer, der auf unbestimmte Zeit angestellt ist, aus anderen als den in den §§ 546, 547 angeführten Gründen entlassen, nachdem er die Ausführung einer bestimmten Reise übernommen hat, so erhält er außer demjenigen, was ihm nach den Vorschriften des § 547 gebührt, als Entschädigung noch die Heuer für einen Monat und für die nach § 73 der Seemannsordnung zu berechnende voraussichtliche Dauer seiner Reise nach dem Rückbeförderungshafen.

§ 548 hat mit Rücksicht auf die abgeänderte Seem.O. eine z. Th. geänderte Fassung erhalten durch Ges. betr. Abänderung seerechtlicher Vorschriften des H.G.B.

§ 549. **Berechnung in Bausch und Bogen bedungener Heuer.**

War die Heuer nicht zeitweise, sondern in Bausch und Bogen für die ganze Reise bedungen, so wird in den Fällen der §§ 546 bis 548 die verdiente Heuer mit Rücksicht auf den vollen Heuerbetrag nach dem Verhältnisse der geleisteten Dienste sowie des etwa zurückgelegten Theiles der Reise bestimmt. Zur Ermittelung der Heuer für einzelne Monate wird die durchschnittliche Dauer der Reise, einschließlich der Ladungs- und Löschungszeit unter Berücksichtigung der Beschaffenheit des Schiffes in Ansatz gebracht und danach die Heuer für die einzelnen Monate berechnet. Bei Berechnung der Heuer für einzelne Tage wird der Monat zu dreißig Tagen gerechnet.

S. Anm. zu § 548.

§ 550.

Anspruch auf Rückbeförderung.

Endet die Rückreise des Schiffes nicht in dem Heimathshafen und war der Schiffer für die Ausreise und die Rückreise oder auf unbestimmte Zeit angestellt, so hat der Schiffer Anspruch auf freie Rückbeförderung nach dem Hafen, wo er geheuert worden ist, und auf Fortbezug der Heuer während der Reise oder nach seiner Wahl auf eine entsprechende Vergütung.

§ 551.

Verpflichtung des auf unbestimmte Zeit angestellten Schiffers.

Der Schiffer, welcher auf unbestimmte Zeit angestellt ist, muß, sobald er eine Reise angetreten hat, im Dienste verbleiben, bis das Schiff in den Heimathshafen oder in einen inländischen Hafen zurückgekehrt und die Entlöschung erfolgt ist.

Er kann jedoch seine Entlassung fordern, wenn seit der ersten Abreise zwei oder drei Jahre verflossen sind, je nachdem sich das Schiff zur Zeit der Kündigung in einem europäischen oder in einem außereuropäischen Hafen befindet. Er hat in einem solchen Falle dem Rheder die zu seiner Ersetzung erforderliche Zeit zu gewähren und den Dienst inzwischen fortzusetzen, jedenfalls die laufende Reise zu beendigen.

Ordnet der Rheder sofort nach der Kündigung die Rückreise an, so ist der Schiffer verpflichtet, das Schiff zurückzuführen.

Unter „Reise" ist in Abs. 1 Heuerreise, in Abs. 2 Frachtreise gemeint. H. 1891 Nr. 72 (bestät. H. 1893 Nr. 36 R.G.). -- Abgesehen vom Falle des § 551 kann der auf unbestimmte Zeit angestellte Schiffer jederzeit kündigen. H. 1893 Nr. 36 (R.G.). In Fällen anderweiter Anstellung ist bürgerliches Recht anwendbar, wonach der Dienstberechtigte beim Vorliegen wichtiger Gründe (§ 626 B.G.B.) kündigen kann; doch wird anzunehmen sein, daß der Schiffer, der eine Reise angetreten hat, auch bei wichtigen Gründen nach Maßgabe § 551 im Dienste bleiben muß. — Bei Anstellung auf Lebenszeit oder länger als fünf Jahre kann der Schiffer nach § 624 B.G.B. nach fünf Jahren mit sechsmonatlicher Kündigungsfrist kündigen, doch auch hier, wenn er eine Reise angetreten hat, nur unter Beobachtung des § 551.

§ 552. **Eigene Part des Schiffers.**

Die Schiffspart, mit welcher der Schiffer auf Grund einer mit den übrigen Rhedern getroffenen Vereinbarung als Mitrheder an dem Schiffe betheiligt ist, ist im Falle seiner unfreiwilligen Entlassung auf sein Verlangen von den Mitrhedern gegen Auszahlnng des durch Sachverständige zu bestimmenden Schätzungswerths zu übernehmen. Dieses Recht des Schiffers erlischt, wenn er die Erklärung, davon Gebrauch zu machen, ohne Grund verzögert.

§ 553. c) **Erkrankung und Tod des Schiffers.**

Falls der Schiffer nach Antritt des Dienstes erkrankt oder eine Verletzung erleidet, so trägt der Rheder die Kosten der Verpflegung und Heilbehandlung. Diese Verpflichtung erstreckt sich:

1. wenn der Schiffer wegen der Krankheit oder Verletzung die Reise nicht antritt, bis zum Ablaufe von drei Monaten seit der Erkrankung oder Verletzung;
2. wenn er die Reise angetreten hat, bis zum Ablaufe von drei Monaten nach dem Verlassen des Schiffes in einem deutschen Hafen, und bis zum Ablaufe von sechs Monaten nach dem Verlassen des Schiffes in einem anderen Hafen.

Im Falle einer Verletzung hört die Verpflichtung des Rheders dem Verletzten gegenüber auf, sobald und soweit die Berufsgenossenschaft die Fürsorge übernimmt.

Der Rheder ist berechtigt, die Verpflegung und Heilbehandlung dem Schiffer in einer Krankenanstalt zu gewähren. Hat der Schiffer seinen Wohnsitz an dem Orte, wo er das Schiff verläßt, oder an dem Orte der Krankenanstalt, in welche er aufgenommen werden soll, so kann die Aufnahme nur erfolgen:

1. für den Schiffer, welcher verheirathet ist oder eine eigene Haushaltung hat oder Mitglied der Haushaltung seiner Familie ist, mit seiner Zustimmung, oder unabhängig von derselben, wenn die Art der Krankheit Anforderungen an die Behandlung oder Verpflegung stellt, welchen in der Familie des Erkrankten oder Verletzten nicht genügt werden kann, oder wenn die Krankheit eine ansteckende ist, oder wenn der Zustand oder das Verhalten des Schiffers eine fortgesetzte Beobachtung erfordert;
2. in sonstigen Fällen unbedingt.

Ein Schiffer, der wegen Krankheit oder Verletzung außerhalb des Reichsgebiets zurückgeblieben ist, kann mit seiner Einwilligung und der des behandelnden Arztes oder des Seemannsamts nach einem deutschen Hafen in eine Krankenanstalt überführt werden. Ist der Schiffer außer Stande, die Zustimmung zu ertheilen, oder verweigert er sie ohne berechtigten Grund, so kann sie nach Anhörung eines Arztes durch dasjenige Seemannsamt ersetzt werden, in dessen Bezirk der Schiffer sich zur Zeit befindet. Findet die Ueberführung statt, so erstreckt sich die Verpflichtung des Rheders stets nur bis zum Ablaufe von drei Monaten seit der Aufnahme in die Krankenanstalt des deutschen Hafens.

Der Schiffer, welcher sich der Heilbehandlung ohne berechtigten Grund entzieht und hierdurch nach ärztlichem Gutachten die Heilung vereitelt oder wesentlich erschwert hat, verliert den Anspruch auf kostenfreie Verpflegung und Heilbehandlung. Ueber die Berechtigung des Grundes, sowie über Beginn und Dauer des Verlustes entscheidet vorläufig das Seemannsamt.

Falls der Schiffer nicht mit dem Schiffe nach dem Heimathshafen, oder dem Hafen, wo er geheuert worden ist, zurückkehrt, gebührt ihm ferner freie Zurückbeförderung (§ 547) oder nach seiner Wahl eine entsprechende Vergütung.

Die Bestimmungen der §§ 553—553b sind im Anschluß an die neue Seem.O. neu gefaßt und an Stelle des bisherigen § 553 gesetzt durch Ges. betr. Abänderung seerechtlicher Vorschriften des H.G.B.

§ 553a.

Die Heuer, einschließlich aller sonst bedungenen Vortheile, bezieht der erkrankte oder verletzte Schiffer:

wenn er die Reise nicht antritt, bis zur Einstellung des Dienstes;

wenn er die Reise angetreten hat, bis zu dem Tage, an welchem er das Schiff verläßt.

Der Bezug der Heuer wird während des Aufenthalts in einer Krankenanstalt nicht gekürzt.

Ist der Schiffer bei Vertheidigung des Schiffes zu Schaden gekommen, so hat er überdies auf eine angemessene, erforderlichen Falles von dem Richter zu bestimmende Belohnung Anspruch.

Die Belohnung wird in großer Haverei vertheilt, § 706 Z. 5.

§ 553b.

Auf den Schiffer, welcher die Krankheit oder Verletzung durch eine strafbare Handlung sich zugezogen oder den Dienst widerrechtlich verlassen hat, finden die §§ 553, 553a keine Anwendung.

§ 554.

Stirbt der Schiffer nach dem Antritte des Dienstes, so hat der Rheder die bis zum Todestage verdiente Heuer einschließlich aller sonst bedungenen Vortheile zu entrichten;

ist der Tod nach dem Antritte der Reise erfolgt, so hat der Rheder auch die Beerdigungskosten zu tragen.

Wird der Schiffer bei Vertheidigung des Schiffes getödtet, so hat der Rheder überdies eine angemessene Belohnung zu zahlen.

Für die Belohnung gilt das zu § 553a Gesagte.

§ 555. **4. Stellung des Schiffers nach Verlust des Schiffes.**

Auch nach dem Verluste des Schiffes ist der Schiffer verpflichtet, noch für die Verklarung zu sorgen und überhaupt das Interesse des Rheders so lange wahrzunehmen, als es erforderlich ist. Er hat für diese Zeit Anspruch auf Fortbezug der Heuer und auf Erstattung der Kosten des Unterhalts. Außerdem kann er freie Rückbeförderung (§ 547) oder nach seiner Wahl eine entsprechende Vergütung beanspruchen.

Fürs Verhältniß zu den Ladungsbetheiligten in diesem Fall s. §§ 535 und 632, 634 Abs. 7.

Vierter Abschnitt.

Frachtgeschäft zur Beförderung von Gütern.

Für die am deutschen Bestimmungsort zu erfüllenden Verpflichtungen aus dem Frachtvertrag und dem Konnossement gilt deutsches Recht. R.O. 25 S. 194; R.G. 20 S. 56, 25 S. 107, 34 S. 78; R.G. in H. 1892 Nr. 47 (= S.A. 49 S. 62).

Der Frachtvertrag ist ein Werkvertrag. R.G. 25 S. 112; H. 1897 Nr. 109 (= S.A. 54 S. 35).

Zeitfrachtverträge können aber je nach den Vereinbarungen der Parteien auch als Sachmiethe aufzufassen sein. R.G. in H. 1901 Nr. 92.

Kein Frachtvertrag ist das Verhältniß des Ausrüsters zum Schiffseigenthümer, § 510.

§ 556. **1. Allgemeines.**

Der Frachtvertrag zur Beförderung von Gütern bezieht sich entweder

1. auf das Schiff im Ganzen oder einen verhältnißmäßigen Theil oder einen bestimmt bezeichneten Raum des Schiffes oder
2. auf einzelne Güter (Stückgüter).

Der Schleppvertrag ist regelmäßig ein Werkvertrag (unter Umständen ein Dienst- oder Miethsvertrag), aber kein Frachtvertrag. R.O. 23 S. 320; R.G. in S.A. 43 S. 72.

§ 557.

Wird das Schiff im Ganzen oder zu einem verhältnißmäßigen Theile oder wird ein bestimmt bezeichneter Raum des Schiffes verfrachtet, so kann jede Partei verlangen, daß über den Vertrag eine schriftliche Urkunde (Chartepartie) errichtet wird.

§ 558.

In der Verfrachtung eines ganzen Schiffes ist die Kajüte nicht einbegriffen; es dürfen jedoch ohne Einwilligung des Befrachters in die Kajüte keine Güter verladen werden.

§ 559. Seetüchtigkeit.

Bei jeder Art von Frachtvertrag (§ 556) hat der Verfrachter das Schiff in seetüchtigem Stande zu liefern.

Er haftet dem Befrachter für jeden Schaden, der aus dem mangelhaften Zustande des Schiffes entsteht, es sei denn, daß der Mangel bei Anwendung der Sorgfalt eines ordentlichen Verfrachters nicht zu entdecken war.

Zu unterscheiden ist absolute Seefähigkeit, d. h. die Fähigkeit des Schiffes, die Seereise zu bestehen, und relative Seefähigkeit, d. h. die Fähigkeit, die vorhandene Ladung ungefährdet zu befördern.

Die Seetüchtigkeit ist dahin zu erstrecken, daß das Schiff die concrete Ladung ungefährdet befördert. H. 1885 Nr. 24 (= S.A. 40 S. 333), H. 1897 Nr. 87, 1900 Nr. 133. Feuergefährlichkeit einer Anlage schlichtet sie aus. R.G. in H. 1894 Nr. 51. Zur Seetüchtigkeit gehört Ordnungsmäßigkeit der Instrumente, des Zubehörs, der Stauung (R.G. in H. 1894 Nr. 51), nicht dagegen des Garniers (Garnirung s. Bemerkung zu § 514); R.G. 25 S. 106. Vgl. andererseits für das Verhältniß zu dem Versicherer: Ueberladung eines Schiffers bewirkt nicht Seeuntüchtigkeit, der Begriff Seetüchtigkeit bezieht sich nur auf den Schiffskörper. H. 1883 Nr. 135.

Wenn das Schiff zur Befrachtung angenommen und abgesegelt ist, hat der Befrachter die Seeuntüchtigkeit zu beweisen, den Gegenbeweis der Unentdeckbarkeit hat der Verfrachter. Vgl. R.O. 23 S. 21; H. 1885 Nr. 24 (= S.A. 40 S. 333); R.G. in H. 1894 Nr. 51.

Für die Seetüchtigkeit haftet der Schiffer persönlich nach § 513.

§ 560. **2. Beladung *). a) einleitende Bestimmungen. Hinlegung zur Beladung.**

Der Schiffer hat zur Einnahme der Ladung das Schiff an den vom Befrachter oder, wenn das Schiff an Mehrere verfrachtet ist, von sämmtlichen Befrachtern ihm angewiesenen Platz hinzulegen.

Erfolgt die Anweisung nicht rechtzeitig oder wird nicht von sämmtlichen Befrachtern derselbe Platz angewiesen oder gestatten die Wassertiefe, die Sicherheit des Schiffes oder die örtlichen Verordnungen oder Einrichtungen die Befolgung der Anweisung nicht, so hat der Schiffer an dem ortsüblichen Ladungsplatz anzulegen.

S. Anm. zu § 592.

§ 561. **Einladungskosten.**

Sofern nicht durch Vertrag oder durch die örtlichen Verordnungen des Abladungshafens und in deren Ermangelung durch einen daselbst bestehenden Ortsgebrauch ein Anderes bestimmt ist, sind die Güter von dem Befrachter kostenfrei bis an das Schiff zu liefern, dagegen die Kosten der Einladung in das Schiff von dem Verfrachter zu tragen.

S. § 593. Ortsgebrauch bedeutet hier und in den folgenden Paragraphen örtliches Gewohnheitsrecht. R.G. 3 S. 150.

§ 562. **Lieferung anderer Güter.**

Der Verfrachter ist verpflichtet, statt der vertragsmäßigen Güter andere, von dem Befrachter zur Verschiffung nach demselben Bestimmungshafen ihm angebotene

---

*) Viele Regeln gelten gleichmäßig für Beladung und Entlöschung. Da aber die letztere häufiger zu Zweifelsfällen Anlaß zu bieten pflegt, so werden die betreffenden Bemerkungen bei den Vorschriften über die Entlöschung gegeben und wird bei denen über die Beladung nur auf jene verwiesen. Es entsprechen §§ 592, 593 den §§ 560, 561, §§ 594—596 den §§ 567—569, §§ 597—600 den §§ 573—576.

Güter anzunehmen, wenn dadurch seine Lage nicht erschwert wird.

Diese Vorschrift findet keine Anwendung, wenn die Güter im Vertrage nicht blos nach Art oder Gattung, sondern speziell bezeichnet sind.

§ 563. **Verladung verbotener und gefährdender Güter.**

Der Befrachter oder Ablader, welcher die verladenen Güter unrichtig bezeichnet oder Kriegskontrebande oder Güter verladet, deren Ausfuhr oder deren Einfuhr in den Bestimmungshafen verboten ist, oder welcher bei der Abladung die gesetzlichen Vorschriften, insbesondere die Polizei-, Steuer- und Zollgesetze, übertritt, wird, sofern ihm dabei ein Verschulden zur Last fällt, nicht blos dem Verfrachter, sondern auch allen übrigen im § 512 Abs. 1 bezeichneten Personen für den durch sein Verfahren veranlaßten Aufenthalt und jeden anderen Schaden verantwortlich.

Dadurch, daß er mit Zustimmung des Schiffers gehandelt hat, wird seine Verantwortlichkeit den übrigen Personen gegenüber nicht ausgeschlossen.

Er kann aus der Konfiskation der Güter keinen Grund herleiten, die Zahlung der Fracht zu verweigern.

Gefährden die Güter das Schiff oder die übrige Ladung, so ist der Schiffer befugt, die Güter ans Land zu setzen oder in dringenden Fällen über Bord zu werfen.

Befrachter ist der Kontrahent des Frachtvertrags, Ablader, wer die Waare liefert, z. B. als Unterbefrachter, Spediteur, Einkaufskommissionär, Verkäufer oder als bloßer Vertreter des Befrachters. R.G. in H. 1892 Nr. 47 (= S.A. 49 S. 63). Der Ablader ist dem Verfrachter gegenüber Vertreter des Befrachters. R.O. 23 S. 22; H. 1889 Nr. 45 (= S.A. 44 S. 438), R.G. in H. 1892 Nr. 47 (= S.A. 49 S. 63). Selbständige Rechte erwirbt er durch Ausstellung des Konnossements, § 642. Außerdem entsteht ein direktes Vertragsverhältniß zu ihm schon mit der Erklärung, daß die Güter mitgenommen werden sollen. H. 1889 Nr. 55 (= S.A. 44 S. 439), H. 1893 Nr. 88. Der Schiffer haftet dem Ablader persönlich nach § 512.

Der Verfrachter hat wegen eines ihm durch die abgeladenen Güter verursachten Schadens allgemein einen Ersatzanspruch im Falle des Verschuldens des Befrachters, insbesondere bei Verheimlichung der gefährdenden Eigenschaft eines Guts. R.G. 20 S. 78.

Der Schiffer ist verpflichtet, die ihm in §§ 563, 564 gegebenen Befugnisse auszuüben. R.O. 21 S. 157.

§ 564.

Auch derjenige, welcher ohne Wissen des Schiffers Güter an Bord bringt, ist nach Maßgabe des § 563 zum Ersatze des daraus entstehenden Schadens verpflichtet. Der Schiffer ist befugt, solche Güter wieder ans Land zu setzen oder, wenn sie das Schiff oder die übrige Ladung gefährden, nöthigenfalls über Bord zu werfen. Hat der Schiffer die Güter an Bord behalten, so ist dafür die höchste am Abladungsorte zur Abladungszeit für solche Reisen und Güter bedungene Fracht zu bezahlen.

§ 565. **Verladung in ein anderes Schiff.**

Der Verfrachter ist nicht befugt, ohne Erlaubniß des Befrachters die Güter in ein anderes Schiff zu verladen. Handelt er dieser Vorschrift zuwider, so ist er für jeden daraus entstehenden Schaden verantwortlich, es sei denn, daß der Schaden auch dann entstanden und dem Befrachter zur Last gefallen sein würde, wenn die Güter nicht in ein anderes Schiff verladen worden wären.

Auf Umladungen in ein anderes Schiff, die in Fällen der Noth nach dem Antritte der Reise erfolgen, finden die Vorschriften des Abs. 1 keine Anwendung.

Ein Schaden ist nicht zu ersetzen, wenn das vertragsmäßige Schiff untergegangen und die Waare vertragswidrig mit einem andern befördert war, aber in Folge der Konjunktur weniger werth ist, als die Versicherungssumme betragen hätte. R.G. 28 S. 161.

§ 566. **Decladung.**

Ohne Zustimmung des Abladers dürfen dessen Güter weder auf das Verdeck verladen noch an die Seiten des Schiffes gehängt werden.

Die Landesgesetze können bestimmen, daß diese Vorschrift, soweit sie die Beladung des Verdecks betrifft, auf die Küstenschiffahrt keine Anwendung findet.

Gegenüber den Abladern anderer Güter ist die Verladung eines Guts auf Deck nicht an sich unstatthaft. H. 1891 Nr. 53 (= S.A. 47 S. 69).

§ 567. b) Beladung bei Verfrachtung eines Schiffes im Ganzen. Anzeige der Ladebereitschaft, Ladezeit, Ueberliegezeit, Liegegeld.

Bei der Verfrachtung eines Schiffes im Ganzen hat der Schiffer, sobald er zur Einnahme der Ladung fertig und bereit ist, dies dem Befrachter anzuzeigen.

Mit dem auf die Anzeige folgenden Tage beginnt die Ladezeit.

Ueber die Ladezeit hinaus hat der Verfrachter auf die Abladung noch länger zu warten, wenn es vereinbart ist (Ueberliegezeit).

Für die Ladezeit kann, sofern nicht das Gegentheil bedungen ist, keine besondere Vergütung verlangt werden. Dagegen hat der Befrachter dem Verfrachter für die Ueberliegezeit eine Vergütung (Liegegeld) zu gewähren.

S. Anm. zu § 594. Ladebereit ist das Schiff, wenn es in der Lage ist, sich unverzüglich an den Ladeplatz zu begeben. R.G. 15 S. 234; B. 15 S. 214. Ueber den sog. regular turn s. Anm. zu § 573.

§ 568. Dauer der Ladezeit und der Ueberliegezeit.

Ist die Dauer der Ladezeit durch Vertrag nicht festgesetzt, so wird sie durch die örtlichen Verordnungen des Abladungshafens und in deren Ermangelung durch den daselbst bestehenden Ortsgebrauch bestimmt. Besteht auch ein solcher Ortsgebrauch nicht, so gilt als Ladezeit eine den Umständen des Falles angemessene Frist.

Ist eine Ueberliegezeit, nicht aber deren Dauer, durch Vertrag bestimmt, so beträgt die Ueberliegezeit vierzehn Tage.

Enthält der Vertrag nur die Festsetzung eines Liegegeldes, so ist anzunehmen, daß eine Ueberliegezeit ohne Bestimmung der Dauer vereinbart sei.

S. § 595.

§ 569. **Beginn der Ueberliegezeit.**

Ist die Dauer der Ladezeit oder der Tag, mit welchem die Ladezeit enden soll, durch Vertrag bestimmt, so beginnt die Ueberliegezeit ohne Weiteres mit dem Ablaufe der Ladezeit.

In Ermangelung einer solchen vertragsmäßigen Bestimmung beginnt die Ueberliegezeit erst, nachdem der Verfrachter dem Befrachter erklärt hat, daß die Ladezeit abgelaufen sei. Der Verfrachter kann schon innerhalb der Ladezeit dem Befrachter erklären, an welchem Tage er die Ladezeit für abgelaufen halte. In diesem Falle ist zum Ablaufe der Ladezeit und zum Beginne der Ueberliegezeit eine neue Erklärung des Verfrachters nicht erforderlich.

§ 569 betrifft nur die Fälle, wo Ueberliegezeit zu gewähren ist (§ 567 Abs. 3). Ist das nicht der Fall, so gilt für das Ende der Ladezeit § 570.

„Nachdem" (Abs. 2) bedeutet: an dem auf die Anzeige folgenden Tage; es gilt hier überall Berechnung nach ganzen Tagen. R.G. 3 S. 151.

§ 570. **Wartezeit.**

Nach dem Ablaufe der Ladezeit oder, wenn eine Ueberliegezeit vereinbart ist, nach dem Ablaufe der Ueberliegezeit ist der Verfrachter nicht verpflichtet, auf die Abladung noch länger zu warten. Er muß jedoch seinen Willen, nicht länger zu warten, spätestens drei Tage vor dem Ablaufe der Ladezeit oder der Ueberliegezeit dem Befrachter erklären.

Ist dies nicht geschehen, so läuft die Ladezeit oder Ueberliegezeit nicht eher ab, als bis die Erklärung nachgeholt ist und seit dem Tage der Abgabe der Erklärung drei Tage verstrichen sind.

Die in den Abs. 1, 2 erwähnten drei Tage werden in allen Fällen als ununterbrochen fortlaufende Tage nach dem Kalender gezählt.

Die gesammte Frist einschließlich der drei Tage wird als Wartezeit bezeichnet.

Wenn eine Ueberliegezeit vereinbart ist, so ist auch für ihre etwaige Verlängerung gem. Abs. 2 Liegegeld zu zahlen, H. 1896 Nr. 18; dagegen nicht, wenn keine Ueberliegezeit vereinbart ist und die Ladezeit durch die Frist des Abs. 2 verlängert wird.

§ 571. **Formfreiheit der Erklärungen u. Protest.**

Die in den §§ 569, 570 bezeichneten Erklärungen des Verfrachters sind an keine besondere Form gebunden. Weigert sich der Befrachter, den Empfang einer solchen Erklärung in genügender Weise zu bescheinigen, so ist der Verfrachter befugt, eine öffentliche Urkunde darüber auf Kosten des Befrachters errichten zu lassen.

§ 572. **Höhe des Liegegeldes.**

Das Liegegeld ist, wenn es nicht durch Vertrag bestimmt ist, nach billigem Ermessen zu bestimmen.

Hierbei ist auf die näheren Umstände des Falles, insbesondere auf die Heuerbeträge und die Unterhaltskosten der Schiffsbesatzung sowie auf den dem Verfrachter entgehenden Frachtverdienst, Rücksicht zu nehmen.

Der entgangene Frachtverdienst ist mit maßgebend, es fällt aber nicht etwa der Anspruch auf Liegegeld weg, wenn überhaupt in der Zeit keine andere Fracht zu erhalten gewesen wäre. R.O. 5 S. 141.

Die Höhe des Liegegeldes kann nicht durch Ortsgebrauch festgesetzt werden.

Liegegeld ist keine Vertragsstrafe, sondern vertragsmäßige Vergütung für Schiffsbenutzung. R.O. 19 S. 93; R.G. in S.A. 48 S. 316, vgl. hierzu die Bemerkungen zu § 594

§ 573. **Berechnung der Lade- und Ueberliegezeit.**

Bei der Berechnung der Lade- und Ueberliegezeit werden die Tage in ununterbrochen fortlaufender Reihenfolge gezählt; insbesondere kommen in Ansatz die Sonntage und die Feiertage sowie diejenigen Tage, an welchen der Befrachter durch Zufall die Ladung zu liefern verhindert ist.

Nicht in Ansatz kommen jedoch die Tage, an denen durch Wind und Wetter oder durch irgend einen anderen Zufall entweder

1. die Lieferung nicht nur der bedungenen, sondern jeder Art von Ladung an das Schiff oder
2. die Uebernahme der Ladung

verhindert ist.

Wenn an einem Hafenplatz eine regelmäßige Reihenfolge für die Abfertigung der Schiffe besteht (**regular turn**), so ist der Aufenthalt, der dadurch entsteht, daß das Schiff noch nicht an der Reihe ist, am Ladeplatz anzulegen, dann zu Lasten des Schiffes, wenn der Befrachter es weder an einen andern Platz verweisen kann, noch seinerseits die Abfertigung vorgehender Schiffe verzögert. R.O. 21 S. 227.

Vgl. übrigens § 597.

§ 574.

Für die Tage, die der Verfrachter wegen Verhinderung der Lieferung jeder Art von Ladung länger warten muß, gebührt ihm Liegegeld, selbst wenn die Verhinderung während der Ladezeit eintritt. Dagegen ist für die Tage, die er wegen Verhinderung der Uebernahme der Ladung länger warten muß, Liegegeld nicht zu entrichten, selbst wenn die Verhinderung während der Ueberliegezeit eintritt.

§ 575.

Sind für die Dauer der Ladezeit nach § 568 die örtlichen Verordnungen oder der Ortsgebrauch maßgebend, so kommen bei der Berechnung der Ladezeit die Vorschriften der §§ 573, 574 nur insoweit zur Anwendung, als die örtlichen Verordnungen oder der Ortsgebrauch nichts Abweichendes bestimmen.

S. Anm. zu § 599.

§ 576.

Abladung bis zu bestimmtem Termin.

Hat sich der Verfrachter ausbedungen, daß die Abladung bis zu einem bestimmten Tage beendigt sein muß, so wird er durch die Verhinderung der Lieferung jeder Art von Ladung (§ 573 Abs. 2 Nr. 1) zum längeren Warten nicht verpflichtet.

§ 577.

Nichtlieferung der durch einen Dritten zu liefernden Ladung.

Soll der Verfrachter die Ladung von einem Dritten erhalten und ist dieser Dritte ungeachtet der von dem Verfrachter in ortsüblicher Weise kundgemachten Bereitschaft zum Laden nicht zu ermitteln oder verweigert er die Lieferung der Ladung, so hat der Verfrachter den Befrachter schleunigst hiervon zu benachrichtigen und nur bis zum Ablaufe der Ladezeit, nicht auch während der etwa vereinbarten Ueberliegezeit auf die Abladung zu warten, es sei denn, daß er von dem Befrachter oder einem Bevollmächtigten des Befrachters noch innerhalb der Ladezeit eine entgegengesetzte Anweisung erhält.

Ist für die Ladezeit und die Löschzeit zusammen eine ungetheilte Frist bestimmt, so wird für den im Abs. 1 erwähnten Fall die Hälfte dieser Frist als Ladezeit angesehen.

„Von einem Dritten" — dem Ablader im Gegensatz zum Befrachter als Frachtvertragskontrahenten.

Die Pflicht, die drei Tage des § 570 abzuwarten, hat der Verfrachter nicht.

§ 578.

Abfahrt ohne volle Ladung.

Der Verfrachter hat auf Verlangen des Befrachters die Reise auch ohne die volle bedungene Ladung anzutreten. Es gebührt ihm aber alsdann nicht nur die volle Fracht und das etwaige Liegegeld, sondern er ist auch berechtigt, soweit ihm durch die Unvollständigkeit der Ladung die Sicherheit für die volle Fracht entgeht, die Bestellung einer anderweitigen Sicherheit zu fordern. Außerdem sind ihm die Mehrkosten, die ihm in Folge der Unvollständigkeit der Ladung etwa erwachsen, durch den Befrachter zu erstatten.

Zu den Mehrkosten gehören u. A. Auslagen für Ballast.

§ 579.

Hat der Befrachter bis zum Ablaufe der Zeit, während welcher der Verfrachter auf die Abladung zu warten verpflichtet ist (Wartezeit), die Abladung nicht vollständig bewirkt, so ist der Verfrachter befugt, sofern der Befrachter nicht von dem Vertrage zurücktritt, die Reise anzutreten und die im § 578 bezeichneten Forderungen geltend zu machen.

c) Rücktritt bei Verfrachtung eines Schiffes im Ganzen.

§ 580.

Rücktrittsrecht des Befrachters. Fautfracht.

Der Befrachter kann vor dem Antritte der Reise, sei diese eine einfache oder eine zusammengesetzte, von dem Vertrag unter der Verpflichtung zurücktreten, die Hälfte der bedungenen Fracht als Fautfracht zu zahlen.

Im Sinne dieser Vorschrift wird die Reise schon dann als angetreten erachtet.

1. wenn der Befrachter den Schiffer bereits abgefertigt hat;
2. wenn er die Ladung bereits ganz oder zu einem Theile geliefert hat und die Wartezeit verstrichen ist.

§§ 580 ff. geben dem Befrachter ein Recht zu willkürlichem Rücktritt: § 585 regelt ein Rücktrittsrecht des Verfrachters. Außerdem sind in §§ 628—641 Vorschriften über bestimmte Zufälle enthalten, die den Frachtvertrag aufheben oder zum Rücktritt von ihm berechtigen.

Vom Beweise eines Schadens ist der Anspruch auf Fautfracht nicht abhängig.

§ 581.

Macht der Befrachter von dem im § 580 bezeichneten Rechte Gebrauch, nachdem Ladung geliefert ist, so hat er auch die Kosten der Einladung und Wiederausladung zu tragen und für die Zeit der Wiederausladung, soweit sie nicht in die Ladezeit fällt, Liegegeld (§ 572) zu zahlen. Die Wiederausladung ist mit möglichster Beschleunigung zu bewirken.

Der Verfrachter ist verpflichtet, den Aufenthalt, den die Wiederausladung verursacht, selbst dann sich gefallen zu lassen, wenn dadurch die Wartezeit überschritten wird. Für die Zeit nach dem Ablaufe der Wartezeit hat er Anspruch auf Liegegeld und auf Ersatz des durch die Ueberschreitung der Wartezeit entstandenen Schadens, soweit der letztere den Betrag dieses Liegegeldes übersteigt.

Daß der Befrachter im Falle des Rücktritts die ganzen Kosten der Einladung und Ausladung zu tragen hat, ist eine Abweichung von dem allgemeinen Grundsatze §§ 561, 593 und hat seinen Grund darin, daß er hier die Fracht nur halb entrichtet.

Zu dem nach Abs. 2 zu ersetzenden durch die Ueberschreitung der Wartezeit entstandenen Schaden gehört auch der, den der Verfrachter dadurch erleidet, daß er wegen des Aufenthalts den Bestimmungsort zu spät für den rechtzeitigen Antritt einer ihm dort obliegenden Frachtreise erreicht, oder daß er nunmehr wegen Eises nicht mehr aussegeln kann. Prot. zum Allg. Deutsch. H.G.B., herausg. v. Lutz, 5 S. 2125, 8 S. 3876, 3885. Mehrkosten für Ballast u. dgl. kann der Verfrachter dagegen, anders als in § 578, nicht ersetzt verlangen.

§ 582.

Nachdem die Reise im Sinne des § 580 angetreten ist, kann der Befrachter nur gegen Berichtigung der vollen Fracht sowie aller sonstigen Forderungen des Verfrachters (§ 614) und gegen Berichtigung oder Sicherstellung der im § 615 bezeichneten Forderungen von dem Vertrage zurücktreten und die Wiederausladung der Güter fordern.

Im Falle der Wiederausladung hat der Befrachter nicht nur die hierdurch entstehenden Mehrkosten, sondern auch den Schaden zu ersetzen, welcher aus dem durch die Wiederausladung verursachten Aufenthalte dem Verfrachter entsteht.

Zum Zwecke der Wiederausladung der Güter die Reise zu ändern oder einen Hafen anzulaufen, ist der Verfrachter nicht verpflichtet.

Ob das Schiff noch im Abgangshafen ist oder nicht, ist für § 582 gleichgültig. Da der Verfrachter hier die volle Fracht zu beanspruchen hat, erhält er im Gegensatz zu § 581 nur die Mehrkosten der Wiederausladung.

Ein Recht, auf der Ausführung des Transports zu bestehen, hat der Verfrachter auch nach dem Antritt der Reise nicht. R.O. 16 S. 199.

Zu einer Aenderung der Reise ist der Verfrachter auch dann nicht verpflichtet, wenn dadurch im Interesse des Befrachters die Ausladung verdorbener Güter ermöglicht werden würde. R.G. 14 S. 41.

§ 583.

Der Befrachter ist statt der vollen Fracht nur zwei Drittheile als Fautfracht zu zahlen verpflichtet, wenn das Schiff zugleich auf Rückladung verfrachtet ist oder in Ausführung des Vertrags zur Einnahme der Ladung eine

Fahrt aus einem anderen Hafen zu machen hat und in diesen beiden Fällen der Rücktritt früher erklärt wird, als die Rückreise oder die Reise aus dem Abladungshafen im Sinne des § 580 angetreten ist.

Es ist zu zahlen: wenn der Rücktritt erfolgt vor Antritt der Hinreise — die halbe Fracht; wenn er erfolgt nach Antritt der Hinreise, aber vor Antritt der Rückreise — zwei Drittel der Fracht; wenn er erfolgt nach Antritt der Rückreise — die ganze Fracht.

§ 584.

Bei anderen zusammengesetzten Reisen erhält der Verfrachter, wenn der Befrachter den Rücktritt erklärt, bevor in Bezug auf den letzten Reiseabschnitt die Reise im Sinne des § 580 angetreten ist, als Fautfracht zwar die volle Fracht, es kommt von dieser jedoch ein angemessener Bruchtheil in Abzug, sofern die Umstände die Annahme begründen, daß der Verfrachter in Folge der Aufhebung des Vertrags Kosten erspart und Gelegenheit zu anderweitigem Frachtverdienste gehabt habe.

Der Abzug darf in keinem Falle die Hälfte der Fracht übersteigen.

Bei Rücktritt vor Antritt des ersten Reiseabschnitts ist die halbe Fracht, bei Rücktritt nach Antritt der letzten die ganze ohne Abzug zu zahlen, wie nach § 582.

§ 585.

Rücktrittsrecht des Verfrachters.

Liefert der Befrachter bis zum Ablaufe der Wartezeit keine Ladung, so ist der Verfrachter an seine Verpflichtungen aus dem Vertrage nicht länger gebunden und befugt, gegen den Befrachter dieselben Ansprüche geltend zu machen, welche ihm zugestanden haben würden, wenn der Befrachter von dem Vertrage zurückgetreten wäre (§§ 580, 583, 584).

Der Verfrachter hat kein Recht zum willkürlichen Rücktritt, wie der Befrachter.

§ 586.

Berechnung des Fautfrachtanspruchs u. s. w.

Auf die Fautfracht wird die Fracht, welche der Verfrachter für andere Ladungsgüter erhält, nicht angerechnet. Die Vorschrift des § 584 Abs. 1 bleibt unberührt.

Der Anspruch des Verfrachters auf Fautfracht ist nicht davon abhängig, daß er die im Vertrage bezeichnete Reise ausführt.

Durch die Fautfracht werden die Ansprüche des Verfrachters auf Liegegeld und die übrigen ihm etwa zustehenden Forderungen (§ 614) nicht ausgeschlossen.

§ 587. d) **Beladung und Rücktritt bei Theilverfrachtung.**

Ist ein verhältnißmäßiger Theil oder ein bestimmt bezeichneter Raum des Schiffes verfrachtet, so gelten die Vorschriften der §§ 567 bis 586 mit folgenden Abweichungen:

1. Der Verfrachter erhält in den Fällen, in denen er sich nach diesen Vorschriften mit einem Theile der Fracht begnügen müßte, als Fautfracht die volle Fracht, es sei denn, daß sämmtliche Befrachter zurücktreten oder keine Ladung liefern.

   Von der vollen Fracht kommt jedoch die Fracht für diejenigen Güter in Abzug, welche der Verfrachter an Stelle der nicht gelieferten annimmt.
2. In den Fällen der §§ 581, 582 kann der Befrachter die Wiederausladung nicht verlangen, wenn sie eine Verzögerung der Reise zur Folge haben oder eine Umladung nöthig machen würde, es sei denn, daß alle übrigen Befrachter zustimmen. Außerdem ist der Befrachter verpflichtet, sowohl die Kosten als auch den Schaden zu ersetzen, welche durch die Wiederausladung entstehen.

   Machen sämmtliche Befrachter von dem Rechte des Rücktritts Gebrauch, so hat es bei den Vorschriften der §§ 581, 582 sein Bewenden.

§ 588. e) **Beladung, Rücktritt und Abreisefrist beim Stückgütervertrag.**

Hat der Frachtvertrag Stückgüter zum Gegenstande, so muß der Befrachter auf die Aufforderung des Schiffers ohne Verzug die Abladung bewirken:

Ist der Befrachter säumig, so ist der Verfrachter nicht verpflichtet, auf die Lieferung der Güter zu warten; der Befrachter muß, wenn die Reise ohne die Güter angetreten wird, gleichwohl die volle Fracht entrichten. Es kommt von der letzteren jedoch die Fracht für diejenigen Güter in Abzug, welche der Verfrachter an Stelle der nicht gelieferten annimmt.

Der Verfrachter, der den Anspruch auf die Fracht gegen den säumigen Befrachter geltend machen will, ist bei Verlust des Anspruchs verpflichtet, dies dem Befrachter vor der Abreise kund zu geben. Auf diese Erklärung finden die Vorschriften des § 571 Anwendung.

Es kommt auch die Fracht für solche Güter in Abzug, die ursprünglich für ein anderes Schiff desselben Verfrachters angenommen waren. H. 1894 Nr. 70.

§ 589.

Nach der Abladung kann der Befrachter auch gegen Berichtigung der vollen Fracht sowie aller sonstigen Forderungen des Verfrachters (§ 614) und gegen Berichtigung oder Sicherstellung der im § 615 bezeichneten Forderungen nur nach Maßgabe des § 587 Nr. 2 Abs. 1 von dem Vertrage zurücktreten und die Wiederausladung der Güter fordern.

Die Vorschrift des § 582 Abs. 3 findet Anwendung.

Auch vor der Abladung kann der Befrachter nur gegen Zahlung der vollen Fracht zurücktreten.

§ 590.

Ist ein Schiff auf Stückgüter angelegt und die Zeit der Abreise nicht festgesetzt, so hat auf Antrag des Befrachters der Richter nach den Umständen des Falles den Zeitpunkt zu bestimmen, über welchen hinaus der Antritt der Reise nicht verschoben werden darf.

Zuständig ist das Amtsgericht nach § 145 Ges. freiw. Gerichtsb., abgedruckt in der Bemerkung zu § 524.

§ 591. f) Zustellung der Begleitpapiere.

Bei jeder Art von Frachtvertrag hat der Befrachter innerhalb der Zeit, binnen welcher die Güter zu liefern sind, dem Schiffer zugleich alle zur Verschiffung der Güter erforderlichen Papiere zuzustellen.

§ 592. 3. Löschung. a) Einleitende Bestimmungen. Hinlegung zur Löschung.

Der Schiffer hat zur Löschung der Ladung das Schiff an den Platz hinzulegen, der ihm von demjenigen, an welchen die Ladung abzuliefern ist (Empfänger), oder, wenn die Ladung an mehrere Empfänger abzuliefern ist, von sämmtlichen Empfängern angewiesen wird.

Erfolgt die Anweisung nicht rechtzeitig oder wird nicht von sämmtlichen Empfängern derselbe Platz angewiesen oder gestatten die Wassertiefe, die Sicherheit des Schiffes oder die örtlichen Verordnungen oder Einrichtungen die Befolgung der Anweisung nicht, so hat der Schiffer an dem ortsüblichen Löschungsplatz anzulegen.

Ueber den „Empfänger" s. § 645.

Die Anweisung eines einzelnen von mehreren Empfängern darf der Schiffer nicht befolgen. R.O. 19 S. 291.

Rechtzeitig ist die Anweisung dann, wenn sie vor oder so zeitig nach der Meldung der Löschbereitschaft erfolgt, daß der Beginn der Löschung nicht verzögert wird. R.O. 19 S. 290.

Ob die Sicherheit des Schiffes am Löschplatz oder auf der Hinfahrt oder auf der Rückfahrt in unbeladenem Zustand gefährdet ist, hat der Schiffer nach vernünftigem Ermessen mit der Sorgfalt eines ordentlichen Schiffers zu entscheiden; wenn sein Urtheil trotzdem unrichtig ist, so kann ihm das nicht zugerechnet werden. R.G. 15 S. 159.

Ueber den „regular turn" s. Bemerkung zu § 573, über die Bestimmung, daß das Schiff vor Erreichung des wegen seines zu großen Tiefgangs nicht erreichbaren Bestimmungshafens löschen darf s. Bemerkung zu § 594.

§ 593. Löschungskosten.

Sofern nicht durch Vertrag oder durch die örtlichen Verordnungen des Löschungshafens und in deren Ermangelung durch einen daselbst bestehenden Ortsgebrauch ein Anderes bestimmt ist, werden die Kosten der Ausladung aus dem Schiffe von dem Verfrachter, alle übrigen Kosten der Löschung von dem Ladungsempfänger getragen.

„Ortsgebrauch" ist örtliches Gewohnheitsrecht, nicht thatsächliche Uebung. R.G. 3 S. 150.

Die Kosten des Verwiegens (und Messens) gehören nicht zu den „übrigen Kosten der Löschung"; wer sie zu tragen hat, richtet sich nach dem Zweck der Verwiegung. Bei Ausscheidung ungetrennt verladener Güter, bei Haftbarkeit des Schiffes fürs Gewicht, bei Berechnung der Fracht nach ausgeliefertem Gewicht sind die Kosten zu Lasten des Schiffes. H. 1899 Nr. 114 (= S.A. 55 S. 188). Abweichend: Wenn bei der Ablieferung die Feststellung der ausgelieferten Menge erfolgen muß, so wenn die Fracht nach ausgeliefertem Maß zu berechnen ist, gehören die Kosten des Messens zu den den Empfänger treffenden Löschungskosten. H. 1888 Nr. 89 (= S.A. 44 S. 441); S.A. 50 S. 427. — Eine lediglich im Interesse des Empfängers erfolgende Verwiegung ist zu seinen Lasten. H. 1901 Nr. 56, bestätigt R.G. 49 S 103.

Nicht zu seinen Lasten ist dagegen eine durch das Messen verursachte Erhöhung der Kosten des Ausladens. H. 1888 Nr. 66. (§ 448 Abs. 1 B.G.B. rechnet beim Kauf die Kosten des Messens und Wägens zu den den Verkäufer treffenden Uebergabekosten; die Bestimmung ist hier aber nicht analog anwendbar.)

Wenn das Schiff wegen seines Tiefganges 2c. nicht hart ans Land gelangen kann, sich aber an einen gehörigen Löschplatz gelegt hat, so trägt der Empfänger die Leichterkosten. H. 1890 Nr. 69, 1892 Nr. 1 (= S.A. 48 S. 195). Vgl. über besondere Vertragsbestimmungen auch die Bemerkungen zu § 594.

b) Löschung bei Verfrachtung eines Schiffes im Ganzen.

§ 594.

Anzeige der Löschbereitschaft, Löschzeit, Ueberliegezeit, Liegegeld.

Bei der Verfrachtung eines Schiffes im Ganzen hat der Schiffer, sobald er zum Löschen fertig und bereit ist, dies dem Empfänger anzuzeigen.

Ist der Empfänger dem Schiffer unbekannt, so ist die Anzeige durch öffentliche Bekanntmachung in ortsüblicher Weise zu bewirken.

Mit dem auf die Anzeige folgenden Tage beginnt die Löschzeit.

Ueber die Löschzeit hinaus hat der Verfrachter nur

dann auf die Abnahme der Ladung noch länger zu warten, wenn es vereinbart ist (Ueberliegezeit).

Für die Löschzeit kann, sofern nicht das Gegentheil bedungen ist, keine besondere Vergütung verlangt werden. Dagegen ist dem Verfrachter für die Ueberliegezeit eine Vergütung (Liegegeld) zu gewähren.

In Ansehung der Höhe des Liegegeldes finden die Vorschriften des § 572 Anwendung.

Der Empfänger braucht sich nicht zu erkundigen, ob das Schiff löschbereit ist. R.O 15 S. 229, 23 S. 416.

Die Anzeige erfordert zur Wirksamkeit, daß das Schiff bereit und im Stande ist, an den ihm angewiesenen Platz zu gehen. Schon angelegt zu haben braucht es nicht. R.O. 15 S. 233, 17 S. 95, 19 S. 286; ebenso für die Ladebereitschaft B. 15 S. 214. Eine Anzeige bevor das Schiff den Hafen erreicht hat, ist wirkungslos. R.O. 23 S. 414. Beginnt der Empfänger mit der Entlöschung, bevor die Löschzeit zu laufen angefangen hat, so wird der Anfang nicht darum früher angesetzt.

Wird das Erreichen des angewiesenen Löschplatzes verzögert, so trägt jeder Theil den in seiner Person eingetretenen Zufall. Wenn der Löschplatz nicht frei ist, so ist das zu Lasten des Empfängers, ebenso, wenn die Anweisung, wenn auch unverschuldet, verzögert wird. Dagegen ist höhere Gewalt (auch eine obrigkeitliche Verfügung), die das Schiff am Erreichen des Löschplatzes hindert, zu Lasten des Schiffes. R.O. 15 S. 235, 17 S. 94, 19 S. 288. Ueber den „regular turn" s. Anm. zu § 573.

Als Anzeige genügt jede Erklärung, die geeignet ist, den Empfänger in Kenntniß von der Löschbereitschaft zu setzen, R.O. 15 S. 230, 23 S. 417, auch eine solche, die in seiner Gegenwart an einen Dritten, der irrthümlich als Empfänger angesehen wird, erfolgt; R.O. 15 S. 230; — sie ist kein Formalakt. H. 1900 Nr 39.

Die Beweislast für die Löschbereitschaft hat der Verfrachter, so mit Recht H. 1901 Nr. 65 (R.O. 19 S. 285 fordert substantiirtes Bestreiten). Liegegeld ist keine Vertragsstrafe, sondern vertragsmäßige Vergütung für Schiffsbenutzung. R.O. 19 S. 93, R.G. in S.A. 48 S. 316. Es kann einerseits daneben nicht ein höherer Schadensersatz gefordert werden, H. 1896 Nr. 18; andererseits ist der Anspruch darauf weder abhängig von einem Schaden des Verfrachters, R.G. in S.A. 48 S. 316; noch von einer Schuld des anderen Theils, S.A. 48 S. 190.

Mehrere Empfänger der Ladung eines im Ganzen verfrachteten Schiffes haften als Gesammtschuldner unter Regreß gegen den Schuldigen. H. 1890 Nr. 46, 1894 Nr. 43. Ebenso haften mehrere Empfänger solidarisch, wenn sie während der Ueberliegezeit sämmtlich noch löschen. R.O. 19 S. 292.

Besondere Vertragsbestimmungen:

Wenn das Schiff nur so nah an den Bestimmungsort heranzugehen braucht, wie es mit Rücksicht auf seinen Tiefgang möglich ist, so liegt es dem Verfrachter doch ob, die Güter an den Bestimmungsort zu bringen. R.G. 14 S. 116. Dies gilt indeß nur im Zweifel und z. B. dann nicht, wenn bestimmt ist, daß der Empfänger die Güter auch an jener Stelle zu empfangen hat. H. 1890 Nr. 69. — Kann das Schiff nach Leichterung eines kleinen Theils der Ladung weiter kommen, so muß der Schiffer die Leichterung auf Kosten der Ladung vornehmen. B. 21 S. 222.

Wenn im Frachtvertrag bestimmt ist, daß die Güter vom Empfänger sofort abgenommen werden müssen, wenn das Schiff löschbereit ist, widrigenfalls sie auf seine Kosten gelöscht und gelagert werden, so ist die Anzeige des § 594 nicht erforderlich. H. 1895 Nr. 58 (= S.A. 51 S. 193). A.M. scheint zu sein R.G. in S.A. 51 S. 442.

§ 595. Dauer der Löschzeit und der Ueberliegezeit.

Ist die Dauer der Löschzeit durch Vertrag nicht festgesetzt, so wird sie durch die örtlichen Verordnungen des Löschungshafens und in deren Ermangelung durch den daselbst bestehenden Ortsgebrauch bestimmt. Besteht auch ein solcher Ortsgebrauch nicht, so gilt als Löschzeit eine den Umständen des Falles angemessene Frist.

Ist eine Ueberliegezeit, nicht aber deren Dauer, durch Vertrag bestimmt, so beträgt die Ueberliegezeit vierzehn Tage.

Enthält der Vertrag nur die Festsetzung eines Liegegeldes, so ist anzunehmen, daß eine Ueberliegezeit ohne Bestimmung der Dauer vereinbart sei.

„Ortsgebrauch", ist auch hier örtliches Gewohnheitsrecht, nicht thatsächliche Uebung. R.G. 3 S. 150.

§ 596. Beginn der Ueberliegezeit.

Ist die Dauer der Löschzeit oder der Tag, mit welchem die Löschzeit enden soll, durch Vertrag bestimmt, so beginnt die Ueberliegezeit ohne Weiteres mit dem Ablaufe der Löschzeit.

In Ermangelung einer solchen vertragsmäßigen Bestimmung beginnt die Ueberliegezeit erst, nachdem der Verfrachter dem Empfänger erklärt hat, daß die Löschzeit abgelaufen sei. Der Verfrachter kann schon innerhalb der Löschzeit dem Empfänger erklären, an welchem Tage er die Löschzeit für abgelaufen halte. In diesem Falle ist zum

Ablaufe der Löschzeit und zum Beginne der Ueberliegezeit eine neue Erklärung des Verfrachters nicht erforderlich.

Auf die im Abs. 2 erwähnten Erklärungen des Verfrachters finden die Vorschriften des § 571 Anwendung.

„Nachdem" bedeutet, da hier überall der Tag die kleinste Zeiteinheit ist, soviel wie „am folgenden Tage". R.G. 3 S. 151.

§ 597. Berechnung der Lösch- und Ueberliegezeit.

Bei der Berechnung der Lösch- und Ueberliegezeit werden die Tage in ununterbrochen fortlaufender Reihenfolge gezählt; insbesondere kommen in Ansatz die Sonntage und die Feiertage sowie diejenigen Tage, an welchen der Empfänger durch Zufall die Ladung abzunehmen verhindert ist.

Nicht in Ansatz kommen jedoch die Tage, an denen durch Wind und Wetter oder durch irgend einen anderen Zufall entweder

1. die Beförderung nicht nur der im Schiffe befindlichen, sondern jeder Art von Ladung von dem Schiffe an das Land oder
2. die Ausladung aus dem Schiffe

verhindert ist.

Jeder Theil hat den für ihn eintretenden Zufall zu tragen. R.O. 17 S. 94, 19 S. 289. Eine Ausnahme bilden die Fälle unter 1, für die aber § 598, wenn die Entlöschung dadurch über die Löschzeit verlängert wird, Liegegeldverpflichtung festsetzt. Diese Tage kommen dagegen insofern besonders in Betracht, als sie die Wartezeit verlängern.

Ob die Schiffsmannschaft an Sonntagen gearbeitet hat, ist für deren Einrechnung gleichgültig. R.O 20 S. 417.

Das Schiff kann einen Tag nur dann in die Löschzeit einrechnen, wenn es an ihm während der ganzen Arbeitszeit löschbereit ist. H. 1888 Nr. 117 (= S.A. 44 S. 440), 1889 Nr. 106, 1890 Nr. 51 (A.M. H. 1901 Nr. 65). Doch schaden geringfügige, im gewöhnlichen Lauf der Dinge vorkommende Unterbrechungen nicht. H. 1889 Nr. 106, 1890 Nr. 51. Die Beweislast dafür, daß das Schiff eine Ueberschreitung der Löschzeit verschuldet habe, hat der Empfänger. R.O. 19 S. 94; H. 1901 Nr. 65.

§ 598.

Für die Tage, die der Verfrachter wegen der Verhinderung der Beförderung jeder Art von Ladung von dem

Schiffe an das Land länger warten muß, gebührt ihm Liegegeld, selbst wenn die Verhinderung während der Löschzeit eintritt. Dagegen ist für die Tage, die er wegen Verhinderung der Ausladung aus dem Schiffe länger warten muß, Liegegeld nicht zu entrichten, selbst wenn die Verhinderung während der Ueberliegezeit eintritt.

§ 599.

Sind für die Dauer der Löschzeit nach § 595 die örtlichen Verordnungen oder der Ortsgebrauch maßgebend, so kommen bei der Berechnung der Löschzeit die Vorschriften der §§ 597, 598 nur insoweit zur Anwendung, als die örtlichen Verordnungen oder der Ortsgebrauch nichts Abweichendes bestimmen.

Für andere Punkte ist Ortsrecht nicht maßgebend, insbesondere kann solches nicht den Beginn der Ueberliegezeit abweichend von § 596 Abs. 2 regeln. Das Ortsrecht ist ferner für die Berechnung der Löschzeit nur dann maßgebend, wenn es wirklich deren Dauer selbst bestimmt und nicht nur allgemeine Grundsätze über Nichteinrechnung bestimmter Tage festsetzen will. R.O. 5 S. 135.

§ 600.

Löschung binnen bestimmter Frist.

Hat sich der Verfrachter ausbedungen, daß die Löschung bis zu einem bestimmten Tage beendigt sein muß, so wird er durch die Verhinderung der Beförderung jeder Art von Ladung von dem Schiffe an das Land (§ 597 Abs. 2 Nr. 1) zum längeren Warten nicht verpflichtet.

§ 601.

Hinterlegung.

Wenn sich der Empfänger zur Abnahme der Güter bereit erklärt, die Abnahme aber über die von ihm einzuhaltenden Fristen verzögert, so ist der Schiffer befugt, die Güter unter Benachrichtigung des Empfängers in einem öffentlichen Lagerhaus oder sonst in sicherer Weise zu hinterlegen.

Der Schiffer ist verpflichtet, in dieser Weise zu verfahren und zugleich den Befrachter davon in Kenntniß zu setzen, wenn der Empfänger die Annahme der Güter verweigert oder sich über die Annahme auf die im § 594 vorgeschriebene Anzeige nicht erklärt oder wenn der Empfänger nicht zu ermitteln ist.

Die Pflicht zur Hinterlegung nach Abs. 2 besteht nicht nur gegenüber dem Befrachter, sondern auch gegenüber dem Empfänger. Der Verweigerung der Annahme steht es gleich, wenn Meinungsverschiedenheiten über die Ablieferung, namentlich über deren Kosten, diese verhindern. Der Empfänger hat dann das Recht, die geforderte Summe gemäß § 624 zu hinterlegen. Verfährt der Schiffer anders mit den Gütern, so ist er schadensersatzpflichtig R.G. 14 S. 9.

Der Schiffer ist zur Hinterlegung nicht verpflichtet, wenn seine Rechte dadurch gefährdet werden würden, z. B. bei drohender Verminderung oder Verschlechterung des Gutes. R.G. 15 S. 27.

Das Frachtpfandrecht bleibt während der Hinterlegung bestehen, s. § 623.

§ 602.

Soweit durch die Säumniß des Empfängers oder durch das Hinterlegungsverfahren die Löschzeit ohne Verschulden des Schiffers überschritten wird, hat der Verfrachter Anspruch auf Liegegeld (§ 594), unbeschadet des Rechtes, für diese Zeit, soweit sie keine vertragsmäßige Ueberliegezeit ist, einen höheren Schaden geltend zu machen.

Dafür, daß das Schiff für von ihm verschuldete Ueberschreitung der Löschzeit kein Liegegeld fordern kann, s. Anm. zu § 597.

§ 603.

c) **Löschung bei Theilverfrachtung.**

Die Vorschriften der §§ 594 bis 602 kommen auch zur Anwendung, wenn ein verhältnißmäßiger Theil oder ein bestimmt bezeichneter Raum des Schiffes verfrachtet ist.

§ 604.

d) **Löschung beim Stückgütervertrag.**

Stückgüter hat der Empfänger auf die Aufforderung des Schiffers ohne Verzug abzunehmen. Ist der Empfänger dem Schiffer unbekannt, so ist die Aufforderung durch öffentliche Bekanntmachung in ortsüblicher Weise zu bewirken.

In Ansehung des Rechtes und der Verpflichtung des Schiffers, die Güter zu hinterlegen, gelten die Vorschriften des § 601. Die im § 601 vorgeschriebene Benachrichtigung des Befrachters kann durch öffentliche, in ortsüblicher Weise zu bewirkende Bekanntmachung erfolgen.

Für die Tage, um welche durch die Säumniß des Empfängers oder durch das Hinterlegungsverfahren die Frist, binnen welcher das Schiff würde entlöscht worden sein, überschritten ist, hat der Verfrachter Anspruch auf Liegegeld (§ 594), unbeschadet des Rechtes, einen höheren Schaden geltend zu machen.

Bei Stückgütern muß der Empfänger sofort abnehmen und darf nicht bis zum nächsten Tage warten.

§ 605.

Hat bei der Verfrachtung des Schiffes im Ganzen oder eines verhältnißmäßigen Theiles oder eines bestimmt bezeichneten Raumes des Schiffes der Befrachter Unterfrachtverträge über Stückgüter geschlossen, so bleiben für die Rechte und Pflichten des ursprünglichen Verfrachters die Vorschriften der §§ 594—602 maßgebend.

Ueber den Unterfrachtvertrag vgl. auch § 662.

§ 606. **Haftung des Verfrachters.**

Der Verfrachter haftet für den Schaden, der durch Verlust oder Beschädigung der Güter in der Zeit von der Annahme bis zur Ablieferung entsteht, es sei denn, daß der Verlust oder die Beschädigung auf Umständen beruht, die durch die Sorgfalt eines ordentlichen Verfrachters nicht abgewendet werden konnten.

§ 606 dehnt den im Binnenschiffahrtsrecht (§ 58 B.Sch.G.) schon geltenden und in § 429 H.G.B. für den Landtransport angenommenen Grundsatz aufs Seerecht aus, daß der Verfrachter schon durch den Nachweis, daß der Schaden durch die Sorgfalt eines ordentlichen Verfrachters nicht abgewendet werden konnte, und nicht erst, wie bisher, durch den Nachweis höherer Gewalt befreit wird. H.M., S. 422. Der Verfrachter muß zunächst die Umstände, die den Schaden herbeigeführt haben, und dann seine Schuldlosigkeit an diesen nachweisen.

Ablieferung ist der Vorgang durch den der Verfrachter den Gewahrsam nach beendetem Transport mit ausdrücklicher oder still=

schweigender Einwilligung des Empfängers aufgiebt, einerlei, ob an diesen selbst oder nicht. R.O. 8 S. 29; R.G. in S.A. 51 S. 442.

§ 607. Kostbarkeiten.

Für Kostbarkeiten, Kunstgegenstände, Geld und Werthpapiere haftet der Verfrachter nur, wenn diese Beschaffenheit oder der Werth der Güter bei der Abladung dem Schiffer angegeben worden ist.

„Kostbarkeit" ist jede Waare, die im Verhältniß von Werth und Umfang im Vergleich mit anderen Kaufmannsgütern hohen Werth hat, auch wenn sie im Vergleich zu anderen Gegenständen derselben Art nur minderwerthig ist, z. B. gewöhnliche Bijouterien und Uhren. H. 1891 Nr. 104 (= S.A. 48 S. 32); vgl. R.G. 7 S. 126.

Wenn die Anzeige nicht erfolgt ist, so haftet der Verfrachter aus dem Frachtvertrage überhaupt nicht, wohl aber möglicherweise wegen unerlaubter Handlungen, s. Anm. z. § 611.

Nicht angemeldete Kostbarkeiten sind in großer Haverei beitragspflichtig, aber nicht empfangsberechtigt, §§ 708 Z. 3, 723.

§ 608. Besichtigung.

Bevor der Empfänger die Güter übernimmt, kann sowohl der Empfänger als der Schiffer, um den Zustand oder die Menge der Güter festzustellen, ihre Besichtigung durch die zuständige Behörde oder durch die zu dem Zwecke amtlich bestellten Sachverständigen bewirken lassen.

Bei diesem Verfahren ist die am Orte anwesende Gegenpartei zuzuziehen, sofern die Umstände es gestatten.

„Uebernahme" ist nur die Entgegennahme durch einen Beauftragten, der befugt ist, sich über den Zustand der Güter zu vergewissern und darüber eine Erklärung abzugeben. Protokolle der Kommission zur Berathung eines Allg. Deutschen H.G.B., herausg. von Lutz, 8 S. 3915. Vgl. auch § 606 über „Ablieferung."

Der Schiffer hat die Pflicht, die Besichtigung zu ermöglichen; zu einer Auslieferung zum Zwecke einer vorläufigen Besichtigung ohne Uebernahme der Güter ist er aber auch gegen Sicherheit nicht verpflichtet. H. 1896 Nr. 58 (= S.A. 52 S. 72).

Welche Behörden zur Besichtigung zuständig sind, ist reichsgesetzlich fürs Seefrachtrecht nicht bestimmt.

Der Ausdruck „amtlich" bezeichnet auch nicht gerichtlich bestellte Sachverständige, H.M., S. 435, so daß die Bestellung nicht gemäß § 164 Ges. freiw. Gerichtsb. durchs Amtsgericht zu erfolgen braucht. Vgl. die Aufsätze H. 1901 Nr. 128, 1902 Nr. 11, 18.

Die Zuziehung der Gegenpartei ist wesentliches Erforderniß. R.O. 11 S. 245.

§ 609.

Ist die Besichtigung vor der Uebernahme nicht geschehen, so muß der Empfänger spätestens am zweiten Werktage nach dem Tage der Uebernahme die nachträgliche Besichtigung der Güter nach Maßgabe des § 608 erwirken, widrigenfalls alle Ansprüche wegen Beschädigung oder theilweisen Verlustes erlöschen. Es macht keinen Unterschied, ob der Verlust oder die Beschädigung äußerlich erkennbar war oder nicht.

Diese Vorschrift findet keine Anwendung auf solche Verluste und Beschädigungen, die durch Vorsatz oder grobe Fahrlässigkeit einer Person der Schiffsbesatzung entstanden sind.

Auch die Rechte wegen äußerlich erkennbarer Mängel werden durch die nachträgliche Besichtigung gewahrt. Als theilweiser Verlust im Sinne des § 609 soll nach dem R.G. auch die Lieferung anderer Güter als der im Konnossement verzeichneten aufzufassen sein, auch wenn der Empfänger sie nach § 652 annehmen muß. J.W. 1900 S. 298 Nr. 16.

Binnen der Frist von zwei Werktagen muß die Besichtigung nicht nur von der Behörde beschlossen, sondern mindestens begonnen sein. R.O. 14 S. 149; H. 1893 Nr. 29 (= S.A. 48 S. 318).

Ungenügende Ausführung der Besichtigung schadet dem Empfänger nicht. R.O. 3 S. 22, 12 S. 248; H. 1893 Nr. 29 (= S.A. 48 S. 318), 1896 Nr. 58 (= S.A. 52 S. 74). Ist eine Besichtigung einmal vorher (einerlei auf Antrag welches Theils, H. 1885 Nr. 56) oder nachher binnen der Frist erfolgt, so sind die Rechte des Empfängers auch wegen später entdeckter Schäden gewahrt. Er hat auch nicht die Pflicht, solche alsbald anzuzeigen.

Ist aber die Besichtigung nicht erfolgt, so sind alle Rechte des Empfängers erloschen, auch wegen solcher Schäden, die der Verfrachter kennt. R.O. 21 S. 200.

Vorsatz und grobe Fahrlässigkeit sowie deren Kausalzusammenhang mit dem Schaden ist vom Empfänger zu erweisen. R.O. 14 S. 297; R.G. 1 S. 37. Wenn ein Konnossement ausgestellt ist, so wird ein Verschulden nicht dadurch ausgeschlossen, daß der Schiffer dem Befrachter gegenüber zu seiner Handlung befugt war. R.G. 1 S. 37.

Wenn von mehreren im Konnossement getrennt aufgeführten Stücken gleichartiger Güter ein Stück fehlt, so liegt kein theilweiser Verlust, sondern ein Totalverlust des einen Stückes vor und ist die Verwirkungsregel des § 609 nicht anwendbar. R.O. 11 S. 35, 15 S. 143; B. 9 S. 160. Dasselbe nimmt auch in dem Fall an, daß die

Stücke nicht im Konnossement getrennt aufgeführt sind H. 1898 Nr. 100.

Solange nicht der Frachtvertrag formell erledigt ist und Theillieferungen in der Voraussicht weiterer Lieferungen erfolgen, ist eine Uebernahme der ganzen Menge mit Verwirkungsfolgen für das Fehlende nicht anzunehmen. H. 1892 Nr. 79 (= S.A. 48 S. 192), 1897 Nr. 102.

In Bremen und Hamburg gelten z. Th. besondere Bestimmungen, die aufrecht erhalten sind durch Art. 19 E.G.:

Unberührt bleiben

1. . . .
2. für die freie Hansestadt Bremen die Verordnung vom 12. Februar 1866, betreffend die Löschung der Seeschiffe, nebst den dazu später ergangenen Gesetzen;
3. für die freie und Hansestadt Hamburg der § 50 des Einführungsgesetzes zum Allgemeinen Deutschen Handelsgesetzbuche vom 22. Dezember 1865.

§ 610.

Die Kosten der Besichtigung hat derjenige zu tragen, welcher sie beantragt hat.

Ist jedoch die Besichtigung von dem Empfänger beantragt und wird ein Verlust oder eine Beschädigung ermittelt, wofür der Verfrachter Ersatz zu leisten hat, so fallen diesem die Kosten zur Last.

§ 611.

Berechnung des Ersatzes bei Verlust.

Muß auf Grund des Frachtvertrags für gänzlichen oder theilweisen Verlust von Gütern Ersatz geleistet werden, so ist der gemeine Handelswerth und in dessen Ermangelung der gemeine Werth zu ersetzen, welchen Güter derselben Art und Beschaffenheit am Bestimmungsorte der Güter bei Beginn der Löschung des Schiffes oder, wenn eine Entlöschung des Schiffes an diesem Orte nicht erfolgt, bei seiner Ankunft daselbst haben; hiervon kommt in Abzug, was in Folge des Verlustes an Zöllen und sonstigen Kosten sowie an Fracht erspart ist.

Wird der Bestimmungsort der Güter nicht erreicht, so tritt an dessen Stelle der Ort, wo die Reise endet, oder, wenn die Reise durch Verlust des Schiffes endet, der Ort, wohin die Ladung in Sicherheit gebracht ist.

Nach H.M., S. 423 ist § 611 ohne sachliche Aenderung des bisherigen Rechts der entsprechenden Vorschrift für den Landfrachtvertrag (§ 430) in der Fassung angenähert. — Dazu ist indeß Folgendes zu bemerken:

In dem dem § 611 entsprechenden bisherigen Art. 612 H.G.B. hieß es:

„Wenn auf Grund des Artikels 607" — das ist jetzt § 606 — „für den Verlust von Gütern Ersatz geleistet werden muß, so ist nur der Werth der verlorenen Güter zu vergüten ..."; nach Art. 607 haftete aber der Verfrachter auch ohne Verschulden mit Ausnahme des Falls höherer Gewalt u. s. w. Demzufolge wurde fürs bisherige Recht angenommen, daß Art. 612 sich nur auf die Fälle dieser Haftung (der Haftung aus dem Receptum) beziehe und daß bei einem vom Verfrachter zu vertretenden Verschulden voller Schadensersatz zu leisten sei. R.G. 1 S. 39; H. 1885 Nr. 4 (= S.A. 40 S. 198). Nach der jetzigen Fassung des § 612 kommt die Bemessung des Ersatzes auf den Handelswerth da zur Anwendung, wo „auf Grund des Frachtvertrages" Ersatz zu leisten ist. Darnach muß aber n. E. entgegen der Ansicht der Motive eine sachliche Aenderung des bisherigen Rechts als herbeigeführt angesehen werden.

Mit dem Ausdruck ist nur die Auffassung vereinbar, daß § 611 für alle Fälle, wo der Verfrachter aus dem Vertragsverhältniß für Verlust haftet, die gesetzlich bestimmte, unter Umständen gegenüber der Haftung auf vollen Schadensersatz mildere Haftung einführt. — Eine besondere Vorschrift ferner wie die des § 430 Abs. 3, wonach der Frachtführer beim Landtransport bei Vorsatz und grober Fahrlässigkeit vollen Ersatz zu leisten hat, fehlt im Seefrachtrecht, so daß hier auch für diese Fälle keine Ausnahme gilt. Wohl aber bleibt neben der Haftung aus dem Frachtvertrage die Haftung wegen unerlaubter Handlungen, § 823 B.G.B., bestehen.

Wenn ein gem. § 486 Abs. 3 den Rheder haftbar machendes Verschulden der Besatzung vorliegt und die Forderung darauf gestützt wird, so liegt nicht deshalb schon ein Fall der Haftung für unerlaubte Handlungen vor. es ist also nicht richtig, zu sagen, daß der Verfrachter bei Verschulden der Besatzung ohne Rücksicht auf § 611 voll haftet.

Volle Ersatzpflicht tritt ferner dann ein, wenn der Verfrachter nicht wegen Verlustes oder Beschädigung, sondern für andern Schaden (Verspätung, Nichtannahme des Guts) ersatzpflichtig ist.

Ob der Ersatzberechtigte bei der gesetzlichen Entschädigung Gewinn oder Verlust hat, ist gleichgültig, R.G. 15 S. 819; ebenso auch, was für ein Recht er an den Gütern ausüben will, ob Eigenthum oder z. B. nur ein bloßes Zurückbehaltungsrecht. R.G. 39 S. 156. Es kommt nicht in Abzug, was der Ersatzberechtigte aus einer Versicherung der Waare oder des imaginären Gewinns (§ 779) erhält; eine ungerechtfertigte Bereicherung liegt darin nicht. R.G. 15 S. 89, 20 S. 70. Im Falle des § 860 wird, wenn der nach § 611 zu leistende Ersatz den Versicherungswerth (§ 799) übersteigt, das Mehr auf den imaginären Gewinn angerechnet.

Bei einer schuldhaft vertragswidrigen Abweichung von der Reiseroute trägt der Verfrachter die Gefahr für jeden Schaden am Frachtgut. R.G. 10 S. 32. Vgl. § 287 Ziff. 2 B.G.B.

§ 611 ist auch anwendbar, wenn die Haftung auf Grund Konossements geltend gemacht wird.

§ 612.

Die Vorschriften des § 611 finden auch auf diejenigen Güter Anwendung, für welche der Rheder nach § 541 Ersatz leisten muß.

Uebersteigt im Falle der Verfügung über die Güter durch Verkauf der Reinerlös den im § 611 bezeichneten Preis, so tritt an die Stelle des letzteren der Reinerlös.

Die Ermittelung des Verlustes im Verhältniß zu den Ladungsbetheiligten regelt § 732 Abs. 2.

§ 613. Berechnung des Ersatzes bei Beschädigung.

Muß auf Grund des Frachtvertrags für Beschädigung von Gütern Ersatz geleistet werden, so ist der Unterschied zwischen dem Verkaufswerthe der Güter im beschädigten Zustande und dem gemeinen Handelswerth oder dem gemeinen Werthe zu ersetzen, welchen die Güter ohne die Beschädigung am Bestimmungsorte zur Zeit der Löschung des Schiffes gehabt haben würden; hiervon kommt in Abzug, was in Folge der Beschädigung an Zöllen und sonstigen Kosten erspart ist.

S. die Bemerkungen zu § 611.

§ 614. 5. Rechte des Verfrachters aus dem Frachtvertrag. Annahme der Güter und Zahlung der Fracht.

Durch die Annahme der Güter wird der Empfänger verpflichtet, nach Maßgabe des Frachtvertrags oder des Konnossements, auf deren Grund die Empfangnahme geschieht, die Fracht nebst allen Nebengebühren sowie das etwaige Liegegeld zu bezahlen, die ausgelegten Zölle und übrigen Auslagen zu erstatten und die ihm sonst obliegenden Verpflichtungen zu erfüllen.

Der Verfrachter hat die Güter gegen Zahlung der Fracht und gegen Erfüllung der übrigen Verpflichtungen des Empfängers auszuliefern.

Empfänger ist nicht jeder, dem die Güter thatsächlich eingehändigt werden, sondern nur, wer sie im eigenen Namen — selbst oder durch einen Vertreter — übernimmt. R.G. 41 S. 117; S.A. 47 S. 71.

Der Frachtvertrag ist nur dann maßgebend, wenn kein Konnossement ausgestellt ist, vgl. auch die Bemerkung zu § 651. Andere als die durchs Konnossement oder den Frachtvertrag berechtigten Personen können Rechte als Empfänger nur auf Grund einer Abtretung geltend machen. R.O. 15 S. 145.

Einen Anspruch auf Zahlung der Fracht erwirbt der Verfrachter gegen den Empfänger erst dadurch, daß dieser die Güter annimmt. H. 1898 Nr. 37. Der Empfänger hat ein selbständiges Recht auf Auslieferung der Güter Zug um Zug, abgesehen von einem etwaigen Konnossement, Abs. 2.

Der Empfänger hat einen Anspruch auf Lieferung der identischen für ihn abgeladenen Güter. Er hat, wenn er bestimmte Güter als die für ihn abgeladenen beansprucht, die Identität als Grundlage seines Anspruchs nachzuweisen; ebenso wenn er behauptet, daß die für ihn abgeladenen Güter andere seien, als bestimmte ihm vom Schiffer angebotene und wenn er unter Ablehnung der letzteren Schadensersatz wegen Nichtablieferung der für ihn abgeladenen Güter beansprucht. So mit Recht H. 1898 Nr. 37, 71, 1899 Nr. 59, 1902 Nr. 29, (vgl. auch R.O. 25 S. 337, wo in einem entsprechenden Fall dem Kläger der Beweis für Uebernahme und Verlust des betr. Gegenstandes auferlegt ist); anders z. B. R.G. in S.A. 46 S. 448. S. auch §§ 651—653.

Bei einer vom Verfrachter nicht zu vertretenden untrennbaren Vermischung (eine solche liegt auch bei Ununterscheidbarkeit vor) tritt an Stelle des Anspruchs auf Lieferung der identischen Güter ein solcher auf Lieferung eines entsprechenden Theils der Gesammtmenge. R.G. in S.A. 46 S. 448; R.G. 4 S. 41; vgl. § 948 B.G.B.

In Hamburg tritt üblicher Weise der Empfänger schon vor der Annahme durch die Einreichung des Konnossements an den Schiffsmakler zur Abstempelung in ein direktes Verhältniß zum Verfrachter; der Schiffer wird durch die Abstempelung zur Auslieferung der Güter angewiesen, der Empfänger übernimmt die Verpflichtung zur Zahlung der Fracht. H. 1884 Nr. 9, 1888 Nr. 56.

§ 615. **Auf den Gütern ruhende Lasten.**

Der Verfrachter ist nicht verpflichtet, die Güter früher auszuliefern, als bis die darauf haftenden Beiträge zur großen Haverei, Bergungs- und Hülfskosten und Bodmereigelder bezahlt oder sichergestellt sind.

Ist die Verbodmung für Rechnung des Rheders geschehen, so gilt diese Vorschrift unbeschadet der Verpflichtung des Verfrachters, für die Befreiung der Güter von der Bodmereischuld noch vor der Auslieferung zu sorgen.

Der Schiffer macht sich durch frühere Auslieferung nach §§ 731, 752, 694 gem. § 512 persönlich verantwortlich.
Verbodmung für Rechnung des Rheders s. § 541.

§ 616. Ueberlassung von Gütern für die Fracht.

Der Verfrachter ist nicht verpflichtet, die Güter, mögen sie verdorben oder beschädigt sein oder nicht, für die Fracht an Zahlungsstatt anzunehmen.

Sind jedoch Behältnisse, die mit flüssigen Waaren angefüllt waren, während der Reise ganz oder zum größeren Theile ausgelaufen, so können sie dem Verfrachter für die Fracht und seine übrigen Forderungen (§ 614) an Zahlungsstatt überlassen werden.

Durch die Vereinbarung, daß der Verfrachter nicht für Leckage haftet, oder durch die Klausel: „frei von Leckage" wird dieses Recht nicht ausgeschlossen. Das Recht erlischt, sobald die Behältnisse in den Gewahrsam des Abnehmers gelangt sind.

Ist die Fracht in Bausch und Bogen bedungen und sind nur einige Behältnisse ganz oder zum größeren Theile ausgelaufen, so können diese für einen verhältnißmäßigen Theil der Fracht und der übrigen Forderungen des Verfrachters an Zahlungsstatt überlassen werden.

§ 617. Keine Fracht für verlorene Güter.

Für Güter, die durch irgend einen Unfall verloren gegangen sind, ist keine Fracht zu bezahlen und die etwa vorausbezahlte zu erstatten, sofern nicht das Gegentheil bedungen ist.

Diese Vorschrift kommt auch zur Anwendung, wenn das Schiff im Ganzen oder ein verhältnißmäßiger oder ein bestimmt bezeichneter Raum des Schiffes verfrachtet ist. Sofern in einem solchen Falle das Frachtgeld in Bausch und Bogen bedungen ist, berechtigt der Verlust eines Theiles der Güter zu einem verhältnißmäßigen Abzuge von der Fracht.

Verlust der Güter ist Aufhören ihrer physischen Existenz, R.O. 25 S. 12, sowie gänzliche Entwerthung und Entziehung ohne Aussicht auf Wiedererlangung, R.G. 13 S. 125. Nicht verloren und daher frachtpflichtig sind Güter, die noch einen Verkaufswerth haben, auch solche, die sich in einem gesunkenen Schiff befinden und an Berger verkauft sind. R.G. 13 S. 124. Ebenso ist Fracht zu zahlen für Güter, die der Schiffer im Nothhafen zum Besten des Ladungsbetheiligten verkauft (§ 535), R.O. 25 S. 10, vorausgesetzt, daß er Namens des Rheders zur Weiterbeförderung bereit und im Stande wäre. H. 1893 Nr. 101, 1898 Nr. 110 (= S.A. 54 S. 77).

Güter, die beschädigt und im Nothhafen unverkäuflich und deshalb über Bord geworfen sind, sind dagegen verloren. R.O. 25 S. 14.

In der Vereinbarung, daß der Befrachter den Frachtvorschuß auf Kosten des Verfrachters versichern solle, liegt die Abmachung, daß der vorausbezahlte Frachtvorschuß nicht erstattet werden solle. R.O. 15 S. 60; R.G. 40 S. 51.

Die Abmachung, daß die Fracht auch bei Verlust des Schiffes verdient sein soll, ist auf den Verlust der Güter entsprechend anzuwenden. R.G. 11 S. 111.

§ 618. Fracht für infolge natürlicher Beschaffenheit verdorbene Güter u. s. w.

Ungeachtet der nicht erfolgten Ablieferung ist die Fracht zu zahlen für Güter, deren Verlust in Folge ihrer natürlichen Beschaffenheit, namentlich durch inneren Verderb, Schwinden, gewöhnliche Leckage, eingetreten ist, sowie für Thiere, die unterwegs gestorben sind.

Inwiefern die Fracht für Güter zu ersetzen ist, die in Fällen der großen Haverei aufgeopfert worden sind, wird durch die Vorschriften über die große Haverei bestimmt.

Aus den Worten „ungeachtet der nicht erfolgten Ablieferung" ist nicht zu folgern, daß die Frachtforderung sonst immer von der Thatsache der Ablieferung bedingt wäre. R.G. 13 S. 123.

Zu Abs. 2 s. § 715.

§ 619. Fehlen einer Frachtvereinbarung.

Für Güter, die ohne Abrede über die Höhe der Fracht zur Beförderung übernommen sind, ist die am Abladungsorte zur Abladungszeit übliche Fracht zu zahlen.

Für Güter, die über das mit dem Befrachter vereinbarte Maß hinaus zur Beförderung übernommen sind, ist die Fracht nach dem Verhältnisse der bedungenen Fracht zu zahlen.

§ 620. Frachtberechnung nach Maß, Gewicht, Menge.

Ist die Fracht nach Maß, Gewicht oder Menge der Güter bedungen, so ist im Zweifel anzunehmen, daß Maß, Gewicht oder Menge der abgelieferten und nicht der eingelieferten Güter für die Höhe der Fracht entscheiden soll

Ueber die Bedeutung einer Angabe des Maßes u. s. w. im Konnossement s. § 656.

§ 621. Kaplaken u. s. w. und Schiffahrtskosten.

Außer der Fracht können Kaplaken, Prämien und dergleichen nicht gefordert werden, sofern sie nicht ausbedungen sind.

Die gewöhnlichen und ungewöhnlichen Kosten der Schiffahrt, wie Lootsengeld, Hafengeld, Leuchtfeuergeld, Schlepplohn, Quarantänegelder, Auseisungskosten und dergleichen, fallen in Ermangelung einer entgegenstehenden Abrede dem Verfrachter allein zur Last, selbst wenn er zu den Maßregeln, welche die Auslagen verursacht haben, auf Grund des Frachtvertrags nicht verpflichtet war.

Die Fälle der großen Haverei sowie die Fälle der Aufwendung von Kosten zur Erhaltung, Bergung und Rettung der Ladung werden durch die Vorschriften des Abs. 2 nicht berührt.

„Kaplaken" ist ein Frachtzuschlag zu Gunsten des Schiffers, s. § 543.

Die in Abs. 2 angeführten Kosten wurden früher als *kleine oder gewöhnliche Haverei* bezeichnet, im Gegensatz zur *besonderen Haverei* (§ 701) und zur *großen Haverei* (§ 700).

Keine Quarantänegelder sind Aufwendungen, die zur Vermeidung einer Quarantäne gemacht sind. R.G. 25 S. 94.

§ 622. Zeitfracht.

Ist die Fracht nach Zeit bedungen, so beginnt sie in Ermangelung einer anderen Abrede mit dem Tage zu laufen, der auf denjenigen folgt, an welchem der Schiffer anzeigt, daß er zur Einnahme der Ladung, oder bei einer Reise in Ballast, daß er zum Antritte der Reise fertig und bereit sei, sofern aber bei einer Reise in Ballast diese Anzeige am Tage vor dem Antritte der Reise noch nicht erfolgt ist, mit dem Tage, an welchem die Reise angetreten wird.

Ist Liegegeld oder Ueberliegezeit bedungen, so beginnt in allen Fällen die Zeitfracht erst mit dem Tage zu laufen, an welchem der Antritt der Reise erfolgt.

Die Zeitfracht endet mit dem Tage, an welchem die Löschung vollendet ist.

Wird die Reise ohne Verschulden des Verfrachters verzögert oder unterbrochen, so muß für die Zwischenzeit die Zeitfracht fortentrichtet werden, jedoch unbeschadet der Vorschriften der §§ 637, 638.

§ 623. **Frachtpfandrecht.**

Der Verfrachter hat wegen der im § 614 erwähnten Forderungen ein Pfandrecht an den Gütern.

Das Pfandrecht besteht, solange die Güter zurückbehalten oder hinterlegt sind, es dauert auch nach der Ablieferung fort, sofern es binnen dreißig Tagen nach der Beendigung der Ablieferung gerichtlich geltend gemacht wird und das Gut noch im Besitze des Empfängers ist.

Die nach § 366 Abs. 3, § 368 für das Pfandrecht des Frachtführers geldenden Vorschriften finden auch auf das Pfandrecht des Verfrachters Anwendung.

Die im § 1234 Abs. 1 des Bürgerlichen Gesetzbuchs bezeichnete Androhung des Pfandverkaufs sowie die in den §§ 1237, 1241 des Bürgerlichen Gesetzbuchs vorgesehenen Benachrichtigungen sind an den Empfänger zu richten. Ist dieser nicht zu ermitteln oder verweigert er die Annahme des Gutes, so hat die Androhung und Benachrichtigung gegenüber dem Absender zu erfolgen.

Als Besitz (Abs. 2) genügt mittelbarer Besitz. Bisher hieß es (Art. 624), daß das Pfandrecht erlösche, wenn die Güter „in den Gewahrsam eines Dritten gelangen, welcher sie nicht für den Empfänger besitzt", eine Aenderung ist nicht beabsichtigt. H.M., S. 423.

Gemäß § 366 Abs. 3 finden die Vorschriften des B.G.B. über den Schutz des guten Glaubens beim (vertragsmäßigen) Pfandrecht, §§ 1207, 1208 B.G.B., auch zu Gunsten des gutgläubigen Erwerbes des (gesetzlichen) Frachtpfandrechts Anwendung, und zwar auch dann, wenn der gute Glaube des Gläubigers die Befugniß des anderen Theils, für den Eigenthümer zu verfügen, betraf. H.M., S. 362.

Es gilt ferner § 1257 B.G.B.:

Die Vorschriften über das durch Rechtsgeschäft bestellte Pfandrecht finden auf ein kraft Gesetzes entstandenes Pfandrecht entsprechende Anwendung.

Daher gelten insbesondere für den — einer gerichtlichen Ermächtigung nicht bedürfenden — Pfandverkauf §§ 1234—1241, mit der Ausnahme, daß nach § 368 H.G.B. die Frist, die zwischen der Androhung und der Vollziehung des Verkaufs liegen muß, eine Woche beträgt, wenn das Frachtgeschäft auf Seiten des Verfrachters ein Handelsgeschäft ist, statt (wie nach § 1234 Abs. 2 B.G.B.) einen Monat.

Nach § 1234 Abs. 1 B.G.B. muß der Pfandgläubiger den Verkauf nach Eintritt der Verkaufsberechtigung unter Angabe des Geldbetrags der Schuld androhen, nach § 1237 Ort und Zeit des Verkaufs vorher anzeigen und nach § 1241 dessen Ergebniß mittheilen. Diese Anzeigen, für die Abs. 4 des § 623 in Betracht kommt, können unterbleiben, wenn sie unthunlich sind. Dies wird im Seeverkehr namentlich in den beiden ersten Fällen vielfach zutreffen. S. den Kommissionsbericht des Reichstags, H.M., S. 640.

Als Absender wird der Befrachter, nicht der Ablader anzusehen sein.

§ 624. Hinterlegung in Streitfällen.

Im Falle des Streites über die Forderungen des Verfrachters ist dieser zur Auslieferung der Güter verpflichtet, sobald die streitige Summe öffentlich hinterlegt ist.

Nach der Ablieferung der Güter ist der Verfrachter zur Erhebung der hinterlegten Summe gegen angemessene Sicherheitsleistung berechtigt.

§ 625. Rückgriff an den Befrachter.

Hat der Verfrachter die Güter ausgeliefert, so kann er sich wegen der gegen den Empfänger ihm zustehenden Forderungen (§ 614) nicht an dem Befrachter erholen. Nur soweit sich der Befrachter mit dem Schaden des Verfrachters bereichern würde, findet ein Rückgriff statt.

§ 626.

Hat der Verfrachter die Güter nicht ausgeliefert und von dem Rechte des Pfandverkaufs Gebrauch gemacht, jedoch durch den Verkauf seine vollständige Befriedigung nicht erhalten, so kann er sich an dem Befrachter erholen, soweit er wegen seiner Forderungen aus dem zwischen ihm und dem Befrachter abgeschlossenen Frachtvertrage nicht befriedigt ist.

§ 627.

Werden die Güter vom Empfänger nicht abgenommen, so ist der Befrachter verpflichtet, den Verfrachter wegen der Fracht und der übrigen Forderungen dem Frachtvertrage gemäß zu befriedigen.

Bei der Abnahme der Güter durch den Befrachter kommen die Vorschriften der §§ 592—624 mit der Maßgabe zur Anwendung, daß an die Stelle des Empfängers der Befrachter tritt. Insbesondere steht in einem solchen Falle dem Verfrachter wegen seiner Forderungen das Zurückbehaltungs- und Pfandrecht an den Gütern nach den Vorschriften der §§ 623, 624 sowie das im § 615 bezeichnete Recht zu.

Der Verfrachter ist nicht verpflichtet, zum Pfandverkauf zu schreiten, bevor er sich an den Befrachter hält. H. 1885 Nr. 78 (= S.A. 41 S. 61.).

Wenn ein Konnossement ausgestellt ist, kann der nach § 627 in Anspruch genommene Befrachter nicht verlangen, daß ihm die Güter gegen Zahlung der Fracht ohne Aushändigung des Konossements ausgeliefert werden. S.A. 41 S. 198 (R.G.).

6. Einwirkung von Zufällen bei Verfrachtung des ganzen Schiffs.

§§ 628, 630, 633 regeln die Fälle, wo der Transport unmöglich und der Vertrag ohne Weiteres aufgelöst ist, §§ 629, 634 die, wo er wegen bestimmter Zufälle gefährlich und ein beiderseitiges Rücktrittsrecht gegeben ist. Diese Vorschriften schließen sich an die anderweiten Bestimmungen übers Rücktrittsrecht beim Seefrachtvertrag an: §§ 580 bis 584, 586, 587 Rücktrittsrecht des Befrachters ohne besonderen Grund, § 585 Rücktrittsrecht des Verfrachters wegen Nichtlieferung der Ladung. Daneben müssen bei verschuldeter Unmöglichkeit §§ 324, 325 B.G.B., bei Verzug § 326 B.G.B. als anwendbar erachtet werden. Doch ist beim Verzug des Befrachters mit Lieferung der Ladung neben §§ 579, 585, beim Verzug des Empfängers neben § 602 für anderweite Bestimmungen kein Raum.

§ 628. a) **Verlust von Schiff oder Gütern vor Antritt der Reise.**

Der Frachtvertrag tritt außer Kraft, ohne daß ein Theil zur Entschädigung des anderen verpflichtet ist, wenn vor dem Antritte der Reise durch einen Zufall:

1. das Schiff verloren geht, insbesondere
   wenn es verunglückt,
   wenn es als reparaturunfähig oder reparaturunwürdig kondemnirt (§ 479) und in dem letzteren Falle unverzüglich öffentlich verkauft wird,
   wenn es geraubt wird,
   wenn es aufgebracht oder angehalten und für gute Prise erklärt wird,
   oder
2. die im Frachtvertrage nicht blos nach Art oder Gattung, sondern speziell bezeichneten Güter verloren gehen oder
3. die nicht im Frachtvertrage speziell bezeichneten Güter verloren gehen, nachdem sie bereits an Bord gebracht oder behufs der Einladung in das Schiff an der Ladungsstelle vom Schiffer übernommen worden sind.

Gehen im Falle des Abs. 1 Nr. 3 die Güter noch innerhalb der Wartezeit (§ 579) verloren, so tritt der Vertrag nicht außer Kraft, sofern der Befrachter sich unverzüglich bereit erklärt, statt der verloren gegangenen andere Güter (§ 562) zu liefern, und mit der Lieferung noch innerhalb der Wartezeit beginnt. Er hat die Abladung der anderen Güter binnen kürzester Frist zu vollenden, die Mehrkosten dieser Abladung zu tragen und, soweit durch sie die Wartezeit überschritten wird, den dem Verfrachter daraus entstehenden Schaden zu ersetzen.

Aufgebracht und zur Prise erklärt werden kann ein Schiff dann, wenn es dem feindlichen Staate angehört und beim Führen von Kontrebande, unter Umständen auch beim Blockadebruch.

Für die Bemessung des Schadensersatzes s. Bemerk. zu § 581.

§ 629. b) **Verfügungen von hoher Hand und Krieg vor Antritt der Reise.**

Jeder Theil ist befugt, von dem Vertrage zurückzutreten, ohne zur Entschädigung verpflichtet zu sein:

1. wenn vor dem Antritt der Reise
   das Schiff mit Embargo belegt oder für den Dienst des Reichs oder einer fremden Macht in Beschlag genommen,
   der Handel mit dem Bestimmungsort untersagt,
   der Abladungs- oder Bestimmungshafen blokirt,
   die Ausfuhr der nach dem Frachtvertrage zu verschiffenden Güter aus dem Abladungshafen oder ihre Einfuhr in den Bestimmungshafen verboten,
   durch eine andere Verfügung von hoher Hand das Schiff am Auslaufen oder die Reise oder die Versendung der nach dem Frachtvertrage zu liefernden Güter verhindert wird.

   In allen diesen Fällen berechtigt jedoch die Verfügung von hoher Hand nur dann zum Rücktritte, wenn das eingetretene Hinderniß nicht voraussichtlich von nur unerheblicher Dauer ist;
2. wenn vor dem Antritte der Reise ein Krieg ausbricht, in Folge dessen das Schiff oder die nach dem Frachtvertrage zu verschiffenden Güter oder beide nicht mehr als frei betrachtet werden können und der Gefahr der Aufbringung ausgesetzt würden.

Die Ausübung der im § 562 dem Befrachter ertheilten Befugniß wird durch diese Vorschriften nicht ausgeschlossen.

Zu Z. 1: Ueber Embargo s. die Bemerkung zu § 547.

Eine Frist zum Abwarten des Hindernisses ist nicht gesetzt.

Eine nicht mit einer Sperre des Hafens für die betr. Güter verbundene Quarantaine fällt nicht unter Z. 1. R.G. 25 S. 101.

Zu Z. 2: Für die Ladung gilt nach der Pariser Seerechtsdeklaration vom 16. April 1856 der Satz, daß nur Kriegskontrebande und feindliches Gut in feindlichem Schiff als unfrei behandelt werden dürfen.

Ob Schiff oder Gut unfrei sind, ist nicht davon abhängig, was nach Völkerrecht objektiv richtig ist, sondern davon, ob nach verständiger Erwägung die Möglichkeit angenommen werden kann, daß Schiff oder Ladung von den Kriegführenden als unfrei betrachtet wird. R.O. 7 S. 174; entsprechend für den Fall einer Blockade R.O. 8 S. 302.

Daß die Ladung für sich allein frei ist, ist unerheblich. R.O. 7 S. 173.

§ 630. c) Verlust des Schiffes nach Antritt der Reise. Distanzfracht.

Geht das Schiff nach dem Antritte der Reise durch einen Zufall verloren (§ 628 Abs. 1 Nr. 1), so endet der

Frachtvertrag. Jedoch hat der Befrachter, soweit Güter geborgen oder gerettet werden, die Fracht im Verhältnisse der zurückgelegten zur ganzen Reise zu zahlen (Distanzfracht).

Die Distanzfracht ist nur soweit zu zahlen, als der gerettete Werth der Güter reicht.

Ob Distanzfracht verlangt werden kann, richtet sich nach dem Rechte des Orts, wo die Reise aufgegeben wird. R.G. 38 S 145.

§ 631.

Bei der Berechnung der Distanzfracht kommt in Anschlag nicht allein das Verhältniß der bereits zurückgelegten zu der noch zurückzulegenden Entfernung, sondern auch das Verhältniß des Aufwandes an Kosten und Zeit, der Gefahren und Mühen, welche durchschnittlich mit dem vollendeten Theile der Reise verbunden sind, zu denen des nicht vollendeten Theiles.

Ob und wieviel Nutzen der Befrachter von der theilweisen Ausführung der Reise hat, ist gleichgültig. R.O. 3 S. 267.

§ 632.

Die Auflösung des Frachtvertrags ändert nichts in den Verpflichtungen des Schiffers, bei Abwesenheit der Betheiligten auch nach dem Verluste des Schiffes für das Beste der Ladung zu sorgen (§§ 535—537). Der Schiffer ist demzufolge berechtigt und verpflichtet, und zwar im Falle der Dringlichkeit auch ohne vorherige Anfrage, je nachdem es den Umständen entspricht, entweder die Ladung für Rechnung der Betheiligten mittelst eines anderen Schiffes nach dem Bestimmungshafen befördern zu lassen oder die Auflagerung oder den Verkauf der Ladung zu bewirken und im Falle der Weiterbeförderung oder Auflagerung, behufs der Beschaffung der hierzu sowie zur Erhaltung der Ladung nöthigen Mittel, einen Theil davon zu verkaufen oder im Falle der Weiterbeförderung die Ladung ganz oder zu einem Theile zu verbodmen.

Der Schiffer ist jedoch nicht verpflichtet, die Ladung auszuantworten oder zur Weiterbeförderung einem anderen

Schiffer zu übergeben, bevor die Distanzfracht nebst den sonstigen Forderungen des Verfrachters (§ 614) und die auf der Ladung haftenden Beiträge zur großen Haverei, Bergungs- und Hülfskosten und Bodmereigelder bezahlt oder sichergestellt sind.

Auch für die Erfüllung der nach Abs. 1 dem Schiffer obliegenden Pflichten haftet der Rheder mit dem Schiffe, soweit etwas davon gerettet ist, und mit der Fracht.

Für seine Thätigkeit kann der Schiffer Vergütung verlangen. Seine Vertretungsbefugniß endet, sobald ein Vertreter der Ladung da ist. R.O. 15 S. 66. Im ersten Punkt a. M. H. 1887 Nr. 106 (= S.A. 44 S. 436).

Das Verhältniß des Schiffers zum Rheder nach Untergang des Schiffes regelt § 555.

§ 633. d) Verlust der Güter nach Antritt der Reise.

Gehen nach dem Antritte der Reise die Güter durch einen Zufall verloren, so endet der Frachtvertrag, ohne daß ein Theil zur Entschädigung des anderen verpflichtet ist; insbesondere ist die Fracht weder ganz noch theilweise zu zahlen, sofern nicht im § 618 das Gegentheil bestimmt ist.

§ 634. e) Verfügung von hoher Hand und Krieg nach Antritt der Reise.

Ereignet sich nach dem Antritte der Reise einer der im § 629 erwähnten Zufälle, so ist jeder Theil befugt, von dem Vertrage zurückzutreten, ohne zur Entschädigung verpflichtet zu sein.

Tritt jedoch einer der im § 629 Abs. 1 Nr. 1 bezeichneten Zufälle ein, so muß, bevor der Rücktritt stattfindet, auf die Beseitigung des Hindernisses drei oder fünf Monate gewartet werden, je nachdem sich das Schiff in einem europäischen oder in einem außereuropäischen Hafen befindet.

Die Frist wird, wenn der Schiffer das Hinderniß während des Aufenthalts in einem Hafen erfährt, von dem Tage der erhaltenen Kunde, anderenfalls von dem Tage an berechnet, an welchem der Schiffer, nachdem er davon in

Kenntniß gesetzt worden ist, mit dem Schiffe zuerst einen Hafen erreicht.

Die Ausladung des Schiffes erfolgt mangels einer anderweitigen Vereinbarung in dem Hafen, in welchem es sich zur Zeit der Erklärung des Rücktritts befindet.

Für den zurückgelegten Theil der Reise ist der Befrachter Distanzfracht (§§ 630, 631) zu zahlen verpflichtet.

Ist das Schiff in Folge des Hindernisses in den Abgangshafen oder in einen anderen Hafen zurückgekehrt, so wird bei der Berechnung der Distanzfracht der dem Bestimmungshafen nächste Punkt, welchen das Schiff erreicht hat, behufs der Feststellung der zurückgelegten Entfernung zum Anhalte genommen.

Der Schiffer ist auch in den vorstehenden Fällen verpflichtet, vor und nach der Auflösung des Frachtvertrags für das Beste der Ladung nach Maßgabe der §§ 535 bis 537, 632 zu sorgen.

Der dem Bestimmungshafen nächste Punkt (Abs. 6) ist auch dann maßgebend, wenn er auf offener See liegt.

§ 635. f) Sonstige Bestimmungen über eintretende Zufälle. Aufenthaltskosten bei Verfügung von hoher Hand und Krieg.

Muß das Schiff, nachdem es die Ladung eingenommen hat, vor dem Antritte der Reise im Abladungshafen oder nach dem Antritte der Reise in einem Zwischen- oder Nothhafen in Folge eines der im § 629 erwähnten Ereignisse liegen bleiben, so werden die Kosten des Aufenthalts, auch wenn die Erfordernisse der großen Haverei nicht vorliegen, über Schiff, Fracht und Ladung nach den Grundsätzen der großen Haverei vertheilt, gleichviel ob demnächst der Vertrag aufgehoben oder vollständig erfüllt wird. Zu den Kosten des Aufenthalts werden alle im § 706 Nr. 4 Abs. 2 aufgeführten Kosten gezählt, diejenigen des Ein- und Auslaufens jedoch nur, wenn wegen des Hindernisses ein Nothhafen angelaufen ist.

§ 635 ist auch dann anwendbar, wenn der Schiffer eine Kriegserklärung schon vor Beendigung der Beladung erfahren, aber anfänglich geglaubt hat, noch reisen zu können und deshalb die Beladung beendigt hat. R.O. 7 S. 171.

Wenn der Schiffer wegen einer Blockade liegen bleibt, so entscheidet für die Anwendung von § 635 nicht, ob sie völkerrechtlich wirksam ist, sondern ob er verständiger Weise in ihr einen Hinderungsgrund sehen konnte. R.O. 8 S. 302.

§ 636. Zufälle, die nur einen Theil der Ladung betreffen.

Wird nur ein Theil der Ladung vor dem Antritte der Reise durch einen Zufall betroffen, der, wenn er die ganze Ladung betroffen hätte, nach den §§ 628, 629 den Vertrag aufgelöst oder die Parteien zum Rücktritte berechtigt haben würde, so ist der Befrachter nur befugt, entweder statt der vertragsmäßigen andere Güter abzuladen, sofern durch deren Beförderung die Lage des Verfrachters nicht erschwert wird (§ 562), oder von dem Vertrag unter der Verpflichtung zurückzutreten, die Hälfte der bedungenen Fracht und die sonstigen Forderungen des Verfrachters zu berichtigen (§§ 580, 581). Bei der Ausübung dieser Rechte ist der Befrachter nicht an die sonst einzuhaltende Zeit gebunden; er hat sich aber ohne Verzug zu erklären, von welchem der beiden Rechte er Gebrauch machen wolle, und, wenn er die Abladung anderer Güter wählt, die Abladung binnen kürzester Frist zu bewirken, auch die Mehrkosten dieser Abladung zu tragen und, soweit durch sie die Wartezeit überschritten wird, den dem Verfrachter daraus entstehenden Schaden zu ersetzen.

Macht er von keinem der beiden Rechte Gebrauch, so hat er auch für den durch den Zufall betroffenen Theil der Ladung die volle Fracht zu entrichten. Den durch Krieg, durch ein Einfuhr- oder Ausfuhrverbot oder durch eine andere Verfügung von hoher Hand unfrei gewordenen Theil der Ladung ist er jedenfalls aus dem Schiffe herauszunehmen verbunden.

Tritt der Zufall nach dem Antritte der Reise ein, so hat der Befrachter für den dadurch betroffenen Theil der Ladung die volle Fracht auch dann zu entrichten, wenn der Schiffer diesen Theil in einem anderen als den Bestimmungshafen zu löschen sich genöthigt gefunden und hierauf mit oder ohne Aufenthalt die Reise fortgesetzt hat.

Die Vorschriften der §§ 617, 618 bleiben unberührt.

„Die sonst einzuhaltende Zeit" ist die in § 580 bestimmte. Ueber den zu ersetzenden Schaden s. Bemerk. zu § 581.

§ 637. **Sonstiger Aufenthalt.**

Abgesehen von den Fällen der §§ 629—636 hat ein Aufenthalt, den die Reise vor oder nach ihrem Antritte durch Naturereignisse oder andere Zufälle erleidet, auf die Rechte und Pflichten der Parteien keinen Einfluß, es sei denn, daß der erkennbare Zweck des Vertrags durch einen solchen Aufenthalt vereitelt wird. Der Befrachter ist jedoch befugt, während jedes durch einen Zufall entstandenen, voraussichtlich längeren Aufenthalts die bereits in das Schiff geladenen Güter auf seine Gefahr und Kosten gegen Sicherheitsleistung für die rechtzeitige Wiedereinladung auszuladen. Unterläßt er die Wiedereinladung, so hat er die volle Fracht zu zahlen. In jedem Falle hat er den Schaden zu ersetzen, der aus der von ihm veranlaßten Wiederausladung entsteht.

Ist der Aufenthalt durch eine Verfügung von hoher Hand herbeigeführt, so ist für die Dauer der Verfügung keine Fracht zu bezahlen, wenn diese nach Zeit bedungen war (§ 622).

Eine Vereitelung des erkennbaren Zwecks liegt nicht schon dann vor, wenn schnelle Verschiffung bedungen war und ein Aufenthalt entsteht. H. 1880 Nr. 86.

Den Aufenthalt in einem Zwischenhafen im Interesse des Befrachters zu verlängern, ist der Verfrachter nicht verpflichtet. R.G. 14 S. 39.

§ 638. **Ausbesserung des Schiffes während der Reise.**

Muß das Schiff während der Reise ausgebessert werden, so hat der Befrachter die Wahl, ob er die ganze Ladung an dem Orte, wo sich das Schiff befindet, gegen Berichtigung der vollen Fracht und der übrigen Forderungen des Verfrachters (§ 614) und gegen Berichtigung oder Sicherstellung der im § 615 bezeichneten Forderungen zurücknehmen oder die Wiederherstellung abwarten will. Im letzteren Falle ist für die Dauer der Ausbesserung keine Fracht zu bezahlen, wenn diese nach Zeit bedungen war.

§ 639. **Löschungskosten bei Auflösung des Vertrages.**

Wird der Frachtvertrag nach den §§ 628—634 aufgelöst, so werden die Kosten der Ausladung aus dem Schiffe von dem Verfrachter, die übrigen Löschungskosten von dem Befrachter getragen. Hat der Zufall jedoch nur die Ladung betroffen, so fallen die sämmtlichen Kosten der Löschung dem Befrachter zur Last. Dasselbe gilt, wenn im Falle des § 636 ein Theil der Ladung gelöscht wird. Muß in einem solchen Falle behufs der Löschung ein Hafen angelaufen werden, so hat der Befrachter auch die Hafenkosten zu tragen.

Ueber die Löschungskosten s. sonst § 593.

§ 640. **Ballastzureise.**

Die §§ 628—639 kommen auch zur Anwendung, wenn das Schiff zur Einnahme der Ladung eine Zureise in Ballast nach dem Abladungshafen zu machen hat. Die Reise gilt aber in einem solchen Falle erst dann als angetreten, wenn sie aus dem Abladungshafen angetreten ist. Wird der Vertrag, nachdem das Schiff den Abladungshafen erreicht hat, wenn auch vor dem Antritte der Reise aus dem letzteren, aufgelöst, so erhält der Verfrachter für die Zureise eine nach den Grundsätzen der Distanzfracht (§ 631) zu bemessende Entschädigung.

In anderen Fällen einer zusammengesetzten Reise kommen die §§ 628—639 insoweit zur Anwendung, als die Natur und der Inhalt des Vertrags nicht entgegenstehen.

Eine Folge des Umstandes, daß die Reise vor Verlassen des Abladehafens nicht als angetreten gilt, ist, daß bei früherem Eintritt einer Verfügung von hoher Hand nicht die Frist des § 634 Abs. 2 abgewartet zu werden braucht und daß der Befrachter in den Fällen § 628 Abs. 1 Z. 3 und § 636 das Recht zur Lieferung anderer Güter hat.

Ist die Reise vom Abladungshafen angetreten, so hat der Verfrachter Anspruch auf Entschädigung (Distanzfracht) auch für die Zureise. R.O. 3 S. 253, 23 S. 23. Als Ballastzureise kommt nur eine solche Reise in Betracht, die der Schiffer vertragsmäßig in Ballast machen muß. R.O. 23 S. 24.

§ 641. 7. Einwirkung von Zufällen bei Theilverfrachtung und beim Stückgütervertrag.

Bezieht sich der Vertrag nicht auf das Schiff im Ganzen, sondern nur auf einen verhältnißmäßigen Theil oder einen bestimmt bezeichneten Raum des Schiffes oder auf Stückgüter, so gelten die Vorschriften der §§ 628—640 mit folgenden Abweichungen:

1. in den Fällen der §§ 629, 634 ist jeder Theil sogleich nach dem Eintritte des Hindernisses und ohne Rücksicht auf dessen Dauer befugt, von dem Vertrage zurückzutreten;
2. im Falle des § 636 kann von dem Befrachter das Recht, von dem Vertrage zurückzutreten, nicht ausgeübt werden;
3. im Falle des § 637 steht dem Befrachter das Recht der einstweiligen Löschung nur zu, wenn die übrigen Befrachter ihre Genehmigung ertheilen;
4. im Falle des § 638 kann der Befrachter die Güter gegen Entrichtung der vollen Fracht und der übrigen Forderungen nur zurücknehmen, wenn während der Ausbesserung die Löschung dieser Güter ohnehin erfolgt ist.

Die Vorschriften der §§ 587, 589 bleiben unberührt.

§ 642. 8. Das Recht des Konnossements. Anspruch auf Ausstellung eines Konnossements.

Nach der Beendigung jeder einzelnen Abladung hat der Schiffer dem Ablader unverzüglich gegen Rückgabe des etwa bei der Annahme der Güter ertheilten vorläufigen Empfangsscheins ein Konnossement in so vielen Exemplaren auszustellen, als der Ablader verlangt.

Alle Exemplare des Konnossements müssen von gleichem Inhalte sein, dasselbe Datum haben und ausdrücken, wie viele Exemplare ausgestellt sind.

Der Ablader hat dem Schiffer auf Verlangen eine von ihm unterschriebene Abschrift des Konnossements zu ertheilen.

Die Ausstellung des Konnossements kann an Stelle des Schiffers durch einen anderen dazu ermächtigten Vertreter des Rheders erfolgen.

Das Konnossement kann mit Zustimmung des Abladers auch über Güter ausgestellt werden, die zur Beförderung übernommen, aber noch nicht abgeladen sind.

Zu Abs. 1: Der „vorläufige Empfangsschein" wird auch als Receipt bezeichnet.

Zu Abs. 2: Gleichen Wortlaut brauchen die verschiedenen Exemplare nicht zu haben.

Zu Abs. 4: Die Ausstellung der Konnossemente durch andere Personen als den Schiffer, die vom Rheder dazu bevollmächtigt sind, ist im Großbetrieb häufig. H.M., S 424. Nach bisherigem Recht wurden solche Vertreter (Expedienten, Schiffsmakler) als Substituten des Schiffers, die daher den Rheder nicht persönlich, sondern nur mit Schiff und Fracht haftbar machen, angesehen; so H. 1887 Nr. 128 (= S.A. 43 S. 319).

Aus der jetzigen Fassung des Gesetzes („an Stelle des Schiffers") dürfte weder etwas für die eine, noch für die andere mögliche Auffassung zu folgern sein. Uebrigens wird bei einer Haftbarmachung des Rheders die beschränkte Haftung sich meist schon nach § 486 Z. 2 ergeben, da die Ausführung des Vertrages zu den Dienstobliegenheiten des Schiffers gehört. Daß der zeichnende Vertreter bei der Ausstellung seine Instruktion übertritt, schließt die Haftung des Verfrachters nicht aus. Auch der Rheder selbst kann das Konnossement zeichnen. R.G. 20 S. 55.

Zu Abs. 5: Es ist im Dampfschiffsverkehr vielfach gebräuchlich, nicht erst nach der Verladung der Güter, sondern schon nach deren Uebernahme zur Beförderung das Konnossement auszustellen und dann die Uebernahme zu bescheinigen. H.M., S. 424. Der Rheder kann einem solchen Konnossement gegenüber nicht geltend machen, die Güter seien ihm gar nicht übergeben worden, s. Kommissionsbericht bei H.M., S. 641, seine Verpflichtung ist vielmehr ebenso geartet, wie bei einem über abgeladene Güter ausgestellten Konossement. R.G. 20 S. 65.

Werden Güter als abgeladen bezeichnet, während sie nur übernommen sind, so ist der Rheder für etwaige Folgen der unrichtigen Angabe verantwortlich, z. B. wenn die Abladezeit deshalb wesentlich ist, weil Waare als in einem bestimmten Monat abgeladen verkauft ist. R.O. 25 S. 196; R.G. 3 S. 102. Eine örtliche Uebung, den Ausdruck „verladen" in der Bedeutung von „zur Verladung empfangen" zu gebrauchen, ist gegenüber dem Konnossementserwerber, der sie kennt, verbindlich. R.G. 20 S. 59. (Für schlechthin unverbindlich erklärt sie R.O. 25 S. 200.)

Beim **durchgehenden Konnossement** hat der Verfrachter nicht den ganzen Transport auszuführen, sondern an dem Platze, wo sein Transport endet, die Güter einem zweiten See- oder Binnenfrachtführer zu übergeben. — Er hat den zweiten Verfrachter mit Sorgfalt auszuwählen und zu unterweisen und haftet, wenn jener zu anderen Transportbedingungen befördert, als denen des Konnossements, H. 1892 Nr. 53, 1894 Nr. 48, hat aber nicht für Verschulden desselben einzustehen. S.A. 41 S. 199. Der zweite Frachtübernehmer haftet nur nach Maßgabe seines Frachtvertrages und des von ihm ausgestellten Konnossements. R.O. 16 S. 136. Es werden übrigens auch durchgehende Konnossemente ausgestellt in Fällen, wo das Schiff nur den Schlußtransport auszuführen hat, der Rheder oder sein Vertreter aber die Uebernahme schon für den ersten Transport, insbesondere eine Eisenbahnstrecke, bescheinigt. Dann haftet er auch für diesen aus dem Konnossement, soweit nicht dessen Bestimmungen entgegenstehen.

Vom durchgehenden Konnossement verschieden ist ein Konnossement, in dem dem Verfrachter nur die Befugniß zur Umladung in einem Zwischenhafen ertheilt ist; der Verfrachter haftet dann für den ganzen Transport. S.A. 41 S. 198.

§ 643. **Form des Konnossements.**

Das Konnossement enthält:

1. den Namen des Schiffers;
2. den Namen und die Nationalität des Schiffes;
3. den Namen des Abladers;
4. den Namen des Empfängers;
5. den Abladungshafen;
6. den Löschungshafen oder den Ort, an welchem Order über ihn einzuholen ist;
7. Bezeichnung der abgeladenen oder zur Beförderung übernommenen Güter, deren Menge und Merkzeichen;
8. die Bestimmung in Ansehung der Fracht;
9. den Ort und den Tag der Ausstellung;
10. die Zahl der ausgestellten Exemplare.

Der Ablader kann ein den Formerfordernissen entsprechendes Konnossement verlangen, die Gültigkeit des Konnossements ist aber nicht von deren Erfüllung abhängig. R.G. 20 S. 57.

§ 644. **Stellung an Order.**

Auf Verlangen des Abladers ist das Konnossement, sofern nicht das Gegentheil vereinbart ist, an die Order des Empfängers oder lediglich an Order zu stellen. Im letzteren Falle ist unter der Order die Order des Abladers zu verstehen.

Das Konnossement kann auch auf den Namen des Schiffers als Empfängers lauten.

Daß das Konnossement lediglich an Order, ohne Angabe an wessen Order, gestellt werden kann, ist eine Abweichung von Art. 4 Z. 3 W.O.

Ueber die Uebertragbarkeit durch Indossament s. § 363 H.G.B.: über die Wirkung des Indossaments und die Pflicht zur Leistung nur gegen Aushändigung der Urkunde gilt § 364 H.G.B., über die Form des Indossaments, die Legitimation des Besitzers, die Prüfung derselben und die Pflicht zur Herausgabe gelten die nach § 365 anwendbaren Art. 11—13, 36, 74 W.O.

Die nach § 365 Abs. 2 zugelassene Kraftloserklärung durch Aufgebotsverfahren regeln §§ 1004—1009, 1015—1018 C.P.O.

Das Indossament muß unterzeichnet sein. Auch ein Prokuraindossament (Art. 17 W.O.) ist zulässig, es macht den Indossatar nur zum Vertreter, nicht zum Empfänger im Rechtssinne (§ 614). R.G. 41 S. 118.

§ 645. Auslieferung der Güter.

Der Schiffer ist verpflichtet, im Löschungshafen dem legitimirten Inhaber auch nur eines Exemplars des Konnossements die Güter auszuliefern.

Zur Empfangnahme der Güter legitimirt ist derjenige, an welchen die Güter nach dem Konnossement abgeliefert werden sollen, oder auf welchen das Konnossement, wenn es an Order lautet, durch Indossament übertragen ist.

§ 645 hat den Zweck, den Zeitpunkt zu bestimmen, von dem an der legitimirte Inhaber des Konnossements die Güter fordern kann; an Stelle eines wegen zu großen Tiefgangs nicht erreichbaren Löschungshafens tritt dabei dessen Rhede. R.G. 14 S. 8. Einem Anderen als dem legitimirten Inhaber darf der Schiffer die Güter nicht ausliefern; auch nicht bei Nichtabnahme durch den Empfänger dem Befrachter. S.A. 41 S. 198 (R.G.). Dies gilt sowohl für Order- wie für Namenskonnossemente. (Ueber Ausnahmen, wo eine frühere Auslieferung oder die Berücksichtigung von Verfügungen des Befrachters zulässig ist, s. § 659).

Der Schiffer ist nicht befugt, dem legitimirten Inhaber die Auslieferung der Güter deshalb zu verweigern, weil dieser dem Ablader gegenüber zur Rückgabe des Konnossements verpflichtet ist. R.G. 14 S. 7.

§ 646. Stellung des Schiffers zu mehreren legitimirten Empfängern.

Melden sich mehrere legitimirte Konnossementsinhaber, so ist der Schiffer verpflichtet, sie sämmtlich zurückzuweisen, die Güter in einem öffentlichen Lagerhaus oder sonst in sicherer Weise zu hinterlegen und die Konnossementsinhaber, die sich gemeldet haben, unter Angabe der Gründe seines Verfahrens hiervon zu benachrichtigen.

Er ist befugt, über sein Verfahren und dessen Gründe eine öffentliche Urkunde errichten zu lassen und wegen der daraus entstehenden Kosten in gleicher Art wie wegen der Fracht sich an die Güter zu halten.

Die Reihenfolge der Meldungen ist gleichgültig.

Wenn alle Inhaber übereinstimmende Anweisungen geben, muß der Schiffer sie befolgen.

§ 647. Dingliche Wirkung der Uebergabe des Konnossements.

Die Uebergabe des Konnossements an denjenigen, welcher durch das Konnossement zur Empfangnahme legitimirt wird, hat, sobald die Güter von dem Schiffer oder einem anderen Vertreter des Rheders zur Beförderung übernommen sind, für den Erwerb von Rechten an den Gütern dieselben Wirkungen wie die Uebergabe der Güter.

§ 647 gilt ebenso fürs Namen- wie fürs Orderkonnossement.

Die Uebergabe des Konnossements hat dieselbe Wirkung, wie die Uebergabe der Güter. H.M., S. 424. Der legitimirte Inhaber ist darnach mittelbarer Besitzer, § 868 B.G.B. Besitz wird ihm auch in §§ 397, 410, 421 H.G.B. zugesprochen.

Der Inhaber erwirbt an den Gütern das Recht, das er bei einer Uebergabe der Waare selbst haben würde. Er kann Eigenthum erwerben, erwirbt es aber nicht ohne Weiteres und insbesondere nicht ohne seinen Willen, z. B. nicht, wenn er die Güter nur zur Prüfung annimmt. R.G. 5 S. 80, 12 S. 83. Er kann Pfandrecht erwerben und behält ein erworbenes Pfandrecht an Gütern solange, wie er durch Konnossement über sie verfügen kann. Für gesetzliche Pfandrechte ist dies in §§ 397, 410, 421 H.G.B. ausdrücklich bestimmt. Ebenso erhält er durchs Konnossement das kaufmännische Zurückbehaltungsrecht, § 369 H.G.B.

Der Konnossementsinhaber hat ferner das Zurückbehaltungsrecht des Bürgerlichen Rechts auch da, wo es durch den Besitz bedingt ist, §§ 273 Abs. 2, 1000 B.G.B. Wenngleich dies Recht kein

Recht an den Gütern ist, so ist es doch (auch wenn man nicht schon den bloßen Besitz als Recht auffaßt) an den Besitz geknüpft, der dem Konnossementsinhaber zuzugestehen ist; außerdem ist der Ausdruck „für den Erwerb von Rechten an den Gütern" als gleichbedeutend gebraucht mit dem im früheren Art. 649 und in § 72 B.Sch.G. gebrauchten „für den Erwerb der von der Uebergabe abhängigen Rechte", s. die Denkschrift bei H.M., S. 424 verglichen mit 411.

Die durch die Uebergabe des Konnossements hervorgerufene dingliche Wirkung kann wieder aufgehoben werden durch das Verfolgungsrecht des Absenders bei Konkurs des Empfängers (stoppage in transitu) nach § 44 K.O., das insbesondere durch Uebersendung eines zweiten Konnossements ausgeübt zu werden pflegt. Das frühere landesrechtliche Verfolgungsrecht außerhalb des Konkurses ist nicht mehr Rechtens.

§ 648. Stellung der Inhaber verschiedener Exemplare zu einander.

Sind mehrere Exemplare eines an Order lautenden Konnossements ausgestellt, so können von dem Inhaber des einen Exemplars die im § 647 bezeichneten Wirkungen der Uebergabe des Konnossements zum Nachtheile desjenigen nicht geltend gemacht werden, welcher auf Grund eines anderen Exemplars gemäß § 645 die Auslieferung der Güter von dem Schiffer erlangt hat, bevor der Anspruch auf Auslieferung von dem Inhaber des ersteren Exemplars erhoben worden ist.

§ 649.

Hat der Schiffer die Güter noch nicht ausgeliefert, so geht unter mehreren sich meldenden Konnossementsinhabern, soweit die von ihnen auf Grund der Konnossementsübergabe an den Gütern geltend gemachten Rechte einander entgegenstehen, derjenige vor, dessen Exemplar von dem gemeinschaftlichen Vormanne, welcher mehrere Konnossementsexemplare an verschiedene Personen übertragen hat, zuerst der einen dieser Personen dergestalt übergeben worden ist, daß sie zur Empfangnahme der Güter legitimirt wurde.

Bei dem nach einem anderen Orte übersendeten Exemplare wird die Zeit der Uebergabe durch den Zeitpunkt der Absendung bestimmt.

§ 649 bezieht sich ebenso wie § 648 nur aufs Verhältniß der verschiedenen Inhaber zu einander. Der Schiffer hat nach § 646 zu verfahren.

§ 650. Quittirung des Konnossements.

Der Schiffer ist zur Ablieferung der Güter nur gegen Rückgabe eines Exemplars des Konnossements, auf welchem die Ablieferung der Güter bescheinigt ist, verpflichtet.

§ 651. Rechtliche Maßgeblichkeit des Konnossements.

Das Konnossement ist für das Rechtsverhältniß zwischen dem Verfrachter und dem Empfänger der Güter maßgebend; insbesondere hat die Ablieferung der Güter an den Empfänger nach dem Inhalte des Konnossements zu erfolgen.

Die nicht in das Konnossement aufgenommenen Bestimmungen des Frachtvertrags sind dem Empfänger gegenüber unwirksam, sofern nicht das Konnossement ausdrücklich auf sie Bezug nimmt. Wird in Ansehung der Fracht auf den Frachtvertrag verwiesen (zum Beispiel durch die Worte: „Fracht laut Chartepartie"), so sind hierin die Bestimmungen über Löschzeit, Ueberliegezeit und Liegegeld nicht als einbegriffen anzusehen.

Für das Rechtsverhältniß zwischen dem Verfrachter und dem Befrachter bleiben die Bestimmungen des Frachtvertrags maßgebend.

Das Konnossement ist Empfangsbekenntniß und Verpflichtungsschein; es scheidet aus dem Frachtvertrage eine selbständige, auf der Schrift beruhende Verpflichtung aus. R.O. 1 S. 201, 17 S. 71. Es ist aber keine reine Formalobligation, sondern hat seine Grundlage in dem unterliegenden Verhältniß; daher ist die Einrede zulässig, daß sich der Inhaber rechtlos zum Schaden des Verfrachters bereichern würde. R.G. 20 S. 68; vgl. auch Bem. zu § 611 S. 73 a. E. Kann der Schiffer die im Konnossement bezeichneten Güter nicht ausliefern, weil er nichts erhalten hat, so wird er so behandelt, als ob sie verloren seien (vgl. §§ 609, 611). R.G. 34 S. 79; J.W. 1900 S. 299 Nr. 16.

Durch allgemeine Klauseln wie „all conditions as per charter party" ist der gesammte Inhalt der Chartepartie zum Inhalt des Konnossements gemacht. R.O. 15 S. 222, 17 S. 74; R.G. 1 S. 39; B. 21 S. 222. Wenn dagegen im Konnossement nur einzelne Bestimmungen der Chartepartie angezogen sind, so sind damit nicht auch die übrigen maßgebend geworden. R.O. 17 S. 76. Ohne eine allgemeine oder besondere Bezugnahme braucht der Konnossementsinhaber weder die Fracht zu bezahlen, H. 1883 Nr. 127 (= S.A. 40

S. 69), noch das bei der Abladung erwachsene Liegegeld. R.O. 5 S. 32. Bei einer Abweichung des Konnossements von der in Bezug genommenen Charteparte geht ersteres vor, S.A. 45 S. 336, dem Befrachter gegenüber ist daraus aber nicht schlechthin eine Abänderung des Frachtvertrags zu folgern. R.O. 17 S. 73.

Im Stückgüterverkehr vertritt das Konnossement die Stelle einer Urkunde über den Frachtvertrag. R.O. 17 S. 72; H. 1893 Nr. 50; S.A. 52 S. 186. Die Klauseln gelten bei demselben schon von der Uebernahme an, H. 1884 Nr. 59 (R.G.), der Befrachter unterwirft sich ihnen durch die Annahme der Urkunde. S.A. 52 S. 186.

Der Verfrachter hat aus dem Konnossement die Einreden, die sich aus der Urkunde selbst ergeben, und die, die ihm unmittelbar gegen den jedesmaligen Kläger, auch gegen den, in dessen Vertretung Klaganspüche erhoben werden, zustehen. R.G. 20 S. 67. Ist der Befrachter selbst der Empfänger, so muß er auch in seiner Eigenschaft als solcher und auch wenn er Ansprüche aus dem Konnossement erhebt, für den Ablader einstehen und gegen sich gelten lassen, was dieser über die Verladung und die Fassung des Konnossements gewollt hat. H. 1889 Nr. 45 (= S.A. 44 S. 438); R.G. in H. 1892 Nr. 47 (= S.A. 49 S. 61). Dasselbe gilt, wenn der Empfänger nur Vertreter des Abladers ist. H. 1884 Nr. 134, 1885 Nr. 25. Ebenso hat jeder Konnossementsinhaber, der Rechte nur für einen Dritten geltend macht, Einreden aus dessen Person zu dulden. R.G. 20 S. 67. Dagegen ist der Ablader, der Verkäufer des Empfängers ist, darum nicht sein Vertreter, seine Handlungen sind dem Empfänger unpräjudizirlich. J.W. 1900 S. 298 Nr. 16. Aus den Beziehungen des Empfängers zum Ablader und Befrachter hat der Verfrachter keine Einreden. R.G. 14 S. 7; S.A. 48 S. 198.

Das Konnossement geht nicht auf Ablieferung gleicher Güter wie der darin bezeichneten, sondern auf Ablieferung der identischen abgeladenen (R.G. 20 S. 65) und zugleich dem Konnossement entsprechenden Güter. Wenn Güter dem Konnossement, soweit der Schiffer nicht die Verantwortung für dessen Angaben durch Klauseln ausgeschlossen hat, entsprechen, kommt ein weiterer Identitätsbeweis nicht in Frage. H. 1898 Nr. 37, 71; a. M. R.G. in S.A. 46 S. 448. Vgl. über den Identitätsbeweis auch die Bemerkungen zu § 614 sowie ferner §§ 652, 653.

Wenn die Güter mit einem andern Schiff als dem in Konnossement benannten ankommen, so braucht der Empfänger sie nicht als Erfüllung seiner Forderung anzuerkennen und kann wegen der Nichtablieferung Schadensersatz gemäß § 611 fordern. H. 1883 Nr. 46, 60, 1893 Nr. 78.

Der Verfrachter muß auch für die im Konnossement angegebenen Merkzeichen einstehen (sofern nicht die Haftung durch Klauseln wie „Marken und Nummern unbekannt" ausgeschlossen ist, vgl. Anhang zum Konnossementsrecht S. 102), so H. 1898 Nr. 37 gegen H. 1898 Nr. 71. Bei einer vom Verfrachter nach allgemeinen Grundsätzen oder Vertrag nicht zu vertretenden Ununterscheidbarkeit durch Verwischen der Merkzeichen geht der Anspruch aus dem Konnossement auf Lieferung eines entsprechenden Theils der Gesammtmenge. R.G. in S.A. 46 S. 449, vgl. R.G. 4 S. 41. sowie § 948 B.G.B.

Für die Haftung des Verfrachters sind, auch wenn sie aufs Konnossement gestützt wird, §§ 606, 607, 611, 613 maßgebend.

§ 652. Haftung für die Richtigkeit der Bezeichnung.

Der Verfrachter ist für die Richtigkeit der im Konnossement enthaltenen Bezeichnung der übernommenen Güter dem Empfänger verantwortlich. Seine Haftung beschränkt sich jedoch auf den Ersatz des Minderwerths, der sich aus der Nichtübereinstimmung der Güter mit der im Konnossement enthaltenen Bezeichnung ergiebt.

Sind die Güter mit den abgeladenen identisch, so kann der Empfänger nicht Schadensersatz wegen Nichtlieferung (Verlusts) fordern und kann es trotz der Nichtübereinstimmung nicht ablehnen, ihre Lieferung als eine wenn auch mangelhafte Erfüllung der Verpflichtung aus dem Konnossement anzunehmen. Vgl. aber H. 1898 Nr. 37 auf S. 88. — Nach J.W. 1900 S. 298 Nr. 16 soll für den Fall der Auslieferung andersartiger Güter das Präjudiz des § 609 anwendbar sein.

Die „Bezeichnung" der Güter ist von ihren „Merkzeichen" (Marken) durchaus zu unterscheiden; über letztere s. S. 102, Anh. zum Konnossementsrecht.

§ 653. Güter in Verpackung und in geschlossenen Gefäßen.

Die im § 652 erwähnte Haftung des Verfrachters tritt auch dann ein, wenn die Güter dem Schiffer in Verpackung oder in geschlossenen Gefäßen übergeben worden sind.

Ist dies aus dem Konnossement ersichtlich, so ist der Verfrachter für die Richtigkeit der Bezeichnung der Güter dem Empfänger nicht verantwortlich, wenn ungeachtet der Sorgfalt eines ordentlichen Schiffers die Unrichtigkeit der in dem Konnossement enthaltenen Bezeichnung nicht wahrgenommen werden konnte.

Die Haftung des Verfrachters wird dadurch nicht ausgeschlossen, daß die Uebereinstimmung der abgelieferten und der übernommenen Güter nicht bestritten oder daß sie vom Verfrachter nachgewiesen wird.

Der Verfrachter hat zu beweisen

1. daß dieselben Güter abgeladen waren und
2. daß die Unrichtigkeit nicht erkennbar war.

Die Haftung für die übernommenen Güter aus dem Vertrage (bezw. dem „Receptum" des gemeinen Rechts) bleibt dann bestehen. R.O. 3 S. 25.

§ 654. Klausel „Inhalt unbekannt".

Werden dem Schiffer Güter in Verpackung oder in geschlossenen Gefäßen übergeben, so kann er das Konnossement mit dem Zusatze: „Inhalt unbekannt" versehen. Enthält das Konnossement diesen oder einen gleichbedeutenden Zusatz, so ist der Verfrachter, falls der abgelieferte Inhalt mit dem im Konnossement angegebenen nicht übereinstimmt, nur insoweit verantwortlich, als festgestellt wird, daß er einen anderen als den abgelieferten Inhalt empfangen hat.

Wenn das Konnossement mit der Klausel „Inhalt unbekannt" gezeichnet ist, hat bei einer Nichtübereinstimmung des Inhalts der Empfänger die Beweislast dafür, daß der Inhalt nicht identisch mit dem abgeladenen ist. R.O. 3 S. 25.

Die Klausel hat (ebenso wie die der §§ 655, 656) die im Gesetz bestimmte Wirkung auch dann, wenn die Güter nicht verpackt übergeben waren und der Ablader sie sich daher nicht hätte gefallen zu lassen brauchen. So H. 1898 Nr. 37 gegen die älteren Entscheidungen, insbesondere R.G. 4 S. 91, die den Grundsatz aufstellen, daß der Schiffer sich von der Vertretung des Konnossementsinhalts nur soweit freizeichnen könne, als er nicht die Unrichtigkeit der Angaben bei Anwendung der Sorgfalt eines ordentlichen Schiffers hätte erkennen müssen.

S. auch das zu § 658 Bemerkte.

§ 655. Klausel „Zahl, Maß, Gewicht unbekannt".

Sind die im Konnossemente nach Zahl, Maß oder Gewicht bezeichneten Güter dem Schiffer nicht zugezählt, zugemessen oder zugewogen, so kann er das Konnossement mit dem Zusatze: „Zahl, Maß, Gewicht unbekannt" versehen. Enthält das Konnossement diesen oder einen gleichbedeutenden Zusatz, so hat der Verfrachter die Richtigkeit der Angaben des Konnossements über Zahl, Maß oder Gewicht der übernommenen Güter nicht zu vertreten.

Auch durch diese Klausel wird der Verfrachter nicht davon befreit, aus seinem Vertragsverhältniß für die thatsächlich übernommenen Güter aufzukommen. R.O. 14 S. 296.

Ueber die Zulässigkeit der Klausel s. Bem. zu § 654.

§ 656. **Bedeutung der Angabe von Zahl, Maß, Gewicht für die Frachtberechnung.**

Ist die Fracht nach Zahl, Maß oder Gewicht der Güter bedungen und im Konnossemente Zahl, Maß oder Gewicht angegeben, so ist diese Angabe für die Berechnung der Fracht entscheidend, wenn nicht das Konnossement eine abweichende Bestimmung enthält. Als eine solche ist der Zusatz: „Zahl, Maß, Gewicht unbekannt" oder ein gleichbedeutender Zusatz nicht anzusehen.

Die Maßangabe ist zwischen Verfrachter und Empfänger schlechthin entscheidend und hat nicht etwa nur die Vermuthung der Richtigkeit für sich. R.O. 6 S. 347, 12 S. 371; R.G. 14 S. 116.

Als abweichende Bestimmung genügt nicht Zeichnung des Konnossements „unter Protest", R.O. 1 S. 202, wohl aber der Zusatz „unter Protest wegen Uebermaß", R.O. 6 S. 347, ebenso die Verweisung auf entgegenstehende Bestimmungen der Chartepartie. — Eine Bestimmung in letzterer, daß Fracht nach eingenommenem Gewicht zu berechnen sei, ist aber als eine abweichende Bestimmung gemäß Abs. 2 nicht anzusehen, da sie mit der Maßgeblichkeit der Konnossementsangaben völlig vereinbar ist. R.G. 14 S. 116. Wenn der Zusatz „Zahl, Maß, Gewicht unbekannt" gemacht ist, so kann der Verfrachter seine Fracht nach dem angegebenen Maß u. s. w. fordern, braucht aber seinerseits für dasselbe nicht einzustehen. R.O. 1 S. 201.

Wenn eine Angabe im Konnossement nicht gemacht ist, so ist das ausgelieferte Maß u. s. w. entscheidend nach § 620.

§ 657. **Klauseln „frei von Bruch", „frei von Leckage", „frei von Beschädigung".**

Ist das Konnossement mit dem Zusatze: „frei von Bruch" oder: „frei von Leckage" oder: „frei von Beschädigung" oder mit einem gleichbedeutenden Zusatze versehen, so haftet der Verfrachter nicht für Bruch, Leckage oder Beschädigung, es sei denn, daß den Schiffer oder eine Person, für die der Verfrachter verantwortlich ist, ein Verschulden trifft.

Diese Klauseln enthalten eine Befreiung des Verfrachters nicht nur vom Einstehen von den Konnossementsangaben, sondern von der Haftung aus der Uebernahme der Waare selbst. R.G. 4 S. 88. Die Haftung für die Lieferung eines seetüchtigen Schiffes nach § 559 bleibt aber unberührt. H. 1885 Nr. 24 (= S.A. 40 S. 333).

Fälle, wo der Verfrachter das Recht hätte, die Klauseln einseitig hinzuzufügen, bestimmt das Gesetz nicht.

§ 658. Pflicht des Schiffers, Mängel der Güter zu verzeichnen.

Werden dem Schiffer Güter übergeben, deren Beschädigung, schlechte Beschaffenheit oder schlechte Verpackung sichtbar ist, so hat er diese Mängel im Konnossemente zu bemerken, widrigenfalls er dem Empfänger dafür verantwortlich ist, auch wenn das Konnossement mit einem der im § 657 erwähnten Zusätze versehen ist.

Ist ein reines Konnossement ausgestellt, so ist der Verfrachter dafür beweispflichtig, daß die Mängel nicht sichtbar waren, ist das Konnossement aber mit der Klausel „Inhalt unbekannt“ gezeichnet, so hat der Empfänger die Sichtbarkeit zu beweisen. R.O. 3 S. 28.

Für den Fall, daß das Konnossement mit der Klausel „Qualität unbekannt“ gezeichnet ist, hat das R.G. entschieden, daß der Verfrachter trotzdem haftet, wenn der Schiffer die sichtbare schlechte Beschaffenheit einer unverpackt abgeladenen Waare nicht angegeben hat, da für diesen Fall die Klausel nicht statthaft sei (s hierüber aber das bei § 654 Bemerkte!): der Empfänger hat nach seiner Wahl den Beweis, daß der Mangel erkennbar gewesen sei oder daß er erst nach der Uebernahme entstanden sei, gegen den letzteren Beweis hat der Verfrachter wieder den Gegenbeweis, daß der Mangel durch einen von ihm nicht zu vertretenden Umstand verursacht ist. R.G. 4 S. 90. Beim reinen Konnossement muß dem Schiffer der Beweis späteren nicht zu vertretenden Entstehens, alternativ mit dem der Unerkennbarkeit, verstattet werden.

§ 659. Rückgabe oder vorzeitige Auslieferung der Güter.

Hat der Schiffer ein an Order lautendes Konnossement ausgestellt, so darf er den Anweisungen des Abladers wegen Rückgabe oder Auslieferung der Güter nur dann Folge leisten, wenn ihm die sämmtlichen Exemplare des Konnossements zurückgegeben werden.

Dasselbe gilt in Ansehung der Anforderungen eines Konnossementsinhabers auf Auslieferung der Güter, solange der Schiffer den Bestimmungshafen nicht erreicht hat.

Handelt er diesen Vorschriften entgegen, so bleibt er dem rechtmäßigen Inhaber des Konnossements verpflichtet.

Lautet das Konnossement nicht an Order, so ist der Schiffer zur Rückgabe oder Auslieferung der Güter auch ohne Beibringung eines Exemplars des Konnossements verpflichtet, sofern der Ablader und der im Konnossemente bezeichnete Empfänger in die Rückgabe oder Auslieferung der Güter willigen. Werden jedoch nicht sämmtliche Exemplare des Konnossements zurückgestellt, so kann der Schiffer wegen der deshalb zu besorgenden Nachtheile zuvor Sicherheitsleistung fordern.

Ohne die Beibringung des Konnossements darf (abgesehen von Abs. 4) der Schiffer die Güter dem Empfänger auch dann nicht ausliefern, wenn dieser zugleich der Befrachter ist, R.O. 15 S. 228, auch nicht dem Befrachter, selbst wenn der Empfänger die Abnahme verweigert hat. R.G. 15 S. 26.

§ 660.

Die Vorschriften des § 659 kommen auch zur Anwendung, wenn der Frachtvertrag vor der Erreichung des Bestimmungshafens in Folge eines Zufalls nach den §§ 628 bis 641 aufgelöst wird.

Anhang zum Konnossementsrecht.

Ueber Konnossementsklauseln außer den in §§ 654, 655, 657 aufgeführten.

Für die Ausbedingung von Befreiungsklauseln besteht Vertragsfreiheit. R.O. 25 S. 181; R.G. 25 S. 107; R.G. in H. 1884 Nr. 59. Die bisher bestrittene Frage, ob auch die Haftung für Arglist des Schiffers ausgeschlossen werden kann (vgl. R.O. 25 S. 181; B. 4 S. 195; R.G. 20 S. 116; R.G in H. 1889 Nr. 37) ist nach § 278 S. 2 B.G.B., nach dem dem Schuldner die Haftung für Vorsatz des gesetzlichen Vertreters und des Erfüllungsgehülfen im Voraus erlassen werden kann, zu bejahen.

Auch die Haftung für Merkzeichen kann, soweit sie besteht, erlassen werden. H. 1898 Nr. 37, vgl. H. 1890 Nr. 58 (= S.A. 46 S. 448). A M. z. B. H. 1898 Nr. 71. Vgl. hierzu auch H. 1899 Nr 59. „Merkzeichen" und „Bezeichnung" (§ 652) sind durchaus zu unterscheiden.

Ueber die sogenannte „negligence clause" s. R.G. 25 S. 105; R.G. in H. 1889 Nr. 37; über Freizeichnung von den Gefahren der See („perils of the sea") R.O. 25 S. 35; R.G. in H. 1892 Nr. 89 (= S.A. 48 S. 316); über Klauseln, die an Stelle des Bestimmungshafens den nächsten vom Schiff zu erreichenden Hafen setzen („or so near as she may safely go") und zwar z. Th. in dem Sinne, daß der Schiffer den Schlußtransport in Leichtern ꝛc. auszuführen hat, z. Th. in dem, daß der Empfänger dort abzunehmen hat, s. R.G. 14 S. 116; H. 1890 Nr. 69; B. 21 S. 222.

Vgl. auch das zu §§ 593, 594 Bemerkte.

Ueber die Bedeutung der englischen Rechtsauffassung für die Auslegung von Konnossementen in englischer Sprache s. (nicht ganz übereinstimmend) R.G. 11 S. 104, 39 S. 67; über die amerikanische Harter-Act H. 1897 Nr. 15, 1898 Nr. 95, 1899 Nr. 49.

Der Verfrachter hat, wenn er sich auf eine Befreiungsklausel beruft, zu beweisen, daß ein darunter fallender Umstand vorliegt.

§ 661. 9. Persönliche Verpflichtungen des Schiffers.

In Ansehung der Verpflichtungen des Schiffers aus den von ihm geschlossenen Frachtverträgen und ausgestellten Konnossementen hat es bei den Vorschriften der §§ 511, 512, 533 sein Bewenden.

§ 662. 10. Unterverfrachtung.

Im Falle der Unterverfrachtung haftet für die Erfüllung des Unterfrachtvertrags, soweit dessen Ausführung zu den Dienstobliegenheiten des Schiffers gehört und von diesem übernommen ist, insbesondere durch Annahme der Güter und Ausstellung des Konnossements, nicht der Unterverfrachter, sondern der Rheder mit Schiff und Fracht (§ 486).

Ob und inwieweit im Uebrigen der Rheder oder der Unterfrachter von dem Unterbefrachter in Anspruch genommen werden kann und ob im letzteren Falle der Unterverfrachter für die Erfüllung unbeschränkt zu haften oder nur die auf Schiff und Fracht beschränkte Haftung des Rheders zu vertreten hat, wird durch diese Vorschrift nicht berührt.

Der Rheder bzw. Schiffer ist auch zum Einziehen der Fracht befugt. H. 1890 Nr. 3 (= S.A. 43 S. 439).

Wenn der Rheder gegen den Unterbefrachter wegen eines durch gefährliche Güter hervorgerufenen Schadens klagt, kann der Unterbefrachter sich auch ihm gegenüber darauf berufen, daß er nach seinem Vertragsverhältniß nicht ersatzpflichtig sei. R.G. 20 S. 83.

Wenn derjenige, dem der Eigenthümer des Schiffes es überlassen hat, für die Zeit der Ueberlassung Dienstherr des Schiffers ist, so ist er nicht Befrachter und Unterverfrachter, sondern Ausrüster nach § 510 und Verfrachter. H. 1896 Nr. 37 (= S.A. 51 S. 439).

§ 663. 11. Stellung der Postverwaltung.

Auf die Beförderung von Gütern zur See durch die Postverwaltungen des Reichs und der Bundesstaaten finden die Vorschriften dieses Abschnitts keine Anwendung.

Vgl. Ges. über das Postwesen des deutschen Reichs vom 28. Oktober 1871, R.G.Bl. S. 347; Weltpostvertrag vom 15. Juni 1897, R.G.Bl. S. 1079.

Fünfter Abschnitt.

Frachtgeschäft zur Beförderung von Reisenden.

§ 664. Unübertragbarkeit.

Ist der Reisende in dem Ueberfahrtsvertrage genannt, so ist er nicht befugt, das Recht auf die Ueberfahrt an einen Anderen abzutreten.

§ 665. Schiffsordnung.

Der Reisende ist verpflichtet, alle die Schiffsordnung betreffenden Anweisungen des Schiffers zu befolgen.

Andererseits haftet der Schiffer dem Reisenden persönlich nach § 512.

§ 666. Nicht rechtzeitiges Eintreffen des Reisenden.

Der Reisende, der sich vor oder nach dem Antritte der Reise nicht rechtzeitig an Bord begiebt, hat das volle Ueberfahrtsgeld zu bezahlen, wenn der Schiffer die Reise antritt oder fortsetzt, ohne auf ihn zu warten.

Wenn im Ueberfahrtsvertrag gesagt ist, daß das Schiff (Postdampfer) von einer Zwischenstation an einem bestimmten Tage abfährt und die Reisenden an dessen Morgen zur Einschiffung bereit sein müssen, so ist der Tag als Kalendertag zu rechnen und muß der Reisende sofort nach Mitternacht bereit sein. H. 1898 Nr. 19.

§ 667. Auflösung des Vertrages.

Wenn der Reisende vor dem Antritte der Reise den Rücktritt von dem Ueberfahrtsvertrag erklärt oder stirbt oder durch Krankheit oder einen anderen in seiner Person sich ereignenden Zufall zurückzubleiben genöthigt wird, so ist nur die Hälfte des Ueberfahrtsgeldes zu zahlen.

Wenn nach dem Antritte der Reise der Rücktritt erklärt wird oder einer der erwähnten Zufälle sich ereignet, so ist das volle Ueberfahrtsgeld zu zahlen.

§ 668.

Der Ueberfahrtsvertrag tritt außer Kraft, wenn durch einen Zufall das Schiff verloren geht (§ 628 Abs. 1 Nr. 1).

§ 669.

Der Reisende ist befugt, von dem Vertrage zurückzutreten, wenn ein Krieg ausbricht, in Folge dessen das Schiff nicht mehr als frei betrachtet werden kann und der Gefahr der Aufbringung ausgesetzt wäre, oder wenn die Reise durch eine das Schiff betreffende Verfügung von hoher Hand aufgehalten wird.

Das Recht des Rücktritts steht auch dem Verfrachter zu, wenn er in einem der vorstehenden Fälle die Reise aufgiebt oder wenn das Schiff hauptsächlich zur Beförderung von Gütern bestimmt ist und die Unternehmung unterbleiben muß, weil die Güter ohne sein Verschulden nicht befördert werden können.

§ 670.

In allen Fällen, in denen nach den §§ 668, 669 der Ueberfahrtsvertrag aufgelöst wird, ist kein Theil zur Entschädigung des anderen verpflichtet.

Ist jedoch die Auflösung erst nach dem Antritte der Reise erfolgt, so hat der Reisende das Ueberfahrtsgeld nach dem Verhältnisse der zurückgelegten zur ganzen Reise zu zahlen.

Bei der Berechnung des zu zahlenden Betrags ist die Vorschrift des § 631 maßgebend.

§ 671. **Ausbesserung des Schiffs.**

Muß das Schiff während der Reise ausgebessert werden, so hat der Reisende, auch wenn er die Ausbesserung nicht abwartet, das volle Ueberfahrtsgeld zu zahlen. Wartet er die Ausbesserung ab, so hat ihm der Verfrachter bis zum Wiederantritte der Reise ohne besondere Vergütung Wohnung zu gewähren, auch die nach dem Ueberfahrtsvertrag in Ansehung der Beköstigung ihm obliegenden Pflichten weiter zu erfüllen.

Erbietet sich jedoch der Verfrachter, den Reisenden mit einer anderen gleich guten Schiffsgelegenheit ohne Beeinträchtigung der übrigen vertragsmäßigen Rechte des Reisenden nach dem Bestimmungshafen zu befördern, und weigert sich der Reisende, von dem Anerbieten Gebrauch zu machen, so hat er auf Gewährung von Wohnung und Kost bis zum Wiederantritte der Reise nicht weiter Anspruch.

§ 672. **Reisegut.**

Für die Beförderung des Reiseguts, welches der Reisende nach dem Ueberfahrtsvertrag an Bord zu bringen befugt ist, hat er, wenn nicht ein Anderes bedungen ist, neben dem Ueberfahrtsgelde keine besondere Vergütung zu zahlen.

Ueber die Mitnahme von gefährdenden Waaren durch Reisende s. auch den bei § 515 aufgeführten § 297 St.G.B.

§ 673.

Auf das an Bord gebrachte Reisegut finden die Vorschriften der §§ 561, 593, 617 Anwendung.

Ist das Reisegut von dem Schiffer oder einem dazu bestellten Dritten übernommen, so gelten für den Fall seines Verlustes oder seiner Beschädigung die Vorschriften der §§ 606—610.

Auf sämmtliche von dem Reisenden an Bord gebrachte Sachen finden außerdem die Vorschriften der §§ 563 bis 565, 619 Anwendung.

Bei Verlust und Beschädigung von Reisegut ist, da §§ 611, 613 nicht ausgedehnt sind, voller Ersatz zu leisten.

Dies gilt aber nur von Gegenständen, die der Reisende als Reisegut selbst mit an Bord bringt: versendet er „Reiseeffekten" mit einem Schiff, so sind die gewöhnlichen Regeln des Seefrachtrechts und daher § 611 anwendbar. H. 1894 Nr. 20. Andererseits ist es gleichgültig, ob er unter seinen Reiseeffekten Sachen hat, deren er persönlich nicht bedarf. H. 1887 Nr. 15.

§ 674. **Pfandrecht.**

Der Verfrachter hat wegen des Ueberfahrtsgeldes an den von dem Reisenden an Bord gebrachten Sachen ein Pfandrecht.

Das Pfandrecht besteht jedoch nur, solange die Sachen zurückbehalten oder hinterlegt sind.

Für die Geltendmachung des Pfandrechts gelten §§ 1204 ff., 1257 B.G.B., s. auch Anm. zu § 623.

§ 675. **Tod eines Reisenden.**

Stirbt ein Reisender, so ist der Schiffer verpflichtet, in Ansehung des an Bord befindlichen Reiseguts des Verstorbenen das Interesse der Erben nach den Umständen des Falles in geeigneter Weise wahrzunehmen.

Der Todesfall ist vom Schiffer ins Tagebuch einzutragen, s. Anm. zu § 520.

§ 676. **Unterverfrachtung.**

Wird ein Schiff zur Beförderung von Reisenden einem Dritten verfrachtet, sei es im Ganzen oder zu einem Theile oder dergestalt, daß eine bestimmte Zahl von Reisenden befördert werden soll, so gelten für das Rechtsverhältniß zwischen dem Verfrachter und dem Dritten die Vorschriften des vierten Abschnitts, soweit die Natur der Sache ihre Anwendung zuläßt.

§ 677. **Ueberfahrtsgelder-Fracht.**

Wenn in den folgenden Abschnitten dieses Buches die Fracht erwähnt wird, so sind darunter, sofern nicht das

Gegentheil bestimmt ist, auch die Ueberfahrtsgelder zu verstehen.

Eine besondere Bestimmung für Ueberfahrtsgelder enthält § 721 Abs. 2, Beitrag bei großer Haverei.

§ 678. **Auswanderungswesen.**

Die auf das Auswanderungswesen sich beziehenden Landesgesetze werden, auch soweit sie privatrechtliche Vorschriften enthalten, durch die Vorschriften dieses Abschnitts nicht berührt.

Für das Auswanderungswesen enthält besondere Bestimmungen das

Gesetz über das Auswanderungswesen,

vom 9. Juni 1897.

(R.G.Bl. S. 463).

Privatrechtliche Bedeutung haben insbesondere:

V. Besondere Bestimmungen für die überseeische Auswanderung nach außereuropäischen Ländern, §§ 25—37.

§ 25.

Verträge über die überseeische Beförderung von Auswanderern müssen auf Beförderung und Verpflegung bis zur Landung im außereuropäischen Ausschiffungshafen gerichtet sein. Sie sind auf die Weiterbeförderung und Verpflegung vom Ausschiffungshafen bis an das Auswanderungsziel zu erstrecken, insoweit dies bei der Ertheilung der Erlaubniß (§ 1) zur Bedingung gemacht ist.

Soll das Schiff in einem außerdeutschen Hafen bestiegen oder gewechselt werden, so ist dies in den Beförderungsvertrag aufzunehmen.

§ 26.

Der Verkauf von Fahrscheinen an Auswanderer zur Weiterbeförderung von einem überseeischen Platze aus ist verboten.

Dieses Verbot findet jedoch keine Anwendung auf Verträge, durch welche der Unternehmer (§ 1) sich zugleich zur Weiterbeförderung vom überseeischen Ausschiffungshafen aus verpflichtet.

§ 27.

Der Unternehmer ist verpflichtet, den Auswanderern an dem zu ihrer Einschiffung oder Weiterbeförderung bestimmten

Orte bei jeder nicht von ihnen selbst verschuldeten Verzögerung der Beförderung von dem vertragsmäßig bestimmten Abfahrtstag an ohne besondere Vergütung Unterkunft und Verpflegung zu gewähren.

§ 28.

Falls die Verzögerung länger als eine Woche dauert, hat der Auswanderer, unbeschadet der ihm nach dem bürgerlichen Rechte etwa zustehenden Ansprüche auf Schadensersatz, das Recht, von dem Vertrage zurückzutreten und die Rückerstattung des gezahlten Ueberfahrtsgeldes zu verlangen.

§ 29.

Die Rückerstattung des Ueberfahrtsgeldes kann auch dann verlangt werden, wenn der Auswanderer oder einer der ihn begleitenden Familienangehörigen vor Antritt der Seereise stirbt oder nachweislich durch Krankheit oder durch sonstige außer seiner Macht liegende Zwischenfälle am Antritte der Seereise verhindert wird.

Das Gleiche gilt, wenn in Fällen des § 26 Absatz 2 die Verhinderung im überseeischen Ausschiffungshafen eintritt, rücksichtlich des den Weiterbeförderungskosten entsprechenden Theiles des Ueberfahrtsgeldes.

Die Hälfte des Ueberfahrtsgeldes kann zurückverlangt werden, wenn der Auswanderer vor Antritt der Reise vom Vertrag aus anderen Gründen zurücktritt.

§ 30.

Wird das Schiff durch einen Seeunfall oder einen anderen Umstand an der Fortsetzung der Reise verhindert oder zu einer längeren Unterbrechung derselben genöthigt, so ist der Unternehmer (§ 1) verpflichtet, ohne besondere Vergütung den Auswanderern angemessene Unterkunft und Verpflegung zu gewähren und die Beförderung derselben und ihres Gepäcks nach dem Bestimmungsorte sobald als möglich herbeizuführen.

Diese Vorschrift findet sinngemäße Anwendung auf die Weiterbeförderung von überseeischen Ausschiffungshafen aus (§ 26 Absatz 2).

§ 31.

Vereinbarungen, welche den Bestimmungen der §§ 27 bis 30 zuwiderlaufen, haben keine rechtliche Wirkung.

§ 32.

Der Unternehmer kann verpflichtet werden, zur Sicherstellung der ihm aus den §§ 27 bis 30 entstehenden Verpflichtungen eine das Ueberfahrtsgeld um den halben Betrag übersteigende Summe zu versichern oder einen der Versicherungssumme entsprechenden Betrag zu hinterlegen.

§ 33.

Der Unternehmer hat dafür Sorge zu tragen, daß das Schiff, mit welchem die Auswanderer befördert werden, für die beabsichtigte Reise völlig seetüchtig, vorschriftsmäßig eingerichtet, ausgerüstet und verproviantirt ist.

Die gleiche Verpflichtung trifft den Führer des Schiffes.

Nach § 23 Nr. 2 Abs. 3 G.V.G. sind die Amtsgerichte zuständig für:

Streitigkeiten zwischen Reisenden und Wirthen, Fuhrleuten, Schiffern, Flößern oder Auswanderungsexpedienten in den Einschiffungshäfen, welche über Wirthszechen, Fuhrlohn, Ueberfahrtsgelder, Beförderung der Reisenden und ihrer Habe und über Verlust und Beschädigung der letzteren, sowie Streitigkeiten zwischen Reisenden und Handwerkern, welche aus Anlaß der Reise entstanden sind.

Sechster Abschnitt.

Bodmerei.

§ 679. **Begriff.**

Bodmerei im Sinne dieses Gesetzbuchs ist ein Darlehensgeschäft, welches von dem Schiffer als solchem kraft der in diesem Gesetzbuch ihm ertheilten Befugnisse unter Zusicherung einer Prämie und unter Verpfändung von Schiff, Fracht und Ladung oder von einem oder mehreren dieser Gegenstände in der Art eingegangen wird, daß der Gläubiger wegen seiner Ansprüche nur an die verpfändeten (verbodmeten) Gegenstände nach der Ankunft des Schiffes an dem Orte sich halten kann, wo die Reise enden soll, für welche das Geschäft eingegangen ist (Bodmereireise).

Für die sogenannte uneigentliche Bodmerei, d. h. eine Verpfändung des Schiffes, die nicht der Schiffer als solcher vornimmt, bewendet es bei den in §§ 1259—72 B.G.B. enthaltenen Vorschriften übers Pfandrecht an eingetragenen Schiffen. H.M., S. 425.

Unter Fracht sind nach § 677 überall in diesem Abschnitt auch die Ueberfahrtsgelder mitzuverstehen.

§ 680. **Zulässigkeit der Bodmerei.**

Bodmerei kann von dem Schiffer nur in folgenden Fällen eingegangen werden:

1. während sich das Schiff außerhalb des Heimathshafens befindet, zum Zwecke der Ausführung der Reise nach Maßgabe der §§ 528, 538 bis 540, 542;
2. während der Reise im alleinigen Interesse der Ladungsbetheiligten zum Zwecke der Erhaltung und Weiterbeförderung der Ladung nach Maßgabe der §§ 535, 542, 632.

Im Falle des Abs. 1 Nr. 2 kann der Schiffer die Ladung allein verbodmen, in allen übrigen Fällen kann er zwar das Schiff oder die Fracht allein, die Ladung aber nur zusammen mit dem Schiffe und der Fracht verbodmen.

In der Verbodmung des Schiffes ohne Erwähnung der Fracht ist die Verbodmung der Fracht nicht enthalten. Werden aber Schiff und Ladung verbodmet, so gilt die Fracht als mitverbodmet.

Die Verbodmung der Fracht ist zulässig, solange diese der Seegefahr noch nicht entzogen ist.

Auch die Fracht desjenigen Theiles der Reise, welcher noch nicht angetreten ist, kann verbodmet werden.

Das Nähere zu § 680 s. bei §§ 528, 535.

§ 681. **Bodmereiprämie.**

Die Höhe der Bodmereiprämie ist ohne Beschränkung dem Uebereinkommen der Parteien überlassen.

Die Prämie umfaßt in Ermangelung einer entgegenstehenden Vereinbarung auch die Zinsen.

Das allgemeine Wucherverbot § 138 Abs. 2 B.G.B. ist trotz Abs. 1 im Prinzip anwendbar.

§ 682. **Bodmereibrief.**

Ueber die Verbodmung muß von dem Schiffer ein Bodmereibrief ausgestellt werden. Ist dies nicht geschehen, so hat der Gläubiger diejenigen Rechte, welche ihm zustehen würden, wenn der Schiffer zur Befriedigung des Bedürfnisses ein einfaches Kreditgeschäft eingegangen wäre.

Ueber Kreditgeschäfte s. § 528.

Die Ladung kann der Schiffer durch andere Kreditgeschäfte als Verbodmung überhaupt nicht verpflichten, §§ 535, 537.

§ 683.

Der Bodmereigeber kann verlangen, daß der Bodmereibrief enthält:

1. den Namen des Bodmereigläubigers;
2. den Kapitalbetrag der Bodmereischuld;
3. den Betrag der Bodmereiprämie oder den Gesammtbetrag der dem Gläubiger zu zahlenden Summe;
4. die Bezeichnung der verbodmeten Gegenstände;
5. die Bezeichnung des Schiffes und des Schiffers;
6. die Bodmereireise;
7. die Zeit, zu welcher die Bodmereischuld gezahlt werden soll;
8. den Ort, wo die Zahlung erfolgen soll;
9. die Bezeichnung der Urkunde im Texte als Bodmereibrief oder die Erklärung, daß die Schuld als Bodmereischuld eingegangen ist, oder eine andere das Wesen der Bodmerei genügend bezeichnende Erklärung;
10. die Umstände, welche die Eingehung der Bodmerei nothwendig gemacht haben;
11. den Tag und den Ort der Ausstellung;
12. die Unterschrift des Schiffers.

Die Unterschrift des Schiffers ist auf Verlangen in öffentlich beglaubigter Form zu ertheilen.

Oeffentliche Beglaubigung: § 129 B.G.B.

§ 684.

Auf Verlangen des Bodmereigebers ist der Bodmereibrief, sofern nicht das Gegentheil vereinbart ist, an die Order des Gläubigers oder lediglich an Order zu stellen. Im letzteren Falle ist unter der Order die Order des Bodmereigebers zu verstehen.

Die Stellung „lediglich an Order" entspricht dem Konossement (§ 644) und ist eine Abweichung vom Wechsel (Art. 4 Z. 3 W.O.).

Ueber die Bedeutung und Wirkung der Stellung an Order gelten

§§ 363—365 H.G.B. (vgl. darüber auch Anm. zu § 644); eine weiter gehende Einredemöglichkeit giebt § 686 Abs. 3.

§ 685.

Ist vor der Ausstellung des Bodmereibriefs die Nothwendigkeit der Eingehung des Geschäfts von dem deutschen Konsul und in dessen Ermangelung von dem Gericht oder der sonst zuständigen Behörde des Ortes der Ausstellung, sofern es aber auch an einer solchen fehlt, von den Schiffsoffizieren urkundlich bezeugt, so wird angenommen, daß der Schiffer zur Eingehung des Geschäfts in dem vorliegenden Umfange befugt gewesen sei. Es findet jedoch der Gegenbeweis statt.

Bei einer in Deutschland eingegangenen Bodmerei ist zur Ertheilung der Bescheinigung das Amtsgericht zuständig nach § 145 Ges. freiw. Gerichtsb. (zitirt bei § 524).

Ueber die Befugnisse der Konsuln s. § 37 Ges. betr. die Organisation der Bundeskonsulate vom 8. November 1867 (B.G.Bl. S. 137).

Ist eine Bescheinigung nicht ertheilt, so ist der Gläubiger beweispflichtig dafür, daß die gesetzlichen Voraussetzungen für die Zulässigkeit der Bodmerei vorliegen.

§ 686.

Der Bodmereigeber kann die Ausstellung des Bodmereibriefes in mehreren Exemplaren verlangen.

Werden mehrere Exemplare ausgestellt, so ist in jedem Exemplar anzugeben, wie viele ertheilt sind.

Der Einwand, daß der Schiffer zur Eingehung des Geschäfts überhaupt oder in dem vorliegenden Umfange nicht befugt gewesen sei, ist auch gegen den Indossatar zulässig.

§ 687.

Zahlung.

Die Bodmereischuld ist, sofern nicht in dem Bodmereibriefe selbst eine andere Bestimmung getroffen ist, in dem Bestimmungshafen der Bodmereireise und am achten Tage nach der Ankunft des Schiffes in diesem Hafen zu zahlen.

Von dem Zahlungstag an laufen Zinsen von der ganzen Bodmereischuld einschließlich der Prämie. Diese Vorschrift findet keine Anwendung, wenn die Prämie nach Zeit bedungen ist; die Zeitprämie läuft aber bis zur Zahlung des Bodmereikapitals.

„Zahlungstag" bedeutet Fälligkeitstag.

Wenn die Bodmerei ein beiderseitiges Handelsgeschäft ist, sind die Zinsen 5 % nach § 352 H.G.B., sonst 4 % nach § 246 B.G.B.

§ 688.

Zur Zahlungszeit kann die Zahlung der Bodmereischuld dem legitimirten Inhaber auch nur eines Exemplars des Bodmereibriefs nicht verweigert werden.

Die Zahlung kann nur gegen Rückgabe dieses Exemplars verlangt werden, auf welchem über die Zahlung zu quittiren ist.

§§ 688, 689 entsprechen den Bestimmungen der §§ 645, 646, 650 fürs Konnossement.

§ 689.

Melden sich mehrere legitimirte Bodmereibriefsinhaber, so sind sie sämmtlich zurückzuweisen, die Gelder, wenn die verbodmeten Gegenstände befreit werden sollen, öffentlich oder, falls dies nicht thunlich ist, sonst in sicherer Weise zu hinterlegen und die Bodmereibriefsinhaber, die sich gemeldet haben, unter Angabe der Gründe des Verfahrens hiervon zu benachrichtigen.

Kann eine öffentliche Hinterlegung nicht erfolgen, so ist der Hinterleger befugt, über sein Verfahren und dessen Gründe eine öffentliche Urkunde errichten zu lassen und die daraus entstehenden Kosten von der Bodmereischuld abzuziehen.

Die Hinterlegung muß unter Verzicht auf das Recht der Rücknahme, § 376 Z. 1 B.G.B., erfolgen. Nur bei einer solchen erlischt die Forderung, § 378 B.G.B., und daher auch das Pfandrecht, § 1252 B.G.B.

§ 690. Einfluß von Haverei.

Dem Bodmereigläubiger fällt weder die große noch die besondere Haverei zur Last.

Soweit jedoch die verbodmeten Gegenstände durch große oder besondere Haverei zur Befriedigung des Bodmereigläubigers unzureichend werden, hat er den hieraus entstehenden Nachtheil zu tragen.

Große Haverei § 700, besondere § 701.

Bei einer aus Anlaß einer großen Haverei vorgenommenen Verbodmung gehört die Prämie nach § 706 Z. 7 Abs. 3 mit zur großen Haverei.

§ 691. **Haftung der verbodmeten Gegenstände.**

Jeder der verbodmeten Gegenstände haftet dem Bodmereigläubiger für die ganze Bodmereischuld.

Sobald das Schiff im Bestimmungshafen der Bodmereireise angekommen ist, kann der Gläubiger die verbodmeten Gegenstände mit Arrest belegen lassen; zur Anordnung des Arrestes ist nicht erforderlich, daß ein Arrestgrund glaubhaft gemacht wird.

Abs. 1 entspricht dem § 1222 B.G.B.:

Besteht das Pfandrecht an mehreren Sachen, so haftet jede für die ganze Forderung.

Vgl. auch die Vorschriften für die große Haverei (§ 731 Abs. 1) und die Bergung (§ 752 Abs. 1).

§ 692. **Haftung des Schiffers und Rheders für Beeinträchtigung des Gläubigers.**

Der Schiffer hat für die Bewahrung und Erhaltung der verbodmeten Gegenstände zu sorgen; er darf ohne dringende Gründe keine Handlung vornehmen, durch welche die Gefahr für den Bodmereigeber eine größere oder eine andere wird, als dieser bei dem Abschlusse des Vertrags voraussetzen mußte.

Handelt der Schiffer diesen Vorschriften zuwider, so ist er dem Bodmereigläubiger für den daraus entstehenden Schaden verantwortlich (§ 512).

Die Beweislast dafür, daß eine Handlung des Schiffers einen Schaden verursacht hat, hat hier, anders als in §§ 693, 694, der Bodmereigläubiger.

§ 693.

Verändert der Schiffer willkürlich die Bodmereireise oder weicht er von dem ihr entsprechenden Wege willkürlich ab oder setzt er nach ihrer Beendigung die verbodmeten Gegenstände von neuem einer Seegefahr aus, ohne daß das Interesse des Gläubigers es gebietet, so haftet er dem Gläubiger für die Bodmereischuld insoweit persönlich, als dieser aus den verbodmeten Gegenständen seine Befriedigung nicht erhält, es sei denn, daß die unterbliebene Befriedigung durch die Veränderung der Reise oder die Abweichung oder die neue Seegefahr nicht verursacht ist.

§ 694.

Der Schiffer darf die verbodmete Ladung vor der Befriedigung oder Sicherstellung des Gläubigers weder ganz noch theilweise ausliefern, widrigenfalls er dem Gläubiger für die Bodmereischuld insoweit persönlich verpflichtet wird, als dieser aus den ausgelieferten Gütern zur Zeit der Auslieferung hätte befriedigt werden können. Es wird vermuthet, daß der Gläubiger seine vollständige Befriedigung hätte erlangen können.

§ 695.

Hat der Rheder in den Fällen der §§ 692—694 die Handlungsweise des Schiffers angeordnet, so kommen die Vorschriften des § 512 Abs. 2, 3 zur Anwendung.

§ 696. **Befriedigung des Gläubigers aus den verbodmeten Gegenständen.**

Wird zur Zahlungszeit die Bodmereischuld nicht bezahlt, so kann sich der Gläubiger aus den verbodmeten Gegenständen befriedigen. Die Befriedigung erfolgt nach den für die Zwangsvollstreckung geltenden Vorschriften.

In Ansehung des Schiffes und der Fracht ist die Klage gegen den Schiffer oder den Rheder zu richten; das gegen den Schiffer ergangene Urtheil ist auch gegenüber dem Rheder wirksam. In Ansehung der Ladung ist die Klage vor der Auslieferung gegen den Schiffer zu richten.

Zum Nachtheil eines dritten Erwerbers, der den Besitz der verbodmeten Ladung in gutem Glauben erlangt hat, kann der Gläubiger von seinen Rechten keinen Gebrauch machen.

Das Pfandrecht muß durch Klage geltend gemacht werden. Für die Klage und die Vollstreckung in Ansehung von Schiff und Fracht gilt dasselbe wie für alle Schiffsgläubiger, s. § 761, § 162 ff. Zw.V.G. Den Rang des Bodmereigläubigers als Schiffsgläubiger bestimmen §§ 768, 769, als Ladungsgläubiger § 777.

Ob die Ladung vom Schiffer freiwillig oder unfreiwillig aus Händen gegeben ist, ist für Abs. 3 gleichgültig.

§ 697. Persönliche Haftung des Empfängers.

Der Empfänger, dem bei der Annahme der verbodmeten Güter bekannt ist, daß auf ihnen eine Bodmereischuld haftet, wird dem Gläubiger für die Schuld bis zu dem Werthe, welchen die Güter zur Zeit ihrer Auslieferung haben, insoweit persönlich verpflichtet, als der Gläubiger, falls die Auslieferung nicht erfolgt wäre, aus den Gütern hätte befriedigt werden können.

§ 698. Aufgabe und Aenderung der Unternehmung.

Wird vor dem Antritte der Bodmereireise die Unternehmung aufgegeben, so ist der Gläubiger befugt, die sofortige Bezahlung der Bodmereischuld an dem Orte zu verlangen, an welchem die Bodmerei eingegangen ist; er muß sich jedoch eine verhältnißmäßige Herabsetzung der Prämie gefallen lassen; bei der Herabsetzung ist vorzugsweise das Verhältniß der bestandenen zu der übernommenen Gefahr maßgebend.

Wird die Bodmereireise in einem anderen als in ihrem Bestimmungshafen beendet, so ist die Bodmereischuld ohne einen Abzug von der Prämie in diesem anderen Hafen nach dem Ablaufe der vertragsmäßigen und in deren Ermangelung der achttägigen Zahlungsfrist (§ 687) zu zahlen.

Die Zahlungsfrist wird von dem Tage der endgültigen Einstellung der Reise berechnet.

Soweit sich nicht aus den Vorschriften der Abs. 1, 2 ein Anderes ergiebt, kommen auch in diesen Fällen die Vorschriften der §§ 688—697 zur Anwendung.

§ 699. **Bodmerei bei Eigenthum des Schiffers oder Anweisung der Betheiligten.**

Die Anwendung der Vorschriften dieses Abschnitts wird dadurch nicht ausgeschlossen, daß der Schiffer zugleich Miteigenthümer oder Alleineigenthümer des Schiffes oder der Ladung oder beider ist oder daß er auf Grund einer besonderen Anweisung der Betheiligten die Bodmerei eingegangen ist.

Wenn der Schiffer als Vertreter auf Grund besonderer Vollmacht und unter Bezugnahme auf eine solche handelt (§ 529), so liegt, anders als bei bloßer Anweisung, Bodmerei nicht vor.

Siebenter Abschnitt.

Haverei.

Erster Titel.

Große (gemeinschaftliche) Haverei und besondere Haverei.

Für die große Haverei ist das Recht des Ortes maßgebend, wo die Feststellung und Vertheilung der Schäden erfolgt (§ 727); vgl. auch § 835. R.O. 7 S. 169, 8 S. 291, 25 S. 2.

Die Bestimmungen des Gesetzes über große Haverei können durch Vereinbarung der Betheiligten ausgeschlossen werden. Häufig ausbedungen wird in der Praxis die Anwendung der auf den Kongressen der Association for the Reform and Codification of the Law of Nations festgestellten **York-Antwerp Rules**, gegenwärtige Fassung von 1890.

§ 700. **1. Begriff und Voraussetzungen der großen und der besonderen Haverei. Große Haverei.**

Alle Schäden, die dem Schiffe oder der Ladung oder beiden zum Zwecke der Errettung beider aus einer gemeinsamen Gefahr von dem Schiffer oder auf dessen Geheiß vorsätzlich zugefügt werden, sowie auch die durch solche Maßregeln ferner verursachten Schäden, ingleichen die Kosten die zu demselben Zwecke aufgewendet werden, sind große Haverei.

Die große Haverei wird von Schiff, Fracht und Ladung gemeinschaftlich getragen.

1. Um große Haverei annehmen zu können, muß eine für Schiff und Ladung gemeinsame Gefahr vorliegen, d. h. eine Sachlage, die nothwendig oder doch regelmäßig Gefahr verursacht. H 1885 Nr. 72 (R.G.). Die Gefahr muß „imminent, konkret und erheblich" sein, sie muß also bereits eingetreten und unmittelbar sein; Opfer um dem Eintritt einer zukünftigen Gefahr vorzubeugen, sind nicht große Haverei (vgl. aber § 706 Z. 4). R.O. 21 S. 157, 23 S. 344; H. 1885 Nr. 72 (R.G.). Dadurch, daß ein Unfall erst nach gewisser Zeit oder nach Eintritt eines im gewöhnlichen Lauf der Dinge liegenden Ereignisses, wie Fluth oder Ebbe, zu erwarten ist, wird die „Imminenz" nicht ausgeschlossen. H. 1882 Nr. 32 (R.G.). Dafür, ob eine solche Gefahr vorliegt, ist das verständige Ermessen des Schiffers entscheidend, nicht ein rein objektiver Maßstab. R.O. 8 S. 298 (vgl. auch 7 S. 174), 23 S. 344; R.G. 38 S. 5; R.G. in H. 1885 Nr. 72 und in S.A. 53 S. 189.

2. Die Maßregel muß zur Rettung von Schiff und Ladung aus gemeinsamer Gefahr bestimmt sein. Es müssen (§ 703) auch beide aus der Gefahr gerettet werden. Maßregeln, die nur einzelne Theile des Schiffes oder der Ladung retten wollen, sind nicht große Haverei, R.O. 25 S. 101, also auch nicht die Opferung der ganzen Ladung, um das Schiff zu retten. Bei einem in Ballast fahrenden Schiff ist große Haverei nicht denkbar, H. 1871 Nr. 30. Ebensowenig, wenn die Ladung bereits endgültig gelöscht ist. R.O. 13 S. 409.

3. Die Maßregel muß vom Schiffer vorsätzlich getroffen sein, d. h. der Schiffer muß mit Vorbedacht, solange ihm noch eine Wahl blieb, sich für sie entschieden haben. Prot. zum Allg. Deutsch. H.G.B., herausgeg. von Lutz, 6 S. 2686. (S. auch das zu § 706 Z. 3 über die Absichtlichkeit einer Strandung Bemerkte). Vorsätzlichkeit der Schadenszufügung liegt auch dann vor, wenn eine Maßregel ergriffen wird, die den Schaden nicht nothwendig, aber wahrscheinlich herbeiführt (vgl. zu § 706 Z. 3). H. 1885 Nr. 72 (R.G.). Maßregeln, die nicht vom Schiffer angeordnet sind, z. B. eigenmächtiger Seewurf durch Mannschaft oder Passagiere, sind nicht große Haverei.

4. Die Maßregel muß außergewöhnlich sein, H. 1884 Nr. 53; R.G. in H. 1885 Nr. 72 (= S.A. 40 S. 440); H. 1888 Nr. 53; die gewöhnlichen und ungewöhnlichen Kosten der Schifffahrt trägt nach § 621 der Rheder. Der Umstand, daß eine zur Ausführung der Reise nöthige Maßregel zugleich die Wirkung hat, Schiff und Ladung aus gemeinsamer Gefahr zu retten, macht sie nicht zu großer Haverei. R.G. in H. 1882 Nr. 32 (= S.A. 37 S. 448). Insbesondere ist Schlepplohn, auch wenn er wegen Eisgefahr besonders hoch ist, vom Rheder zu tragen, H. 1880 Nr. 92; R.G. in

H. 1882 Nr. 32 (= S.A. 37 S. 448). Anders jedoch, wenn die Annahme des Schleppers nach Lage der Umstände einen besonderen Fall großer Haverei darstellt. B. 6 S. 202; H. 1888 Nr. 84 (R.G.). Zu den dem Rheder allein zur Last fallenden Zufällen der Reise gehört auch das Einfrieren. R.O. 13 S. 411; R.G. 39 S. 11.

5. Die Havereimaßregel besteht entweder in Zufügung von Schäden oder in Aufwendung von Kosten.

a) Schäden. Wasserschaden beim Löschen brennender Ladung ist große Haverei, auch soweit er den schon vom Feuer ergriffenen Theilen zugefügt ist. R.O. 25 S. 100; B. 22 S. 196. Anders für die schon brennenden Theile York-Antwerp Rules.

b) Kosten sind nur Ausgaben zur Errettung von Schiff und Ladung, nicht andere pekuniäre Nachtheile. H. 1894 Nr. 90 (= S.A. 50 S. 435).

6. Bei einer Schadenszufügung sind auch die weiteren Folgen (mittelbare Schäden) große Haverei. Gleichgültig ist, ob sie vorsätzlich zugefügt sind oder nicht. Als mittelbare Schäden kommen aber nur solche in Betracht, die nicht nur zufällig bei Gelegenheit oder nach der primären Maßregel eintreten, sondern mit ihr in ursächlichem Zusammenhang stehen. H. 1880 Nr. 22. Bei einer in Aufwendung von Kosten bestehenden Havereimaßregel werden dagegen indirekte und nicht beabsichtigte Schäden und Kosten nicht schlechthin als große Haverei angesehen, vgl. R.O. 8 S. 217.

Wenn danach auch nicht allgemein der Grundsatz aufgestellt werden kann, daß bei jeder Havereimaßregel alle in ursächlichem Zusammenhang stehenden Folgen, einerlei ob Kosten oder Schäden, große Haverei sind, so ist doch in einzelnen der Fälle des § 706 dieser Grundsatz in verschiedenen Grenzen zur Geltung gekommen.

Eine für alle Folgekosten geltende Bestimmung enthält § 706 Z. 7.

7. Die Möglichkeit großer Haverei beginnt mit Beginn der Ladung und endigt mit Beendigung der Löschung; die Gefahrgemeinschaft besteht für die schon oder noch auf dem Schiff befindlichen Güter; daß die Ausreise schon begonnen und die Heimreise noch nicht vollendet ist, ist keine Voraussetzung für die große Haverei. R.O. 25 S. 138; H. 1880 Nr. 22. Güter, die im Leichter zur Uebernahme bereit sind, nehmen an der Vertheilung nicht Theil. H. 1882 Nr. 89. (Ueber Güter auf Leichtern vgl. auch § 706 Z. 2). Ladung, die in Folge eines Unfalls zeitweilig vom Schiff getrennt ist, nimmt an einer durch den Unfall verursachten großen Haverei Theil, nicht dagegen endgültig getrennte. R.O. 13 S. 409; H. 1888 Nr. 8.

Eine entsprechende Anwendung der Regeln der großen Haverei schreiben vor § 635 (Kosten eines durch Verfügung von hoher Hand entstandenen Aufenthalts) und § 732 (Verfügung über Ladung zur Fortsetzung der Reise).

§ 701. Besondere Haverei.

Alle nicht zur großen Haverei gehörigen, durch einen Unfall verursachten Schäden und Kosten, soweit die letzteren nicht unter den § 621 fallen, sind besondere Haverei.

Die besondere Haverei wird von den Eigenthümern des Schiffes und der Ladung, von jedem für sich allein getragen.

Die besondere Haverei unterscheidet sich von der großen dadurch, daß sie Folge unvorhergesehener Ereignisse und nicht eines Willensaktes ist, von der sogenannten kleinen (§ 621 Abs. 2) dadurch, daß sie nicht durch regelmäßige Ausführung des Unternehmens, sondern durch Unfälle hervorgerufen ist.

§ 702. Verursachung eines Falls großer Haverei durch Verschulden.

Die Anwendung der Vorschriften über die große Haverei wird dadurch nicht ausgeschlossen, daß die Gefahr in Folge des Verschuldens eines Dritten oder auch eines Betheiligten herbeigeführt ist.

Der Betheiligte, welchem ein solches Verschulden zur Last fällt, kann jedoch nicht allein wegen des ihm entstandenen Schadens keine Vergütung fordern, sondern ist auch den Beitragspflichtigen für den Verlust verantwortlich, den sie dadurch erleiden, daß der Schaden als große Haverei zur Vertheilung kommt.

Ist die Gefahr durch eine Person der Schiffsbesatzung verschuldet, so trägt die Folgen dieses Verschuldens auch der Rheder nach Maßgabe der §§ 485, 486.

§ 703. Erforderniß der Rettung von Schiff und Ladung.

Die Havereivertheilung tritt nur ein, wenn sowohl das Schiff als auch die Ladung und zwar jeder dieser Gegenstände entweder ganz oder theilweise wirklich gerettet worden ist.

Die Ansicht, daß das Schiff, um als gerettet zu gelten, reparaturfähig sein müsse, findet im Gesetz keine Stütze und gilt nur für den Sonderfall der Strandung nach § 706 Z. 3.

§ 704. Einfluß späterer besonderer Havereien auf die große Haverei.

Die Verpflichtung von einem geretteten Gegenstande beizutragen, wird dadurch, daß der Gegenstand später von einer besonderen Haverei betroffen wird, nur dann vollständig aufgehoben, wenn der Gegenstand ganz verloren geht.

§ 705.

Der Anspruch auf Vergütung einer zur großen Haverei gehörenden Beschädigung wird durch eine besondere Haverei, die den beschädigten Gegenstand später trifft, sei es, daß er von neuem beschädigt wird oder ganz verloren geht, nur dann aufgehoben, wenn der spätere Unfall mit dem früheren in keinem Zusammenhange steht und nur insoweit, als der spätere Unfall auch den früheren Schaden nach sich gezogen haben würde, wenn dieser nicht bereits entstanden gewesen wäre.

Sind jedoch vor dem Eintritte des späteren Unfalls zur Wiederherstellung des beschädigten Gegenstands bereits Aufwendungen gemacht, so bleibt rücksichtlich dieser der Anspruch auf Vergütung bestehen.

Zu Abs. 1: Die Beweislast hat der Betheiligte, der die Vergütung bestreitet. Ueber den Nichteinfluß späterer Schäden auf die Berechnung der Vergütung s. § 713.

§ 706. **Einzelne Fälle der großen Haverei.**

Große Haverei liegt namentlich in den nachstehenden Fällen vor, vorausgesetzt, daß zugleich die Erfordernisse der §§ 700, 702, 703 insoweit vorhanden sind, als in den folgenden Vorschriften nichts Besonderes bestimmt ist:

1. Wenn Waaren, Schiffstheile oder Schiffsgeräthschaften über Bord geworfen, Masten gekappt, Taue oder Segel weggeschnitten, Anker, Ankertaue oder Ankerketten geschlippt oder gekappt werden.

   Sowohl diese Schäden selbst als die durch solche Maßregeln an Schiff oder Ladung ferner verursachten Schäden gehören zur großen Haverei.

2. Wenn zur Erleichterung des Schiffes die Ladung ganz oder theilweise in Leichterfahrzeuge übergeladen wird.

   Es gehört zur großen Haverei sowohl der Leichterlohn als der Schaden, der bei dem Ueberladen in das

Leichterfahrzeug oder bei dem Rückladen in das Schiff der Ladung oder dem Schiffe zugefügt wird, sowie der Schaden, den die Ladung auf dem Leichterfahrzeug erleidet.

Muß die Erleichterung im regelmäßigen Verlaufe der Reise erfolgen, so liegt große Haverei nicht vor.

3. Wenn das Schiff absichtlich auf den Strand gesetzt wird, jedoch nur wenn es zum Zwecke der Abwendung des Unterganges oder der Nehmung geschieht.

Sowohl die durch die Strandung einschließlich der Abbringung entstehenden Schäden als auch die Kosten der Abbringung gehören zur großen Haverei.

Wird das behufs der Anwendung des Unterganges auf den Strand gesetzte Schiff nicht abgebracht oder nach der Abbringung reparaturunfähig befunden (§ 479), so findet eine Havereivertheilung nicht statt.

Strandet das Schiff, ohne daß die Strandung zur Rettung von Schiff und Ladung vorsätzlich herbeigeführt ist, so gehören zwar nicht die durch die Strandung veranlaßten Schäden, wohl aber die auf die Abbringung verwendeten Kosten und die zu diesem Zwecke dem Schiffe oder der Ladung absichtlich zugefügten Schäden zur großen Haverei.

4. Wenn das Schiff zur Vermeidung einer dem Schiffe und der Ladung im Falle der Fortsetzung der Reise drohenden gemeinsamen Gefahr in einen Nothhafen einläuft, insbesondere wenn das Einlaufen zur nothwendigen Ausbesserung eines Schadens erfolgt, den das Schiff während der Reise erlitten hat.

Es gehören in diesem Falle zur großen Haverei die Kosten des Einlaufens und des Auslaufens, die das Schiff selbst treffenden Aufenthaltskosten, die der Schiffsbesatzung während des Aufenthalts gebührende Heuer und Kosten, die Auslagen für die Unterbringung der Schiffsbesatzung am Lande, solange die Besatzung nicht an Bord verbleiben kann, ferner, falls die Ladung wegen des Grundes, welcher das Einlaufen in den Nothhafen herbeigeführt hat, gelöscht werden muß, die Kosten des Verbringens von Bord und an Bord sowie die Kosten der Aufbewahrung der Ladung am Lande bis zu dem Zeitpunkte, in welchem sie wieder an Bord gebracht werden kann.

Die sämmtlichen Aufenthaltskosten kommen nur für die Zeit der Fortdauer des Grundes in Rechnung, der das Einlaufen in den Nothhafen herbeigeführt hat. Liegt der Grund in einer notwendigen Ausbesserung des Schiffes, so kommen außerdem die Aufenthaltskosten nur bis zu dem Zeitpunkt in Rechnung, in welchem die Ausbesserung hätte vollendet sein können.

Die Kosten der Ausbesserung des Schiffes gehören nur insoweit zur großen Haverei, als der auszubessernde Schaden selbst große Haverei ist.

5. Wenn das Schiff gegen Feinde oder Seeräuber vertheidigt wird.

Die bei der Vertheidigung dem Schiffe oder der Ladung zugefügten Beschädigungen, der dabei verbrauchte Schießbedarf und, falls eine Person der Schiffsbesatzung bei der Vertheidigung verwundet oder getödtet wird, die Heilungs- und Begräbnißkosten sowie die nach den §§ 553, 554 dieses Gesetzbuchs und den §§ 49, 51 der Seemannsordnung zu zahlenden Belohnungen bilden die große Haverei.

6. Wenn im Falle der Anhaltung des Schiffes durch Feinde oder Seeräuber Schiff und Ladung losgekauft werden.

Was zum Loskaufe gegeben ist, bildet nebst den durch den Unterhalt und die Auslösung der Geiseln entstehenden Kosten die große Haverei.

7. Wenn die Beschaffung der zur Deckung der großen Haverei während der Reise erforderlichen Gelder Verluste und Kosten verursacht oder wenn durch die Auseinandersetzung unter den Betheiligten Kosten entstehen.

Diese Verluste und Kosten gehören gleichfalls zur großen Haverei.

Dahin werden insbesondere gezählt der Verlust an den während der Reise verkauften Gütern; die Bodmereiprämie, wenn das erforderliche Geld durch Bodmerei aufgenommen wird, und wenn dies nicht der Fall ist, die Prämie für die Versicherung des aufgewendeten Geldes, die Kosten für die Ermittelung der Schäden und für die Aufmachung der Rechnung über die große Haverei (Dispache).

§ 706 zählt die Fälle der großen Haverei nicht erschöpfend auf. R.O. 8 S. 218; R.G. in H. 1888 Nr. 84 (= S.A. 44 S. 71). Es liegt auch nicht in den in § 706 angeführten Fällen immer große Haverei vor, sondern nur, wenn die allgemeinen Voraussetzungen des § 700 vorliegen. H. 1884 Nr. 53 (= S.A. 40 S. 202). Nur soweit in den einzelnen Fällen des § 706 ausdrücklich Besonderes bestimmt ist, sei es unter Abänderung der allgemeinen Bestimmungen (Z. 3 Abs. 1—3, Z. 4 Abs. 1), oder unter bloßer Klarstellung (Z. 2 Abs. 3), ist § 706 auch für die Frage, ob ein Fall ein solcher der großen Haverei ist, von Bedeutung, und ebenso ist dies nach der negativen Seite der Fall in § 707. Vgl. R.G. 44 S. 139.

Dagegen will § 706 für jeden darin berührten Fall lückenloses Recht schaffen und, falls große Haverei vorliegt, abschließend feststellen, welche Folgen als solche zur Anrechnung kommen. R.O. 8 S. 218, 13 S. 407; R.G. in H. 1888 Nr. 84 (= S.A. 44 S. 71).

Zu Z. 1: Schlippen der Ankerkette ist Auslaufenlassen, Kappen Durchschneiden.

Beseitigung von Trümmern ist keine große Haverei. R.O. 17 S. 189.

Zu Z. 2: Vgl. Anm. zu § 700 unter 4.

Zu Z. 3: Eine Vermuthung dafür, daß eine freiwillige Strandung zur Errettung aus gemeinschaftlicher Gefahr geschah, besteht nicht. H. 1885 Nr. 72 (R.G.); H 1884 Nr. 53 (= S.A. 24 S. 202).

Eine freiwillige Strandung ist in anderen als den in Abs. 1 bezeichneten Fällen auch dann keine große Haverei, wenn deren allgemeine Voraussetzungen vorliegen. — Soweit aber das Gesetz die allgemeinen Voraussetzungen nicht abändert, müssen sie auch im Strandungsfall vorliegen. R.G. 44 S. 139.

Daß die Strandung an sich unabwendbar war, hindert, wofern sie sonst in anderer Weise hätte geschehen können, nicht, ihre freiwillige Vornahme als Fall großer Haverei anzusehen. S.A. 24 S. 221. Anders York-Antwerp Rules.

Der Begriff „Strandung" ist nach allgemeinem Sprachgebrauch, nicht nach § 853 aufzufassen. H 1884 Nr. 53 (= S.A. 40 S. 202). Voraussetzung ist, daß das Versetzen auf den Strand offensichtlich schwere Beschädigung des Schiffes in Aussicht stellt. S.A. 38 S. 204.

Zu den Kosten der Abbringung gehören auch die für Bergung von Ladung und Inventar aufgewandten, R.O. 13 S. 407, nicht die einer nicht außerordentlichen Anstrengung der Maschine. H. 1884 Nr. 53 (= S.A. 40 S. 202); R.G. in H. 1885 Nr. 72 (= S.A. 40 S. 440). Nicht zur großen Haverei gehören, anders als im Fall Z. 4, die Unterhaltskosten der Mannschaft. R.O. 13 S. 407.

Bei der unfreiwilligen Strandung soll, um die Abbringung als große Haverei ansehen zu können, nach Prot. zum Allg.

Deutsch. H.G.B., herausgeg. von Lutz, 6 S. 2656, ebenfalls das Erforderniß reparaturfähiger Abbringung gemäß Abs. 3 gelten.

Beschädigung des Schleppers und Brechen von Tauen gehören bei unfreiwilliger Strandung mit zur großen Haverei, der mit „wohl aber" eingeleitete Satz will nur auf die allgemeinen Grundsätze verweisen. H. 1884 Nr. 53 (= S.A. 40 S. 202).

Zu Z. 4: Beim Einlaufen in einen Nothhafen wird nur eine drohende, nicht eine gegenwärtige Gefahr (s. zu § 700) verlangt, H. 1888 Nr. 8. R.O. 23 S. 344 prüft indeß auch hier, ob eine „imminente, konkrete und erhebliche" Gefahr vorhanden ist. Die Gefahr muß nach verständigem Ermessen des Schiffers vorhanden sein (s. Bemerk. zu § 700), sie kann bestehen z.B. in einer Blockade (R.O. 8 S. 297) oder in Eisgefahr (R.O. 23 S. 345; R.G. in H. 1888 Nr. 84); ein Einlaufen aus nautischen Zweckmäßigkeitsgründen, z. B. wegen widrigen Windes, ist dagegen kein Fall großer Haverei. R.O. 23 S. 343.

Ob ein zum Einlaufen nöthigender Schaden des Schiffes Folge großer oder besonderer Haverei ist, ist für die Auffassung des Einlaufens als Havereifall gleichgültig, dagegen für die anzurechnenden Aufwendungen von Belang (Abs. 4).

Güter, die zur Zeit des Einlaufens in den Nothhafen endgültig vom Schiffe getrennt waren, nehmen an der Vertheilung auch dann nicht Theil, wenn sie zur Zeit der das Einlaufen verursachenden Beschädigung an Bord waren, R.O. 13 S. 409, auch die erst im Nothhafen getrennten nicht für spätere Kosten desselben Havereifalls. H. 1888 Nr. 8.

Zu den Kosten des Einlaufens gehören nicht die der Reise zum Nothhafen. R.O. 13 S. 411; H. 1883 Nr. 64; R.G. in H. 1888 Nr. 84 (= S.A. 44 S. 71).

Der Schaden des Schiffes beim Einlaufen und im Nothhafen ist nicht große Haverei, H. 1883 Nr. 121; ebensowenig, anders als in Z. 2, der Schaden, den die Ladung, insbesondere durch die Lagerung, erleidet, R.O. 8 S. 219; H. 1883 Nr. 121, — höchstens den Verlust ausgenommen, den lose Waaren durch das Ein- und Ausladen selbst erleiden, R.O. 8 S. 220; H. 1884 Nr. 2; ebensowenig der durch Beseitigung unverschiffbarer und nicht zu bewahrender Güter entstandene Schaden. R.O. 21 S. 155.

Nach den York-Antwerp Rules sind die durch die Akte des Ein- und Ausladens sowie des Auflagerns selbst entstandenen Schäden große Haverei, wenn die Löschung wegen gemeinsamer Gefahr oder nothwendiger Reparatur des Schiffes nöthig war, nicht aber die nur im Zustande der Lagerung entstandenen Schäden. H. 1897 Nr. 6.

Wenn die Ladung auch ohne den Havereigrund hätte gelöscht werden müssen, gehören die Kosten der Löschung u. s. w. nicht in große Haverei.

Die Einrechnung der Mannschaftskosten ist auf andere Havereifälle nicht auszudehnen. R.O. 13 S. 407; H. 1894 Nr. 90 (= S.A. 50 S. 435).

Gemäß Abs. 3 gehören die Aufenthaltskosten nicht mehr in große Haverei, wenn das Schiff einfriert, sofern der Grund zum Aufsuchen des Nothhafens nicht mehr fortdauert. R.O. 23 S. 346; R.G. 39 S. 11.

Liegenbleiben im Zwischenhafen ist kein Fall großer Haverei nach Z. 4, H. 1883 Nr. 64, ebensowenig der Aufenthalt, den ein Schiff dadurch erleidet, daß die Behörde wegen eines Feuers die Entlöschung einstellen läßt. H. 1894 Nr. 90 (= S.A. 50 S. 435). Bei Liegenbleiben wegen Verfügung von hoher Hand erfolgt Vertheilung nach den Regeln der großen Haverei gemäß § 635.

Zu Z. 7: Zu den Kosten der Geldbeschaffung gehört auch eine nach § 354 H.G.B. dem Rheder, der das Geld selbst hergiebt, gebührende Vergütung.

§ 707. Fälle, wo große Haverei nicht vorliegt.

Nicht als große Haverei, sondern als besondere Haverei werden angesehen:

1. die Verluste und Kosten, welche, wenn auch während der Reise, aus der in Folge einer besonderen Haverei nöthig gewordenen Beschaffung von Geld entstehen;
2. die Reklamekosten, auch wenn Schiff und Ladung zusammen und beide mit Erfolg reklamirt werden;
3. die durch Prangen verursachte Beschädigung des Schiffes, seines Zubehörs und der Ladung, selbst wenn, um der Strandung oder Nehmung zu entgehen, geprangt worden ist.

Diese Fälle gelten auch dann nicht als solche großer Haverei, wenn deren allgemeine Voraussetzungen vorliegen.

Prangen bedeutet eine übermäßige Anstrengung der Segel. — Eine übermäßige Anstrengung der **Maschine** steht dem Prangen nicht gleich, vielmehr ist der dadurch verursachte Schaden beim Vorliegen der allgemeinen Voraussetzungen (— vgl. dazu auch H. 1884 Nr. 53 —) große Haverei. R.G. in H. 1885 Nr. 72 (= S.A. 40 S. 440).

2. Vergütungen bei großer Haverei.

Für Schiff- und Ladungsgläubiger tritt die Vergütung an Stelle der Sache, §§ 775, 777 Abs. 2.

§ 708. Gegenstände, die nicht berücksichtigt werden.

In den Fällen der großen Haverei bleiben bei der Schadensberechnung die Beschädigungen und Verluste außer Ansatz, welche die nachstehenden Gegenstände betreffen:

1. nicht unter Deck geladene Güter; diese Vorschrift findet jedoch bei der Küstenschiffahrt insofern keine Anwendung, als Decladungen durch die Landesgesetze für zulässig erklärt sind (§ 566);
2. Güter, über die weder ein Konnossement ausgestellt ist noch das Manifest oder Ladebuch Auskunft giebt;
3. Kostbarkeiten, Kunstgegenstände, Geld und Werthpapiere, die dem Schiffer nicht gehörig bezeichnet worden sind (§ 607).

Diese Gegenstände sind nicht vergütungsberechtigt, aber beitragspflichtig, § 723 Abs. 4.

Ob die Decladung vertragsmäßig genehmigt ist (§ 566 Abs. 1), ist für die Anwendung von Z. 1 gleichgültig.

§ 709. Vergütung für Beschädigung des Schiffes.

Der an dem Schiffe oder dem Zubehöre des Schiffes entstandene, zur großen Haverei gehörige Schaden ist, wenn die Ausbesserung während der Reise erfolgt, am Orte der Ausbesserung und vor dieser, sonst an dem Orte, wo die Reise endet, durch Sachverständige zu ermitteln und zu schätzen. Die Taxe muß die Veranschlagung der erforderlichen Ausbesserungskosten enthalten. Sie ist, wenn während der Reise ausgebessert wird, für die Schadensberechnung insoweit maßgebend, als nicht die Ausführungskosten unter den Anschlagssummen bleiben. War die Aufnahme einer Taxe nicht ausführbar, so entscheidet der Betrag der auf die erforderlichen Ausbesserungen wirklich verwendeten Kosten.

Soweit die Ausbesserung nicht während der Reise geschieht, ist die Abschätzung für die Schadensberechnung ausschließlich maßgebend.

Eine Ernennung der Sachverständigen durch die Behörde und eine Zuziehung der Ladungsbetheiligten ist nicht erforderlich. H. 1885 Nr. 72 (R.G.)

Eine Pflicht zur thatsächlichen Ausbesserung hat der Rheder auch während der Reise nicht, soweit es nicht zu deren Ausführung erforderlich ist.

§ 710.

Der nach Maßgabe des § 709 ermittelte volle Betrag der Ausbesserungskosten bestimmt die zu leistende Vergütung, wenn das Schiff zur Zeit der Beschädigung noch nicht ein volles Jahr zu Wasser war.

Dasselbe gilt von der Vergütung für einzelne Theile des Schiffes, namentlich für die Metallhaut, sowie für einzelne Theile des Zubehörs, wenn solche Theile noch nicht ein volles Jahr in Gebrauch waren.

In den übrigen Fällen wird von dem vollen Betrage wegen des Unterschieds zwischen alt und neu ein Drittheil, bei den Ankerketten ein Sechstheil, bei den Ankern jedoch nichts abgezogen.

Von dem vollen Betrage kommen ferner in Abzug der volle Erlös oder Werth der noch vorhandenen alten Stücke, welche durch neue ersetzt sind oder zu ersetzen sind.

Findet ein solcher Abzug und zugleich der Abzug wegen des Unterschieds zwischen alt und neu statt, so ist zuerst dieser letztere und sodann von dem verbleibenden Betrage der andere Abzug zu machen.

Der Abzug von einem Drittel für „neu für alt" entspricht dem Holzschiffbau, nicht mehr dem modernen Eisen- und Stahlschiffbau. Die York-Antwerp Rules enthalten daher hier erheblich abweichende Bestimmungen.

§ 711. Vergütung für aufgeopferte und beschädigte Güter.

Die Vergütung für aufgeopferte Güter wird durch den Marktpreis bestimmt, welchen Güter derselben Art und Beschaffenheit am Bestimmungsorte bei dem Beginne der Löschung des Schiffes haben.

In Ermangelung eines Marktpreises oder sofern über den Marktpreis oder dessen Anwendung, insbesondere mit Rücksicht auf die Beschaffenheit der Güter, Zweifel bestehen, wird der Preis durch Sachverständige ermittelt.

Von dem Preise kommt in Abzug, was an Fracht, Zöllen und Kosten in Folge des Verlustes der Güter erspart wird.

Zu den aufgeopferten Gütern gehören auch diejenigen,

welche zur Deckung der großen Haverei verkauft worden sind (§ 706 Nr. 7).

§§ 711, 712 schließen sich an die §§ 611, 613 an. Während aber in § 611 der früher in Artikel 612 gebrauchte Ausdruck „Marktpreis" durch „gemeiner Handelswerth", der durch Sachverständige ermittelte Preis durch den „gemeinen Werth" ersetzt ist, ist in § 711 die alte Ausdrucksweise beibehalten; ein Unterschied ist aber nicht beabsichtigt, wie auch § 732 Abs. 2 in seinem gleichmäßigen Hinweis auf § 612 und § 711 zeigt.

Ueber den Verkauf von Gütern zur Deckung großer Haverei s. §§ 538, 539.

§ 712.

Die Vergütung für Güter, die eine zur großen Haverei gehörige Beschädiguug erlitten haben, wird bestimmt durch den Unterschied zwischen dem durch Sachverständige zu ermittelnden Verkaufswerthe, welchem die Güter im beschädigten Zustande am Bestimmungsorte bei dem Beginne der Löschung des Schiffes haben, und dem im § 711 bezeichneten Preise nach Abzug der Zölle und Kosten, soweit sie in Folge der Beschädigung erspart sind.

§ 713.

Die vor, bei oder nach dem Havereifall entstandenen, zur großen Haverei nicht gehörenden Werthsverringerungen und Verluste sind bei der Berechnung der Vergütung (§§ 711, 712) in Abzug zu bringen.

S. auch § 705.

§ 714.

Endet die Reise für Schiff und Ladung nicht im Bestimmungshafen, sondern an einem anderen Orte, so tritt dieser letztere, endet sie durch Verlust des Schiffes, so tritt der Ort, wohin die Ladung in Sicherheit gebracht ist, für die Ermittelung der Vergütung an die Stelle des Bestimmungsorts.

§ 715. **Vergütung für entgangene Fracht.**

Die Vergütung für entgangene Fracht wird bestimmt durch den Frachtbetrag, welcher für die aufgeopferten Güter zu entrichten gewesen sein würde, wenn sie mit dem Schiffe an dem Orte ihrer Bestimmung oder, wenn dieser von dem Schiffe nicht erreicht wird, an dem Orte angelangt wären, wo die Reise endet.

Definitiv vorausbezahlte Fracht für aufgeopferte Güter wird in den Gütern mit vergütet, da nach § 711 nur die ersparte Fracht abgezogen wird.

§ 716.

3. Beitragspflicht zur großen Haverei.
Vertheilung des Schadens.

Der gesammte Schaden, welcher die große Haverei bildet, wird über das Schiff, die Ladung und die Fracht nach dem Verhältnisse des Werthes des Schiffes und der Ladung und des Betrags der Fracht vertheilt.

§ 717.

Beitrag des Schiffes.

Das Schiff nebst Zubehör trägt bei:
1. mit dem Werthe, welchen es in dem Zustand am Ende der Reise bei dem Beginne der Löschung hat;
2. mit dem als große Haverei in Rechnung kommenden Schaden an Schiff und Zubehör.

Von dem im Abs. 1 Nr. 1 bezeichneten Werthe ist der noch vorhandene Werth derjenigen Ausbesserungen und Anschaffungen abzuziehen, welche erst nach dem Havereifall erfolgt sind.

§ 718.

Beitrag der Ladung.

Die Ladung trägt bei:
1. mit den am Ende der Reise bei dem Beginne der Löschung noch vorhandenen Gütern oder, wenn die Reise durch den Verlust des Schiffes endet (§ 714), mit den in Sicherheit gebrachten Gütern, soweit in beiden Fällen diese Güter sich zur Zeit des Havereifalls an Bord des Schiffes oder eines Leichterfahrzeugs (§ 706 Nr. 2) befunden haben;
2. mit den aufgeopferten Gütern (§ 711).

Geleichterte Güter sind nur dann beitragspflichtig, wenn sie wegen eines Havereifalles geleichtert sind (§ 706 Z. 2), wenn auch wegen eines früheren: Güter die vorläufig vom Schiff getrennt sind, sind beitragspflichtig; endgültig getrennte nicht. R.O. 13 S. 409

Die aufgeopferten Güter sind auch bei einem späteren Havereifall beitragspflichtig, vgl. aber auch § 720.

§ 719.

Bei der Ermittelung des Beitrags kommt in Ansatz:

1. für Güter, die unversehrt sind, der Marktpreis oder der durch Sachverständige zu ermittelnde Preis (§ 711), welchen sie am Ende der Reise bei dem Beginn und am Orte der Löschung des Schiffes, oder, wenn die Reise durch Verlust des Schiffes endet (§ 714), zur Zeit und am Orte der Bergung haben, nach Abzug der Fracht, Zölle und sonstigen Kosten;
2. für Güter, die während der Reise verdorben sind oder eine zur großen Haverei nicht gehörige Beschädigung erlitten haben, der durch Sachverständige zu ermittelnde Verkaufswerth (§ 712), welchen die Güter im beschädigten Zustande zu der in Nr. 1 erwähnten Zeit und an dem dort bezeichneten Ort haben, nach Abzug der Fracht, Zölle und sonstigen Kosten;
3. für Güter, die aufgeopfert worden sind, der Betrag welcher dafür nach § 711 als große Haverei in Rechnung kommt;
4. für Güter, die eine zur großen Haverei gehörige Beschädigung erlitten haben, der nach Nr. 2 zu ermittelnde Werth, welchen die Güter im beschädigten Zustande haben, und der Werthsunterschied, welcher nach § 712 für die Beschädigung als große Haverei in Rechnung kommt.

Die Fracht wird vom Werthe der Güter ganz abgezogen, da sie selbständig beitragspflichtig ist (§ 721).

§ 720.

Sind Güter geworfen, so haben sie zu der gleichzeitigen oder einer späteren großen Haverei im Falle ihrer Bergung nur beizutragen, wenn der Eigenthümer eine Vergütung verlangt.

§ 721. Beitrag der Fracht.

Die Frachtgelder tragen bei mit zwei Drittheilen:
1. des Bruttobetrags, welcher verdient ist;
2. des Betrags, welcher nach § 715 als große Haverei in Rechnung kommt.

Ueberfahrtsgelder tragen bei mit dem Betrage, welcher im Falle des Verlustes des Schiffes eingebüßt wäre (§ 670), nach Abzug der Kosten, die alsdann erspart sein würden.

Auch für definitiv vorausbezahlte Fracht für gerettete Güter ist Beitrag zu zahlen, und zwar vom Ladungsbetheiligten (H. 1896 Nr. 64, vgl. R.G. 40 S. 51), dem im Werthe des Gutes auch der der Fracht gerettet ist. Dafür wird bei Berechnung des von den Gütern zu leistenden Beitrags nach § 719 Z. 1, 2 die Fracht stets abgezogen, also auch wenn sie definitiv vorausbezahlt ist.

Definitiv vorausbezahlte Fracht für aufgeopferte Güter wird in deren Werthe mit vergütet, da nur die ersparte, nicht die definitiv bezahlte Fracht abgezogen wird, § 711 Abs. 3; mit diesem Werthe tragen aber nach § 719 Z. 3 die Güter bei und indirekt also die Fracht

Bei Unterverfrachtung ist die ganze Unterfracht beitragspflichtig. R.G. in H. 1891 Nr. 71 (= S.A. 47 S. 323).

Das abgezogene Drittel stellt die Unkosten dar, die beim Untergange des Schiffes erspart worden wären.

§ 722. Einfluß späterer Forderungen.

Haftet auf einem beitragspflichtigen Gegenstand eine durch einen späteren Nothfall begründete Forderung, so trägt der Gegenstand nur mit seinem Werthe nach Abzug dieser Forderung bei.

§ 723. Nicht beitragspflichtige Gegenstände.

Zur großen Haverei tragen nicht bei:
1. die Kriegs- und Mundvorräthe des Schiffes;
2. die Heuer und die Habe der Schiffsbesatzung;
3. das Reisegut des Reisenden.

Sind Sachen dieser Art aufgeopfert oder haben sie eine zur großen Haverei gehörige Beschädigung erlitten, so wird dafür nach Maßgabe der §§ 711—715 Vergütung gewährt; für Kostbarkeiten, Kunstgegenstände, Geld und

Werthpapiere wird jedoch nur dann Vergütung gewährt, wenn sie dem Schiffer gehörig bezeichnet worden sind (§ 607). Sachen, für die eine Vergütung gewährt wird, tragen mit dem Werthe oder dem Werthsunterschiede bei, welcher als große Haverei in Rechnung kommt.

Die im § 708 erwähnten Gegenstände sind beitragspflichtig, soweit sie gerettet sind.

Die Bodmereigelder sind nicht beitragspflichtig.

Daß die Bodmereigelder nicht beitragspflichtig sind, ist auch in § 690 bestimmt.

§ 724. Verlust und Werthverringerung beitragspflichtiger Gegenstände.

Wenn nach dem Havereifall und bis zum Beginne der Löschung am Ende der Reise ein beitragspflichtiger Gegenstand ganz verloren geht (§ 704) oder zu einem Theile verloren geht oder im Werthe verringert, insbesondere gemäß § 722 mit einer Forderung belastet wird, so tritt eine verhältnißmäßige Erhöhung der von den übrigen Gegenständen zu entrichtenden Beiträge ein.

Ist der Verlust oder die Werthsverringerung erst nach dem Beginne der Löschung erfolgt, so geht der Beitrag, welcher auf den Gegenstand fällt, soweit dieser zur Berichtigung des Beitrags unzureichend geworden ist, den Vergütungsberechtigten verloren.

§ 725. Rechte der Vergütungsberechtigten.

Die Vergütungsberechtigten haben wegen der von dem Schiffe und der Fracht zu entrichtenden Beiträge die Rechte von Schiffsgläubigern. Auch in Ansehung der beitragspflichtigen Güter steht ihnen an den einzelnen Gütern wegen des von diesen zu entrichtenden Beitrags ein Pfandrecht zu. Das Pfandrecht kann jedoch nach der Auslieferung der Güter nicht zum Nachtheile des dritten Erwerbers, welcher den Besitz in gutem Glauben erlangt hat, geltend gemacht werden.

Ueber die Geltendmachung des Schiffsgläubigerrechts s. § 761 sowie §§ 162 ff. Zw.V.G., über die des Ladungspfandrechts § 731

Abs. 3, über den Rang der Rechte des Vergütungsberechtigten § 754 Z. 6 und § 777.

Jeder gerettete Gegenstand haftet nur für den von ihm zu leistenden Beitrag, eine als einheitlich behandelte Partie aber natürlich in ihren Einzelstücken solidarisch.

Ueber den Rang des Schiffsgläubigerrechts und Pfandrechts s. §§ 768, 769, 777.

§ 726. **Persönliche Haftung des Beitragspflichtigen.**

Eine persönliche Verpflichtung zur Entrichtung des Beitrags wird durch den Havereifall an sich nicht begründet.

Der Empfänger beitragspflichtiger Güter wird jedoch, wenn ihm bei der Annahme der Güter bekannt ist, daß davon ein Beitrag zu entrichten ist, für den letzteren bis zu dem Werthe, welchen die Güter zur Zeit ihrer Auslieferung haben, insoweit persönlich verpflichtet, als der Beitrag, falls die Auslieferung nicht erfolgt wäre, aus den Gütern hätte geleistet werden können.

§ 727. **4. Feststellung und Vertheilung der Schäden. Ort der Feststellung.**

Die Feststellung und Vertheilung der Schäden erfolgt an dem Bestimmungsort und, wenn dieser nicht erreicht wird, in dem Hafen, wo die Reise endet.

Dieser Ort ist auch für das anzuwendende materielle Recht maßgebend, s. Vorbemerkung zu diesem Abschnitt.

§ 728. **Aufmachung der Dispache.**

Der Schiffer ist verpflichtet, die Aufmachung der Dispache ohne Verzug zu veranlassen. Handelt er dieser Verpflichtung zuwider, so macht er sich jedem Betheiligten verantwortlich.

Wird die Aufmachung der Dispache nicht rechtzeitig veranlaßt, so kann jeder Betheiligte die Aufmachung in Antrag bringen und betreiben.

§ 729.

Im Gebiete dieses Gesetzbuchs wird die Dispache durch die ein für allemal bestellten oder in deren Ermangelung durch die vom Gerichte besonders ernannten Personen (Dispacheure) aufgemacht.

Jeder Betheiligte ist verpflichtet, die zur Aufmachung der Dispache erforderlichen Urkunden, soweit er sie zu seiner Verfügung hat, namentlich Chartepartieen, Konnossemente und Fakturen, dem Dispacheur mitzutheilen.

Die zur Ernennung ständiger Dispacheure zuständige Behörde ist reichsgesetzlich nicht bestimmt.

Das zuständige Gericht ist das Amtsgericht, § 145 Abs. 1 Ges. freiw. Gerichtsb. (citirt bei § 524), die örtliche Zuständigkeit und das Verfahren regeln §§ 149—158. (Die Frage, ob große Haverei vorliegt, kann aber im Prozeß nachgeprüft werden: H. 1900 Nr. 117). Die bezeichneten Bestimmungen lauten:

§ 149.

Für die Verrichtungen, welche den Gerichten in Ansehung der nach dem Handelsgesetzbuch oder nach dem Gesetze, betreffend die privatrechtlichen Verhältnisse der Binnenschifffahrt, aufzumachenden Dispache obliegen, ist das Amtsgericht des Ortes zuständig, an welchem die Vertheilung der Havereischäden zu erfolgen hat.

§ 150.

Lehnt der Dispacheur den Auftrag eines Betheiligten zur Aufmachung der Dispache aus dem Grunde ab, weil ein Fall der großen Haverei nicht vorliege, so entscheidet über die Verpflichtung des Dispacheurs auf Antrag des Betheiligten das Gericht. Gegen die Verfügung findet die sofortige Beschwerde statt.

§ 151.

Auf Antrag des Dispacheurs kann das Gericht einem Betheiligten unter Androhung von Ordnungsstrafen aufgeben, dem Dispacheur die in seinem Besitze befindlichen Schriftstücke, zu deren Mittheilung er gesetzlich verpflichtet ist, auszuhändigen. Die einzelne Strafe darf den Betrag von dreihundert Mark nicht übersteigen.

§ 152.

Der Dispacheur ist verpflichtet, jedem Betheiligten Einsicht in die Dispache zu gewähren und ihm auf Verlangen eine Abschrift gegen Erstattung der Kosten zu ertheilen. Das Gleiche gilt, wenn die Dispache nach dem Gesetze, betreffend die privatrechtlichen Verhältnisse der Binnenschiffahrt, von dem Schiffer aufgemacht worden ist, für diesen.

§ 153.

Jeder Betheiligte ist befugt, bei dem Gerichte eine Verhandlung über die von dem Dispacheur aufgemachte Dispache zu beantragen. In dem Antrage sind diejenigen Betheiligten zu bezeichnen, welche zu dem Verfahren zugezogen werden sollen.

Wird ein Antrag auf gerichtliche Verhandlung gestellt, so hat das Gericht die Dispache und deren Unterlagen von dem Dispacheur einzuziehen und, wenn nicht offensichtlich die Voraussetzungen der großen Haverei fehlen, den Antragsteller sowie die von ihm bezeichneten Betheiligten zu einem Termine zu laden. Mehrere Anträge können von dem Gerichte zum Zwecke der gleichzeitigen Verhandlung verbunden werden.

Die Ladung muß den Hinweis darauf enthalten, daß, wenn der Geladene weder in dem Termin erscheine, noch vorher Widerspruch gegen die Dispache bei dem Gericht anmelde, sein Einverständniß mit der Dispache angenommen werden würde. In der Ladung ist zu bemerken, daß die Dispache und deren Unterlagen auf der Gerichtsschreiberei eingesehen werden können.

Die Frist zwischen der Ladung und dem Termine muß wenigstens zwei Wochen betragen.

§ 154.

Erachtet das Gericht eine Vervollständigung der Unterlagen der Dispache für nothwendig, so hat es die Beibringung der erforderlichen Belege anzuordnen. Die Vorschriften des § 151 finden entsprechende Anwendung.

§ 155.

In dem Termine ist mit den Erschienenen über die Dispache zu verhandeln.

Wird ein Widerspruch gegen die Dispache nicht erhoben und ist ein solcher auch vorher nicht angemeldet, so hat das Gericht die Dispache gegenüber den an dem Verfahren Betheiligten zu bestätigen.

Liegt ein Widerspruch vor, so haben sich die Betheiligten, deren Rechte durch ihn betroffen werden, zu erklären. Wird der Widerspruch als begründet anerkannt oder kommt anderweit eine Einigung zu Stande, so ist die Dispache demgemäß zu berichtigen. Erledigt sich der Widerspruch nicht, so ist die Dispache insoweit zu bestätigen, als sie durch den Widerspruch nicht berührt wird.

Werden durch den Widerspruch die Rechte eines in dem Termine nicht erschienenen Betheiligten betroffen, so wird angenommen, daß dieser den Widerspruch nicht als begründet anerkenne.

§ 156.

Soweit ein Widerspruch nicht gemäß § 155 Abs. 3 erledigt wird, hat ihn der Widersprechende durch Erhebung der Klage gegen diejenigen an dem Verfahren Betheiligten, deren Rechte durch den Widerspruch betroffen werden, zu verfolgen. Die das Vertheilungsverfahren betreffenden Vorschriften der §§ 878, 879 der Civilprozeßordnung finden mit der Maßgabe entsprechende Anwendung, daß das Gericht einem Betheiligten auf seinen Antrag, wenn erhebliche Gründe glaubhaft gemacht werden, die Frist zur Erhebung der Klage verlängern kann und daß an die Stelle der Ausführung des Vertheilungsplans die Bestätigung der Dispache tritt.

Ist der Widerspruch durch rechtskräftiges Urtheil oder in anderer Weise erledigt, so wird die Dispache bestätigt, nachdem sie erforderlichen Falles von dem Amtsgerichte nach Maßgabe der Erledigung der Einwendungen berichtigt ist.

§ 157.

Gegen die Verfügung, durch welche ein nach § 153 gestellter Antrag auf gerichtliche Verhandlung zurückgewiesen oder über die Bestätigung der Dispache entschieden wird, findet die sofortige Beschwerde statt.

Einwendungen gegen die Dispache, welche mittelst Widerspruchs geltend zu machen sind, können nicht im Wege der Beschwerde geltend gemacht werden.

§ 158.

Die Bestätigung der Dispache ist nur für das gegenseitige Verhältniß der an dem Verfahren Betheiligten wirksam.

Aus der rechtskräftig bestätigten Dispache findet die Zwangsvollstreckung nach den Vorschriften der Civilprozeßordnung statt.

Für Klagen auf Ertheilung der Vollstreckungsklausel sowie für Klagen, durch welche Einwendungen gegen die in der Dispache festgestellten Ansprüche geltend gemacht werden oder die bei der Ertheilung der Vollstreckungsklausel als eingetreten angenommene Rechtsnachfolge bestritten wird, ist das Amtsgericht zuständig, welches die Dispache bestätigt hat. Gehört der Anspruch nicht vor die Amtsgerichte, so sind die Klagen bei dem zuständigen Landgerichte zu erheben.

Nach § 36 Ges. betr. die Organisation der Bundeskonsulate vom 8. November 1867 (zitirt bei § 524) haben die Bundes(Reichs)konsuln die Befugniß zur Dispachirung auf Antrag des Schiffers.

Die Dispache kann im Prozeß über die Vergütung angefochten werden, R.G. 3 S. 17, und es können die von einem Betheiligten gemachten Angaben auch ohne Nachweis entschuldbaren Irrthums berichtigt werden, R.O. 23 S. 180, — beides jetzt, soweit nicht das gerichtliche Bestätigungsverfahren eingreift.

§ 730. **Sicherstellung der Beiträge.**

Für die von dem Schiffe zu leistenden Beiträge ist den Ladungsbetheiligten Sicherheit zu bestellen, bevor das Schiff den Hafen verlassen darf, in welchem nach § 727 die Feststellung und Vertheilung der Schäden zu erfolgen hat.

§ 731.

Der Schiffer darf Güter, auf denen Havereibeiträge haften, vor der Berichtigung oder Sicherstellung der letzteren (§ 615) nicht ausliefern, widrigenfalls er, unbeschadet der Haftung der Güter, für die Beiträge persönlich verantwortlich wird.

Hat der Rheder die Handlungsweise des Schiffers angeordnet, so kommen die Vorschriften des § 512 Abs. 2, 3 zur Anwendung.

Das an den beitragspflichtigen Gütern den Vergütungsberechtigten zustehende Pfandrecht wird für diese durch den Verfrachter ausgeübt. Die Geltendmachung des Pfandrechts durch den Verfrachter erfolgt nach Maßgabe der Vorschriften, die für das Pfandrecht des Verfrachters wegen der Fracht und der Auslagen gelten.

Eine Vermuthung dafür, daß der Gläubiger aus den Gegenständen befriedigt worden wäre, stellt Abs. 1, abweichend von § 694 Abs. 2, nicht auf.

Die Schlußbestimmung über die Geltendmachung des Pfandrechts ist im Anschluß an § 89 B.Sch.G. eingefügt. H.M., S. 425. Die anwendbaren Vorschriften übers Frachtpfandrecht s. § 623; eine Geltendmachung durch Klage des Vergütungsberechtigten kommt erst nach einer Auslieferung der Güter in Betracht.

§ 732. **5. Entsprechende Anwendung der Regeln der großen Haverei.**

Hat der Schiffer zur Fortsetzung der Reise, jedoch zum Zwecke einer nicht zur großen Haverei gehörenden Aufwendung, die Ladung verbodmet oder über einen Theil der Ladung durch Verkauf oder Verwendung verfügt, so ist der Verlust, den ein Ladungsbetheiligter dadurch erleidet, daß er wegen seiner Ersatzansprüche aus Schiff und Fracht gar nicht oder nicht vollständig befriedigt werden kann (§§ 540, 541, 612), von sämmtlichen Ladungsbetheiligten nach den Grundsätzen der großen Haverei zu tragen.

Bei der Ermittelung des Verlustes ist im Verhältnisse zu den Ladungsbetheiligten in allen Fällen, namentlich auch im Falle des § 612 Abs. 2, die im § 711 bezeichnete Vergütung maßgebend. Mit dem Werthe, durch welchen diese Vergütung bestimmt wird, tragen die verkauften Güter auch zu einer etwa eintretenden großen Haverei bei (§ 718).

Einen weiteren Fall von entsprechender Anwendung enthält § 635, s. auch § 733.

§ 733.

Die in den Fällen der §§ 635, 732 zu entrichtenden Beiträge und eintretenden Vergütungen stehen in allen rechtlichen Beziehungen den Beiträgen und Vergütungen in den Fällen der großen Haverei gleich.

Zweiter Titel.

Schaden durch Zusammenstoß von Schiffen.

Nach der Rechtsprechung des Reichsgerichts hat der deutsche Richter in Ansegelungssachen deutsches Recht anzuwenden:

1. Wenn die Haftung eines deutschen Rheders, auch für einen in fremdem Gewässer erfolgten Zusammenstoß, zur Entscheidung steht. R.G. 19 S. 10.

2. Wenn über den Zusammenstoß zweier fremder Schiffe in deutschem Territorialgewässer zu entscheiden ist. R.G. 21 S. 137.

3. Ferner, wenn es sich um die Frage handelt, ob der Rheder für Verschulden des Zwangslootsen haftet, sogar dann, wenn aus einem Zusammenstoß zweier fremder Schiffe in fremdem Gewässer in Deutschland geklagt wird, — mit der Begründung, daß ein zwingender Satz des deutschen Rechts die Haftung ausschließe R.G. 29 S. 95.

4. Endlich dann, wenn ein Zusammenstoß zwischen zwei fremden, verschiedenen Staaten angehörenden Schiffen auf hoher See erfolgt ist. H. 1901 Nr. 14.

Neuerdings hat dann das Reichsgericht bei einem Zusammenstoß zwischen fremden Schiffen auf hoher See das fremde Recht angewandt, wenn kein zwingendes deutsches Recht entgegensteht und die Schiffe demselben Staate oder doch Staaten angehören, deren gesetzliche Vorschriften über die Kollisionshaftung übereinstimmen. R.G. 49 S. 183.

Vgl. auch Art. 12 E.G. z. B.G.B.:

Aus einer im Auslande begangenen unerlaubten Handlung können gegen einen Deutschen nicht weitergehende Ansprüche geltend gemacht werden, als nach den deutschen Gesetzen begründet sind.

Nach Art. 7 EG. (s. Vorbemerkung S. 2) sind §§ 734—739 auch auf Nichterwerbsschiffe, nach § 92 B.SchG. auf Binnenschiffe ausgedehnt.

Ueber Schleppschiffe im Binnenschiffahrtsverkehr vgl. aber Bemerkungen zu § 734.

Hinzuweisen ist hier ferner auf die in Anhang II Nr. 6–9 abgedruckten Verordnungen, insbesondere auf die Verordnung zur Verhütung des Zusammenstoßens der Schiffe auf See, vom 9. Mai 1897.

§ 734. Zusammenstoß durch Verschulden auf einer Seite.

Wenn zwei Schiffe zusammenstoßen und entweder auf einer oder auf beiden Seiten durch den Stoß Schiff oder Ladung allein oder Schiff und Ladung beschädigt werden oder ganz verloren gehen, so ist, falls eine Person der Besatzung des einen Schiffes durch ihr Verschulden den Zusammenstoß herbeigeführt hat, der Rheder dieses Schiffes nach Maßgabe der §§ 485, 486 verpflichtet, den durch den Zusammenstoß dem anderen Schiffe und dessen Ladung zugefügten Schaden zu ersetzen.

Die Eigenthümer der Ladung beider Schiffe sind nicht verpflichtet, zum Ersatze des Schadens beizutragen.

Die persönliche Verpflichtung der zur Schiffsbesatzung gehörigen Personen, für die Folgen ihres Verschuldens aufzukommen, wird durch diese Vorschriften nicht berührt.

Ueber den Begriff „Besatzung" s. § 481, über Lootsen auch § 738.

Allgemeine Voraussetzungen des Entschädigungsanspruchs:

§ 734 ist nicht eine Einschränkung, sondern eine Anwendung der allgemeinen Regel des §§ 485. R.O 20 S. 52; R.G. 9 S 160. Daher bleibt die Haftung nach § 485 bei allen nicht unter § 734 fallenden Thatbeständen bestehen, vgl. z. B. H. 1898 Nr. 74. Ueber die Haftung des Rheders für die bei einer Ansegelung erfolgte Verletzung von Menschen gemäß § 485 s. R.O. 20 S. 52: R.G. 9 S. 160.

§ 734 bezieht sich nur auf den körperlichen Zusammenstoß eines Schiffes mit einem anderen. H. 1884 Nr. 115; vgl. R.G. in H. 1893 Nr. 43.

Für die **Schleppschiffahrt** gilt Folgendes: ein Zusammenstoß zwischen dem Schlepper und dem geschleppten Schiff fällt nicht unter § 734, da dieser selbständig geführte Schiffe voraussetzt. R.G. in H. 1894 Nr. 75. Ebensowenig kann das geschleppte Schiff, das durch einen vom Schlepper verschuldeten Zusammenstoß mit einem dritten Schiff Schaden erlitten hat, einen Anspruch gegen den Schlepper auf § 734 stützen. H. 1892 Nr. 3. (R.G.) Wohl aber sind §§ 734 ff. anwendbar für den Zusammenstoß eines dritten Schiffes mit dem geschleppten wie für einen solchen mit dem Schlepper selbst. H. 1885 Nr. 106 (= S.A. 41 S. 200); H. 1885 Nr. 112, 1887 Nr. 40.

Die Besatzung des vom geschleppten Schiff angenommenen Schleppers gilt als solche des geschleppten Schiffes, dieses haftet also für sie, R.G. 20 S. 86, vgl. H. 1896 Nr. 68 (R.G.) — jedenfalls wenn das Kommando auf dem Schlepper ist (vgl. R.G. 46 S. 45). Umgekehrt ist auch der Schlepper für Verschulden der Besatzung des geschleppten Schiffes für haftbar erklärt, falls das Kommando auf dem letzteren ist. R.G. 50 S. 33 (= H. 1902 Nr. 42). Vgl. hierzu aber auch H. 1896 Nr. 68 (R.G.). Nach § 4 Abs 3 B.Sch.G. haftet dagegen bei der Binnenschiffahrt nur das Schiff, das den Schaden verursacht hat. R.G. 46 S. 44 zählt aber auch im Binnenschiffahrtsrecht, wenn die Befehlsgewalt beim Führer des Schleppers ist, diesen zur Besatzung des geschleppten Schiffes und läßt dieses daher haften. Ueber die Frage, ob, falls ein Seeschiff ein Binnenschiff schleppt, Seerecht anwendbar ist, s. R.G. 50 S. 33 (= H. 1902 Nr. 42.

Verschulden ist auch das Unterlassen gebotener Maßregeln, R.O. 13 S. 116, 23 S. 354; nicht dagegen ohne Weiteres ein Fehlgriff im Drange äußerster Gefahr, R.O. 5 S. 149. Der Schiffer, der sein Schiff der Sachlage entsprechend führt, die ihm ohne Verschulden vorhanden zu sein scheint, ist entschuldigt. R.G. 21 S. 119; B. 9 S. 85. Bei der Beurtheilung der Frage, ob den Schiffer ein Verschulden trifft, ist entscheidend, was ein ordentlicher Schiffer gethan hätte; es ist nicht außergewöhnliches Geschick zu verlangen, es genügt aber auch nicht, was Jeder gethan hätte. H. 1899 Nr. 38 (R.G.) Die schuldige Person der Besatzung braucht nicht festgestellt zu werden (außer wenn ein Zwangslootse die Führung hatte, s. Bemerkung zu § 738). R.G. 42 S. 76.

Beweislast. Wenn eine äußere Ordnungswidrigkeit des einen Schiffes feststeht, z. B. ein Dampfer rennt ein Segelschiff an, ein fahrendes Schiff ein stilliegendes, so wird regelmäßig sowohl das Verschulden wie der ursächliche Zusammenhang zwischen der Ordnungswidrigkeit und dem Schaden vermuthet, soweit dieser daraus entstanden sein kann.

Das geschädigte Schiff hat also zunächst keinen weiteren Beweis zu führen, als den der Ordnungswidrigkeit und der Beschädigung, vgl. R.O. 3 S. 40, 4 S. 120, 9 S. 171, 18 S. 292, 23 S. 87; R.G. 21 S. 110, 31 S. 64; R.G. in H. 1891 Nr. 73, 112 und 1898 Nr. 42. (R.G. in H. 1898 Nr. 127 drückt sich so aus, daß bei Nachweis äußerlicher Zuwiderhandlung und des ursächlichen Zusammenhanges kein Schuldbeweis zu führen sei). Um dem einen Schiffe als dem anscheinend schuldigen den Exkulpationsbeweis auferlegen zu können, müssen aber die Umstände soviel ergeben, daß darnach ein Anschein von Schuld „prima facie" feststeht. — Insbesondere kann die Vermuthung nur dann aufgestellt werden, wenn das beschuldigte Schiff die Lage erkennen, z. B. ein vorausfahrendes Schiff sehen konnte.

R.O. 23 S. 186; R.G. 31 S. 64; H. 1898 Nr. 42 (RG.); vgl. auch R.G. 21 S. 110, H. 1895 Nr. 48.

Der Gegenbeweis kann dahin gehen, daß kein Verschulden vorliegt (eine bestimmte zufällige Ursache braucht nicht erwiesen zu werden, R.O. 9 S. 171), oder dahin, daß die Schuld einflußlos war (culpa sine effectu ist unerheblich, R.O. 5 S. 148), oder dahin, daß Mitschuld vorliegt, § 735.

Darüber, ob die schuldhafte Uebertretung einer Vorschrift auch dann erheblich ist, wenn der Zusammenstoß zwar in äußerlicher Folge durch die Uebertretung herbeigeführt, der besondere Zweck der Vorschrift aber nicht vereitelt ist, s. einerseits R.G. in H. 1887 Nr. 35, andererseits R.G. 10 S. 14 sowie auch R.G. in S.A. 52 S. 32.

Entschädigung zu leisten ist nach § 734 nur für den Schaden an Schiff und Ladung. Schaden dritter Betheiligter, z. B. des Staats durch Auslagen für Wegräumung eines Wracks, fällt nicht hierunter, R.O. 15 S. 230, sondern nur unter die allgemeinen Regeln (§ 485).

Der Rheder des beschädigten Schiffes hat einen Anspruch auch auf Ersatz des mittelbaren Schadens, insbesondere des entgangenen Gewinns. Der Schaden ist vom Richter gemäß § 287 C.P.O. festzusetzen. Es kann nicht für die Zeit des Mehraufenthalts einfach Liegegeld oder Verzinsung für das im Schiff steckende Kapital und die Versicherungsprämie gefordert werden. R.O. 20 S. 52; R.G. 25 S. 78; H. 1889 Nr. 87; R G. in H. 1889 Nr. 104. Eine durch die Reparatur bewirkte Wertherhöhung des Schiffes ist abzusetzen, aber nicht ohne Weiteres ein Abzug für neu für alt wie in § 710 zu machen. R.O. 23 S. 355.

Zur Ladung im Sinne des § 734 gehören nicht Güter, die noch nicht eingeladen sind; ein Schadensanspruch wegen Verzögerung der Einladung ist auf § 734 nicht zu gründen. R.G. 9 S. 160. Die Ersatzpflicht des Rheders des schuldigen Schiffes gegenüber der Ladung dieses Schiffes selbst ist in § 734 nicht ausgesprochen, ergiebt sich aber aus §§ 485, 486 und den Bestimmungen über den Frachtvertrag, §§ 556 ff.

§ 735. Zusammenstoß ohne Verschulden und mit beiderseitigem Verschulden.

Fällt keiner Person der Besatzung des einen oder des anderen Schiffes ein Verschulden zur Last, so findet ein Anspruch auf Ersatz des dem einen oder anderen oder beiden Schiffen zugefügten Schadens nicht statt.

Ist der Zusammenstoß durch beiderseitiges Verschulden herbeigeführt, so hängt die Verpflichtung zum Ersatze sowie der Umfang des zu leistenden Ersatzes von den Umständen, insbesondere davon ab, inwieweit der Zusammenstoß vorwiegend von Personen der einen oder der anderen Besatzung verursacht worden ist.

Die Fassung des Abs. 2 deckt sich mit § 254 Abs. 1 B.G.B. H.M., S. 642. Den Ladungsbetheiligten haften die Rheder der beiden schuldigen Schiffe als Gesammtschuldner aufs Ganze. Unter ihnen findet dann Regreß nach verhältnißmäßiger Theilung statt. H.M., S. 642; R.O. 13 S. 114, 23 S. 394; H. 1887 Nr. 40. Vgl. auch § 426 Abs. 2 B.G.B.

Für den Beweis einer Mitschuld gilt dasselbe wie für den Schuldbeweis (§ 734). R.O. 3 S. 40; R.G. 21 S. 134.

Wenn der Rheder des einen schuldigen Schiffes auf diesem selbst Ladung hat, so hat er für den sein Seevermögen übersteigenden Ladungsschaden einen Ersatzanspruch gegen das andere Schiff. R.O. 23 S. 395. Nach der jetzigen Fassung des Abs. 2 ist ihm entsprechend ein Ersatzanspruch zuzubilligen, wenn der Schaden, soweit er bei der verhältnißmäßigen Vertheilung ihm zur Last bleibt, das Seevermögen übersteigt.

Mitschuld der Besatzung eines dritten dem klagenden Rheder ebenfalls gehörenden Schiffes ist ebenso zu beurtheilen, wie ein auf dem zusammenstoßenden Schiffe selbst begangenes Verschulden. R.G. 1 S. 44. Man wird dies indessen nur soweit annehmen können, als der Schaden (bzw. der bei Quotenvertheilung zu Last bleibende Theil) durch Schiff und Fracht des dritten Schiffes gedeckt wird. — Eine Mitschuld kommt dann überhaupt nicht in Betracht, wenn auf der anderen Seite arglistig verfahren ist. H. 1893 Nr. 43 (R.G.).

§ 736.

Die Vorschriften der §§ 734, 735 kommen zur Anwendung ohne Unterschied, ob beide Schiffe oder das eine oder das andere sich in der Fahrt oder im Treiben befinden oder vor Anker oder am Lande befestigt liegen.

§ 737. **Sinken des Schiffes vor Erreichung eines Hafens.**

Ist ein durch den Zusammenstoß beschädigtes Schiff gesunken, bevor es einen Hafen erreichen konnte, so wird vermuthet, daß der Untergang des Schiffes eine Folge des Zusammenstoßes war.

§ 738. **Zwangslootse.**

Hat sich das Schiff unter der Führung eines Zwangslootsen befunden und haben die zur Schiffsbesatzung gehörigen Personen die ihnen obliegenden Pflichten erfüllt, so ist der Rheder des Schiffes von der Verantwortung für den Schaden frei, welcher durch den von dem Lootsen verschuldeten Zusammenstoß entstanden ist.

Zwangslootse ist ein solcher, zu dessen Annahme der Schiffer durch obrigkeitliche Anordnung verpflichtet ist und dem er die Führung überlassen muß. R.O. 25 S. 230; R.G. 7 S. 25, 19 S. 14; H. 1897 Nr. 2 (R.G.). Daß der Lootse auch formell das Kommando hat, ist nicht Voraussetzung, die Uebermittelung der Befehle an die Mannschaft kann auch beim Schiffer bleiben. R.G. 19 S. 14.

Offensichtlich unvernünftigen Anordnungen des Zwangslootsen hat der Schiffer keine Folge zu leisten. R.O. 25 S. 230; R.G. 19 S. 14. Er ist berechtigt, ihn im Nothfall abzusetzen, O.S.A. 4 S. 107; s. auch die Verordnungen vom 9. Mai 1897, Art. 33 Abs. 2 und vom 29. Juli 1889, Anh. II Nr. 6 und 9.

Wenn behauptet wird, daß die Besatzung des unter Führung eines Zwangslootsen fahrenden Schiffes ein Verschulden begangen habe, so ist die Angabe und der Nachweis bestimmter schuldhafter Handlungen einer oder mehrerer Personen der Besatzung selbst erforderlich. R.O. 25 S. 185, 230; H. 1885 Nr. 48 (R.G.).

Auf die Einrede der Mitschuld kann nicht auf Verschulden des Zwangslootsen gegründet werden. Anders R.G. 7 S. 25.

Für die freiwillig genommenen Lootsen haftet der Rheder. R.G. 13 S. 117, 20 S. 85.

§ 739. Zusammenstoß von mehr als zwei Schiffen.

Die Vorschriften dieses Titels kommen auch zur Anwendung, wenn mehr als zwei Schiffe zusammenstoßen.

Ist in einem solchen Falle der Zusammenstoß durch eine Person der Besatzung des einen Schiffes verschuldet, so haftet der Rheder des letzteren auch für den Schaden, welcher daraus entsteht, daß durch den Zusammenstoß dieses Schiffes mit einem anderen der Zusammenstoß dieses anderen Schiffes mit einem dritten verursacht ist.

Ein Schiff, das mit einem anderen zusammenstößt und dadurch dessen Zusammenstoß mit einem dritten verursacht, kann der Klage des dritten Schiffes nicht eine Mitschuld des zweiten entgegenhalten. R.O. 4 S. 126.

Achter Abschnitt.

Bergung und Hülfsleistung in Seenoth.

Die Vorschriften des H.G.B. über Bergung und Hülfsleistung beziehen sich nur auf Seeschiffe, R.G. 5 S. 91, und zwar auf Erwerbsschiffe, R.G. 38 S. 86, 47 S. 193, bzw. die ihnen allgemein gleichgestellten Lustyachten 2c., s. S. 1 Eine Ausdehnung auf Nichterwerbsschiffe ist im E.G. **nicht** erfolgt. Dagegen gelten allgemein für alle Schiffe §§ 4 ff. **Strand.O.**, unten Anh. II Nr. 10, insbesondere §§ 20, 21, die für Bergung von Seewurf und strandtriftigen Gegenständen, sowie von versunkenen und seetriftigen Gegenständen, einschließlich von Schiffstrümmern und verlassenen Schiffen, Bergelohn festsetzen. Für **Binnenschiffe** gelten §§ 93—101 B.Sch.G., die den §§ 740 ff. nachgebildet sind, aber keine Anfechtung des Berge- oder Hülfslohnvertrages kennen. Ueber diese Fälle hinaus giebt es keinen Anspruch auf Berge- und Hülfslohn, sondern nur möglicherweise einen solchen wegen Geschäftsführung ohne Auftrag oder ungerechtfertigter Bereicherung oder aus einem Werkvertrage. Vgl. R.G. 38 S. 86, 47 S. 192.

Verträge, die über die Bergung eines deutschen Schiffes von dessen Schiffer mit dem Schiffer eines anderen deutschen Schiffes geschlossen werden und von deutschen Auffassungen beherrscht sind, unterliegen, auch wenn sie in fremden Territorialgewässern abgeschlossen sind, deutschem Recht. H. 1893 Nr. 79, 1894 Nr. 68; (R.G.), 1897 Nr. 66.

§ 740. Anspruch auf Berge- und Hülfslohn.

Wird in einer Seenoth ein Schiff oder dessen Ladung ganz oder theilweise, nachdem sie der Verfügung der Schiffsbesatzung entzogen oder von ihr verlassen waren, von dritten Personen an sich genommen und in Sicherheit gebracht, so haben diese Personen Anspruch auf Bergelohn.

Wird außer dem vorstehenden Falle ein Schiff oder dessen Ladung durch Hülfe dritter Personen aus einer Seenoth gerettet, so haben diese nur Anspruch auf Hülfslohn.

Der Schiffsbesatzung des verunglückten oder gefährdeten Schiffes steht ein Anspruch auf Berge- oder Hülfslohn nicht zu.

Schiff bedeutet ein Erwerbsschiff, s. Vorbemerkung zu diesem Abschnitt.

Seenoth kann auch in dem von Seeschiffen befahrenen unteren Theil eines Flusses und in Häfen eintreten, R.G. 5 S. 91, und zwar auch nach Beendigung der Reise. H. 1889 Nr. 35 (= S.A. 44 S. 340). Sie erfordert nicht eine nur der See eigenthümliche Gefahr. Es müssen aber immer die Umstände vorliegen, die zur Charakterisirung der Seenoth als einer besonderen Gefahr geführt haben, insbesondere der, daß das Schiff auf sich selbst angewiesen ist; Seenoth liegt daher z. B. nicht vor, wenn ein am Hafenufer liegendes Schiff durch einen auf dem Lande ausgebrochenen Brand gefährdet wird. H. 1888 Nr. 120, 1893 Nr 52.

Erforderlich ist ferner, daß die Gefahr durch die eigenen Kräfte der Mannschaft nicht bewältigt werden kann, nicht erforderlich dagegen, daß sie schon unmittelbar ist, es genügt, wenn sie sich aus der vorhandenen Lage entwickeln **muß**. H. 1890 Nr. 14, 96.

Die Ursache der Seenoth ist gleichgültig, insbesondere auch, ob sie durch Fehler der Besatzung oder durch äußere Ereignisse herbeigeführt ist. Seenoth liegt auch vor, wenn der Maschinist die Maschine irrthümlich für unbrauchbar hält und deshalb nicht benützt. S.A. 40 S. 442.

Der Ausdruck **„der Verfügung entzogen"** grenzt die Fälle der Bergung gegen die der Hülfeleistung ab. Besitzlosigkeit wird für die Bergung nicht ohne Weiteres, wie in § 20 Strand.O., erfordert. R.G. 5 S. 92. Die Fortdauer des Gewahrsams der Besatzung an einem verlassenen, aber möglicherweise vom Ufer aus wieder erreichbaren Schiff nimmt an R.G.Str. 10 S. 85.

Der Verfügung der Besatzung entzogen ist ein Schiff nicht, wenn sie (bzw. eine andere Mannschaft) vollzählig und arbeitsfähig an Bord ist. H. 1892 Nr. 11, 1897 Nr. 66.

Bergung liegt nur vor, wenn die Gegenstände in den Besitz der Berger gelangt sind. R.O. 4 S. 441.

§ 740 ist auch auf die Wiedernehmung eines vom Feinde genommenen Schiffes anwendbar. H.M., S. 426.

Dritte Personen bezeichnet den Gegensatz zur Besatzung. Diese hat, gemäß Abs. 3 ohne besondere Belohnung, nach § 41 Seem.O. alle Hülfe zur Erhaltung des Schiffes zu leisten und hat nach besten Kräften für Rettung von Personen und Sachen zu sorgen sowie bei der Bergung gegen Fortbezug von Heuer und Verpflegung Hülfe zu leisten. Dagegen sind „dritte Personen der Ladungseigenthümer und der Rheder selbst. Dieser erwirbt, wenn sein Schiff ein anderes ihm gehöriges Schiff rettet, gegen dieses als Schiffsgläubiger einen Anspruch auf Berge- oder Hülfslohn. R.G. 32 S. 9. Es kann sogar zwischen den beiden Schiffern ein Vertrag über den Lohn geschlossen werden. H. 1897 Nr. 66. —

Der Anspruch auf Berge- und Hülfslohn wird lediglich durch die Thatsache der Dienstleistung begründet, ein Vertrag auf Bergung oder Hülfeleistung braucht nicht vorzuliegen. R.G. 32 S. 8.

Wenn der Rettende durch einen anderen bei Eintritt der Seenoth bestehenden Vertrag (z. B. Lootsen- oder Schleppvertrag) zu seiner Leistung verpflichtet ist, so liegt keine Bergung oder Hülfeleistung vor. R.O. 22 S 94. Dagegen wird diese dadurch nicht ausgeschlossen, daß eine gesetzliche Pflicht zur Hülfe besteht, z. B. nach einer Ansegelung gemäß der Verordnung über das Verhalten der Schiffer nach einem Zusammenstoße von Schiffen auf See vom 15. August 1876, Anh. II Nr. 8, ausgenommen nach R.G. 3 S. 141, wenn die Besatzung des helfenden Schiffes selbst die alleinige Schuld an dem Zusammenstoße trägt.

Gewerbsmäßigkeit der Bergung schließt den Anspruch nicht aus. S.A. 44 S. 340; H. 1888 Nr. 122, 1889 Nr. 5; über die an Bergungsgesellschaften zu zahlende Vergütung s. insbesondere auch H. 1892 Nr. 11, 1895 Nr. 47; R.G. 47 S. 196.

Bergelohn wird im Gesetz nur zugebilligt für Rettung von Schiff oder Ladung, nicht von Menschen. Dagegen ist bei der Festsetzung von Berge- und Hülfslohn auch die beseitigte Gefahr für Menschenleben zu berücksichtigen. S.A. 50 S. 66 (R.G.). S. auch § 748 Abs. 2.

§ 741. Vertrag über Berge- und Hülfslohn.

Wird noch während der Gefahr ein Vertrag über die Höhe des Berge- oder Hülfslohns geschlossen, so kann der Vertrag wegen erheblichen Uebermaßes der zugesicherten Vergütung angefochten und die Herabsetzung der letzteren auf das den Umständen entsprechende Maß verlangt werden.

Zum Abschluß eines Vertrages ist der Schiffer befugt. R.O. 9 S. 369. Auch ein Vertrag zwischen Schiffern desselben Rheders ist möglich. H. 1897 Nr. 66.

Bei Klagen auf vereinbarten Berge- oder Hülfslohn ist eine vorherige Anrufung des Strandamts gemäß §§ 36, 39 Strand.O. (Anhang II Nr. 10) nicht erforderlich. H. 1888 Nr. 122; R.G. in H. 1891 Nr. 54.

Der während der Seenoth geschlossene Vertrag steht einem erzwungenen gleich. R.O. 9 S. 360.

§ 741 trifft auch die mittelbar auf Feststellung der Vergütung zielenden Vereinbarungen, (z. B. Ausbedingung eines unbilligen Verfahrens zur Feststellung) sowie unrichtige Bekenntnisse über die Sachlage. R.O. 4 S. 435, 9 S. 365.

Es ist nicht Thatbestandsmerkmal eines Berge- oder Hülfslohnvertrages im Sinne von § 741, daß der Lohn nur im Falle des Gelingens gezahlt werden soll. Die Anfechtung besteht vielmehr erst recht, wenn das nicht der Fall sein soll und der in Seenoth befindliche Theil sich nicht nur mit den geretteten Gegenständen (§ 753), sondern persönlich zur Zahlung verpflichtet. R.G. in H. 1893 Nr. 77 (= S.A. 49 S. 324).

Der Anfechtbarkeit unterliegt auch ein Vertrag, den der Schiffer schließt, nachdem er das Schiff verlassen hat, sowie ein solcher, den ein Dritter im Namen des Schiffers oder des Rheders oder eines sonst über Schiff oder Güter Verfügungsberechtigten schließt, nicht dagegen den Vertrag, den sonst ein Dritter abschließt. R.O. 14 S. 303; R.G. in H. 1893 Nr. 77 (= S.A. 49 S. 326).

Der Anfechtungsgegner hat den Gegenbeweis, daß der Anfechtende subjektiv durch die Seenoth nicht beeinflußt war. H. 1893 Nr. 77 (R.G.).

Durch Bestätigung wird die Anfechtbarkeit geheilt. R.O. 9 S. 367, vgl. § 144 B.G.B. — § 142 B.G.B. ist nicht anwendbar, der angefochtene Vertrag ist nicht nichtig, so daß nun das Strandamt einzutreten hätte (§§ 36—39 Strand.O., Anh. II Nr. 10), sondern es kann nur die Herabsetzung verlangt werden. H. 1902 Nr. 5, s. auch R.G. 13 S. 135.

Bei der Feststellung, ob ein erhebliches Uebermaß vorliegt und der etwaigen anderweiten Festsetzung hat der Richter nicht den Berge- oder Hülfslohn nach billigem Ermessen unter Berücksichtigung des späteren Verlaufs zu bemessen, sondern es ist lediglich die Sachlage zur Zeit des Vertragsschlusses maßgebend. Waren Verluste und Aufwendungen zu befürchten — wohin z. B. auch gehört, daß der Rheder eines bergenden Schiffes wegen eines durch den Aufenthalt verursachten Bruchs eines Frachtvertrages haftbar gemacht werden kann — so sind sie je nach dem Grade der Wahrscheinlichkeit ihres Eintritts zu veranschlagen, nicht aber ist ein Betrag bedingt zuzusprechen. Maßgebend ist, wie dem Schiffer die Sachlage pflichtgemäß erschien. R.G. 13 S. 135.

Wohl aber ist bei der Beurtheilung, ob ein erhebliches Uebermaß vorliegt, auf §§ 742—747 in der Weise Rücksicht zu nehmen, daß dabei maßgebend ist, welche Zeit beim Vertragsschluß als voraussichtlich zu verwenden erschien u. s. w., insbesondere bleiben §§ 746, 747 maßgebend. H. 1891 Nr. 54 (R.G.).

Ueber den Höchstbetrag (§§ 746, 747) darf der Richter auch wenn eine Vereinbarung erfolgt ist, nicht hinausgehen, H. 1891 Nr. 54 (R.G.), er darf aber bis zu der Summe als der Höchstgrenze gehen, bei deren Ausbedingung ein erhebliches Uebermaß nicht vorgelegen hätte, auch wenn bei völlig freier Festsetzung weniger angenommen worden wäre. H. 1902 Nr. 5.

§ 742. **Richterliche Festsetzung des Berge- und Hülfslohns.**

In Ermangelung einer Vereinbarung ist die Höhe des Berge- oder Hülfslohns unter Berücksichtigung aller Umstände des Falles nach billigem Ermessen in Geld festzusetzen.

Die Festsetzung geschieht vorbehältlich des Rechtsweges zunächst durchs Strandamt gemäß §§ 36—39 Strand.O., Anh. II Nr. 10. Vorher ist der Rechtsweg ausgeschlossen, was von Amtswegen zu berücksichtigen ist. R.G. 5 S. 90, 7 S. 64. Das gilt aber nicht, wenn der erhobene Anspruch nicht auf § 740 oder auf die Strand.O., sondern nur auf andere Rechtsgründe gestützt werden kann. R.G. 5 S. 91, 38 S. 86.

Vor Festsetzung des Berge- und Hülfslohnes durchs Gericht ist der Schuldner nicht in Verzug; er hat daher keine Verzugszinsen, wohl aber (§ 291 B.G.B.) Prozeßzinsen zu entrichten. H. 1899 Nr. 11, 17, 37, 55.

§ 743. **Aufwendungen und Gebühren.**

Der Berge- oder Hülfslohn umfaßt zugleich die Vergütung für die Aufwendungen, welche zum Zwecke des Bergens und Rettens geschehen.

Nicht darin enthalten sind die Kosten und Gebühren der Behörden, die von den geborgenen oder geretteten Gegenständen zu entrichtenden Zölle und sonstigen Abgaben sowie die Kosten zum Zwecke der Aufbewahrung, Erhaltung, Abschätzung und Veräußerung dieser Gegenstände.

Zu den Aufwendungen gehört auch eine Entschädigung, die der Rheder eines bergenden Schiffes wegen eines durch die Bergung verursachten Bruchs des Frachtvertrages einem Dritten zu zahlen hat, das ist daher bei Festsetzung des Bergelohns mit zu berücksichtigen. R.G. 13 S 139.

Zu den Kosten (Abs. 2) gehören gemäß § 10 Strand.O., unten Anh. II Nr. 10, auch die in §§ 4, 5, 9 daselbst bezeichneten Vergütungen.

§ 744. **Bemessung des Lohns.**

Bei der Bestimmung des Betrags des Berge- oder Hülfslohns kommen insbesondere in Anschlag der bewiesene Eifer, die verwendete Zeit, die geleisteten Dienste, die geschehenen Aufwendungen, die Zahl der thätig gewesenen Personen, die Gefahr, der sie ihre Person und ihre Fahrzeuge unterzogen haben, sowie die Gefahr, die den geborgenen oder geretteten Gegenständen gedroht hat, und der nach Abzug der Kosten (§ 743 Abs. 2) verbliebene Werth der letzteren.

§ 745. **Keine quotenweise Bemessung.**

Der Berge- oder Hülfslohn darf ohne den übereinstimmenden Antrag der Parteien nicht auf einen Bruchtheil des Werthes der geborgenen oder geretteten Gegenstände festgesetzt werden.

§ 746. **Höchstbetrag des Bergelohns.**

Der Betrag des Bergelohns soll den dritten Theil des Werthes der geborgenen Gegenstände (§ 744) nicht übersteigen.

Nur ausnahmsweise, wenn die Bergung mit ungewöhnlichen Anstrengungen und Gefahren verbunden war und jener Werth zugleich ein geringer ist, kann der Betrag bis zur Hälfte des Werthes erhöht werden.

§ 747. **Höchstbetrag des Hülfslohns.**

Der Hülfslohn ist stets unter dem Betrage festzusetzen, welchen der Bergelohn unter sonst gleichen Umständen erreicht haben würde. Auf den Werth der geretteten Gegenstände ist bei der Bestimmung des Hülfslohns nur eine untergeordnete Rücksicht zu nehmen.

§ 748. **Vertheilung bei Betheiligung Mehrerer.**

Betheiligen sich mehrere Personen an der Bergung oder Hülfsleistung, so wird der Berge- oder Hülfslohn unter sie nach Maßgabe der persönlichen und sachlichen Leistungen der einzelnen und im Zweifel nach der Kopfzahl vertheilt.

Zur gleichmäßigen Theilnahme sind auch diejenigen berechtigt, welche sich in derselben Gefahr der Rettung von Menschen unterziehen.

Ueber Rettung von Menschen s. Bem. zu § 741.

§ 749. **Vertheilung bei Rettung durch ein anderes Schiff.**

Wird ein Schiff oder dessen Ladung ganz oder theilweise von einem anderen Schiffe geborgen oder gerettet, so wird der Berge- oder Hülfslohn zwischen dem Rheder, dem Schiffer und der übrigen Besatzung des anderen Schiffes in der Weise vertheilt, daß zunächst dem Rheder die Schäden am Schiffe und Betriebsmehrkosten ersetzt werden, welche durch die Bergung oder Rettung entstanden sind, und daß von dem Reste der Rheder eines Dampfschiffs zwei Drittel, eines Segelschiffs die Hälfte, der Schiffer und die übrige Besatzung eines Dampfschiffs je ein Sechstel, eines Segelschiffs je ein Viertel erhält.

Der auf die Schiffsbesatzung mit Ausnahme des Schiffers entfallende Betrag wird unter alle Mitglieder derselben mit besonderer Berücksichtigung der sachlichen und persönlichen Leistungen eines Jeden vertheilt. Die Vertheilung erfolgt durch den Schiffer mittelst eines vor Beendigung der Reise der Besatzung bekannt zu gebenden Vertheilungsplans, der den jedem Betheiligten zukommenden Bruchtheil festsetzt.

Gegen den Vertheilungsplan ist Einspruch bei demjenigen Seemannsamte zulässig, welches nach Bekanntgabe des Planes zuerst angegangen werden kann. Das Seemannsamt entscheidet nach Anhörung der Betheiligten endgültig, unter Ausschluß des Rechtswegs, über den Einspruch und eine etwaige andere Vertheilung. Beglaubigte Abschrift der Entscheidung ist dem Rheder vom Seemannsamte mit thunlichster Beschleunigung mitzutheilen.

Vereinbarungen, welche den Vorschriften der Abs. 1, 2 zuwiderlaufen, sind nichtig.

Diese Vorschriften finden für den Fall der Bergung oder Rettung durch Bergungs- oder Schleppdampfer keine Anwendung.

§ 749 ist abgedruckt in der Fassung des Gesetzes, betr. Abänderung seerechtlicher Vorschriften des H.G.B. vom 2. Juni 1902, durch das die Bestimmungen über die Betheiligung von Schiffer und Besatzung der Vertragsfreiheit entzogen sind, dafür aber der Antheil des Rheders bei Dampfschiffen erhöht worden ist. Der Grund zu der verschiedenen Bemessung von Dampf- und Segelschiffen liegt darin, daß bei Bergung und Hülfeleistung durch einen Dampfer höhere Werthe aufs Spiel gesetzt werden und daß bei Dampfern die durch den Aufenthalt entstehenden Mehrkosten und Schäden durchschnittlich größer sind. S. die Motive, Drucksachen des Reichstags, 10. Legislatur-Periode II. Session 1900/1901, Nr. 4 S. 209, 211, und den Kommissionsbericht, das. Nr. 288a S. 22.

Schäden sind nicht nur thatsächlich aufgewandte Reparaturkosten, s. den Kommissionsbericht a. a. O. Betriebsmehrkosten sind z. B. Mehrkosten für Kohlen, Heuer, Beköstigung; nicht aber kann der Rheder zum Ersatz für andere Nachtheile — z. B. Konventionalstrafen wegen verspäteter Lieferung und sonstige Ansprüche von Ladungsbetheiligten — Abzüge vorweg machen, s. die Motive a. a. O.

Abziehbar sind vom Gesichtspunkt der nützlichen Geschäftsführung (auch jetzt) Aufwendungen, die der Rheder im gemeinsamen Interesse zur Erlangung des Berge- oder Hülfslohnes macht, insbesondere Prozeßkosten, die dem Zahlungspflichtigen gegenüber zu seinen Lasten bleiben. Vgl. H. 1886 Nr. 118.

Für die Bemessung der Antheile der einzelnen Mitglieder der Besatzung ist die Höhe der Heuer gleichgültig.

Der Vertheilungsplan setzt lediglich die Quoten der Mitglieder der Besatzung fest, für alles Uebrige ist der Rechtsweg nicht ausgeschlossen. S. den Kommissionsbericht a. a. O.

§ 750. Verwirkung des Anspruchs auf Berge- und Hülfslohn.

Auf Berge- und Hülfslohn hat keinen Anspruch:
1. wer seine Dienste aufdrängt, insbesondere ohne Erlaubniß des anwesenden Schiffers das Schiff betritt;
2. wer von den geborgenen Gegenständen dem Schiffer, dem Eigenthümer oder der zuständigen Behörde nicht sofort Anzeige macht.

Eine Bergung gegen den Willen des Schiffers giebt nicht nur keinen Anspruch auf Bergelohn, sondern ist überhaupt unzulässig. R.G.Strafs. 15 S. 138.

Ueber die Stellung des Schiffers bei der Bergung und Hülfeleistung s. auch §§ 7, 8, 12 Strand.O., Anh. II Nr. 10, über die Anzeigepflicht §§ 12, 13 daselbst, sowie zu Beidem die Strafbestimmung § 43 das.

§ 751. Pfandrecht und Zurückbehaltungsrecht.

Wegen der Bergungs- und Hülfskosten, insbesondere auch wegen des Berge- und Hülfslohns, steht dem Gläubiger ein Pfandrecht an den geborgenen oder geretteten Gegenständen, an den geborgenen Gegenständen bis zur Sicherheitsleistung zugleich das Zurückbehaltungsrecht zu.

Auf die Geltendmachung des Pfandrechts finden die Vorschriften des § 696 entsprechende Anwendung.

Zu den Bergungs- und Hülfskosten gehören auch die in der Strandungsordnung festgesetzten, § 10 daselbst (s. Bemerk. zu § 743) und §§ 20, 21 daselbst, Anh. II Nr. 10.

Die geretteten Gegenstände haften solidarisch. H. 1896 Nr. 1.

Das Zurückbehaltungsrecht besteht auch gegenüber solchen Schiffs- oder Ladungsgläubigern, deren Pfandrecht nach §§ 766—770, § 777 dem des Bergers vorgehen würde. Das Strandamt übt bei Uebergabe der Sachen gemäß §§ 20, 21 Strand.O., Anh. II Nr. 10, den Gewahrsam für den Berger aus, sodaß dessen Zurückbehaltungsrecht bestehen bleibt. H. 1896 Nr. 1. Im Konkurse steht das Zurückbehaltungsrecht nach § 49 Z. 4 K.O. einem Pfandrechte gleich.

Die Geltendmachung des Pfandrechts erfolgt gemäß § 696 Abs. 1 auf dem Wege der Zwangsvollstreckung, H.M., S. 425, also durch Klage. Gemäß § 696 Abs. 2 ist die Klage wegen des Schiffes gegen den Rheder oder den Schiffer zu richten, wegen der Ladung dann gegen den Schiffer, wenn sie noch nicht ausgeliefert ist. Gemäß § 696 Abs. 3 kann das Pfandrecht an der Ladung gegen einen gutgläubigen Besitzer nicht geltend gemacht werden.

Für die Klage in Ansehung von Schiff und Fracht s. auch Bem. zu § 761, für den Rang des Pfandgläubigers s. §§ 765—770, insb. 768, 769.

§ 752. **Verpflichtung des Schiffers.**

Der Schiffer darf die Güter vor der Befriedigung oder Sicherstellung des Gläubigers weder ganz noch theilweise ausliefern, widrigenfalls er dem Gläubiger insoweit persönlich verpflichtet wird, als dieser aus den ausgelieferten Gütern zur Zeit der Auslieferung hätte befriedigt werden können.

Hat der Rheder die Handlungsweise des Schiffers angeordnet, so kommen die Vorschriften des § 512 Abs. 2, 3 zur Anwendung.

Eine Vermuthung dafür, daß der Gläubiger befriedigt worden wäre, wie bei der Bodmerei (§ 694 Abs. 2), besteht hier nicht.

§ 753. **Persönliche Verpflichtung.**

Eine persönliche Verpflichtung zur Entrichtung der Bergungs- und Hülfskosten wird durch die Bergung oder Rettung an sich nicht begründet.

Der Empfänger von Gütern wird jedoch, wenn ihm bei der Annahme der Güter bekannt ist, daß davon Bergungs- oder Hülfskosten zu berichtigen sind, für diese Kosten insoweit persönlich verpflichtet, als sie, falls die Auslieferung nicht erfolgt wäre, aus den Gütern hätten berichtigt werden können.

Sind noch andere Gegenstände gemeinschaftlich mit den ausgelieferten Gütern geborgen oder gerettet, so geht die persönliche Haftung des Empfängers über den Betrag nicht hinaus, welcher bei einer Vertheilung der Kosten über sämmtliche Gegenstände auf die ausgelieferten Güter fällt.

Zu Abs. 1: Auch der Abschluß eines Bergungsvertrages begründet, und zwar auch wenn der Rheder ihn selbst geschlossen hat, im Zweifel nicht die persönliche Haftung. H. 1894 Nr. 68 (R.G.).

Zu Abs. 2: Im Gegensatz zur dinglichen Haftung, § 751, geht die persönliche nach Abs. 2 nicht aufs Ganze.

Neunter Abschnitt.

Schiffsgläubiger.

Nur an Schiffen, die zum Erwerb durch die Seefahrt dienen, (s. Vorbemerkung S. 2), giebt es ein Schiffsgläubigerrecht. Durch Art. 7 E.G. (zitirt bei § 474) sind zwar die §§ 485, 486 Z. 3 auf

Nichterwerbsschiffe ausgedehnt, damit ist auch die auf Schiff und Fracht beschränkte Haftung auf sie erstreckt, nicht aber haben die beschränkt Forderungsberechtigten das Vorzugsrecht der Schiffsgläubiger, wie ebensowenig andererseits die damit in Verbindung stehende kurze Verjährungsfrist des § 901 gegen sie läuft.

§ 754.

Aufzählung der Schiffsgläubiger.

Die nachbenannten Forderungen gewähren die Rechte eines Schiffsgläubigers:

1. die zu den Kosten der Zwangsvollstreckung nicht gehörenden Kosten der Bewachung und Verwahrung des Schiffes und seines Zubehörs seit der Einbringung des Schiffes in den letzten Hafen, falls das Schiff im Wege der Zwangsvollstreckung verkauft wird;
2. die öffentlichen Schiffs-, Schiffahrts- und Hafenabgaben, insbesondere die Tonnen-, Leuchtfeuer-, Quarantäne- und Hafengelder;
3. die aus den Dienst- und Heuerverträgen herrührenden Forderungen der Schiffsbesatzung;
4. die Lootsengelder sowie die Bergungs-, Hülfs-, Loskaufs- und Reklamekosten;
5. die Beiträge des Schiffes zur großen Haverei;
6. die Forderungen der Bodmereigläubiger, welchen das Schiff verbodmet ist, sowie die Forderungen aus sonstigen Kreditgeschäften, die der Schiffer als solcher während des Aufenthalts des Schiffes außerhalb des Heimathshafens in Nothfällen abgeschlossen hat (§§ 528, 541), auch wenn er Miteigenthümer oder Alleineigenthümer des Schiffes ist; den Forderungen aus solchen Kreditgeschäften stehen die Forderungen wegen Lieferungen oder Leistungen gleich, die ohne Gewährung eines Kredits dem Schiffer als solchem während des Aufenthalts des Schiffes außerhalb des Heimathshafens in Nothfällen zur Erhaltung des Schiffes oder zur Ausführung der Reise gemacht sind, soweit diese Lieferungen oder Leistungen zur Befriedigung des Bedürfnisses erforderlich waren;
7. die Forderungen wegen Nichtablieferung oder Beschädigung der Ladungsgüter und des im § 673 Abs. 2 erwähnten Reiseguts;

8. die nicht unter eine der vorigen Nummern fallenden Forderungen aus Rechtsgeschäften, die der Schiffer als solcher kraft seiner gesetzlichen Befugnisse und nicht mit Bezug auf eine besondere Vollmacht geschlossen hat (§ 486 Abs. 1 Nr. 1), sowie die nicht unter eine der vorigen Nummern fallenden Forderungen wegen Nichterfüllung oder wegen unvollständiger oder mangelhafter Erfüllung eines von dem Rheder abgeschlossenen Vertrags, insofern die Ausführung des letzteren zu den Dienstobliegenheiten des Schiffers gehört hat (§ 486 Abs. 1 Nr. 2);
9. die Forderungen aus dem Verschulden einer Person der Schiffsbesatzung (§ 485, § 486 Abs. 1 Nr. 3), auch wenn diese Person zugleich Miteigenthümer oder Alleineigenthümer des Schiffes ist;
10. die Forderungen, welche der Berufsgenossenschaft nach den Vorschriften über die Unfallversicherung und der Versicherungsanstalt nach den Vorschriften über die Invalidenversicherung gegen den Rheder zustehen.

Darüber, ob für einen Anspruch ein Schiffspfandrecht entsteht, entscheidet das für das zu Grunde liegende Schuldverhältniß geltende Recht. H. 1894 Nr. 32, 1899 Nr. 65.

Zu Z. 1: Die Kosten des Zwangsvollstreckungsverfahrens sind aus dem Versteigerungserlöse vorweg zu entnehmen, §§ 109, 162 Zw.V.G. Bei der Anordnung der Zwangsversteigerung hat das Gericht zugleich die Bewachung und Verwahrung des Schiffes anzuordnen, § 165 das., die Kosten dieser Bewachung und Verwahrung gehören mit zu denen des Verfahrens, H.M., S. 426. Z. 1 hat also nur für die Kosten der Bewachung und Verwahrung für die Zeit vor der Anordnung der Zwangsversteigerung Bedeutung.

Zu Z. 5: Den Beiträgen des Schiffes stehen die der Fracht gleich, § 725. Ferner sind die nach §§ 635, 732 zu zahlenden Beiträge auch hier wie Beiträge zur großen Haverei zu behandeln.

Zu Z. 6: Den Gegensatz zu Geschäften, die der Schiffer als solcher abgeschlossen hat, bilden die, die er mit Bezug auf eine besondere Vollmacht (§§ 486 Z. 1, 529) geschlossen hat.

Zu Z. 7: Das Schiffsgläubigerrecht besteht hier immer, ohne die in Z. 8 für sonstige Vertragsansprüche aufgestellten Schranken.

Zu Z. 8: Durch die Bezugnahme auf § 486 Abs 1 Z. 1 und 2 ist auch der zu beiden Nummern als untrennbarer Bestandtheil gehörige Abs. 2 mit in Bezug genommen; Verschulden des Rheders in Ansehung der Vertragserfüllung und seine Gewährleistung derselben, die seine persönliche Haftung begründen, schließen also das Schiffsgläubigerrecht aus. H. 1887 Nr. 129. S. auch Bem. zu Z. 7.

Für die Anwendung der Z. 8 kommt es darauf an, ob im gegebenen Fall die Ausführung des Vertrages bereits thatsächlich zu den Dienstobliegenheiten des Schiffers gehört hat. H. 1887 Nr. 129 (= S.A. 43 S. 213). Die Forderung auf Schadensersatz wegen eines durch Schuld des Rheders gebrochenen Frachtvertrags giebt, abgesehen vom Fall Nr. 7, kein Schiffsgläubigerrecht. R.O. 11 S. 260. Dritte Personen, die der Rheder mit Abschlüssen beauftragt, die objektiv zu den Befugnissen des Schiffers gehören, gelten als dessen Substituten, ihre Verträge geben also Schiffsgläubigerrecht. H. 1887 Nr. 129 (= S.A. 43 S. 319). S. auch Bem. zu § 642.

Ueber die gesetzlichen Befugnisse des Schiffers s. §§ 526 ff.

Zu Z. 9: Bei Forderungen aus dem Verschulden einer Person der Schiffsbesatzung wird das Schiffsgläubigerrecht nicht durch Verschulden oder Gewährleistung des Rheders ausgeschlossen.

Zu Z. 10: Diese Bestimmung ist an die Stelle des bisherigen § 86 Abs. 2 Ges. betr. Unfallversicherung der Seeleute in der früheren Fassung vom 13. Juli 1887 (R.G.B. S. 329) (jetzige vom 30. Juni 1900) getreten, der durch Art. 8 Z. 4 E.G. aufgehoben ist. Nach § 86 Abs. 1 das. haftet der Rheder für die Beiträge auch persönlich.

§ 755. Recht des Schiffsgläubigers am Schiff.

Den Schiffsgläubigern, welchen das Schiff nicht schon durch Verbodmung verpfändet ist, steht ein gesetzliches Pfandrecht an dem Schiffe und dem Zubehöre des Schiffes zu.

Das Pfandrecht ist gegen jeden dritten Besitzer des Schiffes verfolgbar.

Das im H.G.B. angenommene System der Haftung mit Schiff und Fracht ist das sog. Exekutionssystem. H. 1886 Nr. 28 (= S.A. 42 S. 195). Der Schiffsgläubiger hat einen unmittelbar gegen das Schiff gerichteten Anspruch, wobei das Schiffsvermögen als ein aus dem übrigen Vermögen des Rheders ausgeschiedenes Sondergut erscheint, das als solches in selbständigen rechtlichen Beziehungen stehen kann. R.G. 32 S. 10, 33 S. 85. Schiff und Fracht sind in ihm zu einem einheitlichen Werthe verschmolzen. R.G. 33 S. 70.

Der Anspruch des Schiffsgläubigers wird als „actio in rem scripta" bezeichnet und die dingliche Natur des Schiffsgläubigerrechts bestritten in dem Urtheil H. 1886 Nr. 28 (= S.A. 42 S. 197). Ebenso sagt das Urtheil H. 1883 Nr. 77, der Ausdruck „Pfandrecht" solle im Wesentlichen nur ein Vorzugsrecht bezeichnen. Demgegenüber sprechen der Ausdruck „Pfandrecht", die Gleichstellung mit der zweifellos eine Verpfändung enthaltenden Bodmerei und § 755 Abs. 2 u. E. für das dingliche Recht, neben dem aber ein obligatorisches Recht sehr wohl anerkannt werden kann und u. M. muß. Der Rheder kann, auch als Vertreter eines anderen Schiffsvermögens, sein eigener Schiffsgläubiger sein. So bei Bergung und Hülfeleistung, bei der Einlösung eines Bodmereibriefes. R.G. 32 S. 10. Keineswegs besteht aber ein solches Recht des Rheders nothwendig überall, wo es begrifflich denkbar ist, insbesondere hat der Rheder kein Schiffsgläubigerrecht wegen eines Schadens, der seinem Schiff durch Schuld der Besatzung eines anderen ihm gehörigen Schiffes verursacht ist. R.G. 45 S. 53.

Der Schiffsgläubiger hat sein Recht im Wege der Zwangsvollstreckung zu verfolgen, s. § 761. Nach dem Urtheil H. 1883 Nr. 77 hat er keinen Anspruch auf Herausgabe des Schiffes. Man könnte einen solchen indeß dann für denkbar halten, wenn er das Schiff nicht binnen angemessener Frist zur Vollstreckung bereitstellt.

Nach Abs. 1 erstreckt sich das Pfandrecht auch auf das Zubehör des Schiffes, also, anders als beim (vertragsmäßigen) Schiffspfandrecht nach § 1265 B.G.B., ohne Ausnahme der nicht dem Schiffseigenthümer gehörenden Stücke. Ueber die Vollstreckung in fremde Zubehörstücke s. Bemerkung zu § 761. Für die Frage, ob Stücke bei Aufhören der Zubehöreigenschaft von der Haftung frei werden, sind die nach § 1265 B.G.B. beim Schiffspfandrecht anwendbaren §§ 1121, 1122 Abs. 2 B.G.B. anwendbar, sei es direkt (vgl. § 1257 B.G.B.), sei es analog.

Nach Abs. 2 geht das Schiffsgläubigerrecht gegen jeden dritten Besitzer. Gutgläubigkeit des Erwerbs ist gleichgültig.

Dagegen ist für den Erwerb des Schiffsgläubigerrechts selbst bei widerrechtlicher Verwendung des Schiffes durch einen Ausrüster nach § 510 der gute Glaube des Gläubigers entscheidend. Das muß bei widerrechtlicher Verwendung fremder Zubehörstücke entsprechend angewandt werden.

§ 756. Recht des Schiffsgläubigers an der Fracht.

Das gesetzliche Pfandrecht eines jeden dieser Schiffsgläubiger erstreckt sich außerdem auf die Bruttofracht derjenigen Reise, aus welcher seine Forderung entstanden ist.

Ueberfahrtsgelder stehen der Fracht gleich, § 677. Dagegen ist über Schlepplohn (den § 104 Abs. 4 B.Sch.G. ebenfalls der Fracht gleichstellt) nichts ausdrücklich bestimmt.

Daß die Fracht dem Gläubiger haftet, ist ein Unterschied des Schiffsgläubigerrechts vom Schiffspfandrecht, § 1265 B.G.B.

§ 757.

Als eine Reise im Sinne dieses Abschnitts wird diejenige angesehen, zu welcher das Schiff von neuem ausgerüstet oder welche entweder auf Grund eines neuen Frachtvertrags oder nach vollständiger Löschung der Ladung angetreten wird.

§ 758.

Den im § 754 unter Nr. 3 aufgeführten Schiffsgläubigern steht wegen der aus einer späteren Reise entstandenen Forderungen zugleich ein gesetzliches Pfandrecht an der Fracht der früheren Reisen zu, sofern die verschiedenen Reisen unter denselben Dienst- und Heuervertrag fallen.

§ 759.

Rechte des Bodmereigläubigers.

Auf das dem Bodmereigläubiger nach § 679 zustehende Pfandrecht finden dieselben Vorschriften Anwendung, welche für das gesetzliche Pfandrecht der übrigen Schiffsgläubiger gelten.

Der Umfang des Pfandrechts des Bodmereigläubigers bestimmt sich jedoch nach dem Inhalte des Bodmereivertrags (§ 680).

Die Bodmereireise braucht nicht mit der Reise im Sinne des § 757 zusammenzufallen, s. § 767 Abs. 4.

§ 760.

Haupt- und Nebenforderungen.

Das einem Schiffsgläubiger zustehende Pfandrecht gilt in gleichem Maße für Kapital, Zinsen, Bodmereiprämie und Kosten.

R.G. 33 S. 84 nimmt an, daß der Rheder für Prozeßzinsen (§ 291 B.G.B.) und Prozeßkosten auch persönlich haftet.

§ 761.

Geltendmachung des Schiffsgläubigerrechts.

Die Befriedigung des Schiffsgläubigers aus dem Schiffe und der Fracht erfolgt nach den für die Zwangsvollstreckung geltenden Vorschriften.

Die Klage kann sowohl gegen den Rheder als gegen den Schiffer gerichtet werden, gegen den letzteren auch dann, wenn sich das Schiff im Heimathshafen (§ 480) befindet; das gegen den Schiffer ergangene Urtheil ist auch gegenüber dem Rheder wirksam.

Die Klage pflegt gerichtet zu werden auf Verurtheilung „unter Beschränkung der Vollstreckung auf Schiff und Fracht“ oder „gemäß § 486.“

Passiv legitimirt für die Klage des Schiffsgläubigers ist, wer zur Zeit der Klagerhebung (nicht der Entstehung der Forderung) als Rheder oder Ausrüster (§ 510) Theile des Schiffsvermögens in seiner Gewalt hat. Es wird vermuthet, daß der ins Schiffsregister Eingetragene Rheder ist. Während das Schiff einem Ausrüster untersteht, kann die Klage nicht gegen den Eigenthümer gerichtet werden. H. 1886 Nr. 28 (= S.A. 42 S. 196). Ueber die Klage gegen Mitrheder s. Bem. zu § 489.

Beim Wechsel des Schiffers nach Erlaß des Urtheils braucht keine neue Vollstreckungsklausel erwirkt zu werden.

Für die Zwangsvollstreckung ist zu unterscheiden zwischen „immobilisirten“ und anderen Schiffen.

§ 864 Abs. 1 C.P.O.:

> Der Zwangsvollstreckung in das unbewegliche Vermögen unterliegen außer den Grundstücken ..... die in das Schiffsregister eingetragenen Schiffe.

§ 865 C.P.O.:

> Die Zwangsvollstreckung in das unbewegliche Vermögen umfaßt auch die Gegenstände, auf welche sich ..... bei Schiffen das eingetragene Pfandrecht erstreckt.
>
> Diese Gegenstände können, soweit sie Zubehör sind, nicht gepfändet werden ...

§ 171 Abs. 1 Zw.V.G.:

> Auf die Zwangsversteigerung eines ausländischen Schiffes, das, wenn es ein deutsches Schiff wäre, in das Schiffsregister eingetragen werden müßte, finden die Vorschriften der §§ 162 bis 167, 169, 170 insoweit Anwendung, als sie nicht die Eintragung in das Schiffsregister voraussetzen.

Für deutsche Schiffe kommt es nur darauf an, ob sie thatsächlich eingetragen sind, nicht ob die Eintragung hätte geschehen müssen. Zur Eintragung verpflichtet (richtiger: ohne Eintragung nicht flaggenberechtigt) sind alle Kauffahrteischiffe, wenn sie mehr als 50 Kubikmeter Brutto-Raumgehalt haben.

Die Zwangsvollstreckung in eingetragene (und entsprechend große ausländische) Schiffe erfolgt durch Zwangsversteigerung nach §§ 162–171 Zw.V.G. Das Pfandrecht an der Fracht ist, da sich auf sie das eingetragene Schiffspfandrecht nicht mit erstreckt (§ 865 C.P.O., § 1265 B.G.B.), durch besondere Forderungspfändung geltend zu machen, Denkschr. zum Entwurf eines Ges. betr. die Zwangsvollstreckung, 1. Lesung, S. 343. Das Gleiche gilt für die Zubehörstücke, die nicht Eigenthum des Schiffseigenthümers sind, aber nach § 755 dem Schiffsgläubiger haften.

Für den vollstreckbaren Titel kommt in Betracht § 164 S. 1 Zw.V.G.:

> Die Zwangsversteigerung darf, soweit sich nicht aus den Vorschriften des Handelsgesetzbuchs .... ein Anderes ergiebt, nur angeordnet werden, wenn der Schuldner das Schiff im Eigenbesitze hat. Die hiernach zur Begründung des Antrags

auf Zwangsversteigerung erforderlichen Thatsachen sind durch Urkunden glaubhaft zu machen, soweit sie nicht bei dem Gericht offenkundig sind . . .

Bei Titeln, die gemäß § 761 Abs. 2 erwirkt sind, fällt also der Nachweis des Eigenbesitzes fort, da sich insoweit aus dem H.G.B. „ein Anderes ergiebt." — Der Eigenthümer, der einen erwirkten Titel nicht als für sich verbindlich anzuerkennen braucht, z. B. wenn das Schiff widerrechtlich von einem Ausrüster verwandt wird und der Schiffsgläubiger bösgläubig ist, § 510 Abs. 2, hat die Interventionsklage nach § 771 C.P.O.

Die Vollstreckung in nicht immobilisirte Schiffe erfolgt nach den Regeln der Zwangsvollstreckung ins bewegliche Vermögen. Nichtimmobilisirt und daher bewegliches Vermögen sind auch die Nichterwerbsschiffe, auch dann, wenn der Eigenthümer nach Art. 7 E.G. (s. bei § 474) wegen Verschuldens der Besatzung mit Schiff und Fracht haftet. Ueber Vollstreckung in Schiffsparten s. § 858 C.P.O.

Dem Schiffsgläubiger haften die Bestandtheile des Schiffsvermögens solidarisch, nach innen aber besteht eine Ausgleichungspflicht über Schiff und Fracht nach Verhältniß ihres Werthes in dem betreffenden Zeitpunkt. S. auch das zu § 820 Z. 7 Bemerkte; R.G. 33 S. 75.

Der Rheder, der einen Bodmereibrief eingelöst hat, kann ihn entweder weiter begeben oder den nachstehenden Schiffsgläubigern gegenüber seine Verwendung abziehen. R.G. 32 S. 11. Ein allgemeines Recht des Rheders zum Abzug von Verwendungen nimmt (u. E. zu Unrecht) an H. 1883 Nr. 77.

Ueber einen Anspruch auf Bereitstellung des Schiffes zur Vollstreckung s. Bem. zu § 755.

§ 762. **Schiffsgläubigerrecht und persönliche Haftung.**

Auf die Rechte eines Schiffsgläubigers hat es keinen Einfluß, daß der Rheder für die Forderung bei deren Entstehung oder später zugleich persönlich verpflichtet wird.

Diese Vorschrift findet insbesondere auf die Forderungen der Schiffsbesatzung aus den Dienst- und Heuerverträgen Anwendung.

Außer bei Heuerverträgen (§ 754 Nr. 3) kommt eine persönliche Haftung in Frage insbesondere in den Fällen § 754 Z. 6, 9 wenn der Schiffer Rheder ist, Z. 7, 9 wenn den Rheder eigene Schuld trifft oder er gewährleistet hat, bei öffentlichen Abgaben und im Falle Z. 10; endlich (s. Bem. zu § 760) für Zinsen und Kosten.

§ 763. **Einfluß des Bestehens einer Rhederei.**

Gehört das Schiff einer Rhederei, so haften das Schiff und die Fracht den Schiffsgläubigern in gleicher Weise, als wenn das Schiff nur einem Rheder gehörte.

§ 764. Verkauf des Schiffes.

Das Pfandrecht der Schiffsgläubiger am Schiffe erlischt außer dem Falle der im Inland erfolgten Zwangsversteigerung des Schiffes auch durch den von dem Schiffer im Falle zwingender Nothwendigkeit auf Grund seiner gesetzlichen Befugnisse bewirkten Verkauf des Schiffes (§ 530); an die Stelle des Schiffes tritt für die Schiffsgläubiger das Kaufgeld, solange es bei dem Käufer aussteht oder noch in den Händen des Schiffers ist.

Diese Vorschriften finden auch auf sonstige Pfandrechte am Schiffe Anwendung.

Im Falle der Zwangsversteigerung erlöschen die Pfandrechte nach §§ 52, 169 Zw.V.G. H.M., S. 427. — Ueber die Wirkung einer Zwangsversteigerung im Auslande entscheidet das ausländische Recht.

Für den Nothverkauf ist Zwangsversteigerung nicht zugelassen.

Persönliche Haftung im Falle des Verkaufs s. § 773.

Abs. 2 bezieht sich aufs vertragsmäßige Schiffspfandrecht, § 1259 B.G.B., und das einem solchen gleichstehende Pfandrecht für das nichtberichtigte Meistgebot, § 169 Zw.V.G., das mit der Eintragung entsteht.

Der Verkauf einer Schiffspart ist ohne Einfluß auf Schiffsgläubigerrechte. H.M., S. 428. Ueber die Wirkung der Zwangsversteigerung einer Schiffspart auf die an ihr bestellten Pfandrechte (§ 1272 B.G.B.) s. § 858 Abs. 6 C.P.O.

§ 765.

Wird außer den im § 764 bezeichneten Fällen das Schiff veräußert, so ist der Erwerber berechtigt, die Ausschließung der unbekannten Schiffsgläubiger mit ihren Pfandrechten im Wege des Aufgebotsverfahrens zu beantragen.

§ 1002 C.P.O.:

Für das Aufgebotsverfahren zum Zwecke der Ausschließung von Schiffsgläubigern auf Grund des § 765 des Handelsgesetzbuchs .... gelten die nachfolgenden besonderen Bestimmungen.

Zuständig ist das Gericht in dessen Bezirke sich der Heimathshafen oder der Heimathsort des Schiffes befindet.

Unterliegt das Schiff der Eintragung in das Schiffsregister, so kann der Antrag erst nach der Eintragung der Veräußerung des Schiffes gestellt werden.

Der Antragsteller hat die ihm bekannten Forderungen von Schiffsgläubigern anzugeben.

Die Aufgebotsfrist muß mindestens drei Monate betragen. In dem Aufgebot ist den Schiffsgläubigern, welche sich nicht melden, als Rechtsnachtheil anzudrohen, daß ihre Pfandrechte erlöschen, sofern nicht ihre Forderungen dem Antragsteller bekannt sind.

§ 766. Rangfolge.

In Ansehung des Schiffes haben die Bewachungs- und Verwahrungskosten seit der Einbringung in den letzten Hafen (§ 754 Nr 1) vor allen anderen Forderungen der Schiffsgläubiger den Vorzug.

Die Rangfolge der Schiffsgläubiger richtet sich nach dem am Orte des Vollstreckungsgerichts geltenden Rechte. S.A 46 S. 380 (R.G.); H. 1894 Nr. 32, 1899 Nr. 65.

Die von der Anordnung der Versteigerung an entstehenden Kosten gehören zu den allem Andern vorgehenden Kosten des Verfahrens §§ 109, 162 Zw.V.G., H.M., S. 426.

§ 767.

Von den im § 754 unter Nr. 2 bis 9 aufgeführten Forderungen gehen die die letzte Reise (§ 757) betreffenden Forderungen, zu welchen auch die nach der Beendigung der letzten Reise entstandenen Forderungen gerechnet werden, den Forderungen vor, welche die früheren Reisen betreffen.

Von den Forderungen, welche nicht die letzte Reise betreffen, gehen die eine spätere Reise betreffenden denjenigen vor, welche eine frühere Reise betreffen.

Den im § 754 unter Nr. 3 aufgeführten Schiffsgläubigern gebührt jedoch wegen der eine frühere Reise betreffenden Forderungen dasselbe Vorzugsrecht, welches ihnen wegen der eine spätere Reise betreffenden Forderungen zusteht, sofern die verschiedenen Reisen unter denselben Dienst- oder Heuervertrag fallen.

Wenn die Bodmereireise mehrere Reisen im Sinne des § 757 umfaßt, so steht der Bodmereigläubiger denjenigen Schiffsgläubigern nach, deren Forderungen die nach der Vollendung der ersten dieser Reisen angetretenen späteren Reisen betreffen.

§ 768.

Die Forderungen, welche dieselbe Reise betreffen, sowie diejenigen, welche als dieselbe Reise betreffend anzusehen sind (§ 767), werden in nachstehender Ordnung berichtigt:

1. die öffentlichen Schiffs-, Schiffahrts- und Hafenabgaben (§ 754 Nr. 2);
2. die aus den Dienst- und Heuerverträgen herrührenden Forderungen der Schiffsbesatzung (§ 754 Nr. 3);
3. die Lootsengelder sowie die Bergungs-, Hülfs-, Loskaufs- und Reklamekosten (§ 754 Nr. 4), die Beiträge des Schiffes zur großen Haverei (§ 754 Nr. 5), die Forderungen aus den von dem Schiffer in Nothfällen abgeschlossenen Bodmerei- und sonstigen Kreditgeschäften sowie die diesen Forderungen gleichzuachtenden Forderungen (§ 754 Nr. 6);
4. die Forderungen wegen Nichtablieferung oder Beschädigung von Ladungsgütern und Reisegut (§ 754 Nr. 7);
5. die im § 754 unter Nr. 8, 9 aufgeführten Forderungen.

§ 769.

Von den im § 768 unter Nr. 1, 2, 4, 5 aufgeführten Forderungen sind die dort unter derselben Nummer aufgeführten gleichberechtigt.

Von den im § 768 unter Nr. 3 aufgeführten Forderungen geht dagegen die später entstandene der früher entstandenen vor; die gleichzeitig entstandenen sind gleichberechtigt.

Hat der Schiffer aus Anlaß desselben Nothfalls verschiedene Geschäfte abgeschlossen (§ 754 Nr. 6), so gelten die daraus herrührenden Forderungen als gleichzeitig entstanden.

Forderungen aus Kreditgeschäften, namentlich aus Bodmereiverträgen, die von dem Schiffer zur Berichtigung früherer unter § 768 Nr. 3 fallender Forderungen eingegangen sind, sowie Forderungen aus Verträgen, die von ihm behufs einer Verlängerung der Zahlungszeit oder behufs der Anerkennung oder Erneuerung solcher früheren Forderungen abgeschlossen sind, haben auch dann, wenn das

Kreditgeschäft oder der Vertrag zur Fortsetzung der Reise nothwendig war, nur dasjenige Vorzugsrecht, welches der früheren Forderung zustand.

§ 770.

Die im § 754 unter Nr. 10 bezeichneten Forderungen stehen allen übrigen Forderungen von Schiffsgläubigern ohne Rücksicht auf die Zeit ihrer Entstehung nach.

§ 771. **Pfandrecht an der Fracht. Persönliche Haftung.**

Das Pfandrecht der Schiffsgläubiger an der Fracht (§ 756) ist nur so lange wirksam, als die Fracht noch aussteht oder die Frachtgelder in den Händen des Schiffers sind.

Auch auf dieses Pfandrecht finden die Vorschriften der §§ 766 bis 770 über die Rangordnung Anwendung.

Im Falle der Abtretung der Fracht kann das Pfandrecht der Schiffsgläubiger, solange die Fracht noch aussteht oder die Frachtgelder in den Händen des Schiffers sind, auch dem neuen Gläubiger gegenüber geltend gemacht werden.

Soweit der Rheder die Fracht einzieht, haftet er den Schiffsgläubigern, welchen das Pfandrecht dadurch ganz oder zu einem Theile entgeht, persönlich und zwar einem jeden in Höhe desjenigen Betrags, welcher sich für ihn bei einer Vertheilung des eingezogenen Betrags nach der gesetzlichen Rangordnung ergiebt.

Dieselbe persönliche Haftung des Rheders tritt ein in Ansehung der am Abladungsorte zur Abladungszeit üblichen Fracht für die Güter, welche für seine Rechnung abgeladen sind.

Zu Abs. 3: Die Klage ist auch nach Abtretung der Fracht gegen den Rheder (Ausrüster) oder Schiffer zu richten.

Zu Abs. 4: Gleichgültig ist, ob der Rheder die Forderung des Schiffsgläubigers gekannt hat.

Die Haftung besteht auch für definitiv vorausbezahlte Fracht. R.G. 33, S. 70.

§§ 771 Abs. 5, 774, 775 Abs. 3 sind die Fälle der sog. **beschränkt-persönlichen** Haftung. In diesen Fällen haften die Mitrheder nicht nach Bruchtheilen gemäß § 507, sondern als Gesammtschuldner. R.G. 33 S. 88. (In dem betreffenden Fall lag aber die zur persönlichen Haftung verpflichtende Handlung in der Person aller Mitrheder vor; daß jener Satz auch für einen unschuldigen Mitrheder gelte, ist nicht anzunehmen). Die persönliche Haftung kann auch in zweiter Instanz wegen neu eingetretener Ereignisse geltend gemacht werden, nachdem in erster die beschränkt-dingliche Haftung geltend gemacht worden war. R.G. 33 S. 83.

§ 772.

Verwendet der Rheder die Fracht zur Befriedigung eines oder mehrerer Gläubiger, denen ein Pfandrecht an der Fracht zusteht, so ist er den Gläubigern, welchen der Vorzug gebührt hätte, nur insoweit verantwortlich, als er sie wissentlich verkürzt hat.

§ 773. **Persönliche Haftung bei Einziehung des Kaufgelds.**

Soweit der Rheder in den Fällen der §§ 764, 765 das Kaufgeld einzieht, haftet er den Schiffsgläubigern, deren Pfandrechte in Folge der Zwangsversteigerung, des Verkaufs oder des Aufgebotsverfahrens erloschen sind, in gleicher Weise persönlich wie den Gläubigern einer Reise im Falle der Einziehung der Fracht (§§ 771, 772).

§ 774. **Persönliche Haftung bei Aussendung des Schiffs zu neuer Reise.**

Sendet der Rheder, nachdem er von der Forderung eines Schiffsgläubigers, für die er nur mit Schiff und Fracht haftet, Kenntniß erhalten hat, das Schiff zu einer neuen Reise (§ 757) in See, ohne daß das Interesse des Schiffsgläubigers es gebietet, so wird er für die Forderung in Höhe desjenigen Betrags zugleich persönlich verpflichtet, welcher sich für den Gläubiger ergeben haben würde, falls der Werth, den das Schiff bei dem Antritte der Reise hatte, unter die Schiffsgläubiger nach der gesetzlichen Rangordnung vertheilt worden wäre.

Es wird vermuthet, daß der Gläubiger bei dieser Vertheilung seine vollständige Befriedigung erlangt haben würde.

Die persönliche Verpflichtung des Rheders, welche aus der Einziehung der dem Gläubiger haftenden Fracht entsteht (§ 771), wird durch diese Vorschriften nicht berührt.

§ 774 gilt auch für Zinsen und Kosten. R.G. 33 S. 86.

§ 775. **Surrogate der haftenden Gegenstände.**

Die Vergütung für Aufopferung oder Beschädigung in Fällen der großen Haverei tritt für die Schiffsgläubiger an die Stelle desjenigen, wofür die Vergütung bestimmt ist.

Dasselbe gilt von der Entschädigung, die im Falle des Verlustes oder der Beschädigung des Schiffes oder wegen entzogener Fracht im Falle des Verlustes oder der Beschädigung von Gütern dem Rheder von demjenigen zu zahlen ist, welcher den Schaden durch eine rechtswidrige Handlung verursacht hat.

Ist die Vergütung oder Entschädigung von dem Rheder eingezogen, so haftet er in Höhe des eingezogenen Betrags den Schiffsgläubigern in gleicher Weise persönlich wie den Gläubigern einer Reise im Falle der Einziehung der Fracht (§§ 771, 772).

Die Versicherungssumme tritt nicht an Stelle der versicherten Sache, dagegen kann der Schiffsgläubiger sein Interesse versichern, §§ 778, 779.

§ 776. **Zusammentreffen von Schiffsgläubigern und anderen Gläubigern.**

Treffen Schiffsgläubiger, die ihr Pfandrecht verfolgen, mit anderen Pfandgläubigern oder sonstigen Gläubigern zusammen, so haben die Schiffsgläubiger den Vorzug.

§ 777. **Ladungspfandrechte.**

Von den auf den Gütern wegen der Fracht, der Bodmereigelder, der Beiträge zur großen Haverei und der Bergungs- und Hülfskosten (§§ 623, 679, 725, 751) haftenden Pfandrechten steht das wegen der Fracht allen übrigen nach; unter diesen übrigen hat das später entstandene vor dem früher entstandenen den Vorzug; die gleichzeitig entstandenen sind gleichberechtigt. Die Forderungen aus den von dem Schiffer aus Anlaß desselben Nothfalls abgeschlossenen Geschäften gelten als gleichzeitig entstanden.

In den Fällen der großen Haverei und des Verlustes oder der Beschädigung durch rechtswidrige Handlungen kommen die Vorschriften des § 775 und im Falle des von dem Schiffer zur Abwendung oder Verringerung eines Verlustes nach Maßgabe des § 535 Abs. 3 bewirkten Verkaufs die Vorschriften des § 764 und, wenn derjenige, für dessen Rechnung der Verkauf geschehen ist, das Kaufgeld einzieht, auch die Vorschrift des § 773 zur Anwendung.

Das Pfandrecht für die Fracht und die Beiträge zur großen Haverei wird durch Pfandverkauf seitens des Schiffers (§§ 623, 731 Abs. 3), das für Bodmereigelder und Bergungs- und Hülfskosten durch Klage und Zwangsvollstreckung geltend gemacht. (§§ 696 Abs. 1, 751 Abs. 2.)

Bei einem Verkauf von Gütern zur Fortsetzung der Reise erlischt das Ladungspfandrecht dem gutgläubigen Erwerber gegenüber nach § 936 B.G.B., §§ 696 Abs. 3, 725 S. 3, 751 Abs. 2 H.G.B.

Zehnter Abschnitt.

Versicherung gegen die Gefahren der Seeschiffahrt.

Die Uebernahme von Versicherungen gegen Prämie ist Handelsgewerbe, § 1 Abs. 2 Z. 3 H.G.B. Auf Gegenseitigkeitsversicherung bezieht der zehnte Abschnitt sich nicht.

Ueber die Anwendbarkeit des Gesetzes über die privaten Versicherungsunternehmungen, vom 12. Mai 1901, R.G.Bl. S. 139, s. § 116 das.:

> „Unternehmungen, welche die Versicherung gegen Kursverluste oder die Transportversicherung oder ausschließlich die Rückversicherung zum Gegenstande haben, mit Ausnahme von Versicherungsvereinen auf Gegenseitigkeit, bedürfen keiner Zulassung. Sie unterliegen auch keiner behördlichen Beaufsichtigung ihres Geschäftsbetriebs; der Bundesrath kann jedoch anordnen, daß bestimmte Vorschriften dieses Gesetzes auch auf solche Unternehmungen Anwendung finden."

Im deutschen Seeversicherungsgeschäft sind im allgemeinen Gebrauch die Hamburger „Allgemeinen Seeversicherungs-Bedingungen" von 1867 mit einer Reihe späterer Zusätze, abgesehen von Bremen, wo die Versicherungen auf Grund der „Versicherungsbedingungen der Bremischen See-Versicherungs-Gesellschaften" (revidirt 1875) erfolgen. Im Folgenden wird nur auf einzelne grundsätzlich wichtige Abweichungen der Allg. Seev.Bed. von den betr. Paragraphen des H.G.B. hingewiesen werden.

Bei der Auslegung der Bedingungen ist zu unterscheiden zwischen den Bestimmungen, die lediglich solche des H.G.B. wiedergeben, und denen, die Abweichungen oder Ergänzungen enthalten: für erstere ist die Auslegung des Gesetzes maßgebend, letztere sind nach den Regeln über die Auslegung von Verträgen auszulegen, im Zweifel gegen den Versicherer. R.O. 3 S. 88; R.G. 9 S. 124.

Erster Titel.

Allgemeine Vorschriften.

§ 778. Gegenstand der Versicherung.

Jedes in Geld schätzbare Interesse, welches Jemand daran hat, daß Schiff oder Ladung die Gefahren der Seeschiffahrt besteht, kann Gegenstand der Seeversicherung sein.

Nicht die körperliche Sache (wie nach vielfach vertretener Ansicht bei der Binnenversicherung), sondern das Interesse ist Gegenstand der Versicherung. Das Interesse muß in der Person des Versicherten begründet sein. R.G. 35 S. 54.

Ist das angegebene Interesse von dem wirklich gefährdeten verschieden, so ist die Versicherung unwirksam, auch wenn der körperliche Gegenstand richtig bezeichnet ist und auch, wenn der Versicherer auch das wirklich vorhandene Interesse versichert haben würde. R.O. 20 S. 130.

Versicherung des objektiven Interesses, d. h. Versicherung zu Gunsten der beliebigen Person, der das Interesse zusteht, ist unzulässig. R.O. 14 S. 128. Es braucht aber nicht schon beim Vertragsschluß der Versicherte individuell bestimmt zu sein; insbesondere kann, wenn unentschieden ist, wem von zwei Personen ein Interesse (z. B. das Eigenthum) zusteht, Jeder sein eventuelles Interesse versichern; die Wirksamkeit der Versicherung ist dann suspendirt; eine Anzeige davon, daß das versicherte Interesse nur eventuell ist, braucht nicht gemacht zu werden. R.G. 13 S. 101 (a. M. R.O. 14 S. 128).

Versicherung einer Sache schlechthin ist Versicherung des Eigenthumsinteresses, d. h. des im vollen Werthe bestehenden Interesses, wie es an sich der Eigenthümer hat: ob der Interessent Eigenthümer im Rechtssinne ist, ist gleichgültig. R.G. 13 S. 100, 23 S. 82. Ein anderweites Interesse (z. B. das Interesse am Bestehen der Seegefahr als der Voraussetzung für Entstehung einer Forderung) ist vom Eigenthumsinteresse verschieden, auch wenn es ihm gleichwerthig und der Versicherte Eigenthümer im Rechtssinne ist. R.O. 14 S. 132; R.G. 13 S. 100.

Wer lediglich formell Eigenthümer ohne eigenes materielles Recht ist, hat kein Eigenthumsinteresse, so nicht Jemand, der zum Schein Eigenthümer eines Schiffes ist, um ihm Flaggenrecht zu verschaffen. R.G. 7 S. 11. Ebensowenig der Eigenthümer eines zur Zeit der Versicherung bereits zum vollen Werthe verbodmeten oder mit anderen Schiffsschulden belasteten Schiffes. R.G. 7 S. 13; H. 1891 Nr. 97 (R.G.). Anders, wenn das Schiff zur Deckung einer Aufwendung verbodmet wird, die zu Lasten des Versicherers ist, vgl. § 840. H. 1891 Nr. 97 (R.G.).

Wenn der Eigenthümer eine Waare verkauft hat und der Käufer die Gefahr trägt, der Verkäufer aber noch das Eigenthum und die thatsächliche Verfügung über die Waare hat, so hat der Verkäufer ein versicherbares Eigenthumsinteresse. R.G. 23 S. 83; H. 1893 Nr. 84 (= S.A. 50 S. 71). Dagegen erkennt nur ein eventuelles Eigenthumsinteresse — für den Fall der Unempfangbarkeit der Waare, der Rückgängigmachung des Kaufs, der Ausübung des Verfolgungsrechts — an R.G. 13 S. 101; während R.O. 14 S. 132 dem Verkäufer jedes Eigenthumsinteresse abspricht.

Der Käufer kann neben dem Verkäufer ein versicherbares Eigenthumsinteresse haben. R.G. 23 S. 87.

Die Pflicht des Verkäufers, die Waare für Rechnung des Käufers zu versichern, begründet kein Eigenthumsinteresse beim Verkäufer. R.O. 14 S. 133.

§ 779.

Es können insbesondere versichert werden:

das Schiff;
die Fracht;
die Ueberfahrtsgelder;
die Güter;
die Bodmereigelder;
die Havereigelder;
andere Forderungen, zu deren Deckung Schiff, Fracht, Ueberfahrtsgelder oder Güter dienen;
der von der Ankunft der Güter am Bestimmungsort erwartete Gewinn (imaginäre Gewinn);
die zu verdienende Provision;
die von dem Versicherer übernommene Gefahr (Rückversicherung).

In der einen dieser Versicherungen ist die andere nicht enthalten.

Die Versicherung von Ueberfahrtsgeldern kommt in zwei Weisen vor: einmal als Versicherung der Forderung des Rheders, sodann als Versicherung im Interesse des Reisenden zur Deckung der Aufwendungen, die nach einem Seeunfall für seine Weiterbeförderung nöthig sind. Die erste Versicherung steht nach § 677 der Frachtversicherung gleich, die letzte nicht. Bei der letzten gilt daher auch nicht § 821 Z. 1 — Ausschluß des Schadens der durch Seeuntüchtigkeit entsteht. R.O. 7 S. 401, 17 S. 342. Vgl. für dieselbe auch § 32 Auswanderergес., ob. S. 109.

Ueber die Versicherung definitiv vorausbezahlter Fracht s. Bemerkungen zu § 797.

Bei der Versicherung der Bodmereigelder kann auch der Versicherer den Einwand der Ungültigkeit der Bodmerei erheben (§ 684).

Havereigelder sind alle in Folge eines Unfalls aufgewandten Gelder, auch wenn sie der Rheder selbst hergiebt (§ 826). Im letzten Falle ist zu prüfen, ob nach den Thatumständen ein versicherbares Interesse des Rheders besteht. H. 1891 Nr. 97 (R.G.).

Forderungsversicherung ist bei solchen Forderungen möglich, zu deren Deckung nach den Anschauungen des Verkehrs der der Seegefahr ausgesetzte Gegenstand ausschließlich oder zunächst bestimmt ist. R.O. 15 S. 115; B. 12 S. 269. Dies gilt auch, wenn die Fracht das Deckungsmittel ist. H. 1889 Nr. 99 (R.G.).

Ein Vorschuß des Korrespondentrheders ist, auch wenn die Voraussetzungen des § 500 Abs. 2 nicht vorliegen, versicherbar. R.O. 15 S. 116. Im Zweifel ist aber bei einer Versicherung von Vorschüssen durch ihn die Forderung als nach der passiven Seite für die Rhederei versichert anzusehen. R.O. 15 S. 119. Eine solche Versicherung von Vorschußgeldern nach der passiven Seite ist zulässig, wenn die Vorschüsse in Beziehung auf die versicherte Reise und zur Deckung regelmäßiger Aufwendungen gewährt sind. Sind diese selbst versichert (§ 796), so liegt Doppelversicherung vor. R.O. 15 S. 117; R.G. 25 S. 84.

Ueber Versicherung des imaginären Gewinns s. Bemerkungen zu § 801.

Rückversicherung: Wenn der Erstversicherer in Konkurs ist, hat der Rückversicherer doch die volle Versicherungssumme zur Masse zu zahlen und nicht nur das, was der Erstversicherer bezw. die Masse selbst bezahlt hat. R.G. 5 S. 116. — Excedentenverträge (Verträge zwischen zwei Versicherungsgesellschaften, kraft deren die eine alle ein gewisses Maximum übersteigenden Risiken der andern übernimmt) sind keine Rückversicherungsverträge, sondern Gesellschaftsverträge. R.G. in H. 1888 Nr. 112 (= S.A. 43 S. 329). Die Betheiligung des Zweitversicherers wird nicht erst mit der Aufgabe der ersten Versicherung, sondern mit deren Abschluß perfekt. R.G. 4 S. 16.

§ 780.

Die Heuerforderung des Schiffers und der Schiffsmannschaft kann nicht versichert werden.

Ein für besondere Dienste zugesicherter Gewinnantheil gilt nicht als Heuer. H. 1891 Nr. 56 (R.G.). Nach der passiven Seite ist Heuer versicherbar, § 796.

§ 781. Versicherung für eigene und für fremde Rechnung.

Der Versicherungsnehmer kann entweder sein eigenes Interesse (Versicherung für eigene Rechnung) oder das Interesse eines Dritten (Versicherung für fremde Rechnung) und im letzteren Falle mit oder ohne Bezeichnung der Person des Versicherten unter Versicherung bringen.

Es kann im Vertrag auch unbestimmt gelassen werden, ob die Versicherung für eigene oder für fremde Rechnung genommen wird (für Rechnung „wen es angeht“). Ergiebt sich bei einer Versicherung für Rechnung „wen es angeht“, daß sie für fremde Rechnung genommen ist, so kommen die Vorschriften über die Versicherung für fremde Rechnung zur Anwendung.

Die Versicherung gilt als für eigene Rechnung des Versicherungsnehmers geschlossen, wenn der Vertrag nicht ergiebt, daß sie für fremde Rechnung oder für Rechnung „wen es angeht“ genommen ist.

Mit Bezug auf die Gültigkeit einer Versicherung für fremde Rechnung ist auf das zu verweisen, was zu § 778 über die Unzulässigkeit der Versicherung des objektiven Interesses und die Nothwendigkeit des Vorhandenseins eines bestimmten, wenn auch nicht individuell feststehenden Versicherten gesagt ist.

Bei Versicherung für fremde Rechnung schadet ein Irrthum des Versicherungsnehmers darüber, wessen Interesse er zu versichern beauftragt ist, nicht. H. 1891 Nr. 86 (R.G.).

Auch ohne den Gebrauch des technischen Ausdrucks ist eine Versicherung als „für fremde Rechnung“ geschlossen anzusehen, wenn dies der Vertragsinhalt ergiebt. H. 1891 Nr. 97 (R.G.).

Wenn Versicherung für Rechnung „wen es angeht“ auf einen kombinirten See- und Landtransport genommen ist, so kommen auch für den letzteren die (fürs Binnenversicherungsrecht sonst nicht geltenden) Grundsätze des Seeversicherungsrechts über diese Versicherungsart zur Anwendung. H. 1892 Nr. 19 (R.G.).

Ueber die Rechtsstellung des Versicherungsnehmers s. §§ 886 bis 890.

§ 782.

Die Versicherung für fremde Rechnung ist für den Versicherer nur verbindlich, wenn entweder der Versicherungsnehmer zur Eingehung der Versicherung von dem Versicherten beauftragt war oder wenn der Mangel eines solchen Auftrags von dem Versicherungsnehmer bei dem Abschlusse des Vertrags dem Versicherer angezeigt wird.

Ist die Anzeige unterlassen, so kann der Mangel des Auftrags dadurch nicht ersetzt werden, daß der Versicherte der Versicherung nachträglich zustimmt.

Ist die Anzeige erfolgt, so ist die Verbindlichkeit der Versicherung für den Versicherer von der nachträglichen Zustimmung des Versicherten nicht abhängig.

Der Versicherer, für welchen nach diesen Vorschriften der Versicherungsvertrag unverbindlich ist, kann, auch wenn er die Unverbindlichkeit des Vertrags geltend macht, die volle Prämie beanspruchen.

Trotz Abs. 3 bedarf es der Zustimmung des Versicherten zur Erhebung oder Einklagung der Versicherungsgelder durch den Versicherungsnehmer. S. § 886 Abs. 2.

§ 783.

Wird die Versicherung von einem Bevollmächtigten, einem Geschäftsführer ohne Auftrag oder einem sonstigen Vertreter des Versicherten in dessen Namen geschlossen, so ist im Sinne dieses Gesetzbuchs weder der Vertreter Versicherungsnehmer noch die Versicherung selbst eine Versicherung für fremde Rechnung.

Im Zweifel wird angenommen, daß selbst die auf das Interesse eines benannten Dritten sich beziehende Versicherung eine Versicherung für fremde Rechnung sei.

§ 784. **Polize.**

Der Versicherer ist verpflichtet, eine von ihm unterzeichnete Urkunde (Polize) über den Versicherungsvertrag dem Versicherungsnehmer auf dessen Verlangen auszuhändigen.

Transportversicherungspolizen und daher auch Seeversicherungspolizen können nach § 363 Abs. 2 H.G.B. an Order gestellt werden mit den in §§ 364, 365 H.G.B. bezw. Art. 11—13, 36, 74 W.O. bestimmten Wirkungen.

Ueber die Bedeutung des Indossaments bei Seeversicherungspolizen s. auch § 899 Abs. 4.

§ 785. **Wegfall der Ungewißheit vor Abschluß des Vertrages.**

Auf die Gültigkeit des Versicherungsvertrags hat es keinen Einfluß, daß zur Zeit des Abschlusses die Möglichkeit des Eintritts eines zu ersetzenden Schadens schon ausgeschlossen oder der zu ersetzende Schaden bereits eingetreten ist.

Waren jedoch beide Theile von dem Sachverhältniß unterrichtet, so ist der Vertrag als Versicherungsvertrag ungültig.

Wußte nur der Versicherer, daß die Möglichkeit des Eintritts eines zu ersetzenden Schadens schon ausgeschlossen war, oder wußte nur der Versicherungsnehmer, daß der zu ersetzende Schaden schon eingetreten war, so ist der Vertrag für den anderen, von dem Sachverhältnisse nicht unterrichteten Theil unverbindlich. Im zweiten Falle kann der Versicherer, auch wenn er die Unverbindlichkeit des Vertrags geltend macht, die volle Prämie beanspruchen.

Im Falle, daß der Vertrag für den Versicherungsnehmer durch einen Vertreter abgeschlossen wird, kommt die Vorschrift des § 806 Abs. 2, im Falle der Versicherung für fremde Rechnung die Vorschrift des § 807 und im Falle der Versicherung mehrerer Gegenstände oder einer Gesammtheit von Gegenständen die Vorschrift des § 810 zur Anwendung.

§ 786. **Versicherungswerth. Versicherungssumme. Ueberversicherung.**

Der volle Werth des versicherten Gegenstandes ist der Versicherungswerth.

Die Versicherungssumme kann den Versicherungswerth nicht übersteigen.

Soweit die Versicherungssumme den Versicherungswerth übersteigt (Ueberversicherung), hat die Versicherung keine rechtliche Geltung.

§ 787.

Uebersteigt im Falle einer gleichzeitigen Abschließung verschiedener Versicherungsverträge der Gesammtbetrag der

Versicherungssummen den Versicherungswerth, so haften alle Versicherer zusammen nur in Höhe des Versicherungswerths, und zwar jeder einzelne für so viele Prozente des Versicherungswerths, als seine Versicherungssumme Prozente des Gesammtbetrags der Versicherungssummen bildet. Hierbei wird vermuthet, daß die Verträge gleichzeitig abgeschlossen seien.

Mehrere Versicherungsverträge, über die eine gemeinschaftliche Police ertheilt ist, sowie mehrere Versicherungsverträge, die an demselben Tage abgeschlossen sind, gelten als gleichzeitig abgeschlossen.

„Gelten" in Abs. 2 bezeichnet eine unwiderlegbare Fiktion.

§ 788. Doppelversicherung.

Wird ein Gegenstand, der bereits zum vollen Werthe versichert ist, nochmals versichert, so hat die spätere Versicherung insoweit keine rechtliche Geltung, als der Gegenstand auf dieselbe Zeit und gegen dieselbe Gefahr bereits versichert ist (Doppelversicherung).

Ist durch die frühere Versicherung nicht der volle Werth versichert, so gilt die spätere Versicherung, soweit sie auf dieselbe Zeit und gegen dieselbe Gefahr genommen ist, nur für den noch nicht versicherten Theil des Werthes.

Wenn die Versicherungen sich gegenseitig bedingen — z. B in der ersten Police ist bestimmt, daß die Versicherung beim Abschluß einer zweiten Versicherung erlischt —, so sind §§ 788, 789 nicht anwendbar. R.G. 13 S. 112.

Liegen zwei laufende Polizen vor, so entscheidet über die Priorität nicht der Augenblick der Ausstellung der Police, sondern der Zeitpunkt, wo der betr. Gegenstand unter die Versicherungen fällt (der z. B. für See- und Feuerversicherung verschieden sein kann). R.G. 44 S. 34

§ 789.

Die spätere Versicherung hat jedoch ungeachtet der Eingehung der früheren Versicherung rechtliche Geltung:

1. wenn bei dem Abschlusse des späteren Vertrags mit dem Versicherer vereinbart wird, daß ihm die Rechte aus der früheren Versicherung abzutreten sind;

2. wenn die spätere Versicherung unter der Bedingung geschlossen wird, daß der Versicherer nur insoweit haftet, als der Versicherte sich wegen Zahlungsunfähigkeit des früheren Versicherers an diesem nicht zu erholen vermag oder als die frühere Versicherung nicht zu Recht besteht;
3. wenn der frühere Versicherer mittelst Verzichtsanzeige seiner Verpflichtung insoweit entlassen wird, als zur Vermeidung einer Doppelversicherung nöthig ist, und der spätere Versicherer bei der Eingehung der späteren Versicherung hiervon benachrichtigt wird. Dem früheren Versicherer gebührt in diesem Falle, obgleich er von seiner Verpflichtung befreit wird, die volle Prämie.

Ein Verzicht hat nur dann Wirkung, wenn er vor Eingehung der zweiten Versicherung abgegeben ist, s. auch § 791.

§ 790.

Im Falle der Doppelversicherung hat nicht die zuerst genommene, sondern die später genommene Versicherung rechtliche Geltung, wenn die frühere Versicherung für fremde Rechnung ohne Auftrag genommen ist, die spätere dagegen von dem Versicherten selbst genommen wird, sofern in einem solchen Falle der Versicherte entweder bei der Eingehung der späteren Versicherung von der früheren noch nicht unterrichtet war oder bei der Eingehung der späteren Versicherung dem Versicherer anzeigt, daß er die frühere Versicherung zurückweise.

Die Rechte des früheren Versicherers in Ansehung der Prämie bestimmen sich in diesen Fällen nach den Vorschriften der §§ 895, 896.

§ 791.

Sind mehrere Versicherungen gleichzeitig oder nach einander geschlossen worden, so hat ein späterer Verzicht auf die gegen den einen Versicherer begründeten Rechte keinen Einfluß auf die Rechte und Verpflichtungen der übrigen Versicherer.

§ 792. **Unterversicherung.**

Erreicht die Versicherungssumme den Versicherungswerth nicht, so haftet der Versicherer im Falle eines theilweisen Schadens für den Betrag des letzteren nur nach dem Verhältnisse der Versicherungssumme zum Versicherungswerthe.

§ 793. **Taxe.**

Wird durch Vereinbarung der Parteien der Versicherungswerth auf eine bestimmte Summe (Taxe) festgestellt (taxirte Polize), so ist die Taxe unter den Parteien für den Versicherungswerth maßgebend.

Der Versicherer kann jedoch eine Herabsetzung der Taxe fordern, wenn sie wesentlich übersetzt ist; ist imaginärer Gewinn taxirt, so kann der Versicherer eine Herabsetzung der Taxe fordern, wenn sie den Gewinn übersteigt, der zur Zeit des Abschlusses des Vertrags nach kaufmännischer Berechnung möglicherweise zu erwarten war.

Eine Polize mit der Bestimmung: „vorläufig taxirt" wird, solange die Taxe nicht in eine feste verwandelt ist, einer nicht taxirten Polize (offenen Polize) gleichgeachtet.

Bei der Versicherung von Fracht ist die Taxe in Bezug auf einen von dem Versicherer zu ersetzenden Schaden nur maßgebend, wenn es besonders bedungen ist.

Die Versicherungssumme gilt nicht an sich als Taxe des Versicherungswerths, vgl. R.O. 5 S. 122.

Die Taxe ist schlechthin, nicht nur bis zur Erbringung eines Gegenbeweises maßgebend, R.G. 11 S. 16, mit alleiniger Ausnahme der Bestimmung in Abs. 2. Die Beweislast für die Uebersetzung (Abs. 2) hat der Versicherer. Ueber taxirte Polizen vgl. auch R.G. 19 S. 207.

Im Falle der Herabsetzung der Taxe bleibt das Verhältniß der Versicherungssumme zur Taxe für die Bemessung der Betheiligung des Versicherers an einem Schaden maßgebend.

Der Versicherer hat kein Recht, die Erhöhung einer zu niedrigen Taxe zu verlangen (obwohl er dadurch z. B. bei Partialschäden, die hinter der Taxe zurückbleiben, benachtheiligt wird), sondern kann dann nur im Falle eines Betruges den Vertrag anfechten. R.G. 11 S. 12.

§ 794.

Wenn in einem Vertrage mehrere Gegenstände oder eine Gesammtheit von Gegenständen unter einer Versiche-

rungssumme begriffen, aber für einzelne dieser Gegenstände besondere Taxen vereinbart sind, so gelten die Gegenstände, welche besonders taxirt sind, auch als abgesondert versichert.

§ 795. **Versicherung des Schiffes.**

Als Versicherungswerth des Schiffes gilt, wenn die Parteien nicht eine andere Grundlage für die Schätzung vereinbaren, der Werth, welchen das Schiff in dem Zeitpunkte hat, in welchem die Gefahr für den Versicherer zu laufen beginnt.

Diese Vorschrift kommt auch zur Anwendung, wenn der Versicherungswerth des Schiffes taxirt ist.

Abs. 2 bedeutet, daß wenn es bei einer taxirten Polize auf die Feststellung des wahren Werths ankommt, z. B. im Falle des § 793 Abs. 2, für letzteren § 795 Abs. 1 maßgebend ist. R.G. 11 S. 13.

§ 796. **Versicherung der Ausrüstungskosten rc.**

Die Ausrüstungskosten, die Heuer und die Versicherungskosten können zugleich mit dem Schiffe oder besonders versichert werden, soweit sie nicht bereits durch die Versicherung der Bruttofracht versichert sind. Sie gelten nur dann als mit dem Schiffe versichert, wenn es vereinbart ist.

Die Heuer ist hier nach ihrer passiven Seite verstanden, vgl. § 780.

Die Versicherbarkeit der Ausrüstungskosten u. s. w. besteht auch bei Ballastreisen.

§ 797. **Versicherung der Fracht.**

Die Fracht kann bis zu ihrem Bruttobetrage versichert werden, soweit sie nicht bereits durch die Versicherung der Ausrüstungskosten, der Heuer und der Versicherungskosten versichert ist.

Als Versicherungswerth der Fracht gilt der Betrag der in den Frachtverträgen bedungenen Fracht und, wenn eine bestimmte Fracht nicht bedungen ist oder soweit Güter für Rechnung des Rheders verschifft sind, der Betrag der üblichen Fracht (§ 619).

Für definitiv vorausbezahlten Frachtvorschuß (s. § 617) hat der Befrachter — und nur er — ein versicherbares Interesse. R.G. in H. 1891 Nr. 71 (= S.A. 47 S. 323); R.G. 38 S. 50, 40 S. 51. Namentlich ist dies der Fall mit Bezug auf die Gefahr der Beitragspflicht zur großen Haverei und des indirekten Kollisionsschadens (s. hierüber Bem. zu § 820). R.G. 40 S. 51.

Auch die Frachtvorschußversicherung ist nach der ständigen (aber u. E. nicht unanfechtbaren) Rechtsprechung Frachtversicherung und unterliegt deren Regeln. R.G. 38 S. 53, 40 S. 51. Insbesondere gelten für die Folgen einer Veränderung der Reise auch hier § 813 und für das Einstehen für Seetüchtigkeit § 821 Nr. 1, vgl. H. 1866 Nr. 1.

Ist der Vorschuß nicht definitiv vorausbezahlt, so kann der Befrachter die Forderung auf Rückzahlung versichern.

Im Falle der Unterbefrachtung ist die ganze vom Schiffe zu verdienende Fracht nur einmal versicherbar. R.G. 38 S. 53.

Eine erst auf künftigen Reisen zu verdienende Fracht kann als Interesse an fernerer Verwendung des Schiffes, nicht aber in Form der Frachtversicherung versichert werden. R.G. in H. 1893 Nr. 20 (= S.A. 48 S. 328).

§ 798.

Ist bei der Versicherung der Fracht nicht bestimmt, ob sie ganz oder ob nur ein Theil versichert werden soll, so gilt die ganze Fracht als versichert.

Ist nicht bestimmt, ob die Brutto- oder die Nettofracht versichert werden soll, so gilt die Bruttofracht als versichert.

Sind die Fracht der Hinreise und die Fracht der Rückreise unter einer Versicherungssumme versichert, ohne daß bestimmt ist, welcher Theil der Versicherungssumme auf die Fracht der Hinreise und welcher Theil auf die Fracht der Rückreise fallen soll, so wird die Hälfte auf die Fracht der Hinreise, die Hälfte auf die Fracht der Rückreise gerechnet.

Nach § 21 Allg. Seev.Bed. wird als Nettofracht wie in § 721 H.G.B. zwei Drittel der Bruttofracht gerechnet und als Fracht der Hinreise ein Drittel der Gesammtfracht.

Ist Nettofracht versichert, so sind gerettete Beträge zunächst auf das unversicherte Drittel — bezw. die Ausrüstungskosten 2c. — zu verrechnen. H. 1889 Nr. 99 (R.G.).

§ 799. **Versicherung der Güter.**

Als Versicherungswerth der Güter gilt, wenn die Parteien nicht eine andere Grundlage für die Schätzung vereinbaren, derjenige Werth, welchen die Güter am Orte und zur Zeit der Abladung haben, unter Hinzurechnung aller Kosten bis an Bord einschließlich der Versicherungskosten.

Die Fracht sowie die Kosten während der Reise und am Bestimmungsorte werden nur hinzugerechnet, sofern es vereinbart ist.

Diese Vorschriften kommen auch zur Anwendung, wenn der Versicherungswerth der Güter taxirt ist.

Für Abs. 3 s. Bem. zu § 795 Abs. 2.

§ 800.

Anrechnung von Ersparnissen.

Sind die Ausrüstungskosten oder die Heuer, sei es selbständig, sei es durch Versicherung der Bruttofracht, versichert oder sind bei der Versicherung von Gütern die Fracht oder die Kosten während der Reise und am Bestimmungsorte versichert, so leistet der Versicherer für denjenigen Theil der Kosten, der Heuer oder der Fracht keinen Ersatz, welcher in Folge eines Unfalls erspart wird.

§ 801.

Versicherung des imaginären Gewinns und der Provision.

Bei der Versicherung von Gütern ist der imaginäre Gewinn oder die Provision, auch wenn der Versicherungswerth der Güter taxirt ist, als mitversichert nur anzusehen, sofern es im Vertrage bestimmt ist.

Ist im Falle der Mitversicherung des imaginären Gewinns der Versicherungswerth taxirt, aber nicht bestimmt, welcher Theil der Taxe sich auf den imaginären Gewinn beziehen soll, so wird angenommen, daß zehn Prozent der Taxe auf den imaginären Gewinn fallen. Wenn im Falle der Mitversicherung des imaginären Gewinns der Versicherungswerth nicht taxirt ist, so werden als imaginärer Gewinn zehn Prozent des Versicherungswerthes der Güter (§ 799) als versichert betrachtet.

Die Vorschriften des Abs. 2 kommen auch im Falle der Mitversicherung der Provision mit der Maßgabe zur

Anwendung, daß an die Stelle der zehn Prozent zwei Prozent treten.

Bei der Versicherung des imaginären Gewinns hat der Versicherte einen von der Realisirbarkeit des Gewinns und der Höhe des Marktpreises unabhängigen Anspruch; er kann die Versicherungssumme auch bei ungünstiger Konjunktur verlangen. R.G. 15 S. 91; H. 1885 Nr. 12. Eine Schranke besteht nur in der Bestimmung des § 793 Abs. 2. Der Versicherer hat nicht dafür einzustehen, daß der Gewinn auf alle Fälle verwirklicht wird, sondern nur insoweit, als das Bestehen der Seegefahr die Vorbedingung der erwarteten höheren Verwerthung bildet. R.G. 4 S. 38.

Versicherung des imaginären Gewinns ist auch möglich für Güter, die zum eigenen Gebrauch des Versicherten bestimmt sind, wenn bei ihnen durch den Transport eine objektive Werthserhöhung erfolgen kann. R.G. in H. 1898 Nr. 15 (= S.A. 53 S. 191).

Die Berechnungen Abs. 2 Satz 1 und 2 stimmen nicht miteinander überein, § 24 Allg. Seev.Bed. berichtigt sie dahin, daß immer 10 % des Güterwerths als Werth imaginären Gewinns angesehen werden. Anfechtung der Taxe bei einheitlicher Versicherung von Gütern und imaginären Gewinn: R.G. 19 S. 214.

§ 802.

Ist der imaginäre Gewinn oder die Provision selbständig versichert, der Versicherungswerth jedoch nicht taxirt, so wird im Zweifel angenommen, daß die Versicherungssumme zugleich als Taxe des Versicherungswerths gelten soll.

§ 803. Versicherung von Bodmereigeldern.

Die Bodmereigelder können einschließlich der Bodmereiprämie für den Bodmereigläubiger versichert werden.

Ist bei der Versicherung von Bodmereigeldern nicht angegeben, welche Gegenstände verbodmet sind, so wird angenommen, daß Bodmereigelder auf Schiff, Fracht und Ladung versichert sind. Hierauf kann sich, wenn in Wirklichkeit nicht alle diese Gegenstände verbodmet sind, nur der Versicherer berufen.

§ 804. Eintritt des Versicherers in die Rechte des Versicherten.

Hat der Versicherer seine Verpflichtungen erfüllt, so tritt er, soweit er einen Schaden vergütet hat, dessen Erstattung der Versicherte von einem Dritten zu fordern befugt ist, in die Rechte des Versicherten gegen den Dritten ein, jedoch unbeschadet der Vorschriften des § 775 Abs. 2 und des § 777 Abs. 2.

Der Versicherte ist verpflichtet, dem Versicherer, wenn er es verlangt, auf dessen Kosten eine öffentlich beglaubigte Anerkennungsurkunde über den Eintritt in die Rechte gegen den Dritten zu ertheilen.

Der Versicherte ist verantwortlich für jede Handlung, durch die er jene Rechte beeinträchtigt.

Nach dem Schluß des **Abs. 1** gehen Schiffs- und Ladungsgläubiger dem Versicherer vor.

Zu **Abs. 2**: Vgl. über die Bedeutung der Anerkennungsurkunde §§ 403, 410, 412 B.G.B.

Abs. 3 ist auch auf Handlungen anzuwenden, durch die der Versicherte (oder eine der Personen, für die er nach § 821 Z. 4 haftet) von vornherein die Entstehung solcher Rechte ausschließt. R.G. 9 S. 119. § 27 Allg. Seev.Bed. macht indeß eine Ausnahme insofern er Verzichtsklauseln in Dampferkonnossementen zuläßt.
S. auch das zu § 822 Bemerkte.

§ 805.

Ist eine Forderung versichert, zu deren Deckung eine den Gefahren der See ausgesetzte Sache dient, so ist der Versicherte im Falle eines Schadens verpflichtet, dem Versicherer, nachdem dieser seine Verpflichtungen erfüllt hat, seine Rechte gegen den Schuldner insoweit abzutreten, als der Versicherer Ersatz geleistet hat.

Der Versicherte ist nicht verpflichtet, die ihm gegen den Schuldner zustehenden Rechte geltend zu machen, bevor er den Versicherer in Anspruch nimmt.

Zweiter Titel.

Anzeigen bei dem Abschlusse des Vertrags.

§ 806. Anzeigepflicht des Versicherungsnehmers.

Der Versicherungsnehmer ist sowohl im Falle der Versicherung für eigene Rechnung als im Falle der Ver sicherung für fremde Rechnung verpflichtet, bei dem Abschlusse des Vertrags dem Versicherer alle ihm bekannten Umstände anzuzeigen, die wegen ihrer Erheblichkeit für die Beurtheilung der von dem Versicherer zu tragenden Gefahr geeignet sind, auf den Entschluß des letzteren, sich auf den Vertrag überhaupt oder unter denselben Bestimmungen einzulassen, Einfluß zu üben.

Wenn der Vertrag für den Versicherungsnehmer durch einen Vertreter abgeschlossen wird, so sind auch die dem Vertreter bekannten Umstände anzuzeigen.

Der Versicherungsnehmer hat keine Erkundigungspflicht, er braucht nur anzuzeigen, was er weiß. R.G. 7 S. 4. Dagegen bestimmen §§ 35—38 Allg. Seev.Bed. für verschiedene Thatsachen eine unbedingte und von der Kenntniß des Versicherungsnehmers unabhängige Anzeigepflicht unter verschiedenen Rechtsfolgen.

Anzuzeigen sind nur objektiv erhebliche Umstände. R.G. 13 S. 109.

Anzeigepflicht besteht z. B. für die Thatsache, daß das Schiff das ihm beigelegte Flaggenrecht nicht hat, R.G. 7 S. 16; ebenso, daß es schweren Stürmen ausgesetzt war, ohne daß Nachrichten von ihm eingegangen sind, R.O. 16 S. 78; nicht dagegen dafür, daß es vorübergehend widrigen Einwirkungen der Elemente ausgesetzt war. R.O. 7 S. 397.

Auch der Versicherer ist nach Treu und Glauben verpflichtet, dem Versicherungsnehmer einen ihm persönlich zur Kenntniß gelangten Umstand mitzutheilen, der das Risiko verringert (z. B. daß ein überfälliges Schiff die Elbe bereits erreicht hat), und hat, wenn er die Versicherung unter Verschweigung desselben zu höherer Prämie abschließt, den Mehrbetrag zurückzuzahlen. H. 1901 Nr. 72.

§ 807. **Anzeigepflicht des Versicherten und des Zwischenbeauftragten.**

Im Falle der Versicherung für fremde Rechnung müssen dem Versicherer bei dem Abschlusse des Vertrags auch diejenigen Umstände angezeigt werden, welche dem Versicherten selbst oder einem Zwischenbeauftragten bekannt sind.

Die Kenntniß des Versicherten oder eines Zwischenbeauftragten kommt jedoch nicht in Betracht, wenn ihnen der Umstand so spät bekannt wird, daß sie den Versicherungsnehmer ohne Anwendung außergewöhnlicher Maßregeln vor dem Abschlusse des Vertrags nicht mehr davon benachrichtigen können.

Die Kenntniß des Versicherten kommt auch dann nicht in Betracht, wenn die Versicherung ohne seinen Auftrag und ohne sein Wissen genommen ist.

§ 808. **Folgen des Unterlassens der Anzeige.**

Wird die in den §§ 806, 807 bezeichnete Verpflichtung nicht erfüllt, so ist der Vertrag für den Versicherer unverbindlich.

Diese Vorschrift findet jedoch keine Anwendung, wenn der nicht angezeigte Umstand dem Versicherer bekannt war oder als ihm bekannt vorausgesetzt werden durfte.

Ob der Versicherungsnehmer einen ihm bekannten Umstand absichtlich oder versehentlich, z. B. weil er nicht daran denkt, nicht anzeigt, ist gleichgültig, ebenso aber auch, ob der Versicherer sich einer ihm gemachten Mittheilung bewußt war. R.O. 12 S. 171.

Die Thatsache, daß der Versicherer eine Nachricht vor dem Vertragsabschluß in der Zeitung gelesen hatte, genügt nicht, um seine Kenntniß zu begründen, erst recht nicht, daß sie nur in den Schiffsnachrichten gestanden hatte. R.O. 2 S. 35, 16 S. 80.

Die Nichtanzeige macht die Versicherung auch dann unverbindlich, wenn die Besorgniß, die der nicht angezeigte Umstand zu erregen geeignet war, sich nachträglich als unbegründet herausstellt. R.O. 16 S. 61.

Ein Versicherungsvertrag ist auch dann für den Versicherer unverbindlich, wenn eine Hilfsperson des Versicherungsnehmers diesem einen erheblichen Umstand arglistig nicht mitgetheilt hat, z. B. ihn auffordert, eine abgeladene Waare zu versichern, und verschweigt, daß sie bereits durch einen Seeunfall beschädigt oder verloren ist. R.G. 43 S. 145.

§ 809. **Folge unrichtiger Anzeige.**

Wird von dem Versicherungsnehmer bei dem Abschlusse des Vertrags in Bezug auf einen erheblichen Umstand (§ 806) eine unrichtige Anzeige gemacht, so ist der Vertrag für den Versicherer unverbindlich, es sei denn, daß diesem die Unrichtigkeit der Anzeige bekannt war.

Diese Vorschrift kommt zur Anwendung ohne Unterschied, ob die Anzeige wissentlich oder aus Irrthum, ob sie mit oder ohne Verschulden unrichtig gemacht wird.

Eine positiv unrichtige Anzeige macht den Vertrag auch dann unverbindlich, wenn das Unterlassen jeder Anzeige über den betreffenden Punkt keine Rechtsfolge gehabt hätte. H. 1887 Nr. 52. Es kann dem Versicherer die Pflicht obliegen, dem Versicherungsnehmer mitzutheilen, daß der geschlossene Vertrag wegen unrichtiger Anzeigen nicht wirksam ist. R.O. 8 S. 233. Ueber eine Anzeigepflicht des Versicherers s. im Uebrigen Bemerk. zu § 806.

§ 810. **Verletzung der Anzeigepflicht bei Versicherung mehrerer Gegenstände.**

Wird bei einer Versicherung mehrerer Gegenstände oder einer Gesammtheit von Gegenständen den Vorschriften der §§ 806 bis 809 in Ansehung eines Umstandes zuwidergehandelt, der nur einen Theil der versicherten Gegenstände betrifft, so bleibt der Vertrag für den Versicherer in Ansehung des übrigen Theiles verbindlich. Der Vertrag ist jedoch auch in Ansehung des übrigen Theiles für den Versicherer unverbindlich, wenn anzunehmen ist, daß der Versicherer diesen Theil allein unter denselben Bestimmungen nicht versichert haben würde.

§ 811. **Anspruch auf die Prämie bei Unverbindlichkeit des Vertrages.**

Dem Versicherer gebührt in den Fällen der §§ 806 bis 810, auch wenn er die gänzliche oder theilweise Unverbindlichkeit des Vertrags geltend macht, die volle Prämie.

Dritter Titel.

Verpflichtungen des Versicherten aus dem Versicherungsvertrage.

§ 812. **Zahlung der Prämie.**

Die Prämie ist, sofern nicht ein anderes vereinbart ist, sofort nach dem Abschlusse des Vertrags und, wenn eine Polize verlangt wird, gegen Auslieferung der Polize zu zahlen.

Zur Zahlung der Prämie ist der Versicherungsnehmer verpflichtet.

Wenn bei der Versicherung für fremde Rechnung der Versicherungsnehmer zahlungsunfähig geworden ist und die

Prämie von dem Versicherten noch nicht erhalten hat, so kann der Versicherer auch den Versicherten auf Zahlung der Prämie in Anspruch nehmen.

§ 813. **Veränderung der Gefahr.**

Wird statt der versicherten Reise, bevor die Gefahr für den Versicherer zu laufen begonnen hat, eine andere Reise angetreten, so ist der Versicherer bei der Versicherung von Schiff und Fracht von jeder Haftung frei, bei anderen Versicherungen trägt er die Gefahr für die andere Reise nur dann, wenn die Veränderung der Reise weder von dem Versicherten noch in dessen Auftrag oder mit dessen Zustimmung bewirkt ist.

Wird die versicherte Reise verändert, nachdem die Gefahr für den Versicherer zu laufen begonnen hat, so haftet der Versicherer nicht für die nach der Veränderung der Reise eintretenden Unfälle. Er haftet jedoch für diese Unfälle, wenn die Veränderung weder von dem Versicherten noch in dessen Auftrag oder mit dessen Zustimmung bewirkt oder wenn sie durch einen Nothfall verursacht ist, es sei denn, daß sich der Nothfall auf eine Gefahr gründet, die der Versicherer nicht zu tragen hat.

Die Reise ist verändert, sobald der Entschluß, sie nach einem anderen Bestimmungshafen zu richten, zur Ausführung gebracht wird, sollten sich auch die Wege nach beiden Bestimmungshäfen noch nicht geschieden haben. Diese Vorschrift gilt sowohl für die Fälle des Abs. 1 als für die Fälle des Abs. 2.

Eine Veränderung der Reise (Deviation) liegt nur vor, wenn der Anspruch des Versicherers auf Unverändertlassen der Gefahr verletzt ist. Dahin gehört nicht der Fall, daß die Reise in einem Zwischenhafen aufgegeben wird. R.G. 25 S 95.

Wenn das Schiff nach Erreichung des Bestimmungshafens und nach Einnahme neuer Ladung weiterfährt, so liegt keine Deviation, sondern eine neue Reise vor. R.G. 13 S. 90. Wohl dagegen dann, wenn es vom Bestimmungshafen der versicherten Güter zunächst nach einem anderen Platz weiterfährt, und dann erst nach jenem zurückkehrt und löscht. R.G. 48 S. 12.

Als Frachtversicherung gilt die Frachtvorschußversicherung auch mit Bezug auf die Anwendung von § 813, s. Bemerk. zu § 797.

§ 814.

Wenn von dem Versicherten oder in dessen Auftrag oder mit dessen Zustimmung der Antritt oder die Vollendung der Reise ungebührlich verzögert, von dem der versicherten Reise entsprechenden Wege abgewichen oder ein Hafen angelaufen wird, dessen Angehung als in der versicherten Reise begriffen nicht erachtet werden kann, oder wenn der Versicherte in anderer Weise eine Vergrößerung oder Veränderung der Gefahr veranlaßt, namentlich eine in dieser Beziehung ertheilte besondere Zusage nicht erfüllt, so haftet der Versicherer nicht für die später sich ereignenden Unfälle.

Diese Wirkung tritt jedoch nicht ein:

1. wenn anzunehmen ist, daß die Vergrößerung oder Veränderung der Gefahr keinen Einfluß auf den späteren Unfall hat üben können;
2. wenn die Vergrößerung oder Veränderung der Gefahr, nachdem die Gefahr für den Versicherer bereits zu laufen begonnen hat, durch einen Nothfall verursacht ist, es sei denn, daß sich der Nothfall auf eine Gefahr gründet, die der Versicherer nicht zu tragen hat;
3. wenn der Schiffer zu der Abweichung von dem Wege durch das Gebot der Menschlichkeit genöthigt worden ist.

§ 60 Allg. Seev.Bed. reiht eine wesentliche Abweichung vom Wege und das Anlaufen eines anderen Hafens sowie die Veränderung der Reihenfolge der Häfen den in § 813 Abs. 2 aufgeführten Fällen an.

Ueber die Reihenfolge des Anlaufens mehrerer Häfen s. auch § 833; über die Nothwendigkeit, einen Lootsen zu nehmen R.G. 19 S. 3.

Wird ein Flußschiff für eine Seereise versichert, so kann Seetüchtigkeit nicht erwartet werden; auch eine Aenderung am Schiff, die für die Binnenschiffahrt rathsam ist, aber die Gefahr der Seefahrt vergrößert, fällt nicht unter § 814. R.G. 43 S. 5.

Ob eine Verzögerung thatsächlich Einfluß auf die Gefahr gehabt hat, ist gleichgültig, eine Ausnahme tritt nur ein, wenn sie keinen Einfluß auf den Unfall hat üben können. R.G. 3 S. 144.

§ 815. **Bezeichnung des Schiffers.**

Wird bei dem Abschlusse des Vertrags der Schiffer bezeichnet, so ist in dieser Bezeichnung allein noch nicht die

Zusage enthalten, daß der benannte Schiffer die Führung des Schiffes behalten werde.

§ 816. Beförderung von Gütern mit einem andern Schiff.

Bei der Versicherung von Gütern haftet der Versicherer für keinen Unfall, soweit die Beförderung der Güter nicht mit dem dazu bestimmten Schiffe geschieht. Er haftet jedoch nach Maßgabe des Vertrags, wenn die Güter, nachdem die Gefahr für ihn bereits zu laufen begonnen hat, ohne Auftrag und ohne Zustimmung des Versicherten in anderer Art als mit dem zur Beförderung bestimmten Schiffe weiter befördert werden oder wenn dies in Folge eines Unfalls geschieht, es sei denn, daß sich der Unfall auf eine Gefahr gründet, die der Versicherer nicht zu tragen hat.

§ 817. Versicherung von Gütern in unbestimmten oder unbenannten Schiffen.

Bei der Versicherung von Gütern ohne Bezeichnung des Schiffes oder der Schiffe (in unbestimmten oder unbenannten Schiffen) hat der Versicherte, sobald er Nachricht erhält, in welches Schiff versicherte Güter abgeladen sind, diese Nachricht dem Versicherer mitzutheilen.

Im Falle der Nichterfüllung dieser Verpflichtung haftet der Versicherer für keinen Unfall, der den abgeladenen Gütern zustößt.

§ 817 hat namentlich bei laufenden Versicherungen Bedeutung. Ueber die Unterschrift im Beibuch s. R.G. in H. 1889 Nr. 39, 1894 Nr. 31 (= S.A. 50 S. 71).

§ 818. Anzeige des Unfalls.

Jeder Unfall ist, sobald der Versicherungsnehmer oder der Versicherte, wenn dieser von der Versicherung Kenntniß hat, Nachricht von dem Unfall erhält, dem Versicherer anzuzeigen, widrigenfalls der Versicherer befugt ist, von der Entschädigungssumme den Betrag abzuziehen, um den sie sich bei rechtzeitiger Anzeige gemindert hätte.

§ 819. Pflicht zu thunlichster Minderung des Schadens.

Der Versicherte ist verpflichtet, wenn sich ein Unfall zuträgt, sowohl für die Rettung der versicherten Sachen als für die Abwendung größerer Nachtheile thunlichst zu sorgen.

Er hat jedoch, wenn thunlich, über die erforderlichen Maßregeln vorher mit dem Versicherer Rücksprache zu nehmen.

Der Versicherte soll so handeln, wie ein sorgfältiger Kaufmann handeln würde, wenn er nicht versichert wäre — er ist aber nicht zu Aufwendungen aus Eigenem verpflichtet. R.G. 32 S. 13. Damit ist aber der Versicherte nicht von der Erfüllung der besonderen Verpflichtungen im Schadensfall befreit. R.O. 18 S. 285.

Der Rheder hat nicht die Pflicht, ein Schiff durch ein anderes ihm gehöriges Schiff aus Seenoth retten zu lassen. R.G. 32 S. 14. Wohl aber ist er zur Abbringung eines gestrandeten Schiffes verpflichtet. R.O. 18 S. 283. Der Güterversicherer kann die Weiterbeförderung beschädigter Güter verlangen R.O. 25 S. 370.

Vierter Titel.

Umfang der Gefahr.

§ 820. 1. Allgemeine Begrenzung der Haftung. Gefahren, die der Versicherer trägt.

Der Versicherer trägt alle Gefahren, denen Schiff oder Ladung während der Dauer der Versicherung ausgesetzt sind, soweit nicht durch die nachfolgenden Vorschriften oder durch Vertrag ein Anderes bestimmt ist.

Er trägt insbesondere:

1. die Gefahr der Naturereignisse und der sonstigen Seeunfälle, auch wenn diese durch das Verschulden eines Dritten veranlaßt sind, wie Eindringen des Seewassers, Strandung, Schiffbruch, Sinken, Feuer, Explosion, Blitz, Erdbeben, Beschädigung durch Eis u. s. w.;
2. die Gefahr des Krieges und der Verfügungen von hoher Hand;

3. die Gefahr des auf Antrag eines Dritten angeordneten, von dem Versicherten nicht verschuldeten Arrestes;
4. die Gefahr des Diebstahls sowie die Gefahr des Seeraubs, der Plünderung und sonstiger Gewaltthätigkeiten;
5. die Gefahr der Verbodmung der versicherten Güter zur Fortsetzung der Reise oder der Verfügung über die Güter durch Verkauf oder durch Verwendung zu gleichem Zwecke (§§ 538 bis 541, 732);
6. die Gefahr der Unredlichkeit oder des Verschuldens einer Person der Schiffsbesatzung, sofern daraus für den versicherten Gegenstand ein Schaden entsteht;
7. die Gefahr des Zusammenstoßes von Schiffen und zwar ohne Unterschied, ob der Versicherte in Folge des Zusammenstoßes unmittelbar oder ob er mittelbar dadurch einen Schaden erleidet, daß er den einem Dritten zugefügten Schaden zu ersetzen hat.

Zu Z. 1: Der Versicherer trägt die Gefahr jedes Unfalls, d. h. eines zufälligen schadenstiftenden Ereignisses, auch wenn es nicht außerordentlich, sondern — wie z. B. Regen, Eisgefahr — zeitweilig zu erwarten ist. H. 1895 Nr. 2 (R.G.). Die Versicherungssumme wird nicht dadurch zahlbar, daß die Gefahr drohend wird und Aufwendungen gemacht werden müssen oder die Reise aufgegeben werden muß, sondern nur, wenn das Ereigniß, dessen Gefahr versichert ist, eingetreten ist; Verkauf beschädigter Kohlen, deren Selbstentzündung sonst zu erwarten ist, fällt aber unter die Versicherung. H. 1893 Nr. 35, 102 (R.G.).

Zu Z. 2: Der Güterversicherer hat auch den in Folge der Verfügung einer kriegführenden Macht zu entrichtenden höheren Zoll zu ersetzen. R.G. 10 S 24.

Zu Z. 6: Ueber die Stellung des Schiffers s. § 821 Z. 4.

Zu Z. 7: Die Haftung für den mittelbaren („indirekten") Kollisionsschaden ist eine Ausnahme (vgl. § 821 Z. 1), die nicht auf den Fall des Zusammenstoßes mit anderen Gegenständen als einem Schiff auszudehnen ist. R.G. 35 S. 115. Der Ersatz dieses Schadens liegt nicht nur dem Kaskoversicherer, sondern auch dem Frachtversicherer ob; ist die Fracht nicht versichert, so trägt der Rheder die Gefahr selbst. Die Vertheilung geschieht nach Verhältniß des Werths, den Schiff und Bruttofracht zur Zeit des Zusammenstoßes haben. R.G. 33 S. 68.

Hieran ändert auch die definitive Vorausbezahlung von Fracht nichts. Im Falle einer solchen kann dem Rheder auch das Risiko des indirekten Kollisionsschadens vom Befrachter abgenommen sein; dies ist der Fall, wenn vereinbart ist, daß der Befrachter die Fracht auf

Kosten des Verfrachters versichern solle. R.G. 40 S. 51. Ist eine solche Abnahme des Risikos nicht erfolgt, so kann der Rheder auch die definitiv vorausbezahlte Fracht gegen indirekten Kollisionsschaden versichern. R.G. 33 S. 70. Vgl. über Frachtvorschußversicherung auch das zu § 797 Bemerkte.

Wenn der Versicherer verlangt, daß der Versicherte sich für Ansegelungsschaden verklagen lasse, so hat er die Kosten zu zahlen, auch wenn die Versicherungssumme dadurch überschritten wird; bei Unterversicherung aber nur nach Verhältniß. R.G. 38 S. 58.

§ 821. Gefahren, die der Versicherer nicht trägt.

Dem Versicherer fallen die nachstehend bezeichneten Schäden nicht zur Last:

1. bei der Versicherung von Schiff oder Fracht:
   der Schaden, welcher daraus entsteht, daß das Schiff in einem nicht seetüchtigen Zustand oder nicht gehörig ausgerüstet oder bemannt oder ohne die erforderlichen Papiere (§ 513) in See gesandt ist;
   der Schaden, welcher außer dem Falle des Zusammenstoßes von Schiffen daraus entsteht, daß der Rheder für den durch eine Person der Schiffsbesatzung einem Dritten zugefügten Schaden haften muß (§§ 485, 486);
2. bei einer auf das Schiff sich beziehenden Versicherung:
   der Schaden an Schiff und Zubehör, welcher nur eine Folge der Abnutzung des Schiffes im gewöhnlichen Gebrauch ist;
   der Schaden an Schiff und Zubehör, welcher nur durch Alter, Fäulniß oder Wurmfraß verursacht wird,
3. bei einer auf Güter oder Fracht sich beziehenden Versicherung der Schaden, welcher durch die natürliche Beschaffenheit der Güter, namentlich durch inneren Verderb, Schwinden, gewöhnliche Leckage und dergleichen, oder durch mangelhafte Verpackung der Güter entsteht oder an diesen durch Ratten oder Mäuse verursacht wird; wenn jedoch die Reise durch einen Unfall, für den der Versicherer haftet, ungewöhnlich verzögert wird, so hat der Versicherer den

unter dieser Nummer bezeichneten Schaden in dem Maße zu ersetzen, in welchem die Verzögerung dessen Ursache ist;

4. der Schaden, welcher sich auf ein Verschulden des Versicherten gründet, und bei der Versicherung von Gütern oder imaginärem Gewinn auch der Schaden, welcher durch ein dem Ablader, Empfänger oder Kargadeur in dieser ihrer Eigenschaft zur Last fallendes Verschulden entsteht.

Es ist allgemeiner Grundsatz, daß der Versicherte für solche Schäden keine Vergütung beanspruchen kann, die durch Fehler der versicherten Sache selbst oder der vom Versicherten für sie angewandten Mittel entstanden sind R.O. 7 S. 398.

Zu Z. 1: Daß der Mangel unentdeckbar gewesen ist, beseitigt die Rechtsfolge nicht wie in § 559 Abs. 2.

Als Frachtversicherung gilt auch hier die Versicherung definitiv vorausbezahlter Fracht, s. Bemerk. zu § 797, sowie die Versicherung der Forderung auf Ueberfahrtsgelder, s. Bemerk. zu § 779 und R.O. 7 S. 399.

Wenn ein Unfall durch eine erwiesene Seeuntüchtigkeit entstanden sein **kann**, so braucht der Versicherer keinen weiteren Beweis für den ursächlichen Zusammenhang zu erbringen, sondern hat der Versicherte den Gegenbeweis zu führen. S.A. 47 S. 72 (R.G.).

Versichert der Versicherer ein Flußschiff für eine gelegentliche Seefahrt, so kann er Seetüchtigkeit nicht erwarten. R.G. 43 S. 5, vgl. auch Bem. zu § 814. Ueber die sinngemäße Anwendung der Bestimmungen über Seetüchtigkeit auf ein Fahrzeug, das nicht in See gehen soll, s. H. 1900 Nr. 45 (R.G.), vgl. R.G. 43 S. 5. Zu Abs. 2 vgl. Bemerk. zu § 820 Z. 7.

Zu Z. 3: Bei der Güterversicherung haftet der Versicherer (vorbehältlich des Falls, daß eine Verletzung der Anzeigepflicht vorliegt) auch für die Folgen der Seeuntüchtigkeit. Dies gilt auch, wenn der Rheder Güter versichert, die von ihm selbst abgeladen sind, außer wenn die Seeuntüchtigkeit von ihm verschuldet ist. R.G. 7 S. 6.

Dem inneren Verderb u. s. w. stellt § 70 Z. 3 Allg. Seev.Bed. den Schiffsdunst gleich.

Zu Z. 4: Ob das Verschulden des Versicherten leicht oder schwer ist, ist gleichgültig. R.G. 14 S. 120. Dem Versicherten stehen seine Vertreter gleich, insbesondere dem Rheder der Schiffer, wenn er nicht als „nautischer Dirigent", sondern als „geschäftlicher Vertreter" thätig ist. R.O. 18 S. 285. Ein Verschulden des Empfängers u. s. w. ist bei der Güterversicherung immer erheblich, auch wenn er nicht als Vertreter des Versicherten anzusehen ist. R.G. 9 S. 120. Die Haftung für den Ablader entspricht dessen zu § 563 erörterter Rechtsstellung. Kargadeur ist, wer die Absendung einer Waare besorgt.

§ 822. Ersatzansprüche gegen Dritte.

Die Verpflichtung des Versicherers zum Ersatz eines Schadens tritt auch dann ein, wenn dem Versicherten ein Anspruch auf dessen Vergütung gegen den Schiffer oder eine andere Person zusteht. Der Versicherte kann sich wegen des Ersatzes des Schadens zunächst an den Versicherer halten. Er hat jedoch dem Versicherer die zur wirksamen Verfolgung eines solchen Anspruchs etwa erforderliche Hülfe zu gewähren, auch für die Sicherstellung des Anspruchs durch Einbehaltung der Fracht, Erwirkung des Arrestes in das Schiff oder sonst in geeigneter Weise auf Kosten des Versicherers die nach den Umständen angemessene Sorge zu tragen (§ 819).

Der Versicherte kann die Ersatzansprüche im Interesse des Versicherers geltend machen und ist nach § 71 Allg. Seev.Bed. verpflichtet, dies, und zwar im eigenen Namen, zu thun. Der Dritte kann aus der Versicherung nur dann einen Einwand herleiten, wenn der Versicherer in der Weise Zahlung geleistet hat, daß er die Geltendmachung des Anspruchs nicht mehr verlangen kann. R.G. 15 S. 87.

Auch der Versicherungsnehmer für fremde Rechnung ist zur Gewährung seiner Hülfe verpflichtet. Der Versicherte haftet für Verletzung der erforderlichen Sorgfalt z. B. bei Mittheilung unrichtiger oder Nichtmittheilung richtiger Thatsachen. R.G. 9 S. 122. Er hat aber nicht den Schaden zu ersetzen, der dem Versicherer durch den Empfänger nach dem Empfang der Güter (also außerhalb des § 821 Z. 4) zugefügt wird, insbesondere nicht, wenn durch einen vom Empfänger für Rechnung des Versicherers geführten und falsch instruirten Prozeß Kosten entstehen; der Versicherte haftet auch nicht für seine Korrespondenten (deren „Mitwirkung" er nach § 71 Allg. Seev.Bed. zu gewähren hat). R.G. a. a. O.

2. Anfang, Fortgang und Ende der Gefahr.

§ 823. Anfang und Ende der Gefahr bei Versicherung des Schiffes.

Bei der Versicherung des Schiffes für eine Reise beginnt die Gefahr für den Versicherer mit dem Zeitpunkt, in welchem mit der Einnahme der Ladung oder des Ballastes angefangen wird, oder, wenn weder Ladung noch Ballast einzunehmen ist, mit dem Zeitpunkte der Abfahrt des Schiffes. Sie endet mit dem Zeitpunkt, in welchem die Löschung der Ladung oder des Ballastes im Bestimmungshafen beendigt ist.

Wird die Löschung von dem Versicherten ungebührlich verzögert, so endet die Gefahr mit dem Zeitpunkt, in welchem die Löschung beendigt sein würde, falls ein solcher Verzug nicht stattgefunden hätte.

Wird vor der Beendigung der Löschung für eine neue Reise Ladung oder Ballast eingenommen, so endet die Gefahr mit dem Zeitpunkt, in welchem mit der Einnahme der Ladung oder des Ballastes begonnen wird.

Ueber Ballastzureisen s. R.G. 7 S. 28.

§ 824. **Anfang und Ende der Gefahr bei Versicherung von Gütern, imaginären Gewinn und Provision.**

Sind Güter, imaginärer Gewinn oder die von verschifften Gütern zu verdienende Provision versichert, so beginnt die Gefahr mit dem Zeitpunkt, in welchem die Güter zum Zwecke der Einladung in das Schiff oder in die Leichterfahrzeuge vom Lande scheiden; sie endet mit dem Zeitpunkt, in welchem die Güter im Bestimmungshafen wieder an das Land gelangen.

Wird die Löschung von dem Versicherten oder bei der Versicherung von Gütern oder imaginärem Gewinne von dem Versicherten oder von einer der im § 821 Nr. 4 bezeichneten Personen ungebührlich verzögert, so endet die Gefahr mit dem Zeitpunkt, in welchem die Löschung beendigt sein würde, falls ein solcher Verzug nicht stattgefunden hätte.

Bei der Einladung und Ausladung trägt der Versicherer die Gefahr der ortsgebräuchlichen Benutzung von Leichterfahrzeugen.

Nach § 73 Allg. Seev.Bed. steht bei einer Ladung oder Löschung am Quai die Ablieferung oder Empfangnahme an diesem dem in Abs. 1 angegebenen Zeitpunkt gleich und ist auch ein Transport zu Wasser zum oder vom Quai in die Gefahr eingeschlossen.

Abs. 1 kommt auch dann zur Anwendung, wenn imaginärer Gewinn auf behaltene Ankunft des Schiffes (§ 850) versichert ist. H. 1892 Nr. 30 (R.G.).

§ 825. **Anfang und Ende der Gefahr bei Versicherung der Fracht.**

Bei der Versicherung der Fracht beginnt und endet die Gefahr in Ansehung der Unfälle, denen das Schiff und dadurch die Fracht ausgesetzt ist, mit demselben Zeitpunkt, in welchem die Gefahr bei der Versicherung des Schiffes für dieselbe Reise beginnen und enden würde, in Ansehung der Unfälle, denen die Güter und dadurch die Fracht ausgesetzt sind, mit demselben Zeitpunkt, in welchem die Gefahr bei der Versicherung der Güter für dieselbe Reise beginnen und enden würde.

Bei der Versicherung von Ueberfahrtsgeldern beginnt und endet die Gefahr mit demselben Zeitpunkt, in welchem die Gefahr bei der Versicherung des Schiffes beginnen und enden würde.

Der Versicherer von Fracht- und Ueberfahrtsgeldern haftet für einen Unfall, von dem das Schiff betroffen wird, nur insoweit, als Fracht- oder Ueberfahrtsverträge bereits abgeschlossen sind, und wenn der Rheder Güter für seine Rechnung verschifft, nur insoweit, als diese zum Zwecke der Einladung in das Schiff oder in die Leichterfahrzeuge bereits vom Lande geschieden sind.

Nach § 74 Allg. Seev.Bed. beginnt die Gefahr in Ansehung der Unfälle, denen die Güter ausgesetzt sind, mit ihrer Aufnahme an Bord.

Für einen aus erst später abzuschließenden Frachtverträgen erhofften Gewinn kann besondere Versicherung genommen werden. R.G. in H. 1893 Nr. 20 (= S.A. 48 S. 328).

§ 826. **Anfang und Ende der Gefahr bei Versicherung von Bodmerei- und Havereigeldern.**

Bei der Versicherung von Bodmerei- und Havereigeldern beginnt die Gefahr mit dem Zeitpunkt, in welchem die Gelder vorgeschossen sind, oder, wenn der Versicherte selbst die Havereigelder verausgabt hat, mit dem Zeitpunkt, in welchem sie verwendet sind; sie endet mit dem Zeitpunkt, in welchem sie bei einer Versicherung der Gegenstände, welche verbodmet oder auf welche die Havereigelder verwendet sind, enden würde.

§ 827. **Fortdauer der Gefahr.**

Die begonnene Gefahr läuft für den Versicherer während der bedungenen Zeit oder der versicherten Reise ununterbrochen fort. Der Versicherer trägt insbesondere die Gefahr auch während des Aufenthalts in einem Noth- oder Zwischenhafen und im Falle der Versicherung für die Hinreise und Rückreise während des Aufenthalts des Schiffes in dem Bestimmungshafen der Hinreise.

Müssen die Güter einstweilen gelöscht werden oder wird das Schiff zur Ausbesserung an das Land gebracht, so trägt der Versicherer die Gefahr auch für die Zeit, während welcher sich die Güter oder das Schiff am Lande befinden.

§ 828. **Vorzeitige Beendigung der Reise.**

Wird nach dem Beginne der Gefahr die versicherte Reise freiwillig oder gezwungen aufgegeben, so tritt in Ansehung der Beendigung der Gefahr der Hafen, in welchem die Reise beendigt wird, an die Stelle des Bestimmungshafens.

Werden die Güter, nachdem die Reise des Schiffes aufgegeben ist, in anderer Art als mit dem zur Beförderung bestimmten Schiffe nach dem Bestimmungshafen weiter befördert, so läuft in Betreff der Güter die begonnene Gefahr fort, auch wenn die Weiterbeförderung ganz oder zu einem Theile zu Lande geschieht. Der Versicherer trägt in solchen Fällen zugleich die Kosten der früheren Löschung, die Kosten der einstweiligen Lagerung und die Mehrkosten der Weiterbeförderung, auch wenn diese zu Lande erfolgt.

Nähere Bestimmungen s. § 77 Allg. Seev.Bed.

§ 829. **Veränderung der Gefahr.**

Die Vorschriften der §§ 827, 828 gelten nur unbeschadet der Vorschriften der §§ 814, 816.

§ 830. **Versicherung auf Zeit.**

Ist die Dauer der Versicherung nach Tagen, Wochen, Monaten oder Jahren bestimmt, so wird die Zeit nach dem Kalender und der Tag von Mitternacht zu Mitternacht berechnet. Der Versicherer trägt die Gefahr während des Anfangstags und des Schlußtags.

Bei der Berechnung der Zeit ist der Ort, wo sich das Schiff befindet, maßgebend.

§ 831.

Ist im Falle der Versicherung des Schiffes auf Zeit das Schiff bei dem Ablaufe der im Vertrage festgesetzten Versicherungszeit unterwegs, so gilt die Versicherung in Ermangelung einer entgegenstehenden Vereinbarung als verlängert bis zur Ankunft des Schiffes im nächsten Bestimmungshafen und, falls in diesem gelöscht wird, bis zur Beendigung der Löschung (§ 823). Der Versicherte ist jedoch befugt, die Verlängerung durch eine dem Versicherer, solange das Schiff noch nicht unterwegs ist, kundzugebende Erklärung auszuschließen.

Im Falle der Verlängerung hat der Versicherte für deren Dauer und, wenn die Verschollenheit des Schiffes eintritt, bis zum Ablaufe der Verschollenheitsfrist die vereinbarte Zeitprämie fortzuentrichten.

Ist die Verlängerung ausgeschlossen, so kann der Versicherer, wenn die Verschollenheitsfrist über die Versicherungszeit hinausläuft, auf Grund der Verschollenheit nicht in Anspruch genommen werden.

„Unterwegs“ ist das Schiff während der ganzen Versicherungsreise, auch im Endhafen bis zur Beendigung der Löschung (§ 823). R.G. 12 S. 30.

§ 832. **Versicherung nach verschiedenen Häfen.**

Bei einer Versicherung nach einem oder dem anderen unter mehreren Häfen ist dem Versicherten gestattet, einen dieser Häfen zu wählen; bei einer Versicherung nach einem und einem anderen oder nach einem und mehreren anderen

Häfen ist der Versicherte zum Besuch eines jeden der bezeichneten Häfen befugt.

§ 833.

Ist die Versicherung nach mehreren Häfen geschlossen oder dem Versicherten das Recht vorbehalten, mehrere Häfen anzulaufen, so ist dem Versicherten nur gestattet, die Häfen nach der vereinbarten oder in Ermangelung einer Vereinbarung nach der den Schiffahrtsverhältnissen entsprechenden Reihenfolge zu besuchen: er ist jedoch zum Besuch aller einzelnen Häfen nicht verpflichtet.

Die in der Polize enthaltene Reihenfolge wird, soweit nicht ein Anderes sich ergiebt, als die vereinbarte angesehen.

Vgl. dazu R.G. 3 S. 144 (Eskalenklausel). — Ueber die Folge einer Veränderung der Reihenfolge s. Bemerk. zu § 814.

§ 834.

3. **Große Haverei und außerordentliche Rettungsaufwendungen. Haftung des Versicherers.**

Dem Versicherer fallen zur Last:

1. die Beiträge zur großen Haverei mit Einschluß derjenigen, welche der Versicherte selbst wegen eines von ihm erlittenen Schadens zu tragen hat; die in Gemäßheit der §§ 635, 732 nach den Grundsätzen der großen Haverei zu beurtheilenden Beiträge werden den Beiträgen zur großen Haverei gleich geachtet;
2. die Aufopferungen, welche zur großen Haverei gehören würden, wenn das Schiff Güter und zwar andere als Güter des Rheders an Bord gehabt hätte;
3. die sonstigen zur Rettung sowie zur Abwendung größerer Nachtheile nothwendig oder zweckmäßig aufgewendeten Kosten (§ 819), selbst wenn die ergriffenen Maßregeln erfolglos geblieben sind;
4. die zur Ermittelung und Feststellung des dem Versicherer zur Last fallenden Schadens erforderlichen Kosten, insbesondere die Kosten der Besichtigung, der Abschätzung, des Verkaufs und der Anfertigung der Dispache.

Zu Z. 2: Die Aufwendungen sind, wenn das Schiff in Ballast fährt, über Schiff und Ausrüstungskosten, wenn es Güter führt, über

Schiff, Güter und Fracht zu vertheilen und soweit einer dieser Werthe unversichert ist, vom Rheder selbst zu tragen.

Zu Z. 4: § 84 Allg. Seev.Bed. enthält z. Th. abweichende Bestimmungen.

§ 835.

Beiträge zur großen Haverei.

In Ansehung der Beiträge zur großen Haverei und der nach den Grundsätzen der großen Haverei zu beurtheilenden Beiträge bestimmen sich die Verpflichtungen des Versicherers nach der am gehörigen Orte im Inland oder im Ausland, im Einklange mit dem am Orte der Aufmachung geltenden Rechte aufgemachten Dispache. Insbesondere ist der Versicherte, der einen zur großen Haverei gehörenden Schaden erlitten hat, nicht berechtigt, von dem Versicherer mehr als den Betrag zu fordern, zu welchem der Schaden in der Dispache berechnet ist; andererseits haftet der Versicherer für diesen ganzen Betrag, ohne daß namentlich der Versicherungswerth maßgebend ist.

Auch kann der Versicherte, wenn der Schaden nach dem am Orte der Aufmachung geltenden Rechte als große Haverei nicht anzusehen ist, den Ersatz des Schadens von dem Versicherer nicht aus dem Grunde fordern, weil der Schaden nach einem anderen Rechte, insbesondere nach dem Rechte des Versicherungsorts, große Haverei sei.

Beiträge, die nach den Grundsätzen der großen Haverei zu beurtheilen sind: §§ 635, 732. **Dispache:** s. § 728.

Den „gehörigen Ort" bestimmt im Inlande § 727, fürs Ausland s. § 85 Allg. Seev.Bed.

Der Versicherer übernimmt nicht die nach dem Gesetz zu zahlenden, sondern die in der Dispache festgesetzten Beiträge. R.G. 3 S. 26. Die Dispache und daher das Recht des Orts ihrer Aufmachung ist nicht nur maßgebend, insofern der Versicherte zur Zahlung von Beiträgen verbunden ist, sondern auch, insofern er Aufwendungen selber trägt. R.G. 32 S. 7. Nicht ausgeschlossen ist es aber, daß Aufwendungen, die nach der Dispache nicht unter große Haverei zu bringen sind, vom Versicherer beim Vorliegen der dafür erforderlichen Voraussetzungen als besondere Haverei zu vergüten sind. Abweichend für Mannschaftskosten § 86 Abs. 3 Allg. Seev.Bed. H. 1891 Nr. 97 (R.G.).

Hülfslohn, der in der Dispache einem Schiffe für die einem andern Schiffe desselben Rheders geleistete Hülfe zugebilligt ist, fällt dem Versicherer zur Last R.G. 32 S. 12.

Der Versicherungswerth ist nicht maßgebend, einerlei ob er höher oder niedriger als der in der Dispache zu Grunde gelegte Werth ist.

§ 836. **Ausschluß der Haftung.**

Der Versicherer haftet jedoch für die im § 835 erwähnten Beiträge nicht, soweit sie sich auf einen Unfall gründen, für den der Versicherer nach dem Versicherungsvertrage nicht haftet.

Z. B. bei Einlaufen in einen Nothhafen (§ 706 Z. 4) um der Nehmung zu entgehen, wenn die Kriegsgefahr nicht mit versichert ist (§ 848).

§ 837. **Anfechtung der Dispache.**

Ist die Dispache von einer durch Gesetz oder Gebrauch dazu berufenen Person aufgemacht worden, so kann der Versicherer sie wegen Nichtübereinstimmung mit dem am Orte der Aufmachung geltenden Rechte und der dadurch bewirkten Benachtheiligung des Versicherten nicht anfechten, es sei denn, daß der Versicherte durch mangelhafte Wahrnehmung seiner Rechte die Benachtheiligung verschuldet hat.

Dem Versicherten liegt jedoch ob, die Ansprüche gegen die zu seinem Nachtheile Begünstigten dem Versicherer abzutreten.

Dagegen ist der Versicherer befugt, in allen Fällen die Dispache dem Versicherten gegenüber insoweit anzufechten, als ein von dem Versicherten selbst erlittener Schaden, für den ihm nach dem am Orte der Aufmachung der Dispache geltenden Rechte eine Vergütung nicht gebührt hätte, gleichwohl als große Haverei behandelt worden ist.

Abs. 1 und 3 gelten nach § 88 Allg. Seev.Bed. auch bei Unrichtigkeit von Werthveranschlagungen, Berechnungen und sonstigen faktischen Annahmen.

§ 838. **Entschädigung, die dem Versicherten in großer Haverei zukommt.**

Wegen eines von dem Versicherten erlittenen, zur großen Haverei gehörenden oder nach den Grundsätzen der letzteren zu beurtheilenden Schadens haftet der Versicherer, wenn die Einleitung des die Feststellung und Vertheilung des Schadens bezweckenden ordnungsmäßigen Verfahrens stattgefunden hat, in Ansehung der Beiträge, welche dem

Versicherten zu entrichten sind, nur insoweit, als der Versicherte die ihm gebührende Vergütung auch im Rechtswege, sofern er diesen füglich betreten konnte, nicht erhalten hat.

§ 839. **Unterbleiben der Einleitung des Verfahrens.**

Ist die Einleitung des Verfahrens ohne Verschulden des Versicherten unterblieben, so kann er den Versicherer wegen des ganzen Schadens nach Maßgabe des Versicherungsvertrags unmittelbar in Anspruch nehmen.

§ 840. **4. Begrenzung der Haftung. Höchstgrenze der Haftung.**

Der Versicherer haftet für den Schaden nur bis zur Höhe der Versicherungssumme.

Er hat jedoch die im § 834 Nr. 3, 4 erwähnten Kosten vollständig zu erstatten, wenngleich die hiernach im Ganzen zu zahlende Vergütung die Versicherungssumme übersteigt.

Sind in Folge eines Unfalls solche Kosten bereits aufgewendet, zum Beispiel Loskaufs- oder Reklamekosten verausgabt, oder sind zur Wiederherstellung oder Ausbesserung der durch den Unfall beschädigten Sache bereits Verwendungen geschehen, zum Beispiel zu einem solchen Zwecke Havereigelder verausgabt, oder sind von dem Versicherten Beiträge zur großen Haverei bereits entrichtet oder ist eine persönliche Verpflichtung des Versicherten zur Entrichtung solcher Beiträge bereits entstanden und ereignet sich später ein neuer Unfall, so haftet der Versicherer für den durch den späteren Unfall entstehenden Schaden bis zur Höhe der ganzen Versicherungssumme ohne Rücksicht auf die ihm zur Last fallenden früheren Aufwendungen und Beiträge.

Für die in § 834 Ziff. 1, 2 erwähnten Beiträge (insbesondere die Beiträge zur großen Haverei) gilt Abs. 2 nicht. H. 1891 Nr. 89 (R.G.). Ueber Verpflichtung zur Erstattung von Kosten über die Versicherungssumme hinaus s. auch § 820 Anm. a. E.

Eine Beschränkung von Abs. 2, 3 für Ansegelungsfälle enthält § 93 Abs. 4 Allg. Seev.Bed.

§ 841.

Recht des Versicherers, sich durch Zahlung der vollen Versicherungssumme zu befreien.

Der Versicherer ist nach dem Eintritt eines Unfalls berechtigt, sich durch Zahlung der vollen Versicherungssumme von allen weiteren Verbindlichkeiten aus dem Versicherungsvertrage zu befreien, insbesondere von der Verpflichtung, die Kosten zu erstatten, welche zur Rettung, Erhaltung und Wiederherstellung der versicherten Sachen erforderlich sind.

War zur Zeit des Eintritts des Unfalls ein Theil der versicherten Sachen der vom Versicherer zu tragenden Gefahr bereits entzogen, so hat der Versicherer, welcher von dem Rechte des Abs. 1 Gebrauch macht, den auf jenen Theil fallenden Theil der Versicherungssumme nicht zu entrichten.

Der Versicherer erlangt durch Zahlung der Versicherungssumme keinen Anspruch auf die versicherten Sachen.

Ungeachtet der Zahlung der Versicherungssumme bleibt der Versicherer zum Ersatze derjenigen Kosten verpflichtet, welche auf die Rettung, Erhaltung oder Wiederherstellung der versicherten Sachen verwendet worden sind, bevor seine Erklärung, von dem Rechte Gebrauch zu machen, dem Versicherten zugegangen ist.

§ 842.

Der Versicherer muß seinen Entschluß, von dem im § 841 bezeichneten Rechte Gebrauch zu machen, bei Verlust dieses Rechtes dem Versicherten spätestens am dritten Tage nach dem Ablaufe desjenigen Tages erklären, an welchem ihm der Versicherte den Unfall unter Bezeichnung seiner Beschaffenheit und seiner unmittelbaren Folgen angezeigt und alle sonstigen auf den Unfall sich beziehenden Umstände mitgetheilt hat, soweit die letzteren dem Versicherten bekannt sind.

§ 843.

Unterversicherung.

Ist nicht zum vollen Werthe versichert, so haftet der Versicherer für die im § 834 erwähnten Beiträge, Aufopferungen und Kosten nur nach dem Verhältnisse der Versicherungssumme zum Versicherungswerthe.

§ 844. **Einfluß späterer Unfälle.**

Die Verpflichtung des Versicherers, einen Schaden zu ersetzen, wird dadurch nicht wieder aufgehoben oder geändert, daß später in Folge einer Gefahr, die der Versicherer nicht zu tragen hat, ein neuer Schaden und selbst ein Totalverlust eintritt.

§ 845. 5. **Beschränkende Bestimmungen und Klauseln. Mindestgrenze des Schadens bei besonderen Havereien.**

Besondere Havereien hat der Versicherer nicht zu ersetzen, wenn sie ohne die Kosten der Ermittelung und Feststellung des Schadens (§ 834 Nr. 4) drei Prozent des Versicherungswerths nicht übersteigen; betragen sie mehr als drei Prozent, so sind sie ohne Abzug der drei Prozent zu vergüten.

Ist das Schiff auf Zeit oder auf mehrere Reisen versichert, so sind die drei Prozent für jede einzelne Reise zu berechnen. Der Begriff der Reise bestimmt sich nach § 757.

Ist versichert „frei von den ersten drei Prozent", so kommen diese auch bei höheren Schäden in Abzug, nicht aber bei Totalverlust, vgl. H. 1900 Nr. 42.

Näheres über die Berechnung der 3 % s. Allg. Seev.Bed. § 97.

§ 846.

Die im § 834 unter Nr. 1 bis 3 erwähnten Beiträge, Aufopferungen und Kosten muß der Versicherer ersetzen, auch wenn sie drei Prozent des Versicherungswerths nicht erreichen. Sie kommen jedoch bei der Ermittelung der im § 845 bezeichneten drei Prozent nicht in Berechnung.

§ 847.

Ist vereinbart, daß der Versicherer von bestimmten Prozenten frei sein soll, so kommen die Vorschriften der

§§ 845, 846 mit der Maßgabe zur Anwendung, daß an die Stelle der dort erwähnten drei Prozent die im Vertrag angegebene Anzahl von Prozenten tritt.

§ 848.

Versicherung „frei von Kriegsmolest".

Ist vereinbart, daß der Versicherer die Kriegsgefahr nicht übernimmt, auch die Versicherung rücksichtlich der übrigen Gefahren nur bis zum Eintritt einer Kriegsbelästigung dauern soll, so endet die Gefahr für den Versicherer mit dem Zeitpunkt, in welchem die Kriegsgefahr auf die Reise Einfluß zu üben beginnt, insbesondere also, wenn der Antritt oder die Fortsetzung der Reise durch Kriegsschiffe, Kaper oder Blokade behindert oder zur Vermeidung der Kriegsgefahr aufgeschoben wird, wenn das Schiff aus einem solchen Grunde von seinem Wege abweicht oder wenn der Schiffer durch Kriegsbelästigung die freie Führung des Schiffes verliert.

Eine Vereinbarung der im Abs. 1 bezeichneten Art wird namentlich angenommen, wenn der Vertrag mit der Klausel: „frei von Kriegsmolest" abgeschlossen ist.

§ 849.

Versicherung „nur für Seegefahr".

Ist vereinbart, daß der Versicherer zwar nicht die Kriegsgefahr übernimmt, alle übrigen Gefahren aber auch nach dem Eintritt einer Kriegsbelästigung tragen soll, so endet die Gefahr für den Versicherer erst mit der Kondemnation der versicherten Sache oder sobald sie geendet hätte, wenn die Kriegsgefahr nicht ausgenommen worden wäre; der Versicherer haftet aber nicht für die zunächst durch Kriegsgefahr verursachten Schäden, also insbesondere nicht:

für Konfiskation durch kriegführende Mächte;

für Nehmung, Beschädigung, Vernichtung und Plünderung durch Kriegsschiffe und Kaper;

für die Kosten, welche entstehen aus der Anhaltung und Reklamirung, aus der Blokade des Aufenthaltshafens oder der Zurückweisung von einem blokirten Hafen oder aus dem freiwilligen Aufenthalte wegen Kriegsgefahr;

für die nachstehenden Folgen eines solchen Aufenthalts: Verderb und Verminderung der Güter, Kosten und Gefahr ihrer Entlöschung und Lagerung, Kosten ihrer Weiterbeförderung.

Im Zweifel wird angenommen, daß ein eingetretener Schaden durch Kriegsgefahr nicht verursacht sei.

Eine Vereinbarung der im Abs. 1 bezeichneten Art wird namentlich angenommen, wenn der Vertrag mit der Klausel: „nur für Seegefahr" abgeschlossen ist.

Die Klausel schließt nicht etwa alle diejenigen Ereignisse aus, die nicht in Elementarereignissen der See ihren Grund haben: Gegensatz zu „Seegefahr" ist „Kriegsgefahr", Arrest und andere Verfügungen von hoher Hand (§ 820), die außer Zusammenhang mit einem Kriege stehen, bleiben gedeckt. R.G. 25 S. 94; H. 1901 Nr. 44 (R.G.).

„Kriegführende Mächte" können auch solche sein, die nicht völkerrechtlich anerkannt sind, s. Allg. Seev.Bed. § 101.

§ 850. **Versicherung „für behaltene Ankunft".**

Ist der Vertrag mit der Klausel: „für behaltene Ankunft" abgeschlossen, so endet die Gefahr für den Versicherer schon mit dem Zeitpunkt, in welchem das Schiff im Bestimmungshafen am gebräuchlichen oder gehörigen Platze den Anker hat fallen lassen oder befestigt ist.

Auch haftet der Versicherer nur:

1. bei der auf das Schiff sich beziehenden Versicherung, wenn entweder ein Totalverlust eintritt oder wenn das Schiff abandonnirt (§ 861) oder in Folge eines Unfalls vor der Erreichung des Bestimmungshafens wegen Reparaturunfähigkeit oder wegen Reparaturunwürdigkeit verkauft wird (§ 873);
2. bei der auf Güter sich beziehenden Versicherung, wenn die Güter oder ein Theil der Güter in Folge eines Unfalls den Bestimmungshafen nicht erreichen, insbesondere wenn sie vor der Erreichung des Bestimmungshafens in Folge eines Unfalls verkauft werden. Erreichen die Güter den Bestimmungshafen, so haftet der Versicherer weder für eine Beschädigung noch für einen Verlust, der die Folge einer Beschädigung ist.

Ueberdies hat der Versicherer in keinem Falle die im § 834 erwähnten Beiträge, Aufopferungen und Kosten zu tragen.

Die Versicherung für behaltene Ankunft kann zur Deckung der verschiedenartigsten Interessen dienen. R.O. 8 S. 67. Auch bei ihr muß der Versicherte über sein Interesse Auskunft geben und es beweisen; ist er vertragsmäßig vom Beweise befreit, so befreit ihn das nicht von der Auskunft und hat der Versicherer den Gegenbeweis R.G. 25 S 83, 36 S. 131; H. 1893 Nr. 64 (R.G.), 1897 Nr. 7 (= S.A. 53 S. 193).

Die Besonderheiten der Versicherung für behaltene Ankunft beziehen sich nur auf den fünften Titel; der Versicherer haftet bei Versicherung des Schiffes für Totalverlust und Abandon ebenso wie bei einer gewöhnlichen Versicherung, während seine Haftung für Partialschäden auf den Fall der Kondemnation beschränkt ist. Titel 4, vom Umfange der Gefahr, gilt unverändert mit Ausnahme der Bestimmung im Schlußabsatz des § 850. H. 1901 Nr. 44 (R.G.).

Die Versicherung imaginären Gewinns für behaltene Ankunft deckt nicht das Interesse an Ankunft der Güter binnen bestimmter Frist, B. 16 S. 275; H. 1889 Nr. 113, 1895 Nr. 38. Ebensowenig deckt sie das Interesse an Ankunft der Güter mit einem bestimmten Schiff, wenn nicht ausdrücklich für behaltene Ankunft mit dem bestimmten Schiff Versicherung genommen ist. R.G. in H. 1893 Nr. 9 (= S.A. 48 S. 325). In diesem Fall ist aber, wenn die Güter mit einem andern Schiff ankommen, das versicherte Interesse nur dann verloren, wenn ausdrücklich Waare aus dem bestimmten Schiff verkauft war (z. B. mit der Klausel „ship lost, contract to be void"); war dieses aber der Fall, so ändert daran, daß dann das versicherte Interesse ganz verloren ist, auch nicht der Abschluß eines anderweiten Kaufvertrages über die Güter. R.G. 36 S. 133; H. 1893 Nr. 64 (R.G.), 1895 Nr. 38, vgl. auch R.G. in H. 1893 Nr. 9 (= S.A. 48 S. 325), abw. H. 1884 Nr. 66 (R.G.). Werden Güter auf der Reise verkauft und vom Käufer in den Bestimmungshafen gebracht, so fällt der Schaden doch unter die Versicherung für behaltene Ankunft. R.G. in H. 1893 Nr. 9 (= S.A. 48 S. 327).

§ 102 Allg. Seev.Bed. streicht in Z. 1 entsprechend der Aenderung zu § 873 die Reparaturunwürdigkeit.

§ 851. **Versicherung „frei von Beschädigung (Bruch) außer im Strandungsfall".**

Ist der Vertrag mit der Klausel: „frei von Beschädigung außer im Strandungsfall" abgeschlossen, so haftet der Versicherer nicht für einen Schaden, der aus einer Beschädigung entsteht, ohne Unterschied, ob der

Schaden in einer Werthsverringerung oder in einem gänzlichen oder theilweisen Verlust und insbesondere darin besteht, daß die versicherten Güter gänzlich verdorben und in ihrer ursprünglichen Beschaffenheit zerstört den Bestimmungshafen erreichen oder während der Reise wegen Beschädigung und drohenden Verderbs verkauft worden sind, es sei denn, daß das Schiff oder das Leichterfahrzeug, in welchem sich die versicherten Güter befanden, gestrandet ist. Der Strandung werden folgende Seeunfälle gleich geachtet: Kentern, Sinken, Zerbrechen des Rumpfes, Scheitern und jeder Seeunfall, durch den das Schiff oder das Leichterfahrzeug reparaturunfähig geworden ist.

Hat sich eine Strandung oder ein dieser gleich zu achtender anderer Seeunfall ereignet, so haftet der Versicherer für jede drei Prozent (§ 845) übersteigende Beschädigung, die in Folge eines solchen Seeunfalls entstanden ist, nicht aber für eine sonstige Beschädigung. Es wird vermuthet, daß eine Beschädigung, die möglicherweise Folge des eingetretenen Seeunfalls sein kann, in Folge des Unfalls entstanden sei.

Für jeden Schaden, der nicht aus einer Beschädigung entsteht, haftet der Versicherer, ohne Unterschied, ob sich eine Strandung oder ein anderer der erwähnten Unfälle zugetragen hat oder nicht, in derselben Weise, als wenn der Vertrag ohne die Klausel abgeschlossen wäre. Jedenfalls haftet er für die im § 834 unter Nr. 1, 2, 4 erwähnten Beiträge, Aufopferungen und Kosten, für die im § 834 unter Nr. 3 erwähnten Kosten aber nur dann, wenn sie zur Abwendung eines ihm zur Last fallenden Verlustes verausgabt worden sind.

Eine Beschädigung, die ohne Selbstentzündung durch Feuer oder durch Löschung eines solchen Feuers oder durch Beschießen entstanden ist, wird als eine solche Beschädigung, von welcher der Versicherer durch die Klausel befreit wird, nicht angesehen.

Daß die Sache schließlich völlig entwerthet wird, hindert nicht, daß der Schaden als aus einer Beschädigung entstanden anzusehen ist; führt aber ein Seeunfall sofortigen Totalverlust (§ 854) herbei, so liegt keine Beschädigung vor. H. 1892 Nr. 111 (= E.A. 48 S. 331); H. 1899 Nr. 71 (R. G.), 1900 Nr. 42.

„Sinken" erfordert, daß das Schiff seine Schwimmfähigkeit verliert und der Rumpf unter Wasser geräth. R.G. 10 S. 17.

Ist für einen Seetransport mit daran schließendem Landtransport Versicherung genommen, so gilt die Klausel „frei von Beschädigung außer im Strandungsfall“ für den Landtransport nicht mit. R.O. 13 S. 141.

§ 104 Allg. Seev.Bed. stellen dem Strandungsfall gleich: Kentern, Versinken, Scheitern, Verbrennen, Kollision, Stoßen und Eisschaden.

Nach § 105 Allg. Seev.Bed. gelten gewisse Güter als frei von 3 % bzw. 10 % Beschädigung, alle andern als frei von Beschädigung außer im Strandungsfall auch ohne besondere Klausel versichert Bei flüssigen Waaren ist nach § 106 die Haftung für Leckage eingeschränkt: eine Beschränkung für Decksladung enthält § 107, für lebende Thiere § 108.

§ 852.

Wenn der Vertrag mit der Klausel: „frei von Bruch außer im Strandungsfall“ abgeschlossen ist, so finden die Vorschriften des § 851 mit der Maßgabe Anwendung, daß der Versicherer für Bruch insoweit haftet, als er nach § 851 für Beschädigung aufzukommen hat.

§ 853.

Eine Strandung im Sinne der §§ 851, 852 ist vorhanden, wenn das Schiff unter nicht gewöhnlichen Verhältnissen der Seeschiffahrt auf den Grund festgeräth und nicht wieder flott wird oder zwar wieder flott wird, jedoch entweder

1. nur unter Anwendung ungewöhnlicher Maßregeln, wie Kappen der Masten, Werfen oder Löschung eines Theiles der Ladung und dergleichen, oder durch den Eintritt einer ungewöhnlich hohen Fluth, nicht aber ausschließlich durch Anwendung gewöhnlicher Maßregeln, wie Winden auf den Anker, Backstellen der Segel und dergleichen, oder
2. erst nachdem das Schiff durch das Festgerathen einen erheblichen Schaden am Schiffskörper erlitten hat.

Fünfter Titel.

Umfang des Schadens.

Der Versicherte hat einen Anspruch nur, wenn und soweit das versicherte Interesse verloren ist. R.G. 36 S. 133.

Einen ausnahmslosen Rechtssatz, daß ein Unfall nicht in seinen thatsächlichen Folgen zu einem Glücksfall für den Versicherten ausschlagen dürfe, giebt es bei der Seeversicherung nicht. R.G. 36 S. 132; H. 1893 Nr. 64 (R.G.).

1. Totalverlust.

§ 854. Totalverlust des Schiffes und der Güter.

Ein Totalverlust des Schiffes oder der Güter liegt vor, wenn das Schiff oder die Güter zu Grunde gegangen oder dem Versicherten ohne Aussicht auf Wiedererlangung entzogen sind, namentlich wenn sie unrettbar gesunken oder in ihrer ursprünglichen Beschaffenheit zerstört oder für gute Prise erklärt sind. Ein Totalverlust des Schiffes wird dadurch nicht ausgeschlossen, daß einzelne Theile des Wrackes oder des Inventars gerettet sind.

Der natürliche Begriff des Totalverlustes — körperliche Zerstörung des Gegenstandes durch faktische Vorgänge — ist durchs Seeversicherungsrecht erweitert und auf solche Fälle erstreckt, wo der Werth des Gegenstandes dem Versicherten durch juristische Vorgänge völlig entzogen ist. H. 1901 Nr. 44 (R.G.).

„Sinken" begründet nicht ohne Weiteres einen Totalverlust. R.G. 10 S. 18. Wenn Güter aus einem gesunkenen Schiff geborgen werden können, liegt Totalverlust nicht vor. R.G. 13 S. 126.

„Unrettbar" gesunken sind Gegenstände auch dann, wenn nicht die absolute Unmöglichkeit, sondern nur die Unwahrscheinlichkeit der Wiedererlangung erweislich ist. R.G. 15 S. 162.

Unidentifizirbarkeit von Gütern ist kein Totalverlust. R.G. 4 S. 39.

Totalverlust liegt bei Forderungsversicherung (auch auf behaltene Ankunft, § 850) vor, wenn das für die Forderung haftende Schiff in Folge Arrestes (vgl. § 820 Z. 3) zwangsweise verkauft wird. H. 1901 Nr. 44 (R.G.).

§ 855. Totalverlust der Fracht.

Ein Totalverlust in Ansehung der Fracht liegt vor, wenn die ganze Fracht verloren gegangen ist.

Totalverlust der Nettofracht liegt schon vor, wenn nur die Ausrüstungskosten gedeckt sind.

§ 856. Totalverlust des imaginären Gewinns und der Provision.

Ein Totalverlust in Ansehung des imaginären Gewinns oder in Ansehung der Provision, welche von der

Ankunft der Güter am Bestimmungsort erwartet werden, liegt vor, wenn die Güter den Bestimmungsort nicht erreicht haben.

Wenn die Güter als solche, nicht nur Trümmer, den Bestimmungsort erreicht haben, liegt ein Totalverlust im Sinne von § 856 nicht vor, ebenso wenn sie mit andern eine unterscheidbare Gesammtheit bilden. Totalverlust liegt in Gemäßheit des hier heranzuziehenden § 854 dagegen auch dann vor, wenn sie ohne Aussicht auf Wiedererlangung entzogen sind. R.G. 4 S. 39.

§ 857. Totalverlust der Bodmerei- und Havereigelder

Ein Totalverlust in Ansehung der Bodmerei- und Havereigelder liegt vor, wenn die Gegenstände, welche verbodmet oder für welche die Havereigelder vorgeschossen oder verausgabt sind, entweder von einem Totalverlust oder dergestalt von anderen Unfällen betroffen sind, daß in Folge der dadurch herbeigeführten Beschädigungen, Verbodmungen oder sonstigen Belastungen zur Deckung jener Gelder nichts übrig geblieben ist.

Auch bei der einfachen Forderungsversicherung liegt Totalverlust vor, wenn das für die Forderung haftende Schiff Totalverlust erleidet.

§ 858. Verpflichtung des Versicherten bei Totalverlust.

Im Falle des Totalverlustes hat der Versicherer die Versicherungssumme zum vollen Betrage zu zahlen, jedoch unbeschadet der nach § 800 etwa zu machenden Abzüge.

§ 859.

Ist im Falle des Totalverlustes vor der Zahlung der Versicherungssumme etwas gerettet, so kommt der Erlös des Geretteten von der Versicherungsumme in Abzug. War nicht zum vollen Werthe versichert, so wird nur ein verhältnißmäßiger Theil des Geretteten von der Versicherungssumme abgezogen.

Mit der Zahlung der Versicherungssumme gehen die Rechte des Versicherten an der versicherten Sache auf den Versicherer über.

Erfolgt erst nach der Zahlung der Versicherungssumme eine vollständige oder theilweise Rettung, so hat auf das nachträglich Gerettete nur der Versicherer Anspruch. War nicht zum vollen Werthe versichert, so gebührt dem Versicherer nur ein verhältnißmäßiger Theil des Geretteten.

§ 860.

Sind bei einem Totalverlust in Ansehung des imaginären Gewinns (§ 856) die Güter während der Reise so günstig verkauft, daß der Reinerlös mehr beträgt als der Versicherungswerth der Güter, oder ist für die Güter, wenn sie in Fällen der großen Haverei aufgeopfert worden sind oder wenn dafür nach Maßgabe der §§ 611, 612 Ersatz geleistet werden muß, mehr als jener Werth vergütet, so kommt von der Versicherungssumme des imaginären Gewinns der Ueberschuß in Abzug.

§ 861. **Abandon.**

Der Versicherte ist befugt, die Zahlung der Versicherungssumme zum vollen Betrage gegen Abtretung der in Ansehung des versicherten Gegenstandes ihm zustehenden Rechte in folgenden Fällen zu verlangen (Abandon):

1. wenn das Schiff verschollen ist;
2. wenn der Gegenstand der Versicherung dadurch bedroht ist, daß das Schiff oder die Güter unter Embargo gelegt, von einer kriegführenden Macht aufgebracht, auf andere Weise durch Verfügung von hoher Hand angehalten oder durch Seeräuber genommen und während einer Frist von sechs, neun oder zwölf Monaten nicht freigegeben sind, je nachdem die Aufbringung, Anhaltung oder Nehmung geschehen ist:
   a) in einem europäischen Hafen oder in einem europäischen Meere einschließlich aller Häfen oder Theile des Mittelländischen, Schwarzen und Azowschen Meeres oder
   b) in einem anderen Gewässer, jedoch diesseits des Vorgebirges der guten Hoffnung und des Kap Horn, oder

c) in einem Gewässer jenseits des einen jener Vorgebirge.

Die Fristen werden von dem Tage an berechnet, an welchem dem Versicherer der Unfall durch den Versicherten angezeigt wird (§ 818).

Abandon ist nicht nur bei der Versicherung von Schiff oder Gütern möglich.

Der Versicherer hat nicht das Recht, Abandon zu verlangen. R.O. 23 S. 387.

Ueber Embargo u. s. w. s. die Bemerkung zu § 547, über Fristberechnung §§ 187 ff. B.G.B.

§ 862.

Ein Schiff, welches eine Reise angetreten hat, ist als verschollen anzusehen, wenn es innerhalb der Verschollenheitsfrist den Bestimmungshafen nicht erreicht hat, auch innerhalb dieser Frist den Betheiligten keine Nachrichten über das Schiff zugegangen sind.

Die Verschollenheitsfrist beträgt:

1. wenn sowohl der Abgangshafen als der Bestimmungshafen ein europäischer Hafen ist, bei Segelschiffen sechs, bei Dampfschiffen vier Monate;
2. wenn entweder nur der Abgangshafen oder nur der Bestimmungshafen ein außereuropäischer Hafen ist, falls er diesseits des Vorgebirges der guten Hoffnung und des Kap Horn belegen ist, bei Segel- und Dampfschiffen neun Monate, falls er jenseits des einen jener Vorgebirge belegen ist, bei Segel- und Dampfschiffen zwölf Monate;
3. wenn sowohl der Abgangs- als der Bestimmungshafen ein außereuropäischer Hafen ist, bei Segel- und Dampfschiffen sechs, neun oder zwölf Monate, je nachdem die Durchschnittsdauer der Reise nicht über zwei oder nicht über drei oder mehr als drei Monate beträgt.

Im Zweifel ist die längere Frist abzuwarten.

§ 863.

Die Verschollenheitsfrist wird von dem Tage an berechnet, an welchem das Schiff die Reise angetreten hat.

Sind jedoch seit dessen Abgange Nachrichten von ihm angelangt, so wird von dem Tage an, bis zu welchem die letzte Nachricht reicht, diejenige Frist berechnet, welche maßgebend sein würde, wenn das Schiff von dem Punkte, an welchem es sich nach sicherer Nachricht zuletzt befunden hat, abgegangen wäre.

§ 864.

Die Abandonerklärung muß dem Versicherer innerhalb der Abandonfrist zugegangen sein.

Die Abandonfrist beträgt sechs Monate, wenn im Falle der Verschollenheit (§ 861 Abs. 1 Nr. 1) der Bestimmungshafen ein europäischer Hafen ist und wenn im Falle der Aufbringung, Anhaltung oder Nehmung (§ 861 Abs. 1 Nr. 2) der Unfall sich in einem europäischen Hafen oder in einem europäischen Meere einschließlich aller Häfen oder Theile des Mittelländischen, Schwarzen und Azowschen Meeres zugetragen hat. In den übrigen Fällen beträgt die Abandonfrist neun Monate. Die Abandonfrist beginnt mit dem Ablaufe der in den §§ 861, 862 bezeichneten Fristen.

Bei der Rückversicherung beginnt die Abandonfrist mit dem Ablaufe des Tages, an welchem dem Rückversicherten von dem Versicherten der Abandon erklärt worden ist.

Vgl. § 483.

§ 865.

Nach dem Ablaufe der Abandonfrist ist der Abandon unstatthaft, unbeschadet des Rechtes des Versicherten, nach Maßgabe der sonstigen Grundsätze Vergütung eines Schadens in Anspruch zu nehmen.

Ist im Falle der Verschollenheit des Schiffes die Abandonfrist versäumt, so kann der Versicherte zwar den Ersatz eines Totalschadens fordern, er hat jedoch, wenn die versicherte Sache wieder zum Vorscheine kommt und sich dabei ergiebt, daß ein Totalverlust nicht vorliegt, auf Verlangen des Versicherers gegen Verzicht des letzteren auf die in Folge der Zahlung der Versicherungssumme nach § 859 ihm zustehenden Rechte die Versicherungssumme zu erstatten und sich mit dem Ersatz eines etwa erlittenen theilweisen Schadens zu begnügen.

§ 866.

Die Abandonerklärung muß, um gültig zu sein, ohne Vorbehalt oder Bedingung erfolgen und sich auf den ganzen versicherten Gegenstand erstrecken, soweit dieser zur Zeit des Unfalls den Gefahren der See ausgesetzt war.

Wenn jedoch nicht zum vollen Werthe versichert war, so ist der Versicherte nur den verhältnißmäßigen Theil des versicherten Gegenstandes zu abandonniren verpflichtet.

Die Abandonerklärung ist unwiderruflich.

§ 867.

Die Abandonerklärung ist ohne rechtliche Wirkung, wenn die Thatsachen, auf welche sie gestützt wird, sich nicht bestätigen oder zur Zeit der Mittheilung der Erklärung nicht mehr bestehen. Dagegen bleibt sie für beide Theile verbindlich, auch wenn sich später Umstände ereignen, deren früherer Eintritt das Recht zum Abandon ausgeschlossen haben würde.

§ 868.

Durch Abandonerklärung gehen auf den Versicherer alle Rechte über, die dem Versicherten in Ansehung des abandonnirten Gegenstandes zustanden.

Der Versicherte hat dem Versicherer Gewähr zu leisten wegen der auf dem abandonnirten Gegenstande zur Zeit der Abandonerklärung haftenden dinglichen Rechte, es sei denn, daß sich diese auf Gefahren gründen, für die der Versicherer nach dem Versicherungsvertrag aufzukommen hat.

Wird das Schiff abandonnirt, so gebührt dem Versicherer des Schiffes die Nettofracht der Reise, auf welcher sich der Unfall zugetragen hat, soweit die Fracht erst nach der Abandonerklärung verdient ist. Dieser Theil der Fracht wird nach den für die Ermittelung der Distanzfracht geltenden Vorschriften berechnet.

Den hiernach für den Versicherten entstehenden Verlust hat, wenn die Fracht selbständig versichert ist, der Versicherer der Fracht zu tragen.

Distanzfracht s. § 630.

Abs. 3 kann zur Anwendung kommen z. B. im Falle des Embargo u. s. w., wenn der Frachtvertrag nicht aufgehoben ist (§ 629), aber das Schiff abandonnirt wird.

§ 869.

Die Zahlung der Versicherungssumme kann erst verlangt werden, nachdem die zur Rechtfertigung des Abandons dienenden Urkunden dem Versicherer mitgetheilt sind und eine angemessene Frist zu deren Prüfung abgelaufen ist. Wird wegen Verschollenheit des Schiffes abandonnirt, so gehören zu den mitzutheilenden Urkunden glaubhafte Bescheinigungen über die Zeit, in welcher das Schiff den Abgangshafen verlassen hat, und über die Nichtankunft des Schiffes im Bestimmungshafen während der Verschollenheitsfrist.

Der Versicherte ist verpflichtet, bei der Abandonerklärung, soweit er dazu im Stande ist, dem Versicherer anzuzeigen, ob und welche andere den abandonnirten Gegenstand betreffende Versicherungen genommen sind sowie ob und welche Bodmereischulden oder sonstige Belastungen darauf haften. Ist die Anzeige unterblieben, so kann der Versicherer die Zahlung der Versicherungssumme so lange verweigern, bis die Anzeige nachträglich geschehen ist; wenn eine Zahlungsfrist bedungen ist, so beginnt diese erst mit dem Zeitpunkt, in welchem die Anzeige nachgeholt wird.

§ 870.

Der Versicherte ist verpflichtet, auch nach der Abandonerklärung für die Rettung der versicherten Sachen und für die Abwendung größerer Nachtheile nach § 819 und zwar so lange zu sorgen, bis der Versicherer selbst dazu im Stande ist.

Erfährt der Versicherte, daß ein für verloren erachteter Gegenstand wieder zum Vorscheine gekommen ist, so muß er dies dem Versicherer sofort anzeigen und ihm auf Verlangen die zur Erlangung oder Verwerthung des Gegenstandes erforderliche Hülfe leisten.

Die Kosten hat der Versicherer zu ersetzen; auch hat er den Versicherten auf Verlangen mit einem angemessenen Vorschusse zu versehen.

§ 871.

Der Versicherte muß dem Versicherer, wenn dieser die Rechtmäßigkeit des Abandons anerkennt, auf dessen Verlangen und auf dessen Kosten über den nach § 868 durch die Abandonerklärung eingetretenen Uebergang der Rechte eine öffentlich beglaubigte Anerkennungsurkunde (Abandonrevers) ertheilen und die auf die abandonnirten Gegenstände sich beziehenden Urkunden ausliefern.

Ueber die Bedeutung der Anerkennungsurkunde vgl. §§ 403, 410, 412 B.G.B.

§ 872.

2. Partialschäden. Partialschaden am Schiff.

Bei einem theilweisen Schaden am Schiffe besteht der Schaden in dem nach den §§ 709, 710 zu ermittelnden Betrage der Ausbesserungskosten, soweit diese die Beschädigungen betreffen, welche dem Versicherer zur Last fallen.

Die Allg. Seev.Bed. (ähnlich die Bremer Bedingungen) enthalten in §§ 128, 129 Vorschriften über die Bestellung von Sachverständigen, die Taxirung der Schäden, sowie Form und Inhalt des Gutachtens; nach § 130 besteht, wenn die Versicherung da endet, wo das Schiff sich befindet, Pflicht zur Reparatur. Sie beschränken ferner, wenn das Verfahren nicht ordnungsmäßig durchgeführt ist, den Versicherten in den Beweismitteln für den Schaden (§ 127).

Derartige Vorschriften sind mit der freien Beweiswürdigung (§ 286 C.P.O.) vereinbar, da die Ersatzverbindlichkeit vertragsmäßig nur bei einem in bestimmter Weise festgestellten Schaden eintreten soll. R.G. 20 S. 402.

Formell tadellose Besichtigungsdokumente bilden im Schadensfall das allein zulässige Material für die Beurtheilung der Thatsachen. R.O. 12 S. 402, s. auch R.O. 16 S. 110.

Daß das Verhalten des Versicherten und seiner Vertreter vom Standpunkte eines Nichtversicherten aus richtig ist, entbindet ihn nicht von Beobachtung der Formvorschriften. R.O. 18 S. 285.

§ 873. Befugniß zum Verkauf des Schiffes.

Ist die Reparaturunfähigkeit oder Reparaturunwürdigkeit des Schiffes (§ 479) auf dem im § 530 vorgeschriebenen Wege festgestellt, so ist der Versicherte dem Versicherer gegenüber befugt, das Schiff oder das Wrack zum öffentlichen Verkaufe zu bringen; im Falle des Verkaufs besteht der Schaden in dem Unterschiede zwischen dem Reinerlös und dem Versicherungswerthe.

Die übernommene Gefahr endet für den Versicherer erst mit dem Verkaufe des Schiffes oder des Wracks; auch haftet der Versicherer für den Eingang des Kaufpreises.

Bei der zur Ermittelung der Reparaturunwürdigkeit erforderlichen Feststellung des Werthes des Schiffes im unbeschädigten Zustande bleibt dessen Versicherungswerth, gleichviel ob er taxirt ist oder nicht, außer Betracht.

Der Kondemnationsgrund braucht im Spruch nicht ausdrücklich bezeichnet zu sein, es genügt, wenn sich nach den Feststellungen das Vorliegen der Reparaturunfähigkeit (bzw. Reparaturunwürdigkeit, soweit die gesetzlichen Bestimmungen maßgebend sind, s. unten) ergiebt. R.G. 21 S. 88. Das Gutachten der Sachverständigen muß mit Gründen versehen sein. R.O. 16 S. 108.

Der formell richtige Ausspruch der Sachverständigen darüber, ob ein Schiff reparaturunfähig ist, ist für beide Theile bindend. R.O. 16 S. 110. Der Versicherer hat keinen Gegenbeweis der Unrichtigkeit, sofern nicht der Versicherte oder der Schiffer unredlich gehandelt haben B. 21 S. 259. Ob bei der Kondemnation gewissenhaft verfahren ist, kommt sonst nicht in Betracht. R.O. 4 S. 91. Auch daß das Gutachten sich nicht auf alle einzelnen in Betracht kommenden Punkte erstreckt, giebt keinen Grund zur Anfechtung. R.G. in H. 1891 Nr. 103 (= S.A. 47 S. 327). Ebensowenig kann der Versicherte nachträglich beweisen, daß das Schiff thatsächlich doch reparaturunfähig gewesen sei, wenn das Gutachten das nicht besagt. R.G. 43 S. 10.

Abs. 3 schließt nicht aus, daß die Taxe mitberücksichtigt wird. R.G. in H. 1891 Nr. 103 (= S.A. 47 S. 327).

Nach § 131 Allg. Seev.Bed. (anders die Bremer Bed.) ist ein Verkauf nur bei Reparatur*unfähigkeit* zulässig, und zwar bei bloß *relativer* (s. § 479) nur dann, wenn das Schiff sich nicht im Anfangs- oder Endort der Versicherung befindet. Sie enthalten ferner besondere Vorschriften für die Feststellung. Bei Nichterfüllung dieser Vorbedingungen ist ein Verkauf nicht zu Lasten des Versicherers, der Anspruch kann auch nicht auf nützliche Geschäftsführung gestützt werden; vielmehr kann nur Vergütung der Partialschäden verlangt werden. R.O. 3 S. 87; R.G. 43 S. 8.

§ 874.

Der Beginn der Ausbesserung schließt die Ausübung des im § 873 dem Versicherten eingeräumten Rechtes nicht aus, wenn erst später erhebliche Schäden entdeckt werden, die dem Versicherten ohne sein Verschulden unbekannt geblieben waren.

Macht der Versicherte von dem Rechte nachträglich Gebrauch, so muß der Versicherer die bereits aufgewendeten Ausbesserungskosten insoweit besonders vergüten, als durch die Ausbesserung bei dem Verkaufe des Schiffes ein höherer Erlös erzielt worden ist.

§ 875. **Beschädigung von Gütern.**

Bei Gütern, die beschädigt im Bestimmungshafen ankommen, ist durch Vergleichung des Bruttowerths, den sie daselbst im beschädigten Zustande haben, mit dem Bruttowerthe, welchen sie dort im unbeschädigten Zustande haben würden, zu ermitteln, wie viele Prozente des Werthes der Güter verloren sind. Ebensoviele Prozente des Versicherungswerths sind als der Betrag des Schadens anzusehen.

Die Ermittelung des Werthes, welchen die Güter im beschädigten Zustande haben, erfolgt durch öffentlichen Verkauf oder, wenn der Versicherer einwilligt, durch Abschätzung. Der Werth, welchen die Güter im unbeschädigten Zustande haben würden, bestimmt sich nach § 611 Abs. 1.

Der Versicherer hat außerdem die Besichtigungs-, Abschätzungs- und Verkaufskosten zu tragen.

Bei untrennbarer Vermengung tritt an Stelle des Werths des Gutes der des Surrogats. R.G. 4 S. 44.

Ueber die Berücksichtigung eines Zollnachlasses s. R.G. 44 S. 20.

§ 133 Allg. Seev.Bed. enthält nähere Regeln über Trennung des Seebeschädigten, Bestellung von Sachverständigen, Begutachtung des Gesundwerths u. s. w und verpflichtet den Versicherten zum Verkauf des Seebeschädigten. Wesentliche Verstöße beim Verfahren schließen den Anspruch des Versicherten aus. Ist die Taxe der Sachverständigen niedriger als der Versicherungswerth, so tritt sie bei der Berechnung an dessen Stelle.

§ 876. **Theilweiser Verlust von Gütern.**

Geht ein Theil der Güter auf der Reise verloren, so besteht der Schaden in ebensovielen Prozenten des Versicherungswerths, als Prozente des Werthes der Güter verloren gegangen sind.

§ 877. **Verkauf während der Reise.**

Sind Güter auf der Reise in Folge eines Unfalls verkauft worden, so besteht der Schaden in dem Unterschiede zwischen dem nach Abzug der Fracht, der Zölle und Verkaufskosten sich ergebenden Reinerlöse der Güter und deren Versicherungswerthe.

Die übernommene Gefahr endet für den Versicherer erst mit dem Verkaufe der Güter; auch haftet der Versicherer für den Eingang des Kaufpreises.

Die Vorschriften der §§ 834—838 bleiben unberührt.

Der Verkauf kann insbesondere erfolgt sein zur Erhaltung und Weiterbeförderung der Güter, § 535 Abs. 2.

Im Gegensatz zu § 875 wird hier der Netto- und der Versicherungswerth zu Grunde gelegt, der Versicherte erhält auch Ersatz, wenn die Güter sich im Falle einer Beschädigung, doch zum vollen Gesundwerthe, den sie an dem betr. Platze haben würden, haben verkaufen lassen — das Risiko des nicht gewollten Verkaufsorts wird ihm abgenommen. Vgl. auch R.G. 13 S. 126.

§ 878. **Theilweiser Verlust der Fracht.**

Bei einem theilweisen Verluste der Fracht besteht der Schaden in demjenigen Theile der bedungenen oder in deren Ermangelung der üblichen Fracht, welcher verloren gegangen ist.

Ist die Fracht taxirt und die Taxe nach § 793 Abs. 4 in Bezug auf einen von dem Versicherer zu ersetzenden Schaden maßgebend, so besteht der Schaden in ebensovielen Prozenten der Taxe, als Prozente der bedungenen oder üblichen Fracht verloren sind.

Bei Versicherung von Nettofracht ist gerettete Distanzfracht zunächst auf den unversicherten Theil (§ 798) anzurechnen. H. 1889 Nr. 99 (R.G.).

Nach § 137 Allg. Seev.Bed. sind bei einem Verlust von Fracht in Folge der Kondemnation des Schiffes die für diese geltenden Bestimmungen (s. bei § 873) maßgebend, und zwar auch für Frachtvorschuß.

§ 879. **Partialschaden an imaginären Gewinn und Provision.**

Bei einem imaginären Gewinn oder einer Provision, die von der Ankunft der Güter erwartet werden, besteht der Schaden, wenn die Güter in beschädigtem Zustand ankommen, in ebensovielen Prozenten des als Gewinn oder Provision versicherten Betrags, als der nach § 875 zu ermittelnde Schaden an den Gütern Prozente des Versicherungswerths der letzteren beträgt.

Erreicht ein Theil der Güter den Bestimmungshafen nicht, so besteht der Schaden in ebensovielen Prozenten des als Gewinn oder Provision versicherten Betrags, als der Werth des in dem Bestimmungshafen nicht angelangten Theiles der Güter Prozente des Werthes aller Güter beträgt.

Sind bei der Versicherung des imaginären Gewinns in Ansehung des nicht angelangten Theiles der Güter die Voraussetzungen des § 860 vorhanden, so kommt von dem Schaden der im § 860 bezeichnete Ueberschuß in Abzug.

Bei untrennbarer Vermischung von Gütern tritt das Surrogat an Stelle des Guts. R.G. 4 S. 44.

§ 880. **Partialschaden an Bodmerei- und Havereigeldern.**

Bei Bodmerei- oder Havereigeldern besteht im Falle eines theilweisen Verlustes der Schaden in dem Ausfalle, welcher sich darauf gründet, daß der Gegenstand, der verbodmet oder für den die Havereigelder vorgeschossen oder verausgabt sind, zur Deckung der Bodmerei- oder Havereigelder in Folge späterer Unfälle nicht mehr genügt.

§ 881. **Maßstab der Haftung des Versicherers bei Partialschäden.**

Der Versicherer hat den nach den §§ 872—880 zu berechnenden Schaden vollständig zu vergüten, wenn zum vollen Werthe versichert war, jedoch unbeschadet der Vorschrift des § 800; war nicht zum vollen Werthe versichert, so hat er nach Maßgabe des § 792 nur einen verhältnißmäßigen Theil dieses Schadens zu vergüten.

Sechster Titel.

Bezahlung des Schadens.

§ 882.

Schadensberechnung und dem Versicherten obliegende Nachweise.

Der Versicherte hat, um den Ersatz eines Schadens fordern zu können, eine Schadensberechnung dem Versicherer mitzutheilen.

Er muß zugleich durch genügende Belege dem Versicherer darthun:

1. sein Interesse;
2. daß der versicherte Gegenstand den Gefahren der See ausgesetzt worden ist;
3. den Unfall, auf den der Anspruch gestützt wird;
4. den Schaden und dessen Umfang.

Das Interesse des Versicherten (§§ 778, 779) muß zur Zeit der Versicherung und des Unfalls vorhanden sein. R.O. 14 S. 130.

Von der Bezeichnung des Interesses ist der Versicherte auch dann nicht befreit, wenn er von seinem Nachweise befreit ist; der Versicherer hat dann den Gegenbeweis, vgl. § 885 und die Bemerkung zu § 850.

Ueber den Begriff „Unfall“ s. § 820.

Eine Beibringung der Police ist außer bei der Versicherung für fremde Rechnung (§§ 886, 887) und bei der Stellung der Police an Order (§ 364 Abs. 3 H.G.B.) nicht erforderlich.

§§ 142, 143 Allg. Seev.Bed. fordern auch bei besonderer Haverei eine Dispache, und zwar bei Partialschäden immer, bei Totalverlust bei verwickelter Rechnung auf Verlangen des Versicherers, sowie schriftliche Andienung des Schadens binnen bestimmter Frist.

§ 883.

Bei der Versicherung für fremde Rechnung hat sich außerdem der Versicherte darüber auszuweisen, daß er dem Versicherungsnehmer zum Abschlusse des Vertrags Auftrag ertheilt hat. Ist die Versicherung ohne Auftrag geschlossen (§ 782), so muß der Versicherte die Umstände darthun, aus welchen hervorgeht, daß die Versicherung in seinem Interesse genommen ist.

Es muß Auftrag oder nützliche Geschäftsführung nachgewiesen werden. B. 1 S. 250. S. auch das zu § 886 Bemerkte.

§ 884. Belege.

Als genügende Belege sind im Allgemeinen solche Belege anzusehen, die im Handelsverkehre, namentlich wegen der Schwierigkeit der Beschaffung anderer Beweise, nicht beanstandet zu werden pflegen, insbesondere

1. zum Nachweise des Interesses:
   bei der Versicherung des Schiffes die üblichen Eigenthumsurkunden;
   bei der Versicherung von Gütern die Fakturen und Konnossemente, sofern nach deren Inhalt der Versicherte zur Verfügung über die Güter befugt erscheint;
   bei der Versicherung der Fracht die Chartepartien und Konnossemente;
2. zum Nachweise der Verladung der Güter die Konnossemente;
3. zum Nachweise des Unfalls die Verklarung und das Tagebuch, in Kondemnationsfällen das Erkenntniß des Prisengerichts, in Verschollenheitsfällen glaubhafte Bescheinigungen über die Zeit, in welcher das Schiff den Abgangshafen verlassen hat, und über die Nichtankunft des Schiffes im Bestimmungshafen während der Verschollenheitsfrist;
4. zum Nachweise des Schadens und dessen Umfanges die den Gesetzen oder Gebräuchen des Ortes der Schadensermittelung entsprechenden Besichtigungs-, Abschätzungs- und Versteigerungsurkunden sowie die Kostenanschläge der Sachverständigen, ferner die quittirten Rechnungen über die ausgeführten Ausbesserungen und andere Quittungen über geleistete Zahlungen; in Ansehung eines theilweisen Schadens am Schiffe (§§ 872, 873) genügen jedoch die Be-

sichtigungs- und Abschätzungsurkunden sowie die Kostenanschläge nur dann, wenn die etwaigen Schäden, die sich auf Abnutzung, Alter, Fäulniß oder Wurmfraß gründen, gehörig ausgeschieden sind und wenn zugleich, soweit es ausführbar war, solche Sachverständige zugezogen worden sind, die entweder ein für allemal obrigkeitlich bestellt oder von dem Ortsgericht oder dem deutschen Konsul und, in deren Ermangelung oder sofern deren Mitwirkung sich nicht erlangen ließ, von einer anderen Behörde besonders ernannt waren.

§ 885. **Befreiung vom Nachweis.**

Eine Vereinbarung, durch die der Versicherte von dem Nachweise der im § 882 erwähnten Umstände oder eines Theiles dieser Umstände befreit wird, ist gültig, jedoch unbeschadet des Rechtes des Versicherers, das Gegentheil zu beweisen.

Die bei der Versicherung von Gütern getroffene Vereinbarung, daß das Konnossement nicht vorzulegen ist, befreit nur von dem Nachweise der Verladung.

Vgl. Anm. zu § 882.

§ 886. **Rechtsstellung des Versicherungsnehmers und des Versicherten bei der Versicherung für fremde Rechnung.**

Bei der Versicherung für fremde Rechnung ist der Versicherungsnehmer ohne Beibringung einer Vollmacht des Versicherten legitimirt, über die Rechte, die im Versicherungsvertrage für den Versicherten ausbedungen sind, zu verfügen sowie die Versicherungsgelder zu erheben und einzuklagen. Diese Vorschrift gilt jedoch im Falle der Ertheilung einer Polize nur dann, wenn der Versicherungsnehmer die Polize beibringt.

Ist die Versicherung ohne Auftrag genommen, so bedarf der Versicherungsnehmer zur Erhebung oder Einklagung der Versicherungsgelder der Zustimmung des Versicherten.

Zu §§ 886—890 vgl. auch §§ 781, 782.

Der Versicherungsnehmer ist präsumtiver Bevollmächtigter des

Versicherten, R.O. 14 S. 137; Wille, Kenntniß, Arglist des Versicherten sind entscheidend; er ist aber nicht lediglich Vertreter, auch nicht Kommissionär, sondern es steht ihm die Ausübung der Rechte aus der Versicherung kraft eigenen Rechts und im eigenen Namen zu. R.G. in H. 1892 Nr. 19 (= S.A. 47 S. 329), vgl. R.G. 35 S. 54. Er ist daher Prozeßpartei, vgl. H. 1889 Nr. 111; eine Eideszuschiebung in dem von ihm angestellten Prozeß kann daher nicht (wie R.O. 10 S. 130 annahm) an den Versicherten erfolgen, sondern nur an ihn.

Bei der Versicherung für Rechnung wenn es angeht ist der Versicherungsnehmer formell stets zur Klage legitimirt, materielles Recht hat er aber nur dann, wenn die Versicherung entweder als solche für eigene oder als solche für fremde Rechnung gültig ist. Er muß das Eine oder das Andere behaupten und darlegen und muß insbesondere, wenn er für fremde Rechnung versichert zu haben behauptet, den Auftrag nachweisen, oder wenn dessen Fehlen angezeigt war (§ 782) beweisen, daß die Versicherung im Interesse des von ihm als versichert Erklärten genommen war. Er hat ferner auch bei der Versicherung für fremde Rechnung das Interesse des konkreten Versicherten zur Zeit der Versicherung wie des Unfalls darzulegen und nachzuweisen, daß ihn ein Schaden betroffen hat. R.O. 14 S. 126.

§ 887.

Im Falle der Ertheilung einer Polize hat der Versicherer die Versicherungsgelder dem Versicherten zu zahlen, wenn dieser die Polize beibringt.

Dieser Satz bezieht sich nur auf die Versicherung für fremde Rechnung.

§ 888.

Der Versicherungsnehmer ist nicht verpflichtet, die Polize dem Versicherten oder den Gläubigern oder der Konkursmasse des Versicherten auszuliefern, bevor er wegen der gegen den Versicherten in Bezug auf den versicherten Gegenstand ihm zustehenden Ansprüche befriedigt ist. Im Falle eines Schadens kann der Versicherungsnehmer sich wegen dieser Ansprüche aus der Forderung, welche gegen den Versicherer begründet ist, und nach Einziehung der Versicherungsgelder aus den letzteren vorzugsweise vor dem Versicherten und vor dessen Gläubigern befriedigen.

§ 889.

Der Versicherer macht sich dem Versicherungsnehmer verantwortlich, wenn er, während sich dieser noch im Besitze der Polize befindet, durch Zahlungen, die er dem Versicherten oder den Gläubigern oder der Konkursmasse des Versicherten leistet, oder durch Verträge, die er mit ihnen schließt, das im § 888 bezeichnete Recht des Versicherungsnehmers beeinträchtigt.

Inwiefern sich der Versicherer einem Dritten, welchem Rechte aus der Polize eingeräumt sind, dadurch verantwortlich macht, daß er über diese Rechte Verträge schließt oder Versicherungsgelder zahlt, ohne sich die Polize zurückgeben zu lassen oder sie mit der erforderlichen Bemerkung zu versehen, bestimmt sich nach den Vorschriften des bürgerlichen Rechtes.

Der Fall des Abs. 2 ist praktisch namentlich bei Stellung der Polize an Order. Der Versicherer muß den Vorzeiger der Polize als legitimirt anerkennen und kann ihm bei gutem Glauben Rechtsakte, die seinem Vormann gegenüber vorgenommen sind, nicht entgegenhalten.

Im Uebrigen ist der gute Glaube des Versicherers geschützt bei Uebertragung des Forderungsrechts nach §§ 406—409 B.G.B., bei Verpfändung nach § 1280 B.G.B.

§ 890.

Wird der Versicherer auf Zahlung der Versicherungsgelder in Anspruch genommen, so kann er bei der Versicherung für fremde Rechnung Forderungen, die ihm gegen den Versicherungsnehmer zustehen, nicht aufrechnen.

Soweit der Versicherungsnehmer nach § 888 S. 2 für eigene Rechnung klagt, kann der Versicherer Forderungen gegen ihn aufrechnen. In § 151 Allg. Seev.Bed. ist diese Folgerung ausdrücklich ausgesprochen.

§ 891.

Abtretung der Entschädigungsansprüche.

Der Versicherte ist befugt, nicht nur die aus einem bereits eingetretenen Unfall ihm zustehenden, sondern auch die künftigen Entschädigungsansprüche einem Dritten abzutreten. Ist die Polize nach § 363 Abs. 2 an Order gestellt, so ist bei der Versicherung für fremde Rechnung zur Gültigkeit der ersten Uebertragung das Indossament des Versicherungsnehmers genügend.

§ 892. **Pflicht zu Abschlagszahlungen.**

Wenn nach dem Ablaufe von zwei Monaten seit der Anzeige des Unfalls die Schadensberechnung (§ 882) ohne Verschulden des Versicherten noch nicht vorgelegt, wohl aber durch ungefähre Ermittelung die Summe festgestellt worden ist, welche dem Versicherer mindestens zur Last fällt, so hat der letztere diese Summe in Anrechnung auf seine Schuld vorläufig zu zahlen, jedoch nicht vor dem Ablaufe der etwa für die Zahlung der Versicherungsgelder bedungenen Frist. Soll die Zahlungsfrist mit dem Zeitpunkte beginnen, in welchem dem Versicherer die Schadensberechnung mitgetheilt ist, so wird sie in dem bezeichneten Falle von der Zeit an berechnet, in welcher dem Versicherer die vorläufige Ermittelung mitgetheilt ist.

§ 893. **Pflicht zu Vorschüssen.**

Der Versicherer hat:

1. in Havereifällen zu den für die Rettung, Erhaltung oder Wiederherstellung der versicherten Sache nöthigen Ausgaben in Anrechnung auf seine später festzustellende Schuld zwei Drittheile des ihm zur Last fallenden Betrags,
2. bei Aufbringung des Schiffes oder der Güter den vollen Betrag der ihm zur Last fallenden Kosten des Reklameprozesses, sowie sie erforderlich werden, vorzuschießen.

Reklameprozeß s. § 535.

Siebenter Titel.

Aufhebung der Versicherung und Rückzahlung der Prämie.

§ 894. **Ristorno.**

Wird die Unternehmung, auf welche sich die Versicherung bezieht, ganz oder zu einem Theile von dem Versicherten aufgegeben oder wird ohne sein Zuthun die ganze versicherte Sache oder ein Theil dieser Sache der von dem Versicherer übernommenen Gefahr nicht ausgesetzt, so kann die Prämie ganz oder zu dem verhältnißmäßigen Theile bis auf eine dem Versicherer gebührende Vergütung zurückgefordert oder einbehalten werden (Ristorno).

Die Vergütung (Ristornogebühr) besteht, sofern nicht ein anderer Betrag vereinbart oder am Orte der Versicherung üblich ist, in einem halben Prozente der ganzen oder des entsprechenden Theiles der Versicherungssumme, wenn aber die Prämie nicht ein Prozent der Versicherungssumme erreicht, in der Hälfte der ganzen oder des verhältnißmäßigen Theiles der Prämie.

Nach § 154 Allg. Seev.Bed. ist die Ristornogebühr nur $^1/_4$ %, und, wenn die Prämie nicht $^1/_2$ % erreicht, die Hälfte der Prämie.

§ 895.

Ist die Versicherung wegen Mangels des versicherten Interesses (§ 778) oder wegen Ueberversicherung (§ 786) oder Doppelversicherung (§ 788) unwirksam und hat sich der Versicherungsnehmer bei dem Abschlusse des Vertrags und im Falle der Versicherung für fremde Rechnung auch der Versicherte bei der Ertheilung des Auftrags in gutem Glauben befunden, so kann die Prämie gleichfalls bis auf die im § 894 bezeichnete Ristornogebühr zurückgefordert oder einbehalten werden.

§§ 895, 896 sind auch anwendbar bei der Doppelversicherung im Falle des § 790.

§ 896.

Die Anwendung der Vorschriften der §§ 894, 895 wird dadurch nicht ausgeschlossen, daß der Versicherungsvertrag für den Versicherer wegen Verletzung der Anzeigepflicht oder aus anderen Gründen unverbindlich ist, selbst wenn der Versicherer ungeachtet dieser Unverbindlichkeit auf die volle Prämie Anspruch hätte.

§ 897.

Ein Ristorno findet nicht statt, wenn die Gefahr für den Versicherer bereits zu laufen begonnen hat.

Wenn der Vertrag durch auflösende Bedingung aufgelöst wird, der Versicherer aber schon einen Theil des Risikos getragen hatte, findet eine theilweise Zurückvergütung der Prämie nicht statt. R.G. 21 S. 329.

§ 898. **Rücktritt wegen Zahlungsunfähigkeit des Versicherers.**

Wenn der Versicherer zahlungsunfähig geworden ist, so ist der Versicherte befugt, nach seiner Wahl entweder von dem Vertrage zurückzutreten und die ganze Prämie zurückzufordern oder einzubehalten oder auf Kosten des Versicherers nach Maßgabe des § 789 eine neue Versicherung zu nehmen. Dieses Recht steht ihm jedoch nicht zu, wenn ihm wegen der Erfüllung der Verpflichtungen des Versicherers genügende Sicherheit bestellt wird, bevor er von dem Vertrage zurückgetreten ist oder die neue Versicherung genommen hat.

Die Kosten der neuen Versicherung kann der Versicherte auch im Konkurse des Versicherers von dessen Prämienforderung kürzen. H. 1902 Nr. 62, 63. Darüber, ob für § 17 K.O. neben § 898 Raum ist, sind beide Entscheidungen verschiedener Meinung, u. E. ist es zu verneinen.

§ 899. **Veräußerung des versicherten Gegenstandes.**

Wird der versicherte Gegenstand veräußert, so können dem Erwerber die dem Versicherten nach dem Versicherungsvertrag auch in Bezug auf künftige Unfälle zustehenden Rechte mit der Wirkung abgetreten werden, daß der Erwerber den Versicherer ebenso in Anspruch zu nehmen befugt ist, als wenn die Veräußerung nicht stattgefunden hätte und der Versicherte selbst den Anspruch erhöbe.

Der Versicherer bleibt von der Haftung für die Gefahren befreit, welche nicht eingetreten sein würden, wenn die Veräußerung unterblieben wäre.

Er kann sich nicht nur der Einreden und Gegenforderungen bedienen, welche ihm unmittelbar gegen den Erwerber zustehen, sondern auch derjenigen, welche er dem Versicherten hätte entgegenstellen können, der aus dem Versicherungsvertrage nicht hergeleiteten jedoch nur insofern, als sie bereits vor der Anzeige der Uebertragung entstanden sind.

Durch diese Vorschriften werden die rechtlichen Wirkungen der mittelst Indossaments erfolgten Uebertragung einer Polize, die an Order lautet, nicht berührt.

Zu Abs. 1: Die Regel ist, daß durch die Veräußerung das versicherte Interesse erlischt und der Vertrag hinfällig wird; § 899 Abs. 1 enthält hiervon eine nicht auszudehnende Ausnahme. R.G. 7 S. 13. Vgl. R.G. 5 S. 320.

„Veräußern" bezeichnet den dinglichen, nicht einen bloß obligatorischen Rechtsakt. H. 1893 Nr. 84 (= S.A. 50 S. 74). Wenn der Gegenstand vor dem Abschluß des Versicherungsvertrages veräußert ist, ist der Satz nicht anwendbar. R.O. 14 S. 132.

Die Abtretung der Rechte aus der Versicherung kann auch stillschweigend erfolgen, z. B. durch Uebergabe der Polize mit dem Konnossement. H. 1901 Nr. 101.

Zu Abs. 4: Gegen den Indossatar können nach § 364 Abs. 2 H.G.B. nur solche Einwendungen erhoben werden, die die Gültigkeit seiner Erkärung in der Urkunde betreffen oder sich aus dem Inhalt der Urkunde ergeben oder unmittelbar gegen den Besitzer gehen. Dazu gehören nicht etwa ohne Weiteres alle Einreden aus dem Versicherungsvertrage, z. B. wegen einer Verletzung der Anzeigepflicht.

Auch der Indossatar muß das Interesse des Versicherten und bei einer Versicherung für fremde Rechnung den Auftrag oder die nützliche Geschäftsführung des Versicherungsnehmers nachweisen. Ist er selbst der Versicherte, so können ihm alle im Verhältniß des Versicherers zu ihm begründeten Einreden entgegengestellt werden, mittelst deren geltend gemacht wird, daß der Versicherer von vornherein nicht verpflichtet war. B. 1 S. 250.

§ 900.

Die Vorschriften des § 899 gelten auch im Falle der Versicherung einer Schiffspart.

Ist das Schiff selbst versichert, so kommen sie nur zur Anwendung, wenn das Schiff während einer Reise veräußert wird. Der Anfang und das Ende der Reise bestimmen sich nach § 823. Ist das Schiff auf Zeit oder für mehrere Reisen (§ 757) versichert, so dauert die Versicherung im Falle der Veräußerung während einer Reise nur bis zur Entlöschung des Schiffes im nächsten Bestimmungshafen (§ 823).

Elfter Abschnitt.

Verjährung.

§ 901.

Die im § 754 Nr. 1 bis 9 aufgeführten Forderungen verjähren in einem Jahre. Es beträgt jedoch die Verjährungsfrist zwei Jahre:

1. für die aus den Dienst- und Heuerverträgen herrührenden Forderungen der Schiffsbesatzung, wenn die Entlassung jenseits des Vorgebirges der guten Hoffnung oder des Kap Horn erfolgt ist;
2. für die aus dem Zusammenstoße von Schiffen hergeleiteten Entschädigungsforderungen.

Die in § 754 Z. 10 aufgeführten Forderungen unterliegen der Verjährung des § 901 nicht. Für die der Berufsgenossenschaften gilt die gewöhnliche Verjährung, für die der Versicherungsanstalten für die Invaliditäts- und Altersversicherung jetzt die nach § 168 des Gesetzes in der Fassung vom 19. Juli 1899 (R.G.Bl. S. 463) geltende Frist von zwei Jahren. Vgl. hierzu auch H.M., S. 428.

Die kurze seerechtliche Verjährung des deutschen Rechts gilt auch gegenüber im Ausland entstandenen Forderungen gegen ein deutsches Schiff. H. 1896 Nr. 37 (= S.A. 51 S. 440), a. M. R.O. 22 S. 89.

§ 902.

Die nach § 901 eintretende Verjährung bezieht sich zugleich auf die persönlichen Ansprüche, die dem Gläubiger etwa gegen den Rheder oder eine Person der Schiffsbesatzung zustehen.

Ein bereits rechtshängig gewordener persönlicher Anspruch wird durch die während des Prozesses eintretende Verjährung des dinglichen Anspruchs nicht berührt. R.G. 36 S. 119.

§ 903.

Die Verjährung beginnt:

1. in Ansehung der Forderungen der Schiffsbesatzung (§ 754 Nr. 3) mit dem Ablaufe des Jahres, in welchem das Dienst- oder Heuerverhältniß endet, und,

falls die Anstellung der Klage früher möglich und zulässig ist, mit dem Ablaufe des Jahres, in welchem diese Voraussetzung eintritt; jedoch kommt das Recht, Vorschuß- und Abschlagszahlungen zu verlangen, für den Beginn der Verjährung nicht in Betracht;

2. in Ansehung der Forderungen wegen Beschädigung oder verspäteter Ablieferung von Ladungsgütern und Reisegut (§ 754 Nr. 7, 9) und wegen der Beiträge zur großen Haverei (§ 754 Nr. 5) mit dem Ablaufe des Jahres, in welchem die Ablieferung erfolgt ist, in Ansehung der Forderungen wegen Nichtablieferung von Gütern mit dem Ablaufe des Jahres, in welchem das Schiff den Hafen erreicht, wo die Ablieferung erfolgen sollte, und wenn dieser Hafen nicht erreicht wird, mit dem Ablaufe des Jahres, in welchem der Betheiligte sowohl hiervon als auch von dem Schaden zuerst Kenntniß erlangt;
3. in Ansehung der nicht unter Nr. 2 fallenden Forderungen aus dem Verschulden einer Person der Schiffsbesatzung (§ 754 Nr. 9) mit dem Ablaufe des Jahres, in welchem der Betheiligte von dem Schaden Kenntniß erlangt hat, in Ansehung der Entschädigungsforderungen wegen des Zusammenstoßes von Schiffen jedoch mit dem Ablaufe des Jahres, in welchem der Zusammenstoß stattgefunden hat;
4. in Ansehung aller anderen Forderungen mit dem Ablaufe des Jahres, in welchem die Forderung fällig geworden ist.

Die Festsetzung des Beginns der Verjährung auf den Ablauf des maßgebenden Jahres entspricht dem § 201 B.G.B., § 119 B.Sch.G., H.M., S. 428.

§ 904.

Ferner verjähren in einem Jahre die auf den Gütern wegen der Bodmereigelder, der Beiträge zur großen Haverei und der Bergungs- und Hülfskosten haftenden Forderungen sowie die wegen dieser Gelder, Beiträge und Kosten begründeten persönlichen Ansprüche.

Die Verjährung beginnt in Ansehung der Beiträge zur großen Haverei mit dem Ablaufe des Jahres, in welchem die beitragspflichtigen Güter abgeliefert sind, in Ansehung der übrigen Forderungen mit dem Ablaufe des Jahres, in welchem die Fälligkeit eingetreten ist.

Für die auf den Gütern wegen der Fracht und der Auslagen haftenden Forderungen ist nach H.M., S. 428, § 196 B.G.B. maßgebend:

„In zwei Jahren verjähren die Ansprüche
1. — — — — — — — —
2. — — — — — — — —
3. der Eisenbahnunternehmungen, Frachtfuhrleute, Schiffer, Lohnkutscher und Boten wegen des Fahrgeldes, der Fracht, des Fuhr- und Botenlohns, mit Einschluß der Auslagen."

Der Beginn der Verjährung ist auch hier das Ende des maßgebenden Jahres, § 201 B.G.B.

§ 905.

Es verjähren in fünf Jahren die Forderungen des Versicherers und des Versicherten aus dem Versicherungsvertrage.

Die Verjährung beginnt mit dem Ablaufe des Jahres, in welchem die versicherte Reise beendigt ist, und bei der Versicherung auf Zeit mit dem Ablaufe des Tages, an welchem die Versicherungszeit endet. Sie beginnt, wenn das Schiff verschollen ist, mit dem Ablaufe des Tages, an welchem die Verschollenheitsfrist endet.

Ueber Hemmung und Unterbrechung der Verjährung s. §§ 202 ff. B.G.B., über die Aufrechnung verjährter Forderungen § 390 B.G.B.

Urkundlich unter Unserer Höchsteigenhändigen Unterschrift und beigedrucktem Kaiserlichen Insiegel.

Gegeben Urville, den 10. Mai 1897.

(L. S.)

Wilhelm.

Fürst zu Hohenlohe.

Anhang I.

Vergleichende Zusammenstellung

der

das Seerecht betreffenden Artikel des Allgemeinen Deutschen Handelsgesetzbuchs und der Paragraphen des neuen Handelsgesetzbuchs.

Die Zahlen der ersten Spalte bezeichnen die Artikel des Allgemeinen deutschen Handelsgesetzbuchs, die in der zweiten Spalte gegenübergestellten die entsprechenden Paragraphen des neuen Handelsgesetzbuchs.

Allgemeines Deutsches Handelsgesetzbuch	Neues Handelsgesetzbuch	Allgemeines Deutsches Handelsgesetzbuch	Neues Handelsgesetzbuch
432—438	Gestrichen	456	489
439	474	457	490
440	475	458	491
441	476	459	492
442	477	460 Abs. 1—5	493
443 Abs. 1	Gestrichen	Abs. 6	Gestrichen
Abs. 2, 3	478	461	494
444	479	462	495
445	481	463	496
446 Abs. 1	482	464	497
Abs. 2, 3	Gestrichen	465	498
447	483	466	499
448 (vgl. 435 Nr. 3)	480	467	500
449	Gestrichen	468	501
450	484	469	502
451	485	470 Abs. 1	503 Abs. 1
452	486	Abs. 2 Satz 1	Gestrichen
453	487	Satz 2, 3	503 Abs. 2
454	Gestrichen	471	504
455	488	472	505

Allgemeines Deutsches Handelsgesetzbuch	Neues Handelsgesetzbuch	Allgemeines Deutsches Handelsgesetzbuch	Neues Handelsgesetzbuch
473	506	517	548
474	507	518	549
475	508	519	550
476	509	520	551
477	510	521	552
478	511	522	553
479	512	523	554
480	513	524	554
481	514	525	Gestrichen
482	515	526	555
483	516	527	Gestrichen
484	517	528—556	Gestrichen
485	518	557	556
486	519	558	557
487	520	559	558
488	Gestrichen	560	559
489	521	561	560
490	522	562	561
491	523	563	562
492	524	564	563
493	525	565	564
494	Gestrichen	566	565
495	526	567	566
496	527	568	567
497	528	569	568
498	529	570	569
499	530	571	570
500	531	572	571
501	532	573	572
502	533	574	573
503	534	575	574
504	535	576	575
505	536	577	576
506	537	578	577
507	538	579	578
508	539	580	579
509	540	581	580
510	541	582	581
511	542	583	582
512	543	584	583
513	544	585 Abs. 1	584 Abs. 1
514	545	Abs. 2	Gestrichen
515	546	Abs. 3	584 Abs. 2
516	547	586	585

Allgemeines Deutsches Handelsgesetzbuch	Neues Handelsgesetzbuch	Allgemeines Deutsches Handelsgesetzbuch	Neues Handelsgesetzbuch
587	586	627	625
588	587	628	626
589	588	629	627
590	589	630	628
591	590	631	629
592	591	632	630
593	592	633 Abs. 1	631
594	593	Abs. 2	Gestrichen
595	594	634	632
596	595	635	633
597	596	636	634
598	597	637	635
599	598	638	636
600	599	639	637
601	600	640	638
602	601	641	639
603	602	642	640
604	603	643	641
605	604	644	642
606	605	645	643
607 Abs. 1	606	646	644
Abs. 2	Gestrichen	647	645
608	607	648	646
609	608	649	647
610	609	650	648
611	610	651	649
612 Abs. 1	611 Abs. 1 Halbs. 1	652	650
Abs. 2	Gestrichen	653	651
Abs. 3	611 Abs. 1 Halbs. 2	654	652
Abs. 4	611 Abs. 2	655	653
613	612	656	654
614	613	657	655
615	614	658	656
616	615	659	657
617	616	660	658
618	617	661	659
619	618	662	660
620	619	663	661
621	620	664	662
622	621	—	663
623	622	665	664
624	623	666	665
625	624	667	666
626	Gestrichen	668	667

Allgemeines Deutsches Handelsgesetzbuch	Neues Handelsgesetzbuch	Allgemeines Deutsches Handelsgesetzbuch	Neues Handelsgesetzbuch
669	668	711	709
670	669	712	710
671	670	713	711
672	671	714	712
673	672	715	713
674	673	716	714
675	674	717	715
676	675	718	716
677	676	719	717
678	677	720	718
679	678	721	719
680	679	722	720
681	680	723 Abs. 1	721 Abs. 1
682	681	Abs. 2	Gestrichen
683	682	Abs 3	721 Abs. 2
684	683	724	722
685	684	725	723
686	685	726	724
687 Abs. 1, 2	686 Abs. 1, 2	727	725
Abs. 3	Gestrichen	728	726
Abs. 4	686 Abs. 3	729	727
688	687	730	728
689	688	731 Abs. 1, 2	729 Abs. 1, 2
690	689	Abs. 3	Gestrichen
691	690	732	730
692	691	733	731
693	692	734	732
694	693	735	733
695	694	736	734
696	695	737	735
697	696	738	736
698	697	739	737
699	698	740	738
700	699	741	739
701	Gestrichen	742	740
702	700	743	741
703	701	744	742
704	702	745	743
705	703	746	744
706	704	747	745
707	705	748	746
708	706	749	747
709	707	750	748
710	708	751	749

Allgemeines Deutsches Handelsgesetzbuch	Neues Handelsgesetzbuch	Allgemeines Deutsches Handelsgesetzbuch	Neues Handelsgesetzbuch
752	750	791	787
753	751	792	788
754	752	793	789
755	753	794	790
756	Gestrichen	795	791
757	754	796	792
758	755	797	793
759	756	798	794
760	757	799	795
761	758	800	796
762	759	801	797
763	760	802	798
—	761 Abs. 1	803	799
764	761 Abs. 2	804	800
765	762	805	801
766	763	806	802
767 Z. 1	Gestrichen	807	803
Z. 2	764 Abs. 1	808	804
768	765	809	805
769	Gestrichen	810	806
770 Abs. 1	766	811	807
Abs. 2.	Gestrichen	812	808
771	767	813	809
772	768	814	810
773	769	815	811
—	770	816	812
774	771	817	813
775	772	818	814
776	773	819	815
777	774	820	816
778	775	821	817
779	776	822	818
780 Abs. 1	764 Abs. 2	823	819
Abs. 2, 3	Gestrichen	824	820
781	777	825	821
782	778	826	822
783	779	827	823
784	780	828	824
785	781	829	825
786	782	830	826
787	783	831	827
788	784	832	828
789	785	833	829
790	786	834	830

Allgemeines Deutsches Handelsgesetzbuch	Neues Handelsgesetzbuch	Allgemeines Deutsches Handelsgesetzbuch	Neues Handelsgesetzbuch
835	831	874	870
836	832	875	871
837	833	876	872
838	834	877	873
839	835	878	874
840	836	879	875
841	837	880	876
842	838	881	877
843	839	882	878
844	840	883	879
845	841	884	880
846	842	885	881
847	843	886	882
848	844	887	883
849	845	888	884
850	846	889	Gestrichen
851	847	890	885
852	848	891	886
853	849	892	887
854	850	893	888
855	851	894	889
856	852	895	890
857	853	896	891
858	854	897	892
859	855	898	893
860	856	899	894
861	857	900	895
862	858	901	896
863	859	902	897
864	860	903	898
865	861	904	899
866	862	905	900
867	863	906	901
868	864	907	902
869	865	908	903
870	866	909	904
871	867	910	905
872	868	911	Gestrichen
873	869		

Anhang II.

Nebengesetze und Verordnungen.

1. Gesetz, betreffend das Flaggenrecht der Kauffahrteischiffe.

Vom 22. Juni 1899.

(R.G.Bl. S. 319, Abänderung 1901 S. 184.)

Wir Wilhelm, von Gottes Gnaden Deutscher Kaiser, König von Preußen ꝛc.

verordnen im Namen des Reichs, nach erfolgter Zustimmung des Bundesraths und des Reichstags, was folgt:

§ 1.

Die zum Erwerbe durch die Seefahrt bestimmten Schiffe (Kauffahrteischiffe) mit Einschluß der Lootsen-, Hochseefischerei-, Bergungs- und Schleppfahrzeuge haben als Nationalflagge ausschließlich die Reichsflagge (Artikel 55 der Reichsverfassung) zu führen.

Die Form der Reichsflagge und die Art ihrer Führung wird durch Kaiserliche Verordnung bestimmt.

„Erwerb durch die Seefahrt" s. Vorbemerkung S. 2.

Nach der Begründung (Stenogr. Berichte des Reichstags, 10. Legislaturperiode I. Session 1898/1900, 2. Anlagenband S. 1291) sollen staatliche Lootsen- und Schleppfahrzeuge deshalb nicht unter § 1 fallen, weil sie nicht zum Erwerb durch die Seefahrt im Sinne dieses Gesetzes bestimmt seien. S. aber Vorbemerkung a. a. O.

Ueber die Grenzen der Seefahrt s. § 25 und § 1 der in der folgenden Nummer abgedruckten Bekanntmachung.

Reichsverfassung Art. 54: Die Kauffahrteischiffe aller Bundesstaaten bilden eine einheitliche Handelsmarine.

— — — — — — — — — — — — — — — — — —

Art. 55: Die Flagge der Kriegs- und Handelsmarine ist schwarz-weiß-roth.

Zu Abs. 2 vgl. Verordnung, betreffend die Bundesflagge für Kauffahrteischiffe, vom 25. Oktober 1867 (B.G.Bl. S. 39), Verordnung über die Führung der Reichsflagge, vom 8. November 1892 (R.G.Bl. S. 1050), Allerhöchster Erlaß, betreffend Abzeichen auf der Handelsflagge für die als Offiziere des Beurlaubtenstandes rc. der Marine angehörigen Schiffsführer, vom 1. Juli 1896 (R.G.Bl. S. 161).

§ 2.

Zur Führung der Reichsflagge sind die Kauffahrteischiffe nur dann berechtigt, wenn sie im ausschließlichen Eigenthume von Reichsangehörigen stehen.

Den Reichsangehörigen werden gleichgeachtet offene Handelsgesellschaften und Kommanditgesellschaften, wenn die persönlich haftenden Gesellschafter sämmtlich Reichsangehörige sind; andere Handelsgesellschaften, eingetragene Genossenschaften und juristische Personen, wenn sie im Inland ihren Sitz haben, Kommanditgesellschaften auf Aktien jedoch nur dann, wenn die persönlich haftenden Gesellschafter sämmtlich Reichsangehörige sind.

In § 2 werden die materiellen, in §§ 11 ff. die formellen Voraussetzungen des Flaggenrechts geregelt; vor Erfüllung der letzteren darf es nicht ausgeübt werden (Ausnahme s. § 16). R.G.Str. 7 S. 66.

Für offene Handelsgesellschaften und Kommanditgesellschaften ist es gleichgültig, ob der Sitz im Inland ist.

Zu den „anderen Handelsgesellschaften" gehören auch die Gesellschaften mit beschränkter Haftung, zu den juristischen Personen auch die Kolonialgesellschaften gemäß § 11 Schutzgebietsgesetz in der Fassung vom 10. September 1900 (R.G.Bl. S. 813). „Inland" umfaßt nach der Begründung zu § 2 auch die Schutzgebiete, s. auch § 6 Seem.O. Vgl. aber auch § 6 Abs. 2!

Ueber Gleichstellung von Eingeborenen der Schutzgebiete mit Reichsangehörigen s. § 28.

Strafvorschrift § 18.

§ 3.

Verliert der Eigenthümer einer Schiffspart die Reichsangehörigkeit oder geht eine im Eigenthum eines Reichsangehörigen stehende Schiffspart in anderer Weise als durch Veräußerung (Handelsgesetzbuch § 503) auf einen Ausländer über, so behält das Schiff noch bis zum Ablauf eines Jahres das Recht zur Führung der Reichsflagge.

Sind seit dem im Abs. 1 bezeichneten Ereignisse sechs Monate verstrichen, so hat das Registergericht die übrigen Mitrheder auf ihren Antrag zu ermächtigen, die Schiffspart für Rechnung des Eigenthümers öffentlich versteigern zu lassen; über die Stellung des Antrags beschließen die übrigen Mitrheder nach Stimmenmehrheit; die Stimmen werden nach der Größe der Schiffsparten berechnet. Bei der Versteigerung der Schiffspart können die Antragsteller mitbieten. Der Zuschlag darf nur einem Inländer ertheilt werden.

Diese Vorschriften kommen nur zur Anwendung, wenn die Schiffsparten der übrigen Mitrheder wenigstens zwei Drittheile des Schiffes umfassen.

Abs. 1 bezieht sich namentlich auf Uebergang im Wege der Zwangsvollstreckung und durch Erbgang.

Auf offene Handelsgesellschaften (vgl. § 489 Abs. 2 H.G.B.) ist § 3 nicht anwendbar, bei ihnen geht daher das Flaggenrecht verloren, wenn ein Gesellschafter die Reichsangehörigkeit verliert oder sein Gesellschaftsantheil an einen nicht Reichsangehörigen übergeht.

Strafvorschrift § 18.

§ 4.

Für die zur Führung der Reichsflagge befugten Kauffahrteischiffe sind in den an der See oder an Seeschiffahrtsstraßen belegenen Gebieten Schiffsregister zu führen.

Die Schiffsregister werden von den Amtsgerichten geführt. Durch Anordnung der Landesjustizverwaltung kann die Führung des Registers für mehrere Amtsgerichtsbezirke einem Amtsgericht übertragen werden.

Abs. 1: Z. B. in Köln, Düsseldorf.

Nach § 1 Ges. freiw. Gerichtsb. gelten für diejenigen Angelegenheiten der freiwilligen Gerichtsbarkeit, die durch Reichsgesetz den Gerichten überwiesen sind, und daher auch für die Führung des Schiffsregisters, die Vorschriften jenes Gesetzes Subsidiär ist Landesrecht anwendbar, vgl. den nicht aufgehobenen § 19 des früheren Gesetzes vom 25. Oktober 1867 (B.G.Bl. S. 35). Die Führung kann landesgesetzlich auch anderen Behörden übertragen werden, § 27.

Nach der Begründung (s. Bem. zu § 1) soll auch die Einrichtung von Schiffsregistern in den Bezirken der deutschen Konsulargerichtsbarkeit in Frage kommen können.

Die Eintragungen ins Schiffsregister haben hinsichtlich der Eigenthumsverhältnisse zwar die Vermuthung der Richtigkeit für sich (s. Bemerkungen zu § 484 H.G.B.), genießen aber (auch für die Eintragung eines Pfandrechts, § 1260 B.G.B.) nicht öffentlichen Glauben nach Art des Grundbuchs. — Ueber die Eintragung des Schiffspfandrechts ins Schiffsregister s. §§ 1260—1272 B.GB., §§ 100—124 Ges. freiw. Gerichtsb., s. auch oben S. 4.

§ 5.

Das Schiffsregister ist öffentlich; die Einsicht desselben ist Jedem gestattet. Von den Eintragungen können gegen Erlegung der Kosten Abschriften gefordert werden, die auf Verlangen zu beglaubigen sind.

§ 6.

Ein Schiff kann nur in das Schiffsregister des Hafens eingetragen werden, von welchem aus, als dem Heimathshafen, die Seefahrt mit dem Schiffe betrieben werden soll.

Soll die Seefahrt von einem ausländischen Hafen oder von einem Hafen eines Schutzgebiets oder eines Konsulargerichtsbezirkes aus betrieben werden oder fehlt es an einem bestimmten Heimathshafen, so steht dem Rheder die Wahl des inländischen Registers frei. Hat der Rheder weder seinen Wohnsitz noch seine gewerbliche Niederlassung im Bezirke des Registergerichts, so ist er verpflichtet, einen im Bezirke des Registergerichts wohnhaften Vertreter zu bestellen, welcher die nach diesem Gesetze für den Rheder begründeten Rechte und Pflichten gegenüber dem Registergerichte wahrzunehmen hat. Die Verpflichtung zur Bestellung eines Vertreters fällt weg, wenn das Registergericht seinen Sitz und der Rheder seinen Wohnsitz oder seine gewerbliche Niederlassung im Reichsgebiete hat.

Ueber den Begriff des Heimathshafens s. Bem. zu § 480 H.G.B.

An einem bestimmten Heimathshafen fehlt es auch, wenn die Seefahrt vom Binnenlande aus betrieben wird, d. h. wenn dort der Mittelpunkt der Leitung des Betriebes ist.

Die bloße Thatsache, daß das Schiff seine Fahrten bald von diesem, bald von jenem Hafen aus beginnt, bewirkt nur dann, daß es an einem bestimmten Heimathshafen fehlt, wenn kein Hafen rechtlicher Mittelpunkt des Rhedereibetriebes ist (s. das zu § 480 H.G.B. Bemerkte). Nach den Stenogr. Ber. des Reichstags, 10. Legislaturperiode I. Session, S. 2087, scheint man dort allerdings von anderer Ansicht ausgegangen zu sein.

Ueber Veränderung des Heimathshafens s. § 13 Abs. 3.

§ 7.

Die Eintragung in das Schiffsregister hat zu enthalten:

1. den Namen und die Gattung des Schiffes sowie das Unterscheidungssignal;
2. die Ergebnisse der amtlichen Vermessung;
3. die Zeit und den Ort der Erbauung, soweit sie festzustellen sind;
4. den Heimathshafen;
5. den Namen und die nähere Bezeichnung des Rheders;
   bei einer Rhederei den Namen und die nähere Bezeichnung sämmtlicher Mitrheder und des Korrespondentrheders sowie die Größe der den einzelnen Mitrhedern gehörenden Schiffsparten;
   bei Handelsgesellschaften, eingetragenen Genossenschaften und juristischen Personen die Firma oder den Namen und den Ort, an welchem sie ihren Sitz haben, bei offenen Handelsgesellschaften außerdem den Namen und die nähere Bezeichnung sämmtlicher Gesellschafter, bei Kommanditgesellschaften und Kommanditgesellschaften auf Aktien den Namen und die nähere Bezeichnung sämmtlicher persönlich haftenden Gesellschafter;
6. die Angabe, daß in Ansehung der Reichsangehörigkeit der Betheiligten die gesetzlichen Anforderungen erfüllt sind;
7. den Rechtsgrund, auf welchem die Erwerbung des Schiffes oder der einzelnen Schiffsparten beruht;
8. den Tag der Eintragung;
9. die Ordnungsnummer, unter der das Schiff eingetragen ist.

Zu Z. 1: Die Angabe der Gattung braucht nicht detaillirt zu sein (Bark, Brigg u. s. w.), es genügt „Dampfschiff“, „Segelschiff“. — Das Unterscheidungssignal besteht aus vier Buchstaben und wird von der Registerbehörde verliehen.

Zu Z. 2: Die Schiffsvermessung ist geregelt durch die Schiffsvermessungsordnung vom 20. Juni 1888 (R.G.Bl. S. 190), in abgeänderter Fassung vom 1. März 1895 (R.G.Bl. S. 160). Vgl. auch § 25 und die in der folgenden Nummer abgedruckte Bekanntmachung § 2.

Zu Z. 5: Es hängt vom Ermessen ab, ob zur näheren Bezeichnung zum Namen des Rheders ein Zusatz zu machen ist, insbesondere, ob der Wohnort hinzugefügt wird. R.G.Str. 7 S. 66.

§ 8.

Die Eintragung in das Schiffsregister darf erst geschehen, nachdem das Recht des Schiffes zur Führung der Reichsflagge sowie alle im § 7 bezeichneten Thatsachen und Rechtsverhältnisse glaubhaft gemacht sind.

Solange die amtliche Vermessung im Inlande noch nicht hat stattfinden können, dürfen die Ergebnisse der Vermessung auf Grund der Vermessungsurkunde einer ausländischen Behörde oder eines sonstigen glaubhaften Nachweises eingetragen werden.

Zur Glaubhaftmachung kann Versicherung an Eidesstatt zugelassen werden. § 15 Abs. 2 Ges. freiw. Gerichtsb.

§ 9.

Ist der Rheder zugleich Angehöriger eines fremden Staates, so hat er auf Verlangen des Registergerichts glaubhaft zu machen, daß das Schiff nicht in ein Schiffsregister dieses Staates eingetragen ist. Wird festgestellt, daß eine solche Eintragung besteht, so darf das Schiff nicht in ein inländisches Schiffsregister eingetragen werden.

Vgl. § 13 Abs. 2 S. 2.

§ 10.

Ueber die Eintragung des Schiffes in das Schiffsregister wird von dem Registergericht eine mit dem Inhalte der Eintragung übereinstimmende Urkunde (Schiffs-Certifikat) ausgestellt.

Das Schiffs-Certifikat hat außerdem zu bezeugen, daß die nach § 8 erforderlichen Nachweise geführt sind und daß das Schiff zur Führung der Reichsflagge befugt ist.

Vgl. § 25 und § 3 der folgenden Bekanntmachung.

§ 11.

Durch das Schiffs-Certifikat wird das Recht des Schiffes zur Führung der Reichsflagge nachgewiesen.

Das Recht zur Führung der Reichsflagge darf vor der Ertheilung des Schiffs-Certifikats nicht ausgeübt werden.

Das Schiffs-Certifikat oder ein von dem Registergerichte beglaubigter Auszug aus dem Certifikat ist während der Reise stets an Bord des Schiffes mitzuführen.

„Ertheilt" ist das Certifikat auch, wenn es für eine Umschreibung eingereicht und noch nicht wieder ausgehändigt ist.

Ueber den Auszug vgl. § 25 und § 4 der folgenden Bekanntmachung.

Strafvorschrift für Abs. 2 § 19, für Abs. 3 § 21.

§ 12.

Erlangt ein im Auslande befindliches Schiff dadurch, daß es in das Eigenthum eines Reichsangehörigen gelangt, das Recht zur Führung der Reichsflagge, so kann das Schiffs-Certifikat durch eine Bescheinigung ersetzt werden, die der Konsul, in dessen Bezirke das Schiff sich zur Zeit des Eigenthumsüberganges befindet, über das Recht zur Führung der Reichsflagge ertheilt (Flaggenzeugniß). Das Flaggenzeugniß hat nur für die Dauer eines Jahres seit dem Tage der Ausstellung, darüber hinaus nur für die Dauer einer durch höhere Gewalt verlängerten Reise Gültigkeit.

Ein Flaggenzeugniß kann auch behufs der ersten Ueberführung eines neuen Schiffes in einen anderen Hafen von dem Registergerichte des deutschen Erbauungshafens ausgestellt werden. Dieses Zeugniß hat nur für die Dauer der Ueberführung Gültigkeit.

Von der Ausstellung des Flaggenzeugnisses hat die ausstellende Behörde, wenn ein deutscher Hafen zum Heimathshafen des Schiffes bestimmt ist, dem Registergerichte dieses Hafens Anzeige zu machen.

Vgl. § 25 und § 5 der folgenden Bekanntmachung. — § 12 Abs. 1 ist auch auf neugebaute Schiffe, die bisher noch keine, auch keine fremde Flagge führten, anwendbar.

Strafvorschrift § 19.

§ 13.

Treten in den eingetragenen Thatsachen oder Rechtsverhältnissen Veränderungen ein, so sind sie in das Schiffsregister einzutragen. Jede Eintragung ist baldthunlichst auf dem Schiffs-Certifikate zu vermerken. Die Aenderung des Namens des Schiffes bedarf der Genehmigung des Reichskanzlers.

Geht das Schiff unter oder wird es als reparaturunfähig kondemnirt oder verliert es das Recht zur Führung der Reichsflagge, so ist es in dem Schiffsregister zu löschen und das Schiffs-Certifikat von dem Registergericht unbrauchbar zu machen. Das Gleiche gilt, wenn der Rheder zugleich Angehöriger eines fremden Staates ist, und sich ergiebt, daß das Schiff in ein Schiffsregister dieses Staates eingetragen ist.

Im Falle der Verlegung des Heimathshafens aus dem Registerbezirke hat das Registergericht nach Vollziehung der Eintragung das Schiffs-Certifikat mit einer beglaubigten Abschrift des Registerinhalts dem neuen Registergerichte zur Bewirkung der Eintragung zu übersenden.

Zu Abs. 1: Ist der Wohnort des Rheders mit eingetragen, so muß auch eine Veränderung desselben eingetragen werden. R.G.Str. 7 S. 66.

Ueber die Aenderung des Namens s. § 6 Abs. 2 der in der folgenden Nummer abgedruckten Bekanntmachung.

Zu Abs. 2: Ueber Reparaturunfähigkeit s. § 479, vgl. § 506 H.G.B.

Zu Abs. 3: Bei einer Aenderung des Heimathshafens ist das Schiff im Register des alten Hafens zu löschen und in das neue zu übertragen. H.M., S. 640.

§ 14.

Die Thatsachen und Rechtsverhältnisse, welche gemäß § 13 eine Eintragung oder die Löschung im Schiffsregister erforderlich machen, sind dem Registergericht anzuzeigen und glaubhaft zu machen.

Verpflichtet hierzu sind:

alle Personen, deren Namen nach § 7 Nr. 5 in das Schiffsregister einzutragen sind, bei juristischen Personen, eingetragenen Genossenschaften und solchen Handelsgesellschaften, welche keine persönlich haftenden Gesellschafter haben, die gesetzlichen Vertreter,

in dem Falle des § 6 Abs. 2 Satz 2 statt des Rheders dessen Vertreter,

in dem Falle eines Eigenthumswechsels, durch den das Recht des Schiffes zur Führung der Reichsflagge nicht berührt wird, auch der neue Erwerber des Schiffes oder der Schiffspart.

Die Anzeige ist von dem Verpflichteten binnen sechs Wochen nach dem Ablaufe des Tages zu bewirken, an welchem er von der einzutragenden Thatsache Kenntniß erlangt hat.

Sind mehrere Verpflichtete vorhanden, so genügt die Anzeige durch einen von ihnen.

S. hierzu auch § 20.

§ 15.

Ist eine Eintragung oder die Löschung im Schiffsregister erforderlich, so ist das Schiffs-Certifikat, und wenn der Inhalt eines von dem Registergericht ertheilten Auszugs aus dem Schiffs-Certifikate berührt wird, auch dieser dem Gericht einzureichen. Zur Einreichung verpflichtet ist außer den im § 14 bezeichneten Personen auch der Schiffer, sobald sich das Schiff in dem Hafen befindet, in dessen Register es eingetragen ist.

Das Gericht hat die Betheiligten zur Einreichung der Urkunden durch Ordnungsstrafen anzuhalten. Auf das Verfahren finden die Vorschriften der §§ 132 bis 139 des Gesetzes über die Angelegenheiten der freiwilligen Gerichtsbarkeit (Reichs-Gesetzbl. 1898 S. 771) entsprechende Anwendung.

Befindet sich das Schiff im Auslande, so hat auf Antrag das Registergericht ein neues Schiffs-Certifikat auszustellen und es dem Schiffer gegen Rückgabe der nach Abs. 1 einzureichenden Urkunden durch Vermittelung einer deutschen Behörde aushändigen zu lassen.

Die einzelne Ordnungsstrafe darf nach § 33 Ges. freiw. Gerichtsb. den Betrag von 300 Mk. nicht übersteigen.

Strafvorschrift § 20. — Gleichzeitige Einreichung von Certifikat und Auszug ist nicht vorgeschrieben (s. auch § 21!).

§ 16.

Schiffe von nicht mehr als 50 Kubikmeter Brutto-Raumgehalt sind auch ohne Eintragung in das Schiffsregister und Ertheilung des Schiffs-Certifikats befugt, das Recht zur Führung der Reichsflagge auszuüben.

§ 17.

Ein in das Schiffsregister eingetragenes Schiff muß seinen Namen an jeder Seite des Bugs und seinen Namen sowie den Namen des Heimathshafens am Heck in gut sichtbaren und fest angebrachten Schriftzeichen führen.

Vgl. § 25 und § 6 Abs. 1 der folgenden Bekanntmachung. Strafvorschrift § 21.

§ 18.

Führt ein Schiff die Reichsflagge, ohne hierzu nach den Vorschriften der §§ 2, 3 berechtigt zu sein, so wird der Schiffer mit Geldstrafe bis zu fünfzehnhundert Mark oder mit Gefängniß bis zu sechs Monaten bestraft. Auch kann auf Einziehung des Schiffes erkannt werden, ohne Unterschied, ob es dem Verurtheilten gehört oder nicht; der § 42 des Strafgesetzbuchs findet entsprechende Anwendung.

Verstoß gegen die materiellen Voraussetzungen des Flaggenrechts. Auch wenn das Schiff zu Unrecht, obwohl diese nicht vorlagen, eingetragen ist und das Certifikat ertheilt ist, besteht die Strafbarkeit nach § 18.

Der Rheder kann nur als Anstifter, Mitthäter oder Gehülfe strafbar sein.

§ 42 St.G.B. gestattet das selbständige Verfahren auf Einziehung, wenn die Verfolgung oder Verurtheilung einer bestimmten Person nicht ausführbar ist.

Der Versuch ist nicht strafbar.

§ 19.

Führt ein Schiff den Vorschriften der §§ 11, 12 zuwider die Reichsflagge, so wird der Schiffer mit Geldstrafe bis zu dreihundert Mark oder mit Haft bestraft.

Verstoß gegen die formellen Voraussetzungen des Flaggenrechts. Strafbar ist auch die Führung der Flagge nach der Eintragung, aber vor Ertheilung des Certifikats.

Strafbarkeit des Rheders wie zu § 18.

§ 20.

Wer die ihm nach § 14 obliegende Verpflichtung nicht erfüllt, wird mit Geldstrafe bis zu dreihundert Mark oder mit Haft bestraft.

Wer gemäß Abs. 1 verurtheilt ist und seiner Verpflichtung nicht binnen sechs Wochen nach dem Eintritte der Rechtskraft des Urtheils genügt, wird mit Geldstrafe bis zu sechshundert Mark oder mit Gefängniß bis zu zwei Monaten bestraft. Die gleiche Strafe tritt ein, wenn im Falle einer weiteren Verurtheilung die Verpflichtung nicht binnen der bezeichneten Frist erfüllt wird.

Nur die Nichtanmeldung von Veränderungen ist strafbar, nicht das Unterlassen der ersten Anmeldung. Eine Pflicht zu dieser besteht nicht, es ist nur die Ausübung des Flaggenrechts von ihr abhängig.

Die Uebertretung des § 14 ist Dauerdelikt und verjährt daher nicht von dem Ablauf der dort gesetzten Frist an.

§ 21.

Befindet sich der Vorschrift des § 11 Abs. 3 zuwider weder das Schiffs-Certifikat noch ein beglaubigter Auszug aus dem Certifikat an Bord des Schiffes oder ist das Schiff nicht gemäß § 17 bezeichnet, so wird der Schiffer mit Geldstrafe bis zu einhundertundfünfzig Mark oder mit Haft bestraft.

§ 22.

Werden die von dem Kaiser erlassenen Bestimmungen über die Verpflichtung der Kauffahrteischiffe, die Flagge vor Kriegsschiffen und Küstenbefestigungen oder bei dem Einlaufen in deutsche Häfen zu zeigen, nicht beobachtet, so wird der Schiffer mit Geldstrafe bis zu einhundertundfünfzig Mark oder mit Haft bestraft.

Auf Grund dieses Paragraphen ist erlassen worden die Verordnung, betreffend das Zeigen der Nationalflagge durch Kauffahrteischiffe, vom 21. August 1900, (R.G.Bl. S. 807).

§ 23.

Straflos bleibt in den Fällen der §§ 18 bis 22 derjenige, bezüglich dessen festgestellt wird, daß die Handlung oder Unterlassung ohne sein Verschulden erfolgt ist.

Die freie Beweiswürdigung wird durch § 23 nicht berührt.

§ 24.

Die in den §§ 18, 19, 21 bezeichneten Handlungen sind auch dann strafbar, wenn sie im Ausland oder auf offener See begangen werden.

Das Gleiche gilt von Zuwiderhandlungen gegen die im § 22 vorgesehenen Bestimmungen, sofern die Zuwiderhandlung auf einem deutschen Kauffahrteischiff erfolgt.

Es ist also § 4 St.G.B. nicht anwendbar.

Die im Inland begangenen Zuwiderhandlungen gegen § 22 sind auch wenn von fremden Schiffen begangen strafbar.

§ 25.

Der Bundesrath bestimmt:

1. die Grenzen der Seefahrt im Sinne dieses Gesetzes (§ 1),
2. den Umfang, in welchem die Ergebnisse der amtlichen Vermessung in das Schiffsregister einzutragen sind (§ 7 Nr. 2),
3. die Einrichtung des Schiffs-Certifikats (§ 10), des beglaubigten Auszugs aus dem Schiffs-Certifikat (§ 11) und der Flaggenzeugnisse (§ 12),

4. die Art, wie die Anbringung der Namen am Schiffe auszuführen ist (§ 17).

Die betr. Bekanntmachung ist in der folgenden Nummer abgedruckt.

Zu Z. 1: Die Bestimmung der Grenzen der Seefahrt ist nur fürs vorliegende Gesetz, nicht fürs H.G.B. bindend, s. Vorbemerkung S. 1.

§ 26.

Die Vorschriften dieses Gesetzes finden auch Anwendung auf seegehende Lustyachten, auf ausschließlich zur Ausbildung von Seeleuten bestimmte Seefahrzeuge (Schulschiffe) sowie auf solche Seefahrzeuge, welche für Rechnung von auswärtigen Staaten oder deren Angehörigen im Inland erbaut sind. Machen solche Fahrzeuge von dem Rechte zur Führung der Reichsflagge Gebrauch, so unterliegen sie den für Kauffahrteischiffe geltenden Vorschriften.

Durch Kaiserliche Verordnung mit Zustimmung des Bundesraths kann die Geltung der im Abs. 1 bezeichneten Vorschriften auch auf andere nicht zum Erwerbe durch die Seefahrt bestimmte Seefahrzeuge erstreckt werden.

Durch Gesetz zur Abänderung des Gesetzes, betreffend das Flaggenrecht der Kauffahrteischiffe, vom 29. Mai 1901, sind in § 26 Abs. 1 die Schulschiffe eingefügt und ist Abs. 2 hinzugesetzt worden. Der bisherige Abs. 2 des § 26 hat die Bezeichnung § 26a erhalten.

Die in § 26 erwähnten Schiffe unterliegen, wenn sie die Reichsflagge führen, in jeder Beziehung den für Kauffahrteischiffe geltenden Regeln, also auch, was allerdings streitig ist, denen des H.G.B.

§ 26a.

Durch Kaiserliche Verordnung mit Zustimmung des Bundesraths kann bestimmt werden, daß die Vorschriften dieses Gesetzes auch auf Binnenschiffe, die ausschließlich auf ausländischen Gewässern verkehren, Anwendung finden. Die Schiffsregister für solche Schiffe werden bei den durch den Reichskanzler bestimmten deutschen Konsulaten geführt.

Auf Grund des § 26a (bisher § 26 Abs. 2) ist ergangen die Verordnung, betreffend das Flaggenrecht deutscher Binnenschiffe, die ausschließlich auf ausländischen Gewässern verkehren, vom 1. März 1900 (R.G.Bl. S. 41) durch die das Flaggenrecht ausgedehnt ist auf Binnenschiffe, die „ausschließlich auf der unteren Donau oder in Ostasien auf dem Westflusse (Si-kiang), dem Yangtze-kiang und dem Pai-ho sowie auf deren Zu- und Nebenflüssen verkehren".

§ 27.

Unberührt bleiben die landesgesetzlichen Vorschriften, nach welchen die Schiffsregister von anderen Behörden als den Gerichten geführt werden.

Dies ist der Fall: in Hamburg von der Deputation für Handel und Schiffahrt, in Mecklenburg-Schwerin von den Magistraten in Rostock und Wismar.

Es kommt im Falle des § 27 zur Anwendung § 194 Ges. freiw. Gerichtsb.:

> Sind für die im § 1 bezeichneten Angelegenheiten nach Landesgesetz andere als gerichtliche Behörden zuständig, so gelten die in dem ersten Abschnitte für die Gerichte gegebenen Vorschriften auch für die anderen Behörden.

(Abs. 2—4 des § 194 enthalten Ergänzungen und Abänderungen in Einzelheiten.)

Insbesondere geht danach die Beschwerde gegen Verfügungen der Registerbehörde ans Landgericht (§ 19 Ges. freiw. Gerichtsb.), gegen dessen Entscheidung, falls sie auf Gesetzesverletzung beruht, weitere Beschwerde zulässig ist (§ 27 das.).

§ 28.

Unberührt bleiben die Vorschriften des § 7 des Gesetzes, betreffend die Rechtsverhältnisse der deutschen Schutzgebiete (Reichs-Gesetzbl. 1888 S. 75).

Nach dieser Bestimmung (jetzt § 10 Schutzgebietsgesetz in der Fassung vom 10. September 1900, R.G.Bl. S. 813) können durch kaiserliche Verordnung Eingeborene der deutschen Schutzgebiete in Beziehung auf das Recht zur Führung der Reichsflagge den Reichsangehörigen gleichgestellt werden.

§ 29.

Soweit in anderen Gesetzen auf Vorschriften des Gesetzes, betreffend die Nationalität der Kauffahrteischiffe und

ihre Befugniß zur Führung der Bundesflagge, vom 25. Oktober 1867 verwiesen ist, treten die entsprechenden Vorschriften dieses Gesetzes an deren Stelle.

Der § 74 Nr. 2 des Gerichtsverfassungsgesetzes (Reichs-Gesetzbl. 1898 S. 371) wird aufgehoben.

§ 74 Z. 2 G.V.G. überwies die Zuwiderhandlungen gegen das frühere Flaggenrechtsgesetz der ausschließlichen Zuständigkeit der Strafkammern.

§ 30.

Dieses Gesetz tritt am 1. Januar 1900 in Kraft.

Urkundlich unter Unserer Höchsteigenhändigen Unterschrift und beigedrucktem Kaiserlichen Insiegel.

Gegeben Kiel an Bord M. Y. „Hohenzollern", den 22. Juni 1899.

(L. S.)

Wilhelm.

Graf von Posadowsky.

---

2. Bekanntmachung, betr. Ausführungsbestimmungen zum § 25 des Flaggen-Gesetzes vom 22. Juni 1899.

Vom 10. November 1899.

Auf Grund des § 25 des Gesetzes, betr. das Flaggenrecht der Kauffahrteischiffe, vom 22. Juni 1899 (Reichs-Gesetzbl. S. 319) hat der Bundesrath die folgenden Bestimmungen erlassen:

§ 1.

Als Seefahrt im Sinne des § 1 des Gesetzes vom 22. Juni 1899 ist in den nachstehend aufgeführten Revieren die Fahrt anzusehen: Seefahrt.

1. bei Memel

außerhalb der Mündung des Kurischen Haffs,

2. bei Pillau
außerhalb des Pillauer Tiefs,
3. bei Neufahrwasser
außerhalb der Mündung der Weichsel,
4. in der Putziger Wiek
außerhalb Rewa und Heisterneſt,
5. bei Dievenow, Swinemünde und Peenemünde
außerhalb der Mündung der Dievenow und Swine sowie außerhalb der nördlichen Spitze der Insel Usedom und der Insel Ruden,
6. bei Rügen
östlich:
außerhalb der Insel Ruden und dem Thiessower Höft,
westlich:
außerhalb Wittower Posthaus und der nördlichen Spitze von Hiddens-Oe sowie außerhalb des Bock bei Barhöft,
7. bei Wismar
außerhalb Jackelsbergs-Riff, Hannibal-Grund, Schweinskötel und Lieps, sowie außerhalb Tarnewitz,
8. auf der Kieler Föhrde
außerhalb Stein bei Labö und Bülk,
9. auf der Eckern Föhrde
außerhalb Nienhof und Bocknis,
10. bei Flensburg, Sonderburg und Apenrade
außerhalb Birknakke und Kekenis-Leuchtthurm sowie außerhalb Tundtoft-Nakke und Kundshoved,
11. bei Hadersleben
außerhalb Raadhoved, Insel Aarö, Insel Linderum und Orbyhage,
12. bei Husum
außerhalb Nordstrand,
13. auf der Eider
außerhalb Vollerwiek und Hundeknoll,
14. auf der Elbe
außerhalb der westlichen Spitze des hohen Ufers (Diekſand) und der Kugelbake bei Döse,
15. auf der Weser
außerhalb Cappel und Langwarden,

16. auf der Jade
außerhalb Langwarden und Schilligshörn,
17. auf der Ems
außerhalb der westlichen Spitze der Westermarsch (Utlands-Hörn) und Ostpolder Siel.

Für die Schutzgebiete bleibt die Bestimmung der Grenzen der Seefahrt dem Reichskanzler oder den von ihm hierzu ermächtigten Beamten überlassen.

Vgl. hierzu die Anerkennung zu Nr. 1 des § 25 cit.

§ 2.

Als Ergebnisse der amtlichen Vermessung sind in das Schiffsregister einzutragen: Ergebnisse der amtlichen Vermessung.

1. die nach § 25 der Schiffsvermessungsordnung vom 1. März 1895 aufgenommenen Hauptmaße;
2. der Raumgehalt des Schiffes, und zwar der Bruttoraumgehalt und der Nettoraumgehalt, jeder in Kubikmetern und Registertons nach folgendem Muster:

Die Vermessung ist auf Grund der Schiffsvermessungsordnung vom 1. März 1895 (Reichs-Gesetzbl. 1895 S. 161) nach dem .... Verfahren erfolgt, und es beträgt:

	Kubikmeter	Registertons
a) der Bruttoraumgehalt des Schiffes	....	....
b) der Nettoraumgehalt des Schiffes	....	....

zu b) in Worten: .... Kubikmeter,
gleich .... Registertons.

Hat die Vermessung im Inlande noch nicht stattfinden können, so ist dies im Schiffsregister zu vermerken. Es sind alsdann diejenigen Angaben über Raumgehalt oder Ladungsfähigkeit einzutragen, welche sich aus den anderweitig, insbesondere durch eine ausländische Vermessungsurkunde, glaubhaft geführten Nachweisen ergeben. Die Art des Nachweises ist im Register zu vermerken. Eine Umrechnung in Kubikmeter und Registertons findet, wenn die Nachweise sich auf andere Maße beziehen, nicht statt (vergl. den Vermerk im § 3 Abs. 3).

Wird das Schiff demnächst einer amtlichen Vermessung im Inland unterzogen, so ist deren Ergebniß gemäß Abs. 1 einzutragen.

§ 3.

Schiffs-Certifikat.

Die Einrichtung des Schiffs-Certifikats erfolgt nach dem beiliegenden Muster. Die Ausfertigung ist mit der Unterschrift und dem Siegel der ausstellenden Behörde zu versehen.

Anlage A.

Die Eintragung der Vermessungsergebnisse in das Schiffs-Certifikat erfolgt gemäß § 2 mit folgenden Maßgaben:

Ist das Schiff noch nicht im Inlande vermessen, so ist an Stelle der nach § 2 vorgeschriebenen Eintragung neben dem für diese bestimmten Platze das Folgende zu vermerken:

Das Schiff ist im Inlande noch nicht vermessen. Der/Die (gegebenenfalls durch die Bezeichnung der ausländischen Vermessungsurkunde auszufüllen) glaubhaft gemachte Raumgehalt/Ladungsfähigkeit beträgt ....

(einzutragen die nachgewiesenen Angaben, soweit möglich nach Brutto- und Nettoraumgehalt; das fremdländische Maß ist genau zu bezeichnen).

Wird ein Schiff im Inlande neu vermessen, so sind die Ergebnisse dieser Vermessung gemäß Abs. 2 unter der Rubrik „Veränderungen in den eingetragenen Thatsachen" einzutragen. An der im Abs. 3 bezeichneten Stelle ist in diesem Falle zu vermerken:

Das Schiff ist neu vermessen. (Vergl. S. .... dieses Certifikats.)

§ 4.

Auszug aus dem Schiffs-Certifikat.

Ein beglaubigter Auszug aus dem Schiffs-Certifikate wird auf Antrag des Rheders oder des Schiffers von der

Registerbehörde, welche das Schiffs-Certifikat ausgestellt hat, ertheilt. In den Auszug sind die Eintragungen bei den ersten 6 Nummern des Schiffs-Certifikats und die Bezeugung des Flaggenrechts aufzunehmen; er wird nach dem beiliegenden Muster unter Unterschrift und Siegel der Behörde ausgefertigt. Die Eintragungen erfolgen nach dem jeweilig geltenden Inhalte des Schiffs-Certifikats. Veränderungen, welche nach der Ausfertigung eintreten, dürfen in den Auszug nicht eingetragen werden. Der nach § 15 Abs. 1 des Gesetzes vom 22. Juni 1899 in solchem Falle der Registerbehörde einzureichende Auszug ist zurückzubehalten und zu vernichten. Auf Antrag des Rheders oder des Schiffers ist ein neuer, den veränderten Eintragungen im Schiffs-Certifikat entsprechender Auszug zu ertheilen. Anlage B.

§ 5.

Flaggenzeugnisse.

Die Flaggenzeugnisse werden nach den beiliegenden Mustern Anlage C (§ 12 Abs. 1 des Gesetzes vom 22. Juni 1899) und Anlage D (§ 12 Abs. 2 a. a. O.) unter Unterschrift und Siegel der Behörde ausgefertigt. Anlage C. Anlage D.

§ 6.

Namen.

Die nach § 17 des Gesetzes vom 22. Juni 1899 vom Schiffe zu führenden Namen sind in lateinischer Druckschrift von solcher Größe deutlich erkennbar anzubringen, daß

1. die Höhe der kleinsten Buchstaben mindestens zehn Centimeter,
2. die Breite der die Buchstaben bildenden Grundstriche mindestens $^1/_5$ der Höhe der Buchstaben beträgt.

Der Antrag auf Aenderung des Namens eines in das Schiffsregister eingetragenen Schiffes ist an die Registerbehörde zu richten, welche den Antrag mit begutachtendem Berichte dem Reichskanzler (Reichsamt des Innern) vorlegt.

Berlin, den 10. November 1899.

Der Stellvertreter des Reichskanzlers.

Graf v. Posadowsky.

3. Seemannsordnung.

Vom 2. Juni 1902.

(R.G.Bl. S. 175).

Wir Wilhelm, von Gottes Gnaden Deutscher Kaiser, König von Preußen rc.

verordnen im Namen des Reichs, nach erfolgter Zustimmung des Bundesraths und des Reichstags, was folgt:

Erster Abschnitt.

Einleitende Vorschriften.

§ 1.

Die Vorschriften dieses Gesetzes finden auf alle Kauffahrteischiffe (Gesetz vom 22. Juni 1899 § 1, Reichs-Gesetzbl. 1899 S. 319, Reichs-Gesetzbl. 1901 S. 184) Anwendung, welche das Recht, die Reichsflagge zu führen, ausüben dürfen.

Sie sind der Abänderung durch Vertrag entzogen, soweit nicht eine anderweitige Vereinbarung ausdrücklich zugelassen ist.

Durch Kaiserliche Verordnung mit Zustimmung des Bundesraths kann bestimmt werden, inwieweit die Vorschriften dieses Gesetzes auf Binnenschiffe Anwendung finden, welche das Recht, die Reichsflagge zu führen, ausüben dürfen (Gesetz vom 22. Juni 1899 § 26a).

Die Gewerbeordnung ist nach ihrem § 6 auf die Rechtsverhältnisse der Schiffsmannschaft auf Seeschiffen nicht anwendbar.

Das Gesetz betr. das Flaggenrecht der Kauffahrteischiffe, vom 22. Juni 1899, s. oben Anh. II Nr. 1, über den Begriff „Kauffahrteischiff" s. auch S. 1 f. „Ausüben dürfen": §§ 11 Abs. 2, 12, 16 Flaggenrechtsgesetz.

Anderweitige Vereinbarung ist zugelassen §§ 18, 28 Abs. 2, 31, 32, 40, 45, 54 S. 3, 56 Abs. 1, 60 Abs. 1, 66, 67. Sonst ist anderweitige Vereinbarung unzulässig, einerlei zu wessen Gunsten. Für Seeschlepper und Bergungsfahrzeuge gilt § 1 Abs. 2 nicht, für Hochseefischereifahrzeuge nicht, soweit die Mannschaft vertragsmäßig am Gewinn betheiligt ist; § 135.

Eine Vereinbarung, daß Schiffsleute für unerlaubte Handlungen eines Mitgliedes der Mannschaft haften, ist, als einen durch die Seem.O. nicht berührten Punkt betreffend, durch sie nicht ausgeschlossen. Fraglich ist nur, ob sie den guten Sitten zuwiderläuft (§ 138 B.G.B.). Dies verneint Beibl. z. Hans.G.Ztg. 1902 Nr. 12.

§ 2.

Kapitän im Sinne dieses Gesetzes ist der Führer des Schiffes (Schiffer), in dessen Ermangelung oder Verhinderung sein Stellvertreter.

Schiffsoffiziere im Sinne dieses Gesetzes sind diejenigen zur Unterstützung des Kapitäns in der Führung des Schiffes bestimmten Angestellten, welche zur Ausübung ihres Dienstes eines staatlichen Befähigungsnachweises bedürfen. Außerdem gelten als Schiffsoffiziere die Aerzte, Proviant- und Zahlmeister.

Schiffsmann im Sinne dieses Gesetzes ist jede sonstige zum Dienste auf dem Schiffe während der Fahrt für Rechnung des Rheders angestellte Person, ohne Unterschied, ob die Anmusterung (§ 13) erfolgt ist, oder nicht. Auch die weibliche Angestellte hat die Rechte und Pflichten des Schiffsmanns. Der Lootse gilt nicht als Schiffsmann. Die Gesammtheit der Schiffsleute bildet die Schiffsmannschaft.

Die neue Seemannsordnung hat dem Schiffer (§§ 511—555 H.G.B.) wieder die volksthümliche Bezeichnung Kapitän gegeben (s. den Kommissionsbericht, Drucks. des Reichstags, 10. Leg.-Per. II. Session 1900/1 Nr. 288 S. 3). Sie hat ferner die Schiffsoffiziere aus der Schiffsmannschaft herausgehoben (s. die Motive, a. a. O. Drucks. Nr. 4 S. 37). Zu ihnen gehören, außer den Aerzten und den (eines Befähigungsnachweises nicht bedürfenden) Proviant- und Zahlmeistern, die Steuerleute und Maschinisten, — nicht aber alle mit einer gewissen Kommandogewalt ausgestatteten Personen, z. B. nicht Koch, Zimmermann, Obersteward (s. die Motive a. a. O. S. 37, 38). Auch nicht Bestleute auf kleinen Schiffen.

Ueber den Befähigungsnachweis für Schiffer, Steuerleute und Maschinisten s. S. 23 sowie auch § 4. (Ueber die Pflicht des Proviant- und Zahlmeisters zur Rechnungslegung und seine Befugnisse zu außerordentlichen Zahlungen s. H. 1876 Nr. 204, über die Verpflichtung des Schiffsarztes zur Auskunft auch nach Beendigung des Dienstverhältnisses s. Anm. zu § 86.

Schiffsmann ist nicht nur eine zu seemännischen Diensten angestellte Person, sondern auch Maschinisten und z. B. Stewards, Barbiere, nicht dagegen Personen, die nur zum Arbeiten im Hafen an Bord kommen, wie Handwerker, Schauerleute u. s. w. (vgl. R.G. Strafs. 25 S. 439), s. die Motive S. 38.

Ueber die Schiffsmannschaft und den Begriff der Schiffsbesatzung, der für die Seem.O. ohne Bedeutung ist, s. H.G.B. § 481.

§ 3.

Der Kapitän ist der Dienstvorgesetzte der Schiffsoffiziere und Schiffsleute. Seine Stellvertretung liegt, soweit nicht vom Rheder oder vom Kapitän hinsichtlich der Vertretung in einzelnen Dienstzweigen anderweitige Anordnung getroffen ist, dem Steuermann, in Ermangelung eines solchen dem Bestmann ob.

Die Schiffsoffiziere sind Vorgesetzte sämmtlicher Schiffsleute. Auf die Schiffsoffiziere finden die für die Schiffsmannschaft oder den Schiffsmann geltenden Vorschriften, soweit nicht ausdrücklich ein Anderes festgesetzt ist, Anwendung.

Das dienstliche Verhältniß der Schiffsoffiziere unter einander, insbesondere das Verhältniß zwischen Offizieren verschiedener Dienstzweige, bestimmt sich nach den vom Rheder oder vom Kapitän getroffenen besonderen Festsetzungen. Auf Dampfschiffen ist jedoch während der Ausübung des Wachtdienstes der wachthabende Maschinist dem wachthabenden Steuermann insofern untergeordnet, als er die von diesem nach der Maschine gegebenen Befehle auszuführen hat.

Die außer den Schiffsoffizieren in den einzelnen Dienstzweigen als Vorgesetzte geltenden Schiffsleute werden vom Kapitän bestimmt und sind der Schiffsmannschaft durch Aushang bekannt zu geben.

Der Kapitän ist der Dienstvorgesetzte auch des Obermaschinisten und des Maschinenpersonals, die Schiffsoffiziere sind Vorgesetzte aller Schiffsleute, einerlei welchen Dienstzweiges. — Ueber die Verpflichtung des Reisenden, sich der Schiffsordnung zu fügen s. § 665 H.G.B.

Der Steuermann hat das Tagebuch zu führen, § 519 H.G.B., soweit nicht einzelne Eintragungen speziell dem Kapitän übertragen sind. Er hat ferner üblicher Weise den vorläufigen Empfangsschein, § 642 H.G.B., auszustellen.

Satz 2 des Abs. 1 ermöglicht es insbesondere, den Obermaschinisten zum Stellvertreter des Kapitäns gegenüber dem Maschinenpersonal zu bestellen. — Es kann auch für den ganzen Betrieb ein anderer Vertreter als der Steuermann bestellt werden, s. die Motive S. 34. Ueber die Uebertragung der Disziplinargewalt s. § 84. Abweichende Bestimmungen für die Schiffsoffiziere (Abs. 2) s. §§ 14, 35, 40, 43, 58, 78, Strafbestimmung zu Abs. 4 s. § 114 Z. 1.

§ 4.

Der Bundesrath erläßt Bestimmungen über Zahl und Art der Schiffsoffiziere, mit welchen die Schiffe zu besetzen sind, sowie über den Grad des Befähigungszeugnisses, das der Kapitän und die Schiffsoffiziere besitzen müssen. Die Bestimmungen sind dem Reichstage bei seinem nächsten Zusammentritte zur Kenntnißnahme vorzulegen.

Ueber das Befähigungszeugniß s. oben S. 23.
Strafbestimmungen §§ 113 Z. 2, 117.

§ 5.

Seemannsämter mit den durch dieses Gesetz ihnen zugewiesenen Befugnissen und Obliegenheiten sind im Reichsgebiete die landesrechtlich, in den Schutzgebieten die vom Reichskanzler bestellten Behörden, im Auslande die Konsulate des Reichs für Hafenplätze.

Die Einrichtung der Seemannsämter im Reichsgebiete steht den Landesregierungen nach Maßgabe der Landesgesetze zu. Ihre Geschäftsführung unterliegt der Oberaufsicht des Reichs. Bei der Entscheidung in den im § 122 bezeichneten Fällen müssen die Seemannsämter innerhalb des Reichsgebiets mit einem Vorsitzenden und zwei schiffahrtskundigen Beisitzern besetzt sein.

Ist ein Konsul Mitinhaber oder Agent der Rhederei des Schiffes, so ist er von der Wahrnehmung der im § 58 bezeichneten Geschäfte eines Seemannsamts in Bezug auf dieses Schiff ausgeschlossen, wenn von dem beschwerdeführenden Schiffsoffizier oder der Mehrzahl der beschwerdeführenden Schiffsleute gegen seine Mitwirkung Widerspruch erhoben wird.

Ueber die Konsulate als Seemannsämter s. auch § 32 Ges. betr. die Organisation der Bundeskonsulate vom 8. November 1867 (B.G.Bl. S. 137), über die Schutzgebiete § 8 Schutzgebietsgesetz in der Fassung vom 10. September 1900 (R.G.Bl. S. 813).

Die Thätigkeit des Seemannsamts s. §§ 7, 9, §§ 13—26 (An- und Abmusterung), §§ 29, 33, 43, 46, 51, 53, 57, 58, §§ 59—65 (Krankheits- und Todesfälle), §§ 66, 67, 69, 74, 77, 78, 79, 83, 94, 97, §§ 122—127 (Thätigkeit in Straffällen), §§ 128—131 (Thätigkeit in Streitfällen), § 749 H.G.B. (Vertheilung des Berge- und Hülflohns), §§ 1, 2, 3, 4, 6, 8 Heimschaffungsges. (folg. Nummer), § 9 Abs. 2 Ges. betr. die Stellenvermittelung für Schiffsleute (Nr. 5).

Bei der Entscheidung in Strafsachen (§§ 128—131, § 8 Heimschaffungsges., § 9 Abs. 2 Ges betr. die Stellenvermittelung) ist auch das Verfahren geregelt, sonst unterliegt dieses dem Landesrecht.

§ 6.

Die Schutzgebiete gelten im Sinne dieses Gesetzes als Inland.

Deutsche Häfen im Sinne dieses Gesetzes sind nur die Häfen des Reichsgebiets.

Die Schutzgebiete sind „Inland“, aber nicht „Reichsgebiet“.

Zweiter Abschnitt.

Seefahrtsbücher und Musterung.

§ 7.

Niemand darf im Reichsgebiet als Schiffsmann in Dienst treten, bevor er sich über Namen, Geburtsort und Alter vor einem Seemannsamt ausgewiesen und von demselben ein Seefahrtsbuch ausgefertigt erhalten hat.

Ist der Schiffsmann ein Deutscher, so darf er vor vollendetem vierzehnten Lebensjahre zur Uebernahme von Schiffsdiensten nicht zugelassen werden; auch hat er sich über seine Militärverhältnisse sowie, wenn er noch minderjährig ist, darüber auszuweisen, daß er von seinem gesetzlichen Vertreter zur Uebernahme von Schiffsdiensten ermächtigt worden ist. Der Genehmigung des Vormundschaftsgerichts bedarf es nicht.

Mit dem Seefahrtsbuch ist dem Schiffsmanne zugleich ein Abdruck der Seemannsordnung, des Gesetzes, betreffend die Verpflichtung der Kauffahrteischiffe zur Mitnahme heimzuschaffender Seeleute, des Gesetzes, betreffend die Stellenvermittelung für Schiffsleute, und einer amtlichen Zusammenstellung der Bestimmungen über die Militärverhältnisse der seemännischen und halbseemännischen Bevölkerung auszuhändigen.

Der Bundesrath bestimmt, inwieweit als Schiffsleute nur solche Personen angemustert werden dürfen, welche nach Untersuchung ihres körperlichen Zustandes für den zu übernehmenden Dienst geeignet sind.

Strafbestimmungen zum zweiten Abschnitt s. §§ 107 Z. 1, 114 Z. 3, 4. — Eintragungen ins Seefahrtsbuch s. §§ 16, 19, 22, 25.

Die Anheuerung eines noch nicht Vierzehnjährigen ist nichtig, § 134 B.G.B.

Die Vorschriften über die Verträge Minderjähriger sind dem B.G.B. (§ 113) angepaßt. Insbesondere entspricht es diesem (und ist nur Klarstellung), daß die Ermächtigung des gesetzlichen Vertreters auf Uebernahme von Schiffsdiensten gehen muß (a. M. die Motive S. 42), da auch § 113 ausdrücklich von einem Dienst- oder Arbeitsverhältniß der gestatteten Art spricht. Dagegen besteht eine Abweichung vom bürgerlichen Recht insofern, als auch bei Eingehung eines Vertrages auf länger als ein Jahr nicht die Genehmigung des Vormundschaftsgerichts erforderlich ist (§ 1822 Z. 7 B.G.B.).

§ 8.

Die für einen einzelnen Fall ertheilte Ermächtigung des gesetzlichen Vertreters (§ 7) gilt im Zweifel als ein für allemal ertheilt.

Kraft derselben ist der Minderjährige für solche Rechtsgeschäfte unbeschränkt geschäftsfähig, welche die Eingehung oder Aufhebung von Heuerverträgen oder die Erfüllung der sich aus einem solchen Vertrag ergebenden Verpflichtungen betreffen.

Abs. 1 entspricht dem § 113 Abs. 4 B.G.B., Abs. 2 dem Abs. 1 S. 1 das., § 113 Abs. 2 (der Vertreter kann die Einwilligung zurücknehmen oder einschränken) und Abs. 3 (das Vormundschaftsgericht kann die Einwilligung ersetzen, wenn ein Vormund — nicht Vater — sie verweigert) sind gleichfalls anwendbar. So auch die Motive S. 42.

§ 9.

Wer bereits ein Seefahrtsbuch ausgefertigt erhalten hat, muß behufs Erlangung eines neuen Seefahrtsbuchs das ältere vorlegen oder dessen Verlust glaubhaft machen. Daß dies geschehen, wird von dem Seemannsamt in dem neuen Seefahrtsbuche vermerkt.

Wird der Verlust glaubhaft gemacht, so ist diesem Vermerke zugleich eine Bescheinigung des Seemannsamts über die früheren Rang- und Dienstverhältnisse sowie über die Dauer der Dienstzeit und über die dem Schiffsmann anzurechnenden Beitragswochen für die Invalidenversicherung, soweit derselbe sich hierüber genügend ausweist, beizufügen.

§ 10.

Wer nach Inhalt seines Seefahrtsbuchs angemustert ist, darf nicht von neuem angemustert werden, bevor er sich über die Beendigung des früheren Dienstverhältnisses durch den in das Seefahrtsbuch einzutragenden Vermerk (§§ 22, 25) ausgewiesen hat. Kann nach dem Ermessen des Seemannsamts ein solcher Vermerk nicht beigebracht werden, so dient statt desselben, sobald die Beendigung des Dienstverhältnisses auf andere Art glaubhaft gemacht ist, ein vom Seemannsamte hierüber einzutragender Vermerk im Seefahrtsbuche.

§ 11.

Einrichtung und Preis des Seefahrtsbuchs bestimmt der Bundesrath. Die Ausfertigung erfolgt kosten- und stempelfrei.

Das Seefahrtsbuch muß über die Militärverhältnisse und die Invalidenversicherung des Inhabers Auskunft geben.

§ 12.

Der Kapitän hat die Musterung (Anmusterung, Abmusterung) der Schiffsmannschaft nach Maßgabe der folgenden Bestimmungen (§§ 13 bis 26) zu veranlassen.

Der Kapitän oder ein zum Abschlusse von Heuerverträgen bevollmächtigter Vertreter der Rhederei und der Schiffsmann müssen bei der Musterung zugegen sein; gewerbsmäßige Stellenvermittler für Schiffsleute dürfen als Vertreter nicht bestellt werden.

Anwesenheit des Rheders selbst genügt. An Stelle des Kapitäns kann ein gemäß § 3 Abs. 1 bestellter Vertreter zugegen sein. S. den Kommissionsbericht S. 7. Ueber „gewerbsmäßige Stellenvermittler" (Heuerbaase) s. das Gesetz Nr. 5. Vorsteher von Heuerbureaus der Rhedereien sind keine gewerbsmäßigen Stellenvermittler.

Für Schiffsoffiziere gelten die nur von der Schiffsmannschaft sprechenden Vorschriften über die Anmusterung gemäß § 3 Abs. 2 mit. Strafbestimmung: § 107 Z. 2.

§ 13.

Die Anmusterung besteht in der Verlautbarung des mit dem Schiffsmanne geschlossenen Heuervertrags vor einem Seemannsamte. Sie muß vor Antritt oder Fortsetzung der Reise, wenn dies aber ohne Verzögerung der Reise unausführbar ist, sobald ein Seemannsamt angegangen werden kann, erfolgen; die Gründe für die Verzögerung oder Unterlassung der Anmusterung sind in das Schiffstagebuch einzutragen. Geschieht die Anmusterung innerhalb des Reichsgebiets, so ist dabei das Seefahrtsbuch vorzulegen.

Die Anmusterung ist lediglich die Verlautbarung des mündlich geschlossenen Heuervertrages, s. § 27, vgl. R.O. 18 S. 415; sie giebt aber dem Vertrag insofern erhöhte Wirkung, als das Recht auf zwangsweise Zuführung (§ 33) von ihr abhängig ist. Die Heuerberechnung erfolgt von der Anmusterung ab (§ 44). Die Anmusterung kann, wenn der Beamte sich an Bord begiebt, auch dort erfolgen, s. die Motive S. 45.

Ueber örtliche Zuständigkeit des Seemannsamtes ist nichts bestimmt, insbesondere nicht, daß die Anmusterung vor dem des Liegehafens erfolgen soll. S. die Motive a. a. O.

§ 14.

Die Anmusterungsverhandlung wird vom Seemannsamt als Musterrolle ausgefertigt. Wenn die gesammte Schiffsmannschaft nicht gleichzeitig mittelst Einer Verhandlung angemustert wird, so erfolgt die Ausfertigung auf Grund der ersten Verhandlung.

Die Musterrolle muß enthalten: Namen und Nationalität des Schiffes, Namen und Wohnort des Kapitäns, Namen, Wohnort und dienstliche Stellung jedes Schiffsmanns, den Hafen der Ausreise, die Bestimmungen des Heuervertrags, namentlich auch den Ueberstundenlohn (§ 35

Abs. 3, § 37 Abs. 3) und etwaige besondere Verabredungen. Insbesondere muß aus der Musterrolle erhellen, was dem Schiffsmanne für den Tag an Speise und Trank gebührt. Bei besonderen Verabredungen mit Schiffsoffizieren kann die Eintragung auf die Wiedergabe des wesentlichen Inhalts beschränkt werden. Abreden, welche nach § 1 Abs. 2 unzulässig sind, dürfen nicht aufgenommen werden.

Im Uebrigen wird die Einrichtung der Musterrolle vom Bundesrathe bestimmt.

Die Musterrolle muß sich während der Reise an Bord befinden; auf Erfordern ist sie dem Seemannsamte vorzulegen.

Die „besonderen Verabredungen mit Schiffsoffizieren" können keine solche sein, die der Seem.O. zuwiderlaufen, § 1 Abs. 2 gilt auch hier.

Im Auslande ist die Musterrolle beim Konsulat niederzulegen, § 2 Verordnung betr. die Schiffsanmeldungen bei den Konsulaten des Deutschen Reichs, vom 28. Juli 1880 (R.G.Bl. S. 183).

§ 15.

Wird ein Schiffsmann erst nach Ausfertigung der Musterrolle angemustert, so hat das Seemannsamt eine solche Musterung in die Musterrolle einzutragen.

„Nachmusterung".

§ 16.

Bei jeder innerhalb des Reichsgebiets erfolgenden Anmusterung wird vom Seemannsamte hierüber und über die Zeit des Dienstantritts in das Seefahrtsbuch jedes Schiffsmanns ein Vermerk eingetragen, welcher zugleich als Ausgangs- oder Seepaß dient. Außerhalb des Reichsgebiets erfolgt eine solche Eintragung nur, wenn das Seefahrtsbuch zu diesem Zwecke vorgelegt wird.

Das Seefahrtsbuch ist demnächst vom Kapitän für die Dauer des Dienstverhältnisses in Verwahrung zu nehmen.

§ 17.

Wird ein angemusterter Schiffsmann durch ein unabwendbares Hinderniß außer Stande gesetzt, den Dienst anzutreten, so hat er sich hierüber sobald wie möglich gegen den Kapitän und das Seemannsamt, vor welchem die Anmusterung erfolgt ist, auszuweisen. Der Kapitän hat das Seefahrtsbuch dem Schiffsmann oder dem Seemannsamte, vor welchem die Anmusterung erfolgt ist, sobald als thunlich zu übersenden.

Strafbestimmungen §§ 107 Z. 3, 114 Ziff. 10.

§ 18.

Die Abmusterung besteht in der Verlautbarung der Beendigung des Dienstverhältnisses seitens des Kapitäns und der aus diesem Verhältniß ausscheidenden Mannschaft vor einem Seemannsamte. Sie muß, sobald das Dienstverhältniß beendigt ist, erfolgen, und zwar, wenn nicht ein Anderes vereinbart wird, vor dem Seemannsamte desjenigen Hafens, wo das Schiff liegt, und nach Verlust des Schiffes vor demjenigen Seemannsamte, welches zuerst angegangen werden kann.

Auch die Abmusterung ist nur Verlautbarung der davon unabhängigen Beendigung des Dienstvertrages und ein öffentlichrechtlicher Akt. R.O. 18 S. 415; H. 1901 Nr. 20.

§ 19.

Vor der Abmusterung hat der Kapitän dem abzumusternden Schiffsmann im Seefahrtsbuche die bisherigen Rang- und Dienstverhältnisse und die Dauer der Dienstzeit zu bescheinigen, auf Verlangen auch ein Führungszeugniß zu ertheilen. Das Zeugniß darf in das Seefahrtsbuch nicht eingetragen werden. Dasselbe ist kosten- und stempelfrei.

§ 20.

Die Unterschriften des Kapitäns unter der Bescheinigung und dem Zeugnisse (§ 19) werden von dem Seemannsamte, vor welchem die Abmusterung stattfindet, kosten- und stempelfrei beglaubigt.

§ 21.

Verweigert der Kapitän die Ausstellung des Zeugnisses (§ 19), oder enthält dieses oder die Bescheinigung im Seefahrtsbuche (§ 19) Angaben, deren Richtigkeit der Schiffsmann bestreitet, so hat auf dessen Antrag das Seemannsamt den Sachverhalt zu untersuchen und das Ergebniß der Untersuchung dem Schiffsmanne zu bescheinigen.

§ 22.

Die erfolgte Abmusterung wird vom Seemannsamt in dem Seefahrtsbuche des abgemusterten Schiffsmanns und in der Musterrolle vermerkt.

§ 23.

Sind seit der Ausfertigung der Musterrolle mindestens zwei Jahre verflossen, so ist auf Antrag des Kapitäns diesem vom Seemannsamt ein dem gegenwärtigen Bestande der Schiffsmannschaft entsprechender beglaubigter Auszug aus der Musterrolle zu ertheilen, welcher fernerhin als Musterrolle zu benutzen ist.

§ 24.

Die Musterrolle sowie der etwa nach § 23 ertheilte Auszug sind nach Beendigung derjenigen Reise oder derjenigen Zeit, auf welche die als Musterrolle ausgefertigte Anmusterungsverhandlung (§ 14) sich bezieht, dem Seemannsamte, vor welchem abgemustert wird, zu überliefern.

Letzteres übersendet die Schriftstücke dem Seemannsamte des Heimathshafens und in Ermangelung eines solchen dem Seemannsamte des Registerhafens.

Heimathshafen s. § 480 H.G.B., § 6 Flaggenrechtsgesetz, oben S. 242; über den Fall, daß ein Heimathshafen fehlt, s. § 6 Abs. 2 das.

§ 25.

Erfährt der Bestand der Mannschaft Aenderungen, bei welchen eine Musterung (§ 12) nach Maßgabe vorstehender Bestimmungen ohne Verzögerung der Reise unausführbar ist, so hat der Kapitän, sobald ein Seemannsamt angegangen werden kann, bei demselben unter Darlegung der Hinderungsgründe die Musterung nachzuholen, oder, sofern auch diese nachträgliche Musterung nicht mehr möglich ist, den Sachverhalt anzuzeigen. Ein Vermerk über die Anzeige ist vom Seemannsamt in die Musterrolle und in die Seefahrtsbücher der betheiligten Schiffsleute einzutragen.

§ 26.

Die Kosten der Musterungsverhandlungen, einschließlich der Ausfertigung der Musterrolle, fallen dem Rheder zur Last.

Die Bestimmungen über die in gleicher Höhe für alle Seemannsämter innerhalb des Reichsgebiets festzustellenden Kosten erfolgen durch den Bundesrath.

Dritter Abschnitt.

Vertragsverhältniß.

§ 27.

Die Gültigkeit des Heuervertrags ist durch schriftliche Abfassung und durch den nachfolgenden Vollzug der Anmusterung nicht bedingt. Jedoch ist dem Schiffsmanne bei der Anheuerung ein von dem Kapitän oder dem Vertreter der Rhederei (§ 12 Abs. 2) unterschriebener Ausweis (Heuerschein) zu geben, welcher enthält:

Namen des Schiffes,
Angabe der Dienststellung,
Angabe der Reise oder Dauer des Vertrags,
Höhe der Heuer,
Zeit und Ort der Anmusterung.

Aufkündigungsfristen und sonstige die Lösung des Heuervertrags betreffende Zeitbestimmungen sollen für beide vertragschließende Theile gleich sein. Bei entgegenstehender Vereinbarung kann der Schiffsmann die dem anderen Theile zugestandene Frist oder Zeitbestimmung für sich in Anspruch nehmen.

Die Motive (a. a. O. S. 47 ff.) bemerken, daß in der neuen Seem.O. nicht mehr nur die früher fast ausnahmslose Anmusterung für eine Reise, sondern auch die Anmusterung auf Zeit berücksichtigt sei.

Das Vertragsverhältniß ist eine, durch die Bestimmungen über die Disziplinargewalt u. s. w. qualifizirte Dienstmiethe, Beibl. z. Hans.G.Ztg. 1885 Nr. 169 (R.G.); es gelten daher, soweit die Seem.O. keine Vorschriften enthält, subsidiär (vgl. Art. 2 E.G. z. H.G.B.) die Bestimmungen des B.G.B.

Ueber den Dienstvertrag s. §§ 611—630, insbesondere auch hinsichtlich der Pflicht des Dienstberechtigten zum Schutze des Dienstverpflichteten gegen Gefahren § 618 B.G.B., vgl. auch Beibl. z. Hans.G.Ztg. 1885 Nr. 56, 169 (R.G.), 124, 1891 Nr. 1. Ueber den Ausschluß abweichender Vereinbarung s. § 1 oben, über die Vollmacht des Kapitäns § 526 H.G.B., über die Haftung des Rheders für die Forderungen aus dem Heuervertrage § 487 H.G.B., über Schiffsgläubigerrecht für Heuerforderungen §§ 754 Z. 3, 762 Abs. 2 H.G.B.

Die Nichtertheilung des Heuerscheines ist privatrechtlich unerheblich, aber unter die Strafvorschrift der §§ 114 Z. 2, 119 gestellt.

Ueber Entweichen und Verborgenhalten des Schiffsmanns s. § 93.

§ 28.

Der Heuervertrag kann für eine Reise oder auf Zeit abgeschlossen werden.

Ist bei der Anheuerung für eine Reise deren Endziel nicht angegeben, so läuft in Ermangelung anderweitiger Vereinbarung, unbeschadet der Vorschrift des § 69, der Heuervertrag bis zur Rückkehr in den Hafen der Ausreise (§ 14).

Bei Anheuerung auf unbestimmte Zeit soll im Heuervertrag eine Kündigungsfrist angegeben oder in anderer Weise über die Beendigung des Dienstverhältnisses Bestimmung getroffen werden. Ist dies nicht geschehen, so kann jeder Theil in jedem Hafen, welchen das Schiff zum Löschen oder Laden anläuft, vom Vertrag unter Einhaltung einer Kündigungsfrist von vierundzwanzig Stunden zurücktreten.

Ueber die Rückreise s. § 66.

§ 29.

Ist bei dem Abschlusse des Heuervertrags die Vereinbarung über den Betrag der Heuer nicht durch ausdrückliche Erklärung getroffen worden, so wird im Zweifel die Heuer als vereinbart angesehen, die das Seemannsamt des Hafens, in welchem der Schiffsmann angemustert wird, für die daselbst zur Zeit der Anmusterung übliche erklärt.

§ 30.

Hat ein Schiffsmann sich durch mehrere Verträge für ein und dieselbe Zeit verheuert, so geht, falls auf Grund eines der Verträge eine Anmusterung stattgefunden hat, dieser, sonst der zuerst abgeschlossene Vertrag vor.

Der Schiffsmann bleibt aus dem andern Vertrage schadensersatzpflichtig, § 30 ist aber wegen der zwangsweisen Zuführung (§ 33) von Bedeutung.

§ 31.

Wird ein Schiffsmann erst nach Anfertigung der Musterrolle geheuert, so gelten für ihn in Ermangelung anderer Vertragsbestimmungen die nach Inhalt der Musterrolle mit der übrigen Schiffsmannschaft getroffenen Abreden.

Vgl. § 15.

§ 32.

Die Verpflichtung des Schiffsmanns, sich mit seinen Sachen an Bord einzufinden und Schiffsdienste zu leisten, beginnt, wenn nicht ein Anderes bedungen ist, mit der Anmusterung. Der Zeitpunkt, zu welchem der Dienstantritt erfolgen soll, ist dem Schiffsmanne bei der Anheuerung, der Liegeplatz oder ein Meldeort ist ihm bei der Anmusterung anzugeben.

Wenn der Schiffsmann den Dienstantritt länger als vierundzwanzig Stunden verzögert, ist der Kapitän oder der Rheder zum Rücktritte von dem Heuervertrage befugt. Die Ansprüche wegen etwaiger Mehrausgaben für einen Ersatzmann und wegen sonstiger aus der Verzögerung erwachsener Schäden werden hierdurch nicht berührt.

Meldeort ist der Ort, wo der Schiffsmann sich zum thatsächlichen Dienstantritt zu melden hat.

Nach dem Kommissionsbericht S. 16 soll eine formelle Rücktrittserklärung nicht nöthig sein. Vgl. aber § 349 B.G.B., wonach der Rücktritt ein empfangsbedürftiges Rechtsgeschäft ist.

Werden die Dienste des Schiffsmanns nicht angenommen, so ist § 615 B.G.B. anwendbar.

§ 33.

Der Schiffsmann, welcher nach der Anmusterung ohne einen genügenden Entschuldigungsgrund dem Antritt oder der Fortsetzung des Dienstes sich entzieht, kann auf Antrag des Kapitäns vom Seemannsamte, wo aber ein solches nicht vorhanden ist, von der Ortspolizeibehörde zwangsweise zur Erfüllung seiner Pflicht angehalten werden.

Die daraus erwachsenden Kosten hat der Schiffsmann zu ersetzen.

Die Anwendbarkeit von § 33 ist durch erfolgte Anmusterung bedingt. „Entziehung" kann nicht nur durch Desertion, sondern auch durch Arbeitsverweigerung erfolgen. R.O. 4 S. 292.

§ 888 C.P.O. ist durch § 33 nicht berührt und Vollstreckung eines Urtheils auf Eintritt in den Dienst durch körperlichen Zwang nicht zulässig.

Zu § 33 s. auch §§ 93, 94.

§ 34.

Der Schiffsmann ist verpflichtet, in Ansehung des Schiffsdienstes den Anordnungen des Kapitäns, der Schiffsoffiziere und seiner sonstigen Dienstvorgesetzten unweigerlich Gehorsam zu leisten und zu jeder Zeit alle für Schiff und Ladung ihm übertragene Arbeiten zu verrichten.

Er hat diese Verpflichtung zu erfüllen, sowohl an Bord des Schiffes und in dessen Booten, als auch in den Leichterfahrzeugen und auf dem Lande, sowohl unter gewöhnlichen Umständen, als auch unter Haverie.

Ohne Erlaubniß des Kapitäns oder eines Schiffsoffiziers darf er das Schiff bis zur Abmusterung nicht verlassen, doch darf ihm in einem Hafen des Reichsgebiets in seiner dienstfreien Zeit, wenn nicht triftige Gründe vorliegen, die Erlaubniß nicht verweigert werden. Ist ihm eine solche Erlaubniß ertheilt, so muß er zur festgesetzten Zeit zurückkehren.

Strafen für Ungehorsam u. s. w. s. §§ 96, 100—106. Zum letzten Absatz s. die Strafvorschrift gegen den Schiffsmann § 96 Z. 4, gegen den Kapitän § 114 Z. 5.

Der Schiffsmann muß auch unberechtigten Anordnungen Folge leisten.

§ 35.

Liegt das Schiff im Hafen oder auf der Rhede, so ist der Schiffsmann nur in dringenden Fällen schuldig, länger als zehn Stunden täglich zu arbeiten. In den Tropen wird diese Zeit, soweit es sich nicht ausschließlich um Aufsichtsdienst oder Arbeiten zur Verpflegung und Bedienung der an Bord befindlichen Personen handelt, auf acht Stunden beschränkt. Bei Berechnung dieser Arbeitsdauer ist der Wachtdienst in Rechnung zu bringen.

Die Vorschriften des Abs. 1 finden auf Schiffsoffiziere keine Anwendung. Den Schiffsoffizieren ist im Hafen oder auf der Rhede eine Ruhezeit von mindestens acht Stunden innerhalb jeder vierundzwanzig Stunden zu gewähren.

Arbeit, welche über die im Abs. 1 bestimmte Dauer von zehn oder acht Stunden geleistet wird, ist als Ueberstundenarbeit zu vergüten, soweit sie nicht zur Verpflegung und Bedienung der an Bord befindlichen Personen oder zur Sicherung des Schiffes in dringender Gefahr erforderlich ist.

§§ 35—38 gelten nach § 135 nicht für Seeschlepper und in Thätigkeit befindliche Bergungsfahrzeuge.

Gemäß § 1 gilt § 35 auch in ausländischen Plätzen und auch für dort angenommene, nicht reichsangehörige, z. B. farbige, Schiffsmannschaft.

Die ersten vierundzwanzig Stunden des Abs. 2 beginnen mit der Ankunft des Schiffes u. s. w., s. die Motive S. 54.

Auch die zum Seeklarmachen gehörige Arbeit ist gemäß Abs. 3 zu vergüten. Schiffsoffizieren ist Ueberstundenarbeit nicht zu vergüten, s. § 40.

§ 36.

Auf See geht die Mannschaft des Decks- und Maschinendienstes Wache um Wache. Die abgelöste Wache darf nur in dringenden Fällen zu Schiffsdiensten verwendet werden. Auf Dampfschiffen ist die ablösende Maschinenwache verpflichtet, das vor der Ablösung erforderliche Aschehieven zu besorgen. Diese Vorschriften gelten nicht für Fahrten von nicht mehr als zehnstündiger Dauer.

Auf Dampfschiffen in transatlantischer Fahrt wird für das Maschinenpersonal der Dienst in drei Wachen eingetheilt.

Unter welchen Umständen im Uebrigen eine Mannschaft in mehr als zwei Wachen zu gehen hat, bestimmt der Bundesrath.

§ 36 gilt nach § 135 nicht für Hochseefischereifahrzeuge, für Seeschlepper und für Bergungsfahrzeuge in Thätigkeit.

Bei dem System „Wache um Wache" ist die Mannschaft, die Wache gehabt hat, während der Wache des andern Theils ganz dienstfrei. Sie darf auch nicht mit Reinigen des Logis und Aschehieven beschäftigt werden. Ueber die Dauer der einzelnen Wache ist im Gesetz nichts bestimmt, s. den Kommissionsbericht S. 26.

Transatlantisch ist die Fahrt über den Kanal hinaus.

§ 37.

An Sonn- und Festtagen dürfen, solange das Schiff im Hafen oder auf der Rhede liegt, Arbeiten, einschließlich des Wachtdienstes, nur gefordert werden, soweit sie unumgänglich oder unaufschieblich oder durch den Personenverkehr bedingt sind.

Mit Löschen und Laden dürfen, solange das Schiff innerhalb des Reichsgebiets im Hafen oder auf der Rhede liegt, die zur Schiffsmannschaft gehörigen Personen an Sonn- und Festtagen nicht beschäftigt werden. Diese Vorschrift gilt nicht für die Ladung derjenigen Dampfschiffe, welche in regelmäßigem Fahrplane die Kaiserlich deutsche Post befördern, und für die zum Löschen und Laden dieser Dampfschiffe dienenden Fahrzeuge sowie für das Gepäck der Reisenden und für leicht verderbende Güter. Außerdem können von einer durch die Zentralbehörde des Bundesstaats zu bestimmenden Behörde in Nothfällen Ausnahmen von dieser Vorschrift auf jedesmaligen Antrag gestattet werden.

Sonn- und Festtagsarbeit (Abs. 1, 2) ist als Ueberstundenarbeit zu vergüten, soweit sie nicht zur Verpflegung und Bedienung der an Bord befindlichen Personen oder zur Sicherung des Schiffes in dringender Gefahr erforderlich ist.

Soweit nicht dringende Gründe entgegenstehen, ist an Sonn- und Festtagen im Hafen und auf der Rhede der Schiffsmannschaft Gelegenheit zur Theilnahme am Gottesdienst ihrer Konfession zu geben und der hierzu erforderliche Urlaub zu ertheilen.

Abs. 1 gilt gemäß § 1 für deutsche Schiffe auch im Ausland, Abs. 2 nur im Reichsgebiet (auch nicht in den Schutzgebieten). Auf fremde Schiffe in deutschen Häfen bezieht Abs. 2 sich so wenig wie die Seem.O. sonst. Ebensowenig gilt Abs. 2 für die nicht zur Schiffsmannschaft gehörigen Personen (für Schauerleute rc. gilt in Deutschland die Sonntagsruhe der Gewerbeordnung), ebensowenig nach § 135 für Hochseefischereifahrzeuge, für Seeschlepper und in Thätigkeit befindliche Bergungsdampfer.

Freiwillige Sonntagsarbeit über Abs. 1 hinaus ist dem Schiffsmann nicht verboten.

Mit Nothfällen sind nicht nur die aus Naturereignissen, sondern auch die aus kommerziellen Rücksichten entspringenden gemeint, s. den Kommissionsbericht S. 22.

Arbeiten zum Seeklarmachen sind auch hier von der Vergütung als Ueberstundenarbeit nicht ausgenommen.

Strafbestimmungen s. §§ 114 Z. 6, 118.

§ 38.

Auf See darf an Sonn- und Festtagen über das hinaus, was zur Sicherheit und zur Fahrt des Schiffes, zur Bedienung der Maschine, zum Segeltrocknen, Bootsdienst und zur Verpflegung und Bedienung der an Bord befindlichen Personen unbedingt erforderlich ist, der Schiffsmannschaft Arbeit nur in dringenden Fällen auferlegt werden.

Die Vorschrift des § 37 Abs. 4 findet auf See entsprechende Anwendung. Auch ist dem Schiffsmanne, der es verlangt, die Theilnahme an gemeinschaftlichen Andachten seiner Konfession zu gestatten.

Strafbestimmungen s. §§ 114 Z. 6, 118. — § 38 gilt nicht für Seeschlepper und in Thätigkeit befindliche Bergungsfahrzeuge, Abs. 1 nicht für Hochseefischereifahrzeuge, s. § 135.

§ 39.

Als Festtage im Sinne der §§ 37, 38 gelten im Inlande die von der Landesregierung des Liegeorts bestimmten Tage, im Ausland und auf See die Festtage des inländischen Heimathshafens; in Ermangelung eines solchen werden die Festtage durch Anordnung des Reichskanzlers bestimmt. Im Sinne des § 37 Abs. 4 gelten als Festtage im Ausland auch die kirchlich gebotenen Festtage des Liegeorts.

§ 40.

Die Vorschriften des § 35 Abs. 3 und des § 37 Abs. 3 finden auf Schiffsoffiziere keine Anwendung, sofern nicht ein Anderes vereinbart ist.

§ 41.

Bei Seegefahr, besonders bei drohendem Schiffbruche, sowie bei Gewalt und Angriff gegen Schiff oder Ladung hat der Schiffsmann alle befohlene Hülfe zur Erhaltung von Schiff und Ladung unweigerlich zu leisten und darf ohne Einwilligung des Kapitäns, solange dieser selbst an Bord bleibt, das Schiff nicht verlassen.

Er bleibt verbunden, bei Schiffbruch für Rettung der Personen und ihrer Sachen sowie für Sicherstellung der Schiffstheile, der Geräthschaften und der Ladung, den Anordnungen des Kapitäns gemäß, nach besten Kräften zu sorgen und bei der Bergung gegen Fortbezug der Heuer und der Verpflegung Hülfe zu leisten.

Hülfs- und Bergelohn für die Rettung des eigenen Schiffes erhält der Schiffsmann nicht, über den Antheil bei Bergung fremder Schiffe s. § 749 H.G.B.

§ 42.

Der Schiffsmann ist, auch wenn der Heuervertrag in Folge eines Verlustes des Schiffes beendigt ist (§ 69), verpflichtet, auf Verlangen bei der Verklarung mitzuwirken und seine Aussage eidlich zu bestärken.

Dieser Verpflichtung hat er gegen Zahlung der etwa erwachsenden Versäumniß-, Reise- und Verpflegungskosten, deren Höhe im Streitfalle die Verklarungsbehörde, im Auslande der Konsul, festzusetzen hat, nachzukommen. Auf Verlangen des Schiffsmanns ist ihm für die Versäumniß-, Reise- und Verpflegungskosten ein angemessener Vorschuß zu zahlen.

Verklarung s. §§ 522—525 H.G.B. Der noch nicht sechzehn Jahre alte Schiffsmann ist nicht eidesfähig, vgl. §§ 393 Z. 1 C.P.O., 15 Ges. freiw. Gerichtsb.

§ 43.

Stellt sich nach Antritt der Reise heraus, daß der Schiffsmann zu dem Dienste, zu welchem er sich verheuert hat, untauglich ist, so ist der Kapitän befugt, ihn im Range herabzusetzen und seine Heuer verhältnißmäßig zu verringern. Diese Befugniß besteht nicht gegenüber Schiffsoffizieren.

Wird von dieser Befugniß Gebrauch gemacht, so hat der Kapitän die getroffene Anordnung und die die Anordnung begründenden Thatsachen, sobald thunlich, in das Schiffstagebuch einzutragen, die Eintragung dem Schiffsmanne vorzulesen und in dem Tagebuche zu vermerken, daß und wann dies geschehen ist. Vor der Eröffnung und Eintragung tritt die Verringerung der Heuer nicht in Wirksamkeit.

Dem Schiffsmann ist auf Verlangen eine vom Kapitän unterzeichnete Abschrift der Eintragung auszuhändigen.

Gegen die getroffene Anordnung kann der Schiffsmann die Entscheidung des Seemannsamts anrufen, welches zuerst angegangen werden kann. Erst nach Entscheidung des Seemannsamts, falls aber ein solches nicht angerufen ist, bei der Abmusterung, dürfen Eintragungen über den Sachverhalt in das Seefahrtsbuch, und zwar nur durch das Seemannsamt, vorgenommen werden.

§ 43 ist nicht nur bei gänzlicher Unfähigkeit, sondern auch bei ungenügenden Leistungen anwendbar. O.S.A. 12 S. 570. Vor Antritt der Reise: s. § 70. — Schiffsoffiziere kann der Kapitän kraft seiner Dienstgewalt vom Amt entheben.

§ 44.

Die Heuer ist vom Tage der Anmusterung, falls diese dem Dienstantritte vorangeht, sonst vom Tage des Dienstantritts zu zahlen.

Als Dienstzeit gilt auch die zur Erreichung des Meldeorts (§ 32) erforderliche Reisezeit.

Abweichende Vereinbarung ist nicht zugelassen.

§ 45.

Die Heuer hat der Schiffsmann, sofern keine andere Vereinbarung getroffen ist, erst nach Beendigung der Reise oder des Dienstverhältnisses zu beanspruchen.

Der Schiffsmann kann jedoch in einem Hafen, in welchem das Schiff ganz oder zum größeren Theil entlöscht wird, die Auszahlung der Hälfte der bis dahin verdienten Heuer (§ 80) verlangen, sofern bereits drei Monate seit der Anmusterung verflossen sind. In gleicher Weise ist der Schiffsmann bei Ablauf je weiterer drei Monate nach der früheren Auszahlung wiederum die Auszahlung der Hälfte der seit der letzten Auszahlung verdienten Heuer zu fordern berechtigt.

Ist die Anheuerung auf Zeit erfolgt (§ 28), so kann der Schiffsmann bei Rückkehr in den Hafen der Ausreise die bis dahin verdiente Heuer beanspruchen.

Die Heuer ist zu zahlen bis zur Beendigung des Dienstverhältnisses, nicht bis zur Abmusterung. Anders die Beköstigung, s. § 54. Ueber die Verjährungsfrist s. §§ 901, 902 in Verbindung mit 754 Z. 3 H.G.B.

§ 46.

Die Auszahlung des dem Schiffsmanne bei der Beendigung des Dienstverhältnisses zustehenden Heuerguthabens muß an ihn persönlich und, soweit nicht im Auslande die dortigen Gesetze eine andere Behörde bestimmen, vor dem abmusternden Seemannsamt oder durch dessen Vermittelung geschehen und von diesem in der Abmusterungsverhandlung bescheinigt werden. Bei Verhinderung des Schiffsmanns ist mit dessen Zustimmung die Auszahlung an ein Familienmitglied zulässig. In einer Gast- oder Schankwirthschaft darf die Auszahlung nicht vorgenommen werden.

Von der Mitwirkung des Seemannsamts darf abgesehen werden, wenn sie ohne Verzögerung der Reise nicht herbeigeführt werden kann.

Das Seemannsamt ist verpflichtet, bei der Abmusterung die dem Schiffsmann auszuzahlende Heuer auf dessen Antrag ganz oder theilweise in Empfang zu nehmen und nach Angabe des Schiffsmanns an auswärts wohnende Angehörige desselben oder an Sparkassen oder sonstige Verwahrungsstellen gebührenfrei zu übermitteln. Die durch die Uebermittelung entstehenden baaren Auslagen werden, sofern der Schiffsmann ein Deutscher ist, von dem Rheder getragen.

Heuer ist zu zahlen bis zur Beendigung des Dienstes, nicht bis zur Abmusterung. § 46 setzt einen Erfüllungsort für die Heuerzahlung fest. Die Schiffsklage (§ 754 H.G.B.) kann aber angestellt werden, wo das Schiff ist.

Die „Familienmitgliedschaft" soll nach Kommissionsbericht S. 83 nach dem Sprachgebrauch des gewöhnlichen Lebens aufgefaßt werden und auch die Auszahlung an die Braut des Schiffsmanns zulässig sein.

Vom Verbot der Auszahlung in Wirthschaften kann nicht die untere Verwaltungsbehörde wie in § 115a Gew.O. dispensiren.

Strafvorschrift s. § 114 Z. 7.

§ 47.

Inwieweit vor dem Antritte der Reise Vorschußzahlungen auf die Heuer zu leisten oder Handgelder zu zahlen sind, bestimmt in Ermangelung einer Vereinbarung der Ortsgebrauch des Hafens, in welchem der Schiffsmann angemustert wird.

Ueber die Draufgabe s. §§ 336—338 B.G.B. Das Handgeld wird regelmäßig als Zugabe gegeben und daher § 337 nicht anwendbar sein. S. aber § 72 Abs. 2. „Ortsgebrauch" ist wie im H.G.B. als örtliches Gewohnheitsrecht aufzufassen.

§ 48.

Alle Zahlungen an Schiffsleute müssen nach Wahl derselben, Vorschußzahlungen jedoch nach Wahl des Kapitäns, entweder in baar oder mittelst einer auf den Rheder ausgestellten Anweisung geleistet werden. Die Zahlbarkeit der Anweisungen darf bei Vorschußzahlungen an die Bedingung geknüpft werden, daß der Schiffsmann sich bei der Abfahrt des Schiffes an Bord befindet. Im Uebrigen muß die Anweisung unbedingt und auf Sicht gestellt sein.

Eine Anweisung auf den Heuerbaas ist unzulässig.

Eine Aufrechnung gegen die Heuer ist unzulässig gem. § 394 B.G.B. Darüber, ob eine Zurückbehaltung der Heuer wegen eines Gegenanspruchs, insbesondere eines solchen wegen einer unerlaubten Handlung, zulässig ist, s. Beibl. z. Hans.G.Ztg. 1902 Nr. 12.

Strafvorschrift s. § 114 Z. 7.

§ 49.

Vor Antritt der Reise ist ein Abrechnungsbuch anzulegen, in welchem die verdiente Heuer und der verdiente Ueberstundenlohn in regelmäßigen Zeitabschnitten zu berechnen sowie alle auf die Heuer geleisteten Vorschuß- und Abschlagszahlungen und die etwa gegebenen Handgelder, bei Zahlung in fremder Währung auch der zu Grunde gelegte Kurs, einzutragen sind. In dem Abrechnungsbuch ist von dem Schiffsmann über den Empfang jeder Zahlung zu quittiren. Die Zahl der geleisteten Ueberstunden sowie der danach verdiente Ueberstundenlohn ist wöchentlich und spätestens am Tage nach dem jedesmaligen Verlassen eines Hafens in dem Abrechnungsbuche zu vermerken; sodann ist dieser Vermerk dem Schiffsmanne zur unterschriftlichen Anerkennung vorzulegen. Verweigert er die Anerkennung, so ist auch dies und der hiefür angegebene Grund im Abrechnungsbuche zu vermerken.

Ferner ist jedem Schiffsmanne, der es verlangt, noch ein besonderes Heuerbuch zu übergeben und darin ebenfalls die verdiente Heuer, der verdiente Ueberstundenlohn sowie jede auf die Heuer des Inhabers geleistete Zahlung, bei Zahlung in fremder Währung auch der zu Grunde gelegte Kurs, einzutragen. Vor der Abmusterung ist dem Schiffsmann in diesem Heuerbuche sein Gesammtguthaben zu berechnen.

Strafvorschrift s. § 114 Z. 8.

§ 50.

Wenn die Zahl der Mannschaft des Decks- oder Maschinendienstes sich während der Reise vermindert und der weitere

Verlauf der Reise eine Verminderung der Arbeitsanfordederungen nicht in Aussicht stellt, so muß der Kapitän die Mannschaft ergänzen, soweit die Umstände es gestatten. Solange eine Ergänzung nicht erfolgt, sind die während der Fahrt ersparten Heuergelder unter diejenigen Schiffsleute desselben Dienstzweigs, welchen dadurch eine Mehrarbeit erwachsen ist, nach Verhältniß dieser und der Heuer zu vertheilen. Ein Anspruch auf die Vertheilung findet jedoch nicht statt, wenn die Verminderung der Mannschaft durch Entweichung herbeigeführt ist und die Sachen des entwichenen Schiffsmanns nicht an Bord zurückgeblieben sind.

§ 50 ist nicht anwendbar, wenn sich z. B. das Aufwartepersonal vermindert, ebensowenig auf den Aufenthalt in Häfen, bei dem die Ueberstunden bezahlt werden, s. die Motive S. 64. — Strafvorschrift § 114 Z. 9.

§ 51.

Wird ein Schiffsmann bei Abfahrt des Schiffes vermißt, so hat der Kapitän demjenigen Seemannsamt, in dessen Bezirke zuerst diese Wahrnehmung gemacht wird, behufs Ermittelung sobald als thunlich Anzeige zu erstatten und das Seefahrtsbuch des Vermißten zu übermitteln.

§ 52.

In allen Fällen, in welchen ein Schiff mehr als zwei Jahre auswärts verweilt, tritt für den seit zwei Jahren im Dienste befindlichen Schiffsmann eine Erhöhung der Heuer ein, wenn diese nach Zeit bedungen ist.

Diese Erhöhung wird, wie folgt, bestimmt:

1. der Schiffsjunge tritt mit Beginn des dritten Jahres in die in der Musterrolle bestimmte oder aus derselben als Durchschnittsbetrag sich ergebende Heuer der Leichtmatrosen und mit Beginn des vierten Jahres in die in der Musterrolle bestimmte Heuer der Vollmatrosen ein;
2. der Leichtmatrose erhält mit Beginn des zweiten Jahres die in der Musterrolle bestimmte Heuer der Vollmatrosen und mit Beginn des vierten Jahres ein Fünftel derselben mehr an Heuer;

3. für die übrige Schiffsmannschaft steigt die in der Musterrolle angegebene Heuer mit Beginn des dritten Jahres um ein Fünftel und mit Beginn des vierten Jahres um ein ferneres Fünftel ihres ursprünglichen Betrags.

In den Fällen des Abs. 2 Nr. 1, 2 tritt der Schiffsmann mit der Erhöhung der Heuer zugleich in die entsprechende Rangklasse ein.

§ 53.

Die aus den Dienst- und Heuerverträgen herrührenden Forderungen des Kapitäns und der zur Schiffsmannschaft gehörigen Personen, welche auf einem nach den §§ 862, 863 des Handelsgesetzbuchs als verschollen anzusehenden Schiffe sich befunden haben, werden fällig mit Ablauf der Verschollenheitsfrist. Das Dienstverhältniß gilt sodann einen halben Monat nach dem Tage für beendet, bis zu welchem die letzte Nachricht über das Schiff reicht.

Der Betrag der Forderungen ist dem Seemannsamte des Heimathshafens und in Ermangelung eines solchen dem Seemannsamte des Registerhafens zu übergeben. Das Seemannsamt hat die Aushändigung an die Empfangsberechtigten zu vermitteln.

Heimathshafen und Registerhafen s. § 6 Flaggenrechtsges., oben S. 242.

§ 54.

Dem Schiffsmanne gebührt Beköstigung für Rechnung des Schiffes von dem Zeitpunkte des Dienstantritts an bis zur Abmusterung, jedoch wenn diese ohne Verzögerung der Reise unausführbar ist, bis zur Beendigung des Dienstverhältnisses. Er darf die verabreichten Speisen und Getränke nur zu seinem eigenen Bedarfe verwenden und nichts davon veräußern, vergeuden oder sonst bei Seite bringen. Anstatt der Beköstigung kann auf Grund besonderer Abrede eine entsprechende Geldentschädigung gewährt werden.

Nach dem Kommissionsbericht S. 40 soll der Ausdruck „für Rechnung des Schiffes", der aus der früheren Fassung des Gesetzes stammt, die Haftung mit Schiff und Fracht bezeichnen. Es ist indeß nicht anzunehmen, daß die persönliche Haftung nach § 487 H.G.B. hier beseitigt sein sollte.

S. auch die Strafvorschriften §§ 113 Z. 3, 117, 96 Z. 8.

Das Recht auf Beköstigung geht zeitlich weiter als das auf die Heuer, s. Anm. zu § 46. Wenn der Schiffsmann sich der Abmusterung entzieht, muß das Recht auf Beköstigung aufhören.

§ 55.

Die Schiffsmannschaft hat an Bord des Schiffes vom Zeitpunkte des Dienstantritts an bis zur Abmusterung, jedoch wenn diese ohne Verzögerung der Reise unausführbar ist, bis zur Beendigung des Dienstverhältnisses Anspruch auf einen, ihrer Zahl und der Größe des Schiffes entsprechenden, nur für sie und ihre Sachen bestimmten wohlverwahrten und genügend zu lüftenden Logisraum.

Kann dem Schiffsmann infolge eines Unfalls oder aus anderen Gründen zeitweilig ein Unterkommen auf dem Schiffe nicht gewährt werden, so ist ihm ein anderweitiges angemessenes Unterkommen zu verschaffen.

§ 56.

Die dem Schiffsmanne für den Tag mindestens zu verabreichenden Speisen und Getränke (§ 54) bestimmen sich, soweit nicht ein Anderes vereinbart ist, nach dem örtlichen Rechte des Heimathshafens und in Ermangelung eines solchen nach dem örtlichen Rechte des Registerhafens. Der Erlaß näherer Bestimmungen steht den Landesregierungen im Verordnungswege und, sofern es an einem inländischen Heimathshafen oder Registerhafen fehlt, dem Reichskanzler zu.

Ueber Größe und Einrichtung des Logisraums (§ 55), über die Einrichtung von Wasch- und Baderäumen und Aborten an Bord der Schiffe und die mindestens mitzunehmenden Heilmittel beschließt der Bundesrath. Die Beschlüsse des Bundesraths sind dem Reichstage bei seinem nächsten Zusammentritte zur Kenntnißnahme vorzulegen.

Seetüchtigkeit s. § 559 H.G.B.

Für die von Auswandererschiffen mitzunehmenden Arzneien und Hülfsmittel zur Krankenpflege sind besondere Bestimmungen getroffen durch § 32 und Anhang C der Bekanntmachung, betr. Vorschriften für Auswandererschiffe vom 14. März 1898 (R.G.Bl. S. 57).

S. auch § 133 sowie die Strafvorschriften §§ 112, 113 Z. 1, 3; 117.

§ 57.

Der Kapitän ist berechtigt, bei ungewöhnlich langer Dauer der Reise oder wegen eingetretener Unfälle, eine Kürzung der Rationen oder eine Aenderung hinsichtlich der Wahl der Speisen und Getränke eintreten zu lassen.

Er hat im Schiffstagebuche zu vermerken, wann, aus welchem Grunde und in welcher Weise eine Kürzung oder Aenderung eingetreten ist.

Dem Schiffsmanne gebührt eine den erlittenen Entbehrungen entsprechende Vergütung. Ueber diesen Anspruch entscheidet unter Vorbehalt des Rechtswegs das Seemannsamt, vor welchem abgemustert wird.

§ 58.

Wenn ein Schiffsoffizier oder nicht weniger als drei Schiffsleute bei einem Seemannsamte Beschwerde darüber erheben, daß das Schiff, für welches sie angemustert sind, nicht seetüchtig ist, oder daß die Vorräthe, welche das Schiff für den Bedarf der Mannschaft an Speisen und Getränken mit sich führt, ungenügend oder verdorben sind, so hat das Seemannsamt mit möglichster Beschleunigung unter Hinzuziehung von erreichbaren Sachverständigen und der ortsanwesenden Beschwerdeführer eine Untersuchung des Schiffes oder der Vorräthe zu veranlassen und das Ergebniß in das Schiffstagebuch einzutragen. Auch hat das Seemannsamt, falls die Beschwerde sich als begründet erweist, für die geeignete Abhülfe Sorge zu tragen.

Kommt der Kapitän den zu diesem Behufe getroffenen Anordnungen nicht nach, so kann jeder Schiffsoffizier und jeder Schiffsmann seine Entlassung mit der für den Fall des § 74 Nr. 1 vorgesehenen Wirkung (§ 76) fordern.

S. § 5 Abs. 3. — Strafvorschrift § 108. Vgl. auch §§ 513, 514 H.G.B.

§ 59.

Falls der Schiffsmann nach Antritt des Dienstes oder nach der Anmusterung erkrankt oder eine Verletzung erleidet, so trägt der Rheder die Kosten der Verpflegung und Heilbehandlung. Diese Verpflichtung erstreckt sich:

1. wenn der Schiffsmann wegen der Krankheit oder Verletzung die Reise nicht antritt, bis zum Ablaufe von drei Monaten seit der Erkrankung oder Verletzung;
2. wenn er die Reise angetreten hat, bis zum Ablaufe von drei Monaten nach dem Verlassen des Schiffes in einem deutschen Hafen und bis zum Ablaufe von sechs Monaten nach dem Verlassen des Schiffes in einem anderen Hafen.

Im Falle einer Verletzung hört die Verpflichtung des Rheders dem Verletzten gegenüber auf, sobald und soweit die Berufsgenossenschaft die Fürsorge übernimmt.

Der Rheder ist berechtigt, die Verpflegung und Heilbehandlung dem Schiffsmanne in einer Krankenanstalt zu gewähren.

Ein Schiffsmann, der wegen Krankheit oder Verletzung außerhalb des Reichsgebiets zurückgeblieben ist, kann mit seiner Einwilligung und der des behandelnden Arztes oder des Seemannsamts nach einem deutschen Hafen in eine Krankenanstalt überführt werden. Ist der Schiffsmann außer Stande, die Zustimmung zu ertheilen, oder verweigert er sie ohne berechtigten Grund, so kann sie nach Anhörung eines Arztes durch dasjenige Seemannsamt ersetzt werden, in dessen Bezirke der Schiffsmann sich zur Zeit befindet. Findet die Ueberführung statt, so erstreckt sich die Verpflichtung des Rheders stets nur bis zum Ablaufe von drei Monaten seit der Aufnahme in die Krankenanstalt des deutschen Hafens.

Der Schiffsmann, welcher sich der Heilbehandlung ohne berechtigten Grund entzieht und hierdurch nach ärztlichem Gutachten die Heilung vereitelt oder wesentlich erschwert hat, verliert den Anspruch auf kostenfreie Verpflegung und Heilbehandlung. Ueber die Berechtigung des Grundes sowie über Beginn und Dauer des Verlustes entscheidet vorläufig das Seemannsamt.

Dem Schiffsmanne gebührt, falls er nicht mit dem Schiffe nach dem Hafen der Ausreise (§ 14) zurückkehrt, freie Zurückbeförderung (§§ 78, 79) nach diesem Hafen oder nach Wahl des Kapitäns eine entsprechende, im Streitfalle vom Seemannsamte vorläufig festzusetzende Vergütung.

Seeleute unterstehen nicht der Krankenversicherung (§ 1 Abs. 3 Krankenversicherungsgesetz in der Fassung vom 10. April 1892, R.G.Bl. S. 417), wohl aber der Unfallversicherung (s. Seeunfallversicherungsgesetz in der Fassung vom 5. Juli 1900, R.G.Bl. S. 716) und der Invalidenversicherung (§ 1 Invalidenversicherungsgesetz vom 13. Juli 1899, R.G.Bl. S. 531).

Eine Ausnahme für geschlechtliche Krankheiten ist in der Seem.O. nicht gemacht, s. die Motive S. 69, vgl. hier auch §§ 70 Z. 5, 71. „Heilbehandlung" geht weiter als „ärztliche Behandlung" (§ 617 B.G.B.) und umfaßt auch die Lieferung von Hülfsmitteln zur Krankenpflege (vgl. § 6 Z. 1 Krankenversicherungsgesetz), s. die Motive S. 67.

Ueber die Pflicht des Schiffers zur Anzeige von Krankheits- und Todesfällen an Aussatz, Cholera, Lepra, Fleckfieber, gelbem Fieber, Pest, s. §§ 1, 3 Ges. betr. die Bekämpfung gemeingefährlicher Krankheiten vom 30. Juni 1900 (R.G.Bl. S. 306). Für den Schiffer entsprechen §§ 553—554 H.G.B. den §§ 59—64 Seem.O.

§ 60.

Liegt der Hafen der Ausreise außerhalb des Reichsgebiets, so kann der in einem deutschen Hafen geheuerte Schiffsmann in den Fällen des § 59 Abs. 6, des § 66 Abs. 3 und der §§ 69, 71, 72, 79 die Rückbeförderung auch nach dem Hafen, an welchem er geheuert ist, verlangen. Im Uebrigen kann vereinbart werden, daß für die dem Schiffsmann in den vorbezeichneten Fällen zustehenden Rückbeförderungsansprüche an Stelle des Hafens der Ausreise ein anderer Hafen, insbesondere derjenige, an welchem die Heuerung oder die Anmusterung stattgefunden hat, treten soll.

Unterläßt es der Rheder oder sein Vertreter, dem Anspruche des Schiffsmanns auf freie Zurückbeförderung innerhalb einer vom Seemannsamte gestellten Frist zu genügen, oder befindet sich der Rheder oder sein Vertreter wegen Abwesenheit nicht in der Lage, entsprechende Vorkehrungen zu treffen, so kann das Seemannsamt, sofern dadurch dem Rheder keine höheren Kosten erwachsen, auf Antrag des Schiffsmanns anordnen, daß an die Stelle des gesetzlich oder vertragsmäßig bestimmten Rückbeförderungshafens ein anderer, vom Seemansamte zu bezeichnender Hafen tritt.

Vertreter des Rheders ist gemäß § 527 H.G.B. auch der Schiffer. Abwesenheit des Vertreters liegt (vgl. die Motive S. 68) auch dann vor, wenn das Schiff verloren und der Schiffer untergegangen ist.

§ 61.

Die Heuer bezieht der erkrankte oder verletzte Schiffsmann:

1. wenn er die Reise nicht antritt, bis zur Einstellung des Dienstes;
2. wenn er die Reise angetreten hat, bis zu dem Tage, an welchem er das Schiff verläßt.

Für die Dauer des Aufenthalts in einer Krankenanstalt gebührt dem Schiffsmanne keine Heuer. Hat er aber Angehörige, deren Unterhalt er bisher ganz oder überwiegend aus seinem Heuerverdienste bestritten hat, so ist ein Viertel der Heuer zu zahlen. Die Zahlung kann unmittelbar an die Angehörigen erfolgen.

Ist der Schiffsmann bei der Vertheidigung des Schiffes zu Schaden gekommen, so hat er auf eine angemessene, im Streitfalle vom Seemannsamte vorläufig festzusetzende Belohnung Anspruch.

Abweichend von Abs. 2 für den Schiffer § 553a Abs. 2 H.G.B.

§ 62.

Auf den Schiffsmann, welcher die Krankheit oder Verletzung durch eine strafbare Handlung sich zugezogen oder den Dienst ohne einen ihn nach § 74 dazu berechtigenden Grund verlassen hat, finden die §§ 59 bis 61 keine Anwendung.

Ob die Voraussetzungen des Abs. 1 vorliegen, entscheidet vorläufig das Seemannsamt.

Vgl. Bem. zu § 59.

§ 63.

Muß der Schiffsmann wegen Erkrankung oder Verletzung am Lande zurückgelassen werden, so hat, soweit der Schiffsmann nicht ein Anderes bestimmt, der Kapitän die Sachen und das Heuerguthaben des Schiffsmanns behufs Fürsorge für deren Aufbewahrung dem am Orte der Zurücklassung befindlichen Seemannsamte zu überliefern. Mit Genehmigung dieses Seemannsamts kann die Ueberlieferung an eine andere geeignete Stelle, insbesondere an die Verwaltung der Krankenanstalt, in welche der Schiffsmann aufgenommen ist, erfolgen. Das Gleiche gilt, wenn sich am Orte der Zurücklassung kein Seemannsamt befindet. In diesem Falle hat der Kapitän dem Seemannsamt, in dessen Bezirke die Zurücklassung erfolgt, von dem Sachverhalt Anzeige zu machen.

Der Kapitän hat bei Ueberlieferung der Sachen eine von ihm und einem Schiffsoffizier, in Ermangelung eines solchen von einem Schiffsmanne, zu unterschreibende Aufzeichnung der Sachen und des Betrags des Heuerguthabens beizufügen und ein zweites Exemplar der Aufzeichnung unter Vermerk der Aufbewahrungsstelle dem Schiffsmanne zu übergeben.

Bei Erkrankung oder Verletzung des Kapitäns hat der Stellvertreter mit den Sachen des Kapitäns nach den Vorschriften der Abs. 1, 2 zu verfahren.

Strafvorschrift § 114 Z. 10.

§ 64.

Stirbt der Schiffsmann nach Antritt des Dienstes, so hat der Rheder die bis zum Todestage verdiente Heuer (§ 80) zu zahlen und, sofern der Tod innerhalb der Zeit der Fürsorgepflicht des Rheders (§ 59) erfolgt, die Bestattungskosten zu tragen.

Ist anzunehmen, daß das Schiff innerhalb vierundzwanzig Stunden einen Hafen erreicht, so ist, falls nicht gesundheitliche Bedenken entgegenstehen, die Leiche mitzunehmen und für deren Bestattung am Lande Sorge zu tragen.

Die Art der Bestattung auf See muß den Seegebräuchen entsprechen.

Wird der Schiffsmann bei Vertheidigung des Schiffes getödtet, so hat der Rheder eine angemessene, erforderlichen Falles von dem Richter zu bestimmende Belohnung zu entrichten.

Strafvorschrift s. § 114 Z. 11.

Die Bestattung auf See nach Seegebräuchen erfordert ein Einstellen der Fahrt des Schiffes, s. den Kommissionsbericht S. 46. Einen Rückgriff gegen den an der Tödtung eines Schiffsmanns Schuldigen hat der Rheder a. Gr. § 844 B.G.B.

§ 65.

Der auf dem Schiffe während der Reise eintretende Tod des Kapitäns oder eines Schiffsmanns ist gemäß §§ 61 bis 64 des Gesetzes über die Beurkundung des Personenstandes und die Eheschließung vom 6. Februar 1875 (Reichs-Gesetzbl. S. 23) bei Vermeidung der im § 68 daselbst angedrohten Strafe zu beurkunden.

Soweit der Nachlaß eines verstorbenen Schiffsmanns sich an Bord befindet, hat der Kapitän für die Aufzeichnung und sorgfältige Aufbewahrung sowie erforderlichen Falles für den Verkauf des Nachlasses im Wege der Versteigerung Sorge zu tragen. Die Aufzeichnung ist unter Zuziehung von zwei Schiffsoffizieren oder anderen glaubhaften Personen vorzunehmen.

Die Nachlaßgegenstände selbst, der etwaige Erlös aus denselben sowie das etwaige Heuerguthaben sind nebst der erwähnten Aufzeichnung und dem Nachweis über den Todesfall demjenigen Seemannsamte, bei dem es zuerst geschehen kann, oder mit dessen Genehmigung dem Seemannsamte des Ausreise- oder des Heimathshafens zu übergeben.

Für den Nachlaß des während der Reise verstorbenen Kapitäns hat der Stellvertreter nach Maßgabe der Vorschriften der Abs. 2, 3 Sorge zu tragen.

Zu Abs. 1 s. auch Anm. auf S. 29.
Strafvorschrift s. § 114 Z. 10.

§ 66.

Der für eine Reise geheuerte Schiffsmann ist verpflichtet, während der ganzen Reise, einschließlich etwaiger Zwischenreisen, bis zur Beendigung der Rückreise im Dienste zu verbleiben, wenn in dem Heuervertrage nicht ein Anderes bestimmt ist.

Unter Rückreise im Sinne des Abs. 1 ist die Reise nach dem Hafen zu verstehen, von welchem das Schiff seine Ausreise angetreten hat. Wenn jedoch das Schiff von einem nicht europäischen Hafen (§ 82) kommt und seine Ausreise von einem deutschen Hafen angetreten hat, so gilt auch jede Reise nach einem Hafen Großbritanniens, des Kanals, der Nordsee, des Kattegats, des Sundes oder der

Ostsee als Rückreise, falls die Reise thatsächlich in dem betreffenden Hafen endet, und dies der Schiffsmannschaft spätestens alsbald nach der Ankunft vom Kapitän erklärt wird.

Endet die Rückreise nicht in dem Hafen der Ausreise, so hat der Schiffsmann Anspruch auf freie Zurückbeförderung (§§ 78, 79) nach diesem Hafen oder nach Wahl des Kapitäns auf eine entsprechende, im Streitfalle vom Seemannsamte vorläufig festzusetzende Vergütung; außerdem gebührt ihm neben der verdienten Heuer die Heuer für die Dauer der Zurückbeförderung (§ 73).

Ueber das Aufhören des Vertragsverhältnisses des Schiffers s. §§ 545—52, über die Rückbeförderung (Abs. 3) s. § 60.

§ 66 betrifft Heuerung für eine Reise. § 67 für bestimmte Zeit, Vorschriften über die Beendigung des Vertragsverhältnisses bei Heuerung auf unbestimmte Zeit enthält nur § 28 Abs 3. — Deutscher Hafen s. § 6.

§ 67.

Der für eine bestimmte Zeit geheuerte Schiffsmann ist, sofern keine andere Vereinbarung getroffen ist, verpflichtet, bis zum Ablaufe dieser Zeit im Dienste zu verbleiben.

Läuft die Dienstzeit während einer Reise ab, so kann in Ermangelung einer anderen Vereinbarung der Schiffsmann seine Entlassung erst im nächsten Hafen, welchen das Schiff zum Löschen oder Laden anläuft, verlangen. Ist es nach Bescheinigung des Seemannsamts oder in Ermangelung eines solchen der örtlichen Behörde dem Kapitän nicht möglich, in dem Hafen einen Ersatzmann anzuheuern, so ist der Schiffsmann verpflichtet, gegen eine Erhöhung der Heuer um ein Viertel, den Dienst bis zu einem Hafen, in welchem der Ersatz möglich ist, längstens aber noch drei Monate hindurch fortzusetzen. Ist der Schiffsmann in einem deutschen Hafen geheuert, so muß auf sein Verlangen das Dienstverhältniß unter den bisherigen Bedingungen bis zur Rückkehr nach einem deutschen Hafen, längstens aber noch drei Monate hindurch fortgesetzt werden.

§ 68.

Nach beendigter Reise kann der Schiffsmann seine Entlassung nicht früher verlangen, als bis die Ladung gelöscht, das Schiff gereinigt und im Hafen oder an einem anderen Orte festgemacht, auch die etwa erforderliche Verklarung abgelegt ist.

§ 69.

Der Heuervertrag endet, wenn das Schiff durch einen Zufall dem Rheder verloren geht, insbesondere

1. wenn es verunglückt;
2. wenn es als reparaturunfähig oder reparaturunwürdig kondemnirt (§ 479 des Handelsgesetzbuchs) und in dem letzteren Falle ohne Verzug öffentlich verkauft wird;
3. wenn es geraubt wird;
4. wenn es aufgebracht oder angehalten und für gute Prise erklärt wird.

Der Schiffsmann hat alsdann Anspruch auf freie Zurückbeförderung (§§ 78, 79) nach dem Hafen der Ausreise oder nach Wahl des Kapitäns auf eine entsprechende, im Streitfalle vom Seemannsamte vorläufig festzusetzende Vergütung; außerdem ist ihm neben der verdienten Heuer noch der Betrag der halben Heuer für die Dauer der Zurückbeförderung (§ 73) zu gewähren.

Für die Fälle des § 69 vgl. § 628 Abs. 1 Z. 1 H.G.B., über die Rückbeförderung § 60.

§ 70.

Der Kapitän kann den Schiffsmann vor Ablauf der Dienstzeit entlassen:

1. solange die Reise noch nicht angetreten ist, wenn der Schiffsmann zu dem Dienste, zu welchem er sich verheuert hat, untauglich ist;
2. wenn der Schiffsmann eines groben Dienstvergehens, insbesondere wiederholten Ungehorsams, fortgesetzter Widerspenstigkeit, wiederholter Trunkenheit im Dienste oder der Schmuggelei sich schuldig macht;
3. wenn der Schiffsmann des Vergehens des Diebstahls, Betrugs, der Untreue, Unterschlagung, Hehlerei oder Urkundenfälschung oder einer mit Todesstrafe oder mit Zuchthaus bedrohten Handlung sich schuldig macht;

4. wenn der Schiffsmann durch eine strafbare Handlung eine Krankheit oder Verletzung sich zuzieht, welche ihn arbeitsunfähig macht;
5. wenn der Schiffsmann mit einer geschlechtlichen Krankheit behaftet ist, die den übrigen an Bord befindlichen Personen Gefahr bringen kann. Ob dies der Fall ist, bestimmt sich, sofern ein Arzt zu erlangen ist, nach dessen Gutachten:
6. wenn die Reise, für welche der Schiffsmann geheuert war, wegen Krieg, Embargo oder Blokade, wegen eines Ausfuhr- oder Einfuhrverbots oder wegen eines anderen, Schiff oder Ladung betreffenden Zufalls nicht angetreten oder fortgesetzt werden kann.

Der Kapitän muß die Entlassung sowie deren Grund, sobald es geschehen kann, dem Schiffsmanne mittheilen und in den Fällen des Abs. 1 Nr. 2 bis 5 spätestens, bevor dieser das Schiff verläßt, in das Schiffstagebuch eintragen. Dem Schiffsmann ist auf Verlangen eine vom Kapitän unterzeichnete Abschrift der Eintragung auszuhändigen.

Z. 1 ist nicht anwendbar, wenn der Schiffsmann nicht die nöthige Erfahrung und Sachkenntniß besitzt. H. 1882 Nr. 76. Vgl. hiezu § 43.

Z. 6 erfordert nicht, daß der betr. Zufall neu eingetreten sei: es genügt, wenn der Schiffer nunmehr zu der Ansicht gelangt, daß die Fortsetzung der Reise wegen einer bereits vorhandenen Beschädigung unthunlich ist. H. 1875 Nr. 269. Ueber Dienstvergehen s. auch §§ 96 ff.

Unter Z. 6 fällt auch Blokade durch Eis, Kommissionsbericht S. 49 f.

Die Nichteintragung macht die Entlassung nicht unwirksam, H. 1875 Nr. 269, ist aber strafbar nach § 114 Z. 12.

Für die Zurücklassung außerhalb des Reichsgebiets s. § 83.

§ 71.

Dem Schiffsmanne gebührt in den Fällen des § 70 Nr. 1 bis 4 nicht mehr als die verdiente Heuer (§ 80).

Im Falle der Nr. 5 bestimmen sich die Ansprüche des Schiffsmanns nach den Vorschriften der §§ 59 bis 61. Dies gilt für Angehörige eines auswärtigen Staates nur insoweit als nach einer im Reichs-Gesetzblatt enthaltenen Bekanntmachung Deutschen, die zum Dienste auf einem

Schiffe dieses Staates angestellt sind, durch die dortige Gesetzgebung oder durch Staatsvertrag eine entsprechende Fürsorge gewährleistet ist.

In den Fällen der Nr. 6 stehen dem Schiffsmanne, wenn die Entlassung nach Antritt der Reise erfolgt, die im § 69 Abs. 2 bezeichneten Ansprüche zu.

Schadensersatz kann der Rheder auch in den Fällen Z. 1—4 nicht fordern. H. 1878 Nr. 97. Ueber die Rückbeförderung s. § 60.

§ 72.

Der für eine Reise geheuerte Schiffsmann, welcher aus anderen als aus den im § 70 erwähnten Gründen vor Ablauf des Heuervertrags entlassen wird, erhält als Entschädigung die Heuer für einen Monat unter Anrechnung der etwa empfangenen Hand- und Vorschußgelder.

Ist die Entlassung erst nach Antritt der Reise erfolgt, so hat er außerdem Anspruch auf freie Zurückbeförderung (§§ 78, 79) nach dem Hafen der Ausreise oder nach Wahl des Kapitäns auf eine entsprechende, im Streitfalle von dem Seemannsamte vorläufig festzusetzende Vergütung. Auch erhält er außer der im Abs. 1 vorgesehenen und der verdienten Heuer (§ 80) die Heuer für die nach § 73 zu berechnende voraussichtliche Dauer seiner Reise nach dem Rückbeförderungshafen.

Ist die Entlassung vor Antritt der Reise erfolgt, so hat der Schiffsmann nicht etwa die nach § 44 schon verdiente Heuer neben der in Abs. 1 bezeichneten zu verlangen. Bei Heuerung auf Zeit behält der Schiffsmann die Ansprüche aus § 67. Vgl. auch § 615 B.G.B. Hand- und Vorschußgelder s. § 47.

Die Entlassung ist an sich stets wirksam. — Weitere Entschädigungsansprüche als die in § 72 bestimmten hat der Schiffsmann nicht. H. 1878 Nr. 97.

Wenn der Schiffer den Schiffsmann zu Unrecht wegen mangelnder Tüchtigkeit entlassen hat, so kann er nicht nachträglich die Heuer gemäß § 43 kürzen. H. 1882 Nr. 76. Ueber die Rückbeförderung s. § 60.

§ 73.

Ist der Rückbeförderungshafen ein deutscher, so wird in Fällen vorzeitiger Entlassung nach Antritt der Reise

(§ 72 Abs. 2) behufs Ermittelung der dem Schiffsmanne für die Rückreise gebührenden Heuer die Dauer der Reise unter Zugrundelegung von Dampfschiffsbeförderung, wie folgt, gerechnet:

bei Entlassung:	zu:
a) in einem Hafen der Nordsee oder des Englischen Kanals, der Ostsee oder der an diese angrenzenden Gewässer	1/2 Monat,
b) in einem sonstigen europäischen Hafen (§ 82)	1 "
c) in einem außereuropäischen Hafen, mit Ausnahme der unter d genannten . .	1 1/2 "
d) in einem Hafen des Großen Ozeans oder Australiens	2 "

Muß die Rückbeförderung ganz oder theilweise mittelst Segelschiffs stattfinden, so ist für die mittelst Segelschiffs zurückzulegende Strecke das Doppelte der Dauer der Dampfschiffsbeförderung zu rechnen.

Erfolgt in den Fällen a und b des Abs. 1 die Rückbeförderung unter ausschließlicher Benutzung der Eisenbahn, so wird die Dauer der Reise nicht in Ansatz gebracht.

Die Dauer der Rückreise wird nach Maßgabe des Vorstehenden, bei Rückbeförderung nach einem außerdeutschen Hafen unter angemessener Berücksichtigung der Sätze a bis d, im Streitfalle vom Seemannsamte vorläufig festgesetzt.

Deutscher Hafen: s. § 6.

§ 74.

Der Schiffsmann kann seine Entlassung fordern:

1. wenn sich der Kapitän einer schweren Verletzung seiner Pflichten gegen den Schiffsmann, insbesondere durch Mißhandlung oder durch Duldung solcher seitens anderer Personen der Schiffsbesatzung, durch grundlose Vorenthaltung von Speise und Trank oder durch Verabreichung verdorbenen Proviants schuldig macht;
2. wenn das Schiff die Flagge wechselt;
3. wenn nach Beendigung der Ausreise eine Zwischenreise beschlossen, oder wenn eine Zwischenreise beendigt ist, sofern seit dem Dienstantritt ein oder ein und ein

halbes Jahr, je nachdem das Schiff in einem europäischen (§ 82) oder in einem nicht europäischen Hafen sich befindet, verflossen ist;

4. wenn das Schiff nach einem Hafen bestimmt ist, oder einen Hafen anlaufen soll, der schon zur Zeit der Anmusterung durch Pest, Cholera oder Gelbfieber verseucht war, sofern nicht dem Schiffsmanne bei der Anmusterung dieser Hafen und die Verseuchung mitgetheilt worden ist. Als verseucht im Sinne dieser Vorschrift gilt ein Hafen, in dem ein Pest-, Cholera- oder Gelbfieberherd vorhanden ist. Der Anspruch auf Entlassung fällt fort, sobald die Verseuchung aufgehört hat;

5. wenn der Schiffsmann beabsichtigt, sich für die Maschinisten-, Steuermanns- oder Schifferprüfung vorzubereiten oder eine ihm nachweislich angebotene Stellung als Kapitän anzunehmen, sofern er einen geeigneten Ersatzmann stellt und durch den Wechsel dem Schiffe kein Aufenthalt entsteht. Ob der vorgeschlagene Ersatzmann geeignet ist, entscheidet im Streitfalle das nächste Seemannsamt.

Der Wechsel des Rheders oder Kapitäns giebt dem Schiffsmanne kein Recht, die Entlassung zu fordern.

Macht der Schiffsmann von dem Recht des § 74 keinen Gebrauch, so gilt nicht ein neuer Heuervertrag als geschlossen, sondern dauert der alte fort. R.G. 20 S. 186.

Nach R.O. 8 S. 341 sollen neben den in der Seem.O. angegebenen Gründen auch die allgemeinen Grundsätze über die Aufhebung von Dienstverträgen maßgebend sein (jetzt also § 626 B.G.B., Kündigung ohne Frist beim Vorliegen wichtiger Gründe), und sollen die Schiffsleute ihre Dienste zur Fortsetzung der Reise verweigern dürfen, wenn in Folge Ausbruchs eines Krieges das Schiff der Aufbringung und die Mannschaft der Gefangennahme ausgesetzt ist. (Jedenfalls fürs jetzige Recht unrichtig.)

Die „schwere Verletzung" (Z. 1) braucht keine dolose zu sein. H. 1877 Nr. 121. Beispiele schwerer Pflichtverletzung sind: Vernachlässigung der Sorge für gehörige Verproviantirung, H. 1877 Nr. 121, häufige Zutheilung verdorbener Speisen oder mehrfache wesentliche Abweichung von der Speiseordnung, H. 1873 Nr. 319. Vgl. auch § 58.

Z. 4 ist anwendbar, auch wenn die Mittheilung des Hafens erst in einem Orderhafen erfolgte.

Ueber Angehen des Seemannsamts s. § 77.

§ 75.

Im Falle des § 74 Nr. 3 kann die Entlassung nicht gefordert werden:

1. wenn der Schiffsmann für eine längere als die daselbst angegebene Zeit sich verheuert hat. Die Verheuerung auf unbestimmte Zeit oder mit der allgemeinen Bestimmung, daß nach Beendigung der Ausreise der Dienst für alle Reisen, welche noch beschlossen werden möchten, fortzusetzen sei, wird als Verheuerung auf solche Zeit nicht angesehen;
2. sobald die Rückreise angeordnet ist.

§ 76.

Der Schiffsmann hat in den Fällen des § 74 Nr. 1, 2 dieselben Ansprüche, welche für den Fall des § 72 bestimmt sind.

In den Fällen des § 74 Nr. 3 bis 5 gebührt ihm nicht mehr als die verdiente Heuer. Jedoch hat er im Falle der Nr. 4 die im § 72 bestimmten Ansprüche, sofern bei der Anmusterung im Heimathshafen der Rheder, sein Vertreter (§ 12 Abs. 2) oder der Kapitän, bei der Anmusterung in einem anderen Hafen der Kapitän von der Verseuchung Kenntniß hatte.

§ 77.

Im Auslande darf der Schiffsmann, welcher seine Entlassung fordert, außer in dem Falle eines Flaggenwechsels gegen den Willen des Kapitäns erst auf Grund einer vorläufigen Entscheidung des Seemannsamts (§ 129) den Dienst verlassen.

§ 78.

Ist nach den Bestimmungen dieses Gesetzes ein Anspruch auf freie Zurückbeförderung begründet, so umfaßt er auch den Unterhalt während der Reise sowie die Beförderung der Sachen des Schiffsmanns. Den Schiffsoffizieren ist die Zurückbeförderung und der Unterhalt in der Kajüte zu gewähren.

Im Streitfall entscheidet über die Art der Zurückbeförderung vorläufig das abmusternde Seemannsamt.

§ 79.

Dem Anspruch auf freie Zurückbeförderung und auf Fortbezug von Heuer für die Dauer der Zurückbeförderung wird genügt, wenn dem Schiffsmanne, welcher arbeitsfähig ist, mit Genehmigung des Seemannsamts ein seiner früheren Stellung entsprechender und durch angemessene Heuer zu vergütender Dienst auf einem deutschen Kauffahrteischiffe nachgewiesen wird, welches nach dem Rückbeförderungshafen oder einem demselben nahe belegenen Hafen geht; im letzteren Falle gebührt dem Schiffsmann eine entsprechende Vergütung für die weitere freie Zurückbeförderung (§ 78) bis zu dem zuerst bezeichneten Hafen.

Ist der Schiffsmann kein Deutscher, so wird ein Schiff seiner Nationalität einem deutschen Schiffe gleichgeachtet.

Sich seinerseits um einen Dienst zu bemühen braucht der Schiffsmann nicht. H. 1882 Nr. 76.

Vgl. auch § 615 B.G.B. Ueber die Rückbeförderung s. § 60.

§ 80.

In den Fällen der §§ 45, 53, 61, 64, 69, 71, 72, 76 wird die verdiente Heuer, sofern die Heuer nicht zeitweise, sondern in Bausch und Bogen für die ganze Reise bedungen ist, mit Rücksicht auf den vollen Heuerbetrag nach Verhältniß der geleisteten Dienste sowie des etwa zurückgelegten Theiles der Reise bestimmt. Zur Ermittelung der in den §§ 72, 73 erwähnten Heuer für einzelne Monate wird die durchschnittliche Dauer der Reise, einschließlich der Ladungs- und Löschungszeit, unter Berücksichtigung der Beschaffenheit des Schiffes in Ansatz gebracht und danach die Heuer für die einzelnen Monate berechnet. Bei Berechnung der Heuer für einzelne Tage wird der Monat zu dreißig Tagen gerechnet.

§ 81.

Der dem Schiffsmann als Lohn zugestandene Antheil an der Fracht oder am Gewinne wird als Heuer im Sinne dieses Gesetzes nicht angesehen.

Wohl aber ist es ein Anspruch aus Dienst- und Heuerverträgen im Sinne von § 487 H.G.B.

§ 82.

In den Fällen der §§ 66, 73, 74 sind die nicht europäischen Häfen des Mittelländischen und des Schwarzen Meeres den europäischen Häfen gleichzustellen.

Vgl. § 483 H.G.B., wo noch das jetzt ganz zu Europa gerechnete Azowsche Meer genannt ist.

§ 83.

Der Kapitän darf einen Schiffsmann außerhalb des Reichsgebiets nicht ohne Genehmigung des Seemannsamts zurücklassen. Wenn für den Fall der Zurücklassung eine Hülfsbedürftigkeit des Schiffsmanns zu besorgen ist, so kann die Ertheilung der Genehmigung davon abhängig gemacht werden, daß der Kapitän gegen den Eintritt der Hülfsbedürftigkeit für einen Zeitraum bis zu drei Monaten Sicherstellung leistet.

Ist der Schiffsmann mit der Zurücklassung einverstanden und befindet sich kein Seemannsamt am Platze und läßt sich auch die Genehmigung eines anderen Seemannsamts ohne Verzögerung der Reise nicht einholen, so ist der Kapitän befugt, den Schiffsmann ohne Genehmigung zurückzulassen. Der Rheder bleibt in diesem Falle für die aus einer etwaigen Hülfsbedürftigkeit des Schiffsmanns während der nächsten drei Monate erwachsenden Kosten haftbar.

Die Bestimmungen des § 127 werden hierdurch nicht berührt.

Die Vorschrift ist öffentlich-rechtlich, Einwilligung des Schiffsmanns selbst genügt nicht. Strafbestimmung s. § 113 Z. 4.

Ueber die Zurückbeförderung hülfsbedürftiger Seeleute s. das in der folgenden Nummer abgedruckte Gesetz.

Vierter Abschnitt.

Disziplinarvorschriften.

§ 84.

Der Schiffsmann ist der Disziplinargewalt des Kapitäns unterworfen. Die Ausübung der Disziplinargewalt des Kapitäns kann nur auf den ersten Offizier des Decksdienstes und den ersten Offizier des Maschinendienstes innerhalb ihres Dienstbereichs übertragen werden. Dieselben haben jeden Fall der Ausübung der Disziplinargewalt binnen vierundzwanzig Stunden dem Kapitän anzuzeigen.

Die Disziplinargewalt besteht während des Dienstverhältnisses, der Zeitpunkt der An- und Abmusterung ist nicht maßgebend.
Strafvorschriften s. §§ 111, 116.

§ 85.

Der Schiffsmann ist verpflichtet, sich stets nüchtern zu halten und gegen Jedermann ein angemessenes und friedfertiges Betragen zu beobachten.

Dem Kapitän, den Schiffsoffizieren und seinen sonstigen Vorgesetzten hat er mit Achtung zu begegnen und ihren dienstlichen Befehlen unweigerlich Folge zu leisten.

Bei dem Ausdruck „Vorgesetzte" hat das Gesetz nach R.G. Strafs. 34 S. 109 im Allgemeinen die Schiffsoffiziere innerhalb ihres dienstlichen Wirkungskreises vor Augen.
Strafvorschriften s. §§ 96, 100—106.

§ 86.

Der Schiffsmann hat dem Kapitän auf Verlangen wahrheitsgemäß und vollständig mitzutheilen, was ihm über die den Schiffsdienst betreffenden Angelegenheiten bekannt ist.

Diese Pflicht hört mit Beendigung des Dienstverhältnisses auf; der Schiffsarzt bleibt aber verpflichtet, dem Rheder Auskunft über Wahrnehmungen während des Dienstes zu geben, wenn der Rheder ein rechtliches Interesse an der Auskunft hat, das erst nach Beendigung des Dienstes hervorgetreten ist. S.A. 43 S. 73 (R.G.).

§ 87.

Der Schiffsmann darf ohne Erlaubniß des Kapitäns keine Güter an Bord bringen oder bringen lassen. Für die gegen dieses Verbot beförderten eigenen oder fremden Güter muß er die höchste am Abladungsorte zur Abladungszeit für solche Reisen und Güter bedungene Fracht erstatten, unbeschadet der Verpflichtung zum Ersatz eines erweislich höheren Schadens.

Der Kapitän ist auch befugt, solche Güter über Bord zu werfen, wenn ihr Verbleib an Bord Schiff oder Ladung oder die Gesundheit der an Bord befindlichen Personen gefährden oder das Einschreiten einer Behörde zur Folge haben kann.

Vgl. §§ 515, 544, 564 H.G.B. und 297 St.G.B., abgedruckt auf S. 26, Strafvorschrift § 97 Z. 5. — Die Verträge selbst bleiben civilrechtlich gültig, Beibl. z. Hans.G.Ztg. 1893 Nr. 155, — soweit sie nicht aus besonderen Gründen gegen die guten Sitten verstoßen, § 138 B.G.B.

§ 88.

Die Vorschriften des § 87 finden auch Anwendung, wenn der Schiffsmann ohne Erlaubniß des Kapitäns Waffen oder Munition, Branntwein oder andere geistige Getränke oder mehr an Taback und Tabackswaaren, als er zu seinem Gebrauch auf der beabsichtigten Reise bedarf, an Bord bringt oder bringen läßt.

Die gegen dieses Verbot mitgenommenen Gegenstände verfallen dem Schiffe.

Strafvorschrift § 96 Z. 5. — Daß Abs. 2 entgegenstehende dingliche Rechte beseitigen will (z. B. wenn der Schiffsmann die Gegenstände gestohlen hatte), kann nicht angenommen werden.

§ 89.

Der Kapitän hat die auf Grund der Vorschriften der §§ 87, 88 getroffenen Anordnungen, sobald es geschehen kann in das Schiffstagebuch einzutragen.

Strafvorschrift s. § 114 Z. 12.

§ 90.

Liegt das Schiff im Hafen oder auf der Rhede, so ist der Kapitän befugt, wenn nach den Umständen eine Entweichung zu befürchten ist, die Sachen der Schiffsleute bis zur Abreise des Schiffes in Verwahrung zu nehmen.

§ 91.

Zur Aufrechterhaltung der Ordnung und zur Sicherung der Regelmäßigkeit des Dienstes ist der Kapitän befugt, die geeigneten Maßregeln zu ergreifen. Geldbußen, Kostschmälerung von mehr als dreitägiger Dauer, Einsperrung und körperliche Züchtigung darf er jedoch zu diesem Zwecke weder als Strafe verhängen, noch als Zwangsmittel anwenden.

Bei einer Widersetzlichkeit oder bei beharrlichem Ungehorsam ist der Kapitän zur Anwendung aller Mittel befugt, welche erforderlich sind, um seinen Befehlen Gehorsam zu verschaffen. Zu diesem Zwecke ist ihm auch die Anwendung von körperlicher Gewalt in dem durch die Umstände gebotenen Maße gestattet. Er darf ferner gegen die Betheiligten die geeigneten Sicherungsmaßregeln ergreifen und sie nöthigenfalls während der Reise fesseln.

Jeder Schiffsmann muß dem Kapitän auf Erfordern Beistand zur Aufrechterhaltung der Ordnung sowie zur Abwendung oder Unterdrückung einer Widersetzlichkeit leisten.

Im Auslande kann der Kapitän in dringenden Fällen die Kommandanten der ihm zugänglichen Schiffe der Kriegsmarine des Reichs um Beistand zur Aufrechterhaltung der Disziplin angehen.

Der Schiffer hat dem Schiffsjungen gegenüber keine väterliche Zucht Körperliche Gewalt (Abs. 2) darf nur als Zwangsmittel gegen Widersetzlichkeit und beharrlichen Ungehorsam und ebenso wie alle Zwangsmittel nur solange angewandt werden, wie es zur Beseitigung des Widerstandes nötig ist. Anders ist letzteres bei verhängten Disziplinarstrafen. Strafvorschrift zu § 91: § 111.

§ 92.

Der Kapitän hat jede in Gemäßheit der Vorschriften des § 91 getroffene Maßregel mit Angabe der Veranlassung sobald es geschehen kann, in das Schiffstagebuch einzutragen.

Strafvorschrift s. § 114 Z. 12.

Fünfter Abschnitt.

Strafvorschriften.

Die allgemeinen Vorschriften des St.G.B. gelten auch für die in der Seem.O. enthaltenen Strafbestimmungen, soweit nicht ausdrücklich etwas Anderes bestimmt ist. Mindestgeldstrafe bei Uebertretungen (Bedrohung mit Haft oder Geldstrafe bis 150 Mk.) ist eine Mark, bei Vergehen (Gefängniß oder Geldstrafe über 150 Mk.) drei Mark, § 27 St.G.B.

§ 93.

Ein Schiffsmann, welcher nach Abschluß des Heuervertrags sich verborgen hält, um sich dem Antritte des Dienstes zu entziehen, wird mit Geldstrafe bis zu sechzig Mark bestraft.

Wenn ein Schiffsmann, um sich der Fortsetzung des Dienstes zu entziehen, entweicht oder sich verborgen hält, so tritt Geldstrafe bis zu dreihundert Mark oder Gefängnißstrafe bis zu drei Monaten ein.

Ein Schiffsmann, welcher mit der Heuer entweicht oder sich verborgen hält, um sich dem übernommenen Dienste zu entziehen, wird mit der im § 298 des Strafgesetzbuchs angedrohten Gefängnißstrafe bis zu einem Jahre belegt. Sind mildernde Umstände vorhanden, so kann auf Geldstrafe bis zu dreihundert Mark erkannt werden.

In den Fällen der Abs. 1, 2 tritt die Verfolgung nur auf Antrag des Kapitäns ein. Die Zurücknahme des Antrags ist zulässig.

Ob Anmusterung erfolgt ist, ist für § 93 unerheblich.

§ 298 St.G.B. lautet:

„Ein Schiffsmann, welcher mit der Heuer entläuft, oder sich verborgen hält, um sich dem übernommenen Dienste zu entziehen, wird, ohne Unterschied, ob das Vergehen im Inlande oder im Auslande begangen worden ist, mit Gefängniß bis zu einem Jahr bestraft."

Der Antrag ist gemäß § 61 St.G.B. binnen dreier Monate zu stellen. Ueber den Antrag und die Zurücknahme s. übrigens §§ 61 bis 65 St.G.B. — Der Rheder ist zum Antrage nicht berechtigt. Zur Bestrafung nach Abs. 3 ist ein Antrag nicht nöthig.

Nach § 34 Ges. betr. die Organisation der Bundeskonsulate u. s. w. vom 8. November 1867 (B.G.Bl. S. 137) haben die Konsuln bei Desertion eines Schiffsmanns auf Antrag Schritte bei den Orts- oder Landesbehörden zur Wiederhabhaftwerdung zu thun.

§ 94.

In den Fällen des § 93 Abs. 2, 3 verliert der Schiffsmann, wenn er vor Abgang des Schiffes weder zur Fortsetzung des Dienstes freiwillig zurückkehrt, noch zwangsweise zurückgebracht wird, den Anspruch auf die bis dahin verdiente Heuer. Die Heuer und, sofern diese nicht ausreicht, auch die an Bord zurückgelassenen Sachen des Schiffsmanns können von dem Rheder zur Deckung seiner Schadensansprüche aus dem Heuer- oder Dienstvertrag in Anspruch genommen werden; soweit die Heuer hierzu nicht erforderlich ist, wird mit ihr nach Maßgabe des § 132 verfahren. Dem Seemannsamte, bei welchem die Meldung von der Entweichung erfolgt (§ 25), ist, sobald es geschehen kann, eine Aufstellung über den Betrag der Schadensansprüche und des Heuerguthabens einzureichen, widrigenfalls die vorgedachte Befugniß erlischt.

Auch an die unpfändbaren Sachen (§ 811 C.P.O.) kann der Rheder sich halten.

§ 95.

Hat der Schiffsmann sich im Auslande dem Dienste in einem der Fälle des § 74 Nr. 1, 3, 4, 5 der Vorschrift des § 77 entgegen entzogen, so tritt Geldstrafe bis zum Betrag einer Monatsheuer ein.

Im Inlande (§ 6) ist die vorherige Entscheidung des Seemannsamtes nicht einzuholen und daher keine Strafbestimmung gegeben. — Das Delikt ist, auch wenn die Monatsheuer im Einzelfall 150 Mk. nicht übersteigt, als Vergehen anzusehen. (S. Anm. zur Ueberschr. auf vor. S.).

§ 96.

Mit Geldstrafe bis zum Betrag einer Monatsheuer wird ein Schiffsmann bestraft, welcher sich einer gröblichen Verletzung seiner Dienstpflichten schuldig macht.

Als Verletzung der Dienstpflicht, die, wenn sie in gröblicher Weise erfolgt, nach Abs. 1 strafbar ist, wird insbesondere angesehen:

1. Nachlässigkeit im Wachtdienste;
2. Ungehorsam gegen den Dienstbefehl eines Vorgesetzten;
3. Ungebührliches Betragen gegen Vorgesetzte, gegen andere Mitglieder der Schiffsmannschaft oder gegen Reisende;
4. Verlassen des Schiffes ohne Erlaubniß oder Ausbleiben über die festgesetzte Zeit;
5. Wegbringen eigener oder fremder Sachen von Bord des Schiffes und an Bord bringen oder an Bord bringen lassen von Gütern oder sonstigen Gegenständen ohne Erlaubniß;
6. Eigenmächtige Zulassung fremder Personen an Bord und Gestattung des Anlegens von Fahrzeugen an das Schiff;
7. Trunkenheit im Schiffsdienste;
8. Vergeudung, unbefugte Veräußerung oder bei Seite bringen von Proviant.

Gegen Schiffsoffiziere kann die Strafe bis auf den Betrag einer zweimonatlichen Heuer erhöht werden.

Die Verfolgung tritt nur auf Antrag des Kapitäns oder eines verletzten Schiffsmanns ein. Der Antrag kann bis zur Abmusterung gestellt werden. Die Zurücknahme ist bis zur rechtskräftigen Entscheidung zulässig.

Verschulden ist zur Strafbarkeit erforderlich.

Die „gröbliche Verletzung der Dienstpflichten" deckt sich nicht ohne Weiteres mit dem groben Dienstvergehen im Sinne von § 70 Z. 2 (vgl. § 70, wiederholter Ungehorsam, und § 96, Ungehorsam gegen den Dienstbefehl). Vgl. auch § 100.

Ziffer 4 ist auch dann anwendbar, wenn der Kapitän nach § 34 Abs. 3 die Erlaubniß, das Schiff zu verlassen, hätte geben müssen.

Die Antragsfrist ist hier anders als die regelmäßige, s. Bem. zu § 93; die Möglichkeit zur Zurücknahme des Antrags ist gegen § 64 St.G.B. ausgedehnt.

§ 97.

In den Fällen der §§ 94, 96 wird, wenn die Heuer nicht monatsweise bedungen ist, bei der Festsetzung der Geldstrafe der einer Monatsheuer entsprechende Geldbetrag nach dem Ermessen des Seemannsamts berechnet.

§ 98.

Der Kapitän hat, sobald es geschehen kann, jede gröbliche Verletzung der Dienstpflicht (§ 96) mit genauer Angabe des Sachverhalts in das Schiffstagebuch einzutragen und dem Schiffsmanne von dem Inhalte der Eintragung unter ausdrücklicher Hinweisung auf die Strafandrohung des § 96 Mittheilung zu machen, auch demselben auf Verlangen eine Abschrift der Eintragung auszuhändigen.

Unterbleibt die Mittheilung, so sind die Gründe der Unterlassung im Tagebuch anzugeben. Ist die Eintragung versäumt, so tritt keine Verfolgung ein, soweit nicht im Falle des § 96 Abs. 2 Nr. 3 der verletzte Schiffsmann darauf anträgt.

Versäumung der Mittheilung schließt die Strafverfolgung nicht aus.

§ 99.

Beschwert sich ein Schiffsmann über ungebührliches Betragen der Vorgesetzten oder anderer Mitglieder der Schiffsmannschaft oder darüber, daß das Schiff, für welches er angemustert ist, nicht seetüchtig ist, oder daß die Vorräthe, welche das Schiff für den Bedarf der Mannschaft an Speisen und Getränken mit sich führt, ungenügend oder verdorben sind, so hat der Kapitän die Beschwerde mit genauer Angabe des Sachverhalts in das Schiffstagebuch einzutragen und dem Beschwerdeführer auf Verlangen eine Abschrift der Eintragung auszuhändigen.

§ 100.

Ein Schiffsmann, welcher den wiederholten Befehlen des Kapitäns, eines Schiffsoffiziers oder eines anderen Vorgesetzten den schuldigen Gehorsam verweigert, wird mit Gefängniß bis zu drei Monaten oder mit Geldstrafe bis zu dreihundert Mark bestraft.

Es steht hier nur Ungehorsam gegen dienstliche Befehle in Frage, vgl. § 85 Abs. 2.

§ 101.

Wenn zwei oder mehrere zur Schiffsmannschaft gehörige Personen dem Kapitän, einem Schiffsoffizier oder einem anderen Vorgesetzten den schuldigen Gehorsam auf Verabredung gemeinschaftlich verweigern, so tritt gegen jeden Betheiligten Gefängnißstrafe bis zu einem Jahre ein. Der Rädelsführer wird mit Gefängniß bis zu drei Jahren bestraft.

Sind mildernde Umstände vorhanden, so kann auf Geldstrafe bis zu sechshundert Mark erkannt werden. Der Rädelsführer wird in diesem Falle mit Gefängniß bis zu einem Jahre bestraft.

Für die Bestrafung des Anstifters s. § 48 St.G.B.

§ 102.

Ein Schiffsmann, welcher zwei oder mehrere zur Schiffsmannschaft gehörige Personen zur Begehung einer nach den §§ 101, 105 strafbaren Handlung auffordert, ist gleich dem Anstifter zu bestrafen, wenn die Aufforderung die strafbare Handlung oder einen strafbaren Versuch derselben zur Folge gehabt hat.

Ist die Aufforderung ohne Erfolg geblieben, so tritt im Falle des § 101 Geldstrafe bis zu dreihundert Mark, im Falle des § 105 Geldstrafe bis zu sechshundert Mark oder Gefängnißstrafe bis zu einem Jahre ein.

Vgl. § 49a St.G.B.

§ 103.

Ein Schiffsmann, welcher den Kapitän, einen Schiffsoffizier oder einen anderen Vorgesetzten durch Gewalt oder durch Bedrohung mit Gewalt oder durch Verweigerung der Dienste zur Vornahme oder zur Unterlassung einer dienstlichen Verrichtung nöthigt, wird mit Gefängniß bis zu zwei Jahren bestraft. Sind mildernde Umstände vorhanden, so kann auf Geldstrafe bis zu sechshundert Mark erkannt werden. Der Versuch ist strafbar.

§ 103 qualifizirt die Nöthigung (§ 240 St.G.B.); die Strafe der Erpressung bleibt die der §§ 253—255 St.G.B.

§ 104.

Dieselben Strafvorschriften (§ 103) finden auf den Schiffsmann Anwendung, welcher dem Kapitän, einem Schiffsoffizier oder einem anderen Vorgesetzten in Ausübung seiner Dienstbefugnisse durch Gewalt oder durch Bedrohung mit Gewalt Widerstand leistet, oder den Kapitän, einen Schiffsoffizier oder einen anderen Vorgesetzten thätlich angreift.

§ 105.

Wird eine der in den §§ 103, 104 bezeichneten Handlungen von mehreren Schiffsleuten auf Verabredung gemeinschaftlich begangen, so kann die Strafe bis auf das Doppelte des angedrohten Höchstbetrags erhöht werden.

Der Rädelsführer sowie diejenigen, welche gegen den Kapitän, einen Schiffsoffizier oder einen anderen Vorgesetzten Gewaltthätigkeiten verüben, werden mit Zuchthaus bis zu fünf Jahren oder mit Gefängniß von gleicher Dauer bestraft; auch kann neben der Zuchthausstrafe auf Zulässigkeit von Polizeiaufsicht erkannt werden. Sind mildernde Umstände vorhanden, so tritt Gefängnißstrafe nicht unter drei Monaten ein.

Ehrverlust ist nur neben Zuchthaus möglich, der Fall des § 32 Abs. 1 a. E. St.G.B. liegt nicht vor.

§ 106.

Ein Schiffsmann, welcher solchen Befehlen des Kapitäns, eines Schiffsoffiziers oder eines anderen Vorgesetzten den Gehorsam verweigert, welche sich auf die Abwehr oder auf die Unterdrückung der in den §§ 103, 104 bezeichneten Handlungen beziehen, wird mit Gefängniß bis zu sechs Monaten oder mit Geldstrafe bis zu dreihundert Mark bestraft.

§ 107.

Mit Geldstrafe bis zu sechzig Mark oder mit Haft bis zu vierzehn Tagen wird bestraft ein Schiffsmann, welcher

1. bei Verhandlungen, die sich auf die Ertheilung eines Seefahrtsbuchs, auf eine Eintragung in dasselbe oder auf eine Musterung beziehen, wahre Thatsachen entstellt oder unterdrückt oder falsche vorspiegelt, um ein Seemannsamt zu täuschen;
2. es unterläßt, sich gemäß § 12 zur Musterung zu stellen;
3. im Falle eines dem Dienstantritt entgegenstehenden Hindernisses es unterläßt, sich hierüber gemäß § 17 gegen das Seemannsamt auszuweisen;
4. wider besseres Wissen eine auf unwahre Behauptungen gestützte Beschwerde gemäß § 99 bei dem Kapitän vorbringt;
5. der vorläufigen Entscheidung des Seemanntsamts (§ 129 Abs. 3) zuwiderhandelt.

Durch die Bestimmung des Abs. 1 Nr. 1 wird die Vorschrift des 271 des Strafgesetzbuchs nicht berührt.

§ 271 St.G.B.:

Wer vorsätzlich bewirkt, daß Erklärungen, Verhandlungen oder Thatsachen, welche für Rechte oder Rechtsverhältnisse von Erheblichkeit sind, in öffentlichen Urkunden, Büchern oder Registern als abgegeben oder geschehen beurkundet werden, während sie überhaupt nicht oder in anderer Weise oder von einer Person in einer ihr nicht zustehenden Eigenschaft oder von einer anderen Person abgegeben oder geschehen sind, wird mit Gefängniß bis zu sechs Monaten oder mit Geldstrafe bis zu dreihundert Mark bestraft.

Vgl. auch §§ 272, 273 St.G.B.

§ 108.

Wer wider besseres Wissen eine auf unwahre Behauptungen gestützte Beschwerde über Seeuntüchtigkeit des Schiffes oder Mangelhaftigkeit des Proviants bei einem Seemannsamte vorbringt (§ 58) und hierdurch eine Untersuchung veranlaßt, wird mit Gefängniß bis zu drei Monaten oder mit Geldstrafe bis zu dreihundert Mark bestraft.

Wer leichtfertig eine auf unwahre Behauptungen gestützte Beschwerde über Seeuntüchtigkeit des Schiffes oder

Mangelhaftigkeit des Proviants bei einem Seemannsamte vorbringt und hierdurch eine Untersuchung veranlaßt, wird mit Geldstrafe bis zu einhundert Mark bestraft.

§ 108 ist nicht anwendbar, wenn die Beschwerde nicht eine Untersuchung herbeigeführt hat, auch nicht auf die Beschwerde beim Kapitän gemäß § 99.

§ 109.

Ein Schiffsmann, welcher vorsätzlich und rechtswidrig Theile des Schiffskörpers, der Maschine, der Takelung oder Ausrüstungsgegenstände oder Vorrichtungen, welche zur Rettung von Menschenleben dienen, zerstört oder beschädigt, wird mit Geldstrafe bis zu eintausend Mark oder Gefängniß bis zu zwei Jahren bestraft.

Der Versuch ist strafbar.

Die Verfolgung tritt nur auf Antrag ein.

Zerstörung eines Schiffes s. St.G.B. § 305, Bewirken des Strandens oder Sinkens §§ 265, 323, Brandstiftung § 306 das.

Antragsberechtigt ist der Rheder und in seiner Vertretung der Schiffer.

§ 110.

Die Verhängung einer in diesem Abschnitt oder durch sonstige strafgesetzliche Vorschriften angedrohten Strafe wird dadurch nicht ausgeschlossen, daß der Schuldige aus Anlaß der ihm zur Last gelegten That bereits disziplinarisch bestraft worden ist. Jedoch muß eine Disziplinarstrafe, sowohl in dem Strafbescheide des Seemannsamts (§ 123), wie in dem gerichtlichen Strafurtheile bei Abmessung der Strafe berücksichtigt werden.

S. § 91.

§ 111.

Der Kapitän, Schiffsoffizier oder sonstige Vorgesetzte, welcher einem Schiffsmanne gegenüber seine Disziplinargewalt mißbraucht, wird mit Geldstrafe bis zu eintausend Mark oder mit Gefängniß bis zu einem Jahre bestraft.

Disziplinargewalt ist nicht die des § 84, sondern die ressortmäßige Kontrolle und Befehlsbefugniß. J.W. 1902 S. 303 Nr. 4.

Die Disziplinargewalt des § 84 ist aber der engere durch § 111 mit umfaßte Begriff.

§ 112.

Der Kapitän, welcher die gehörige Verproviantirung des Schiffes vor Antritt oder während der Reise vorsätzlich unterläßt, wird mit Gefängniß bestraft, neben welchem auf Geldstrafe bis zu eintausendfünfhundert Mark sowie auf Verlust der bürgerlichen Ehrenrechte erkannt werden kann.

Ist die Unterlassung aus Fahrlässigkeit geschehen, so tritt, wenn in Folge dessen der Schiffsmannschaft die gebührende Kost nicht gewährt werden kann, Geldstrafe bis zu fünfhundert Mark oder Gefängniß bis zu einem Jahre ein.

§ 113.

Mit Geldstrafe bis zu dreihundert Mark, mit Haft oder Gefängniß bis zu drei Monaten wird bestraft ein Kapitän, welcher

1. den Verpflichtungen zuwiderhandelt, welche ihm durch die gemäß § 56 Abs. 2 vom Bundesrath erlassenen Vorschriften auferlegt werden;
2. den Verpflichtungen zuwiderhandelt, welche ihm durch die gemäß § 4 vom Bundesrath erlassenen Vorschriften über die Besetzung der Schiffe mit Schiffsoffizieren auferlegt werden;
3. einem Schiffsmanne grundlos Speise und Trank vorenthält oder ohne Noth verdorbenen Proviant verabreicht;
4. einen Schiffsmann, abgesehen von dem Falle des § 83 Abs. 2, im Ausland ohne Genehmigung des Seemannsamts zurückläßt.

§ 114.

Mit Geldstrafe bis zu einhundertundfünfzig Mark oder mit Haft wird bestraft ein Kapitän, welcher

1. es unterläßt, für die Bekanntgabe der Vorgesetzten durch Aushang (§ 3 Abs. 4) Sorge zu tragen;

2. es unterläßt, bei der Anheuerung dem Schiffsmanne den vorgeschriebenen Heuerschein (§ 27) einzuhändigen;
3. den ihm in Ansehung der Musterung obliegenden Verpflichtungen nicht genügt, oder unterläßt, dafür zu sorgen, daß die Musterrolle sich während der Reise an Bord befindet;
4. bei Verhandlungen, welche sich auf eine Musterung oder eine Eintragung in ein Seefahrtsbuch beziehen, wahre Thatsachen entstellt oder unterdrückt oder falsche vorspiegelt, um ein Seemannsamt zu täuschen;
5. der Vorschrift des § 34 Abs. 3 zuwider dem Schiffsmann ohne triftigen Grund die Erlaubniß zum Verlassen des Schiffes verweigert; die Bestrafung tritt nur ein, wenn der Schiffsmann sie binnen drei Tagen nach der Verweigerung des Urlaubs beim Seemannsamte beantragt;
6. den Vorschriften des § 37 Abs. 2, 4 und des § 38 zuwiderhandelt;
7. den Vorschriften der §§ 46, 48, betreffend die Auszahlung der Heuer und der Vorschüsse, zuwiderhandelt;
8. es unterläßt, für die Erfüllung der im § 49 vorgesehenen Obliegenheiten Sorge zu tragen;
9. den Vorschriften des § 50 zuwider die Mannschaft nicht ergänzt;
10. die ihm obliegende Fürsorge für das Seefahrtsbuch (§ 17), für die Sachen und für das Heuerguthaben des erkrankten oder für den Nachlaß des verstorbenen Schiffsmanns verabsäumt (§§ 63, 65);
11. den Vorschriften des § 64 Abs. 2, 3 zuwiderhandelt;
12. eine der in den §§ 70, 89, 92, 99 vorgeschriebenen Eintragungen in das Schiffstagebuch unterläßt;
13. den ihm bei Vergehen und Verbrechen nach den §§ 126, 127 obliegenden Verpflichtungen nicht genügt;
14. dem Schiffsmann ohne dringenden Grund die Gelegenheit versagt, die Entscheidung des Seemannsamts nachzusuchen (§§ 129, 130);
15. der Anordnung eines Seemannsamts wegen Vollstreckung eines Strafbescheids (§ 125 Abs. 2) nicht Folge leistet oder der vorläufigen Entscheidung eines Seemannsamts (§ 129 Abs. 3) zuwiderhandelt;
16. es unterläßt, dafür Sorge zu tragen, daß die im

§ 133 vorgeschriebenen Abdrücke und Schriftstücke im Volkslogis zugänglich sind.

Durch die Vorschrift des Abs. 1 Nr. 4 wird die Vorschrift des § 271 des Strafgesetzbuchs nicht berührt.

§ 271 St.G.B. s. Bem. zu 107.

§ 115.

Mit Geldstrafe bis zu zehn Mark oder mit einem Tage Haft wird bestraft ein Kapitän oder ein Schiffsmann, der sich vor dem Seemannsamt ungebührlich benimmt.

§ 116.

Ein Schiffsoffizier, welcher es unterläßt, gemäß § 84 von der Ausübung der Disziplinargewalt binnen vierundzwanzig Stunden dem Kapitän Mittheilung zu machen, wird mit Geldstrafe bis zu einhundertundfünfzig Mark oder mit Haft bestraft.

§ 117.

Wer als Rheder oder als Vertreter eines Rheders vorsätzlich den gemäß § 56 Abs. 2 vom Bundesrath erlassenen Vorschriften zuwiderhandelt oder den Kapitän außer Stand setzt, für die genügende Verproviantirung des Schiffes oder die Mitnahme der vorschriftsmäßigen Heilmittel zu sorgen, wird, sofern nicht in den letzteren Fällen nach anderen Vorschriften eine schwerere Strafe verwirkt ist, mit Geldstrafe bis zu eintausend Mark oder mit Gefängniß bis zu einem Jahre bestraft.

Gleiche Strafe verwirkt, wer in der im Abs. 1 bezeichneten Eigenschaft vorsätzlich den gemäß § 4 vom Bundesrath erlassenen Vorschriften über die Besetzung der Schiffe mit Kapitänen und Schiffsoffizieren zuwiderhandelt.

§ 118.

Wer als Rheder oder als Vertreter eines Rheders durch seine Anordnung den Vorschriften des § 37 Abs. 2,

4 und des § 38 über die Sonntagsruhe zuwiderhandelt, wird mit Geldstrafe bis zu dreihundert Mark oder mit Haft bestraft.

§ 119.

Wer als Rheder oder als Vertreter eines Rheders es unterläßt, bei der Anheuerung dem Schiffsmanne den vorgeschriebenen Heuerschein (§ 27) einzuhändigen, wird mit Geldstrafe bis zu einhundertundfünfzig Mark oder mit Haft bestraft.

§ 120.

Als Rheder im Sinne der §§ 117 bis 119 gelten auch die Vorstandsmitglieder von Aktiengesellschaften oder sonstigen durch einen Vorstand vertretenen Handelsgesellschaften, eingetragenen Genossenschaften und juristischen Personen, welche Rhederei betreiben.

§ 121.

Die Verfolgung wegen der in den §§ 93 bis 119 bezeichneten strafbaren Handlungen findet auch dann statt, wenn die strafbaren Handlungen außerhalb des Reichsgebiets begangen sind.

Die Verjährung der Strafverfolgung beginnt in diesem Falle erst mit dem Tage, an welchem das Schiff, dem der Thäter zur Zeit der Begehung angehörte, zuerst ein Seemannsamt erreicht.

Die Verfolgung wird nicht dadurch ausgeschlossen, daß der Thäter ein Ausländer ist.

Abs. 1 ist eine Abweichung von § 4 St.G.B., Abs. 2 von § 66 St.G.B.

§ 122.

In den Fällen des § 93 Abs. 1, 2 und der §§ 95, 96, 107, 114 bis 116, 118, 119 erfolgt die Untersuchung und Entscheidung durch das Seemannsamt, im Falle des § 93 Abs. 2 jedoch nur, wenn dieses seinen Sitz außerhalb des Reichsgebiets hat, und in den Fällen der §§ 118, 119 nur, wenn es seinen Sitz im Inlande hat.

Die Schutzgebiete sind Inland, aber nicht Reichsgebiet gemäß § 6.
Die in § 122 nicht aufgeführten schwereren Strafthaten sind der Entscheidung durchs Seemannsamt entzogen, im Uebrigen fällt diese unter § 13 G.V.G., § 5 Abs. 1 E.G. z. St.P.O. Nur im Falle des § 93 Abs. 2 kann das Seemannsamt auf Gefängniß erkennen.
Ueber die Besetzung der Seemannsämter s. § 5 Abs. 2.
§§ 122—125 sind anwendbar im Falle § 8 Heimschaffungsges., s. folgende Nummer, und im Auslande gemäß § 9 Ges. betr. die Stellenvermittelung für Schiffsleute, Nr. 5.

§ 123.

Das Seemannsamt hat den Angeschuldigten verantwortlich zu vernehmen und den Thatbestand mit möglichster Beschleunigung festzustellen. Eine Vereidigung von Zeugen findet nicht statt. Nach Abschluß der Untersuchung ist ein mit Gründen versehener Bescheid zu ertheilen, welcher zu verkünden und dem Angeschuldigten im Falle seiner Abwesenheit in Ausfertigung zuzustellen ist. Wird eine Strafe festgesetzt, so ist die Dauer der für den Fall des Unvermögens an Stelle der Geldstrafe tretenden Freiheitsstrafe zu bestimmen. Der Bescheid wirkt in Betreff der Unterbrechung der Verjährung wie eine richterliche Handlung.

Das Verfahren vor dem Seemannsamt ist gebührenfrei.

Im Inlande finden auf dasselbe die Vorschriften der §§ 170, 173 bis 176 des Gerichtsverfassungsgesetzes über die Oeffentlichkeit entsprechende Anwendung.

Im Uebrigen wird das Verfahren vor dem Seemannsamte durch Verordnung des Bundesraths geregelt. Die Verordnung ist dem Reichstage bei seinem nächsten Zusammentritte zur Kenntnißnahme vorzulegen.

Substitution einer Freiheitsstrafe s. § 28 St.G.B., Unterbrechung der Verjährung s. § 68 St.G.B. Durch Abs. 3 ist die Oeffentlichkeit der Verhandlungen des Seemannsamtes in Strafsachen eingeführt. Der Ausschluß ist möglich bei Gefährdung der öffentlichen Ordnung, insbesondere der Staatssicherheit, und der Sittlichkeit.

§ 124.

Gegen den Bescheid des Seemannsamts kann der Beschuldigte innerhalb einer zehntägigen Frist von der Verkündigung oder der Zustellung ab auf gerichtliche Entscheidung antragen. Der Antrag ist bei dem Seemannsamte zu Protokoll oder schriftlich anzubringen. Dasselbe hat dem Antragsteller auf Verlangen eine Bescheinigung über den Antrag zu ertheilen.

Verläßt das Schiff vor Ablauf der Frist den Hafen, so kann der Schiffsmann auch bei dem Kapitän zu Protokoll oder schriftlich innerhalb der Frist Einspruch einlegen. Dem Schiffsmann ist auf Verlangen eine Bescheinigung über den erhobenen Einspruch einzuhändigen. Der Kapitän hat, sobald es geschehen kann, den Einspruch in das Schiffstagebuch einzutragen und den Antrag dem Seemannsamte zu übersenden. Die Verjährung ruht von der Einlegung des Einspruchs bis zum Eingange des Antrags beim Seemannsamte.

Hat das Seemannsamt seinen Sitz im Inlande, so ist für das weitere Verfahren dasjenige Gericht örtlich zuständig, in dessen Bezirke dieser Sitz belegen ist. Hat es seinen Sitz im Auslande, so ist dasjenige Gericht örtlich zuständig, in dessen Bezirke sich der inländische Heimathshafen oder in Ermangelung eines solchen der Registerhafen des Schiffes befindet; fehlt es an einem hiernach zuständigen deutschen Gerichte, so wird das Gericht von dem Reichsgerichte bestimmt.

§ 5 Abs. 2 E.G. z. St P.O.:

Wird in den Fällen des § 101 der Seemannsordnung gegen den Bescheid des Seemannsamts auf gerichtliche Entscheidung angetragen, so finden auf das weitere Verfahren die §§ 455—458 der Strafprozeßordnung entsprechende Anwendung.

§ 125.

Der Bescheid des Seemannsamts ist in Betreff der Beitreibung der Geldstrafe vorläufig vollstreckbar.

Die Vollstreckung der Strafbescheide der inländischen Seemannsämter erfolgt durch die landesgesetzlich hierzu bestimmten Behörden. Die Vollstreckung der von einem Seemannsamt im Ausland erlassenen Strafbescheide erfolgt gebührenfrei durch dieses selbst, wobei der Kapitän den auf Beitreibung der Geldstrafe gerichteten Anordnungen des Seemannsamts Folge zu leisten hat; die Vorschriften der

§§ 811, 850 der Civilprozeßordnung über die Unpfändbarkeit von Sachen und Ansprüchen finden entsprechende Anwendung.

Die im Abs. 2 bezeichneten inländischen Vollstreckungsbehörden haben auf Ersuchen auch die von einem Seemannsamt außerhalb ihres Amtsbereichs erlassenen Strafbescheide gegen die innerhalb ihres Amtsbereichs befindlichen Personen zu vollstrecken. Auf die Erledigung des Ersuchens finden die Vorschriften des Gesetzes über den Beistand bei Einziehung von Abgaben und Vollstreckung von Vermögensstrafen vom 9. Juni 1895 (Reichs-Gesetzbl. S. 256) entsprechende Anwendung.

Strafvorschrift zu Abs. 2 s. § 114 Z. 15. Durch die Bestimmung über die Unpfändbarkeit ist § 94 nicht berührt. Das Gesetz vom 9. Juni 1895 verpflichtet zur Rechtshülfe u. A. zwecks Vollstreckung von Vermögensstrafen, die das Seemannsamt festgesetzt hat, — und zwar diejenige Behörde, die zu Handlungen der beantragten Art in dem entsprechenden Geschäftskreise ihres Staats berufen sind, vorbehältlich abweichender landesrechtlicher Bestimmung der Behörden.

§ 126.

Begeht ein Schiffsmann, während das Schiff sich auf der See oder im Auslande befindet, ein Vergehen oder Verbrechen, so hat der Kapitän unter Zuziehung von Schiffsoffizieren und anderen glaubhaften Personen alles dasjenige genau aufzuzeichnen, was auf den Beweis der That und auf deren Bestrafung Einfluß haben kann. Insbesondere ist in den Fällen der Tödtung oder schweren Körperverletzung die Beschaffenheit der Wunden genau zu beschreiben, auch zu vermerken, wie lange der Verletzte etwa noch gelebt hat, ob und welche Heilmittel angewendet sind und welche Nahrung der Verletzte zu sich genommen hat.

Strafvorschrift s. § 114 Z. 13.

§ 127.

Der Kapitän ist ermächtigt, jederzeit die Sachen der Schiffsleute, welche der Betheiligung an einer strafbaren Handlung verdächtig sind, zu durchsuchen.

Der Kapitän ist ferner ermächtigt, denjenigen Schiffsmann, der sich einer der im § 70 Nr. 3 und im § 93 Abs. 2, 3 bezeichneten strafbaren Handlungen schuldig macht, festzunehmen. In den Fällen des § 70 Nr. 3 ist er hierzu verpflichtet, wenn das Entweichen des Thäters zu besorgen steht. In den Fällen des § 93 Abs. 2, 3 ist von einer Einsperrung abzusehen, sofern sich das Schiff auf hoher See befindet.

Der Thäter ist unter Mittheilung der aufgenommenen Verhandlungen an dasjenige Seemannsamt, bei welchem es zuerst geschehen kann, abzuliefern. Wenn im Auslande das Seemannsamt aus besonderen Gründen die Uebernahme ablehnt, so hat der Kapitän die Ablieferung bei demjenigen Seemannsamte zu bewirken, bei welchem es anderweit zuerst geschehen kann.

In dringenden Fällen ist der Kapitän, wenn im Ausland ein Seemannsamt nicht rechtzeitig angegangen werden kann, ermächtigt, den Thäter der fremden Behörde behufs dessen Uebermittelung an eine zuständige deutsche Behörde zu übergeben. Hiervon hat er bei demjenigen Seemannsamte, bei welchem es zuerst geschehen kann, Anzeige zu machen.

Durchsuchung s. sonst §§ 102—111 St.P.O., über vorläufige Festnahme sonst §§ 127—132 St.P.O.
Strafvorschrift § 114 Z. 13.

Sechster Abschnitt.

Allgemeine Vorschriften.

§ 128.

Jedes Seemannsamt ist verpflichtet, die gütliche Ausgleichung der zu seiner Kenntniß gebrachten, zwischen dem Kapitän und dem Schiffsmanne bestehenden Streitigkeiten zu versuchen. Insbesondere hat das Seemannsamt, vor welchem die Abmusterung des Schiffsmanns erfolgt, hinsichtlich solcher Streitigkeiten einen Güteversuch zu veranstalten.

Die Fälle besonderer dem Seemannsamt zugewiesener vorläufiger oder endgültiger Entscheidung von Streitfällen (§§ 43, 57—59, 61, 66, 69, 73, 77, 78, 97) bestehen hierneben. — Das Verfahren des Seemannsamts untersteht in diesen Fällen wie in denen der §§ 128—130 dem Landesrecht.

§ 129.

Der Schiffsmann darf den Kapitän vor einem ausländischen Gerichte weder strafrechtlich noch civilrechtlich belangen, sofern gegen ihn ein Gerichtsstand im Inlande begründet ist. Handelt er dieser Bestimmung zuwider, so ist er nicht allein für den daraus entstandenen Schaden verantwortlich, sondern er wird außerdem des bis dahin verdienten Heuer verlustig.

Er kann in den Fällen, die keinen Aufschub leiden, die vorläufige Entscheidung des Seemannsamts nachsuchen. Die Gelegenheit hierzu darf der Kapitän ohne dringenden Grund nicht versagen. Auch dem Kapitän steht unter denselben Voraussetzungen, wie dem Schiffsmanne, die Befugniß zu, die Entscheidung des Seemannsamts nachzusuchen.

Jeder Theil hat die Entscheidung des Seemannsamts einstweilen zu befolgen, vorbehaltlich der Befugniß, seine Rechte vor der zuständigen Behörde geltend zu machen.

Im Falle eines Zwangsverkaufs des Schiffes finden die Vorschriften des Abs. 1 auf die Geltendmachung der Forderungen des Schiffsmanns aus dem Heuervertrage keine Anwendung.

Zwangsverkauf in Deutschland s. §§ 162ff. Zw.V.G.
Strafbestimmungen s. § 107 Z. 5, 114 Z. 14, 15.

§ 130.

Im Inlande wird der Streit zwischen dem Kapitän und dem Schiffsmanne, welcher nach der Anmusterung über den Antritt oder die Fortsetzung des Dienstes entsteht, von dem Seemannsamt, in dessen Bezirke das Schiff liegt, unter Vorbehalt des Rechtswegs entschieden.

Strafvorschrift s. § 114 Z. 14.
Eine Präklusivfrist für Beschreiten des Rechtswegs besteht nicht.

§ 131.

Die nach den §§ 129, 130 getroffene Entscheidung des Seemannsamts steht einem für vorläufig vollstreckbar erklärten Urtheile gleich. Der Ertheilung der Vollstreckungsklausel bedarf es nicht. Ist die zuständige Behörde angerufen oder der Rechtsweg beschritten, so findet § 707 der Civilprozeßordnung entsprechende Anwendung.

Vorläufige Vollstreckbarkeit §§ 108—120 C.P.O. § 707 betrifft die Einstellung der Zwangsvollstreckung.

§ 132.

Die nach den Vorschriften des fünften Abschnitts festgesetzten oder erkannten Geldstrafen fließen der Seemannskasse und in Ermangelung einer solchen der Ortsarmenkasse des inländischen Heimathshafens des Schiffes, welchem der Thäter zur Zeit der Begehung der strafbaren Handlung angehörte, zu, insofern sie nicht im Wege der Landesgesetzgebung zu anderen ähnlichen Zwecken bestimmt werden. In Ermangelung eines inländischen Heimathshafens tritt an dessen Stelle der inländische Registerhafen; fehlt es auch hieran, so erfolgt die Bestimmung durch den Reichskanzler.

§ 133.

Ein Abdruck dieses Gesetzes, der für das Schiff über Kost und Logis geltenden Vorschriften (§ 56) und einer amtlichen Zusammenstellung der Bestimmungen über die Militärverhältnisse der seemännischen und halbseemännischen Bevölkerung (§ 7) sowie eine Abschrift der in der Musterrolle enthaltenen Bestimmungen des Heuervertrags einschließlich aller Nebenbestimmungen müssen im Volkslogis zur jederzeitigen Einsicht der Schiffsleute vorhanden sein.

Strafvorschrift § 114 Z. 16. S. auch § 10 Ges. betr. die Stellenvermittelung für Schiffsleute, unten Nr. 5.

§ 134.

Die Anwendung des § 1 Abs. 2, des zweiten Abschnitts, der §§ 36, 43, 44, des § 49, der §§ 59 bis 64, des § 65 Abs. 2, 3 und des § 133 auf kleinere Fahrzeuge (Küstenfahrer u. s. w.) kann durch Verordnung des Bundesraths ganz oder theilweise ausgeschlossen werden. Die Verordnung ist dem Reichstage bei seinem nächsten Zusammentritte zur Kenntnißnahme vorzulegen.

§ 135.

Keine Anwendung finden:

1. auf Seeschlepper der § 1 Abs. 2 und die §§ 35 bis 38;
2. auf Bergungsfahrzeuge. der § 1 Abs. 2 und, soweit diese Fahrzeuge in Thätigkeit sind, die §§ 35 bis 38.
3. auf Hochseefischereifahrzeuge der § 36, der § 37 Abs. 2 und der § 38 Abs. 1 und, soweit die Mannschaft vertragsmäßig am Gewinne betheiligt ist, der § 1 Abs. 2.

§ 136.

Soweit im Auslande nach den dortigen Gesetzen eine Verlautbarung des Dienstvertrags oder der Beendigung des Dienstverhältnisses für die Mannschaft deutscher Schiffe vor der ausländischen Behörde erfolgen muß, kann der Reichskanzler bestimmen, daß die An- und Abmusterung vor dem Seemannsamte (§§ 13, 18) durch einen von diesem in die Musterrolle einzutragenden Hinweis auf die Verlautbarung vor der ausländischen Behörde ersetzt werden darf.

§ 137.

Dieses Gesetz tritt am 1. April 1903 in Kraft. Die Seemannsordnung vom 27. Dezember 1872 tritt mit demselben Tage außer Kraft.

§ 138.

Wenn in anderen Gesetzen auf Vorschriften verwiesen wird, welche durch dieses Gesetz außer Kraft gesetzt sind, so treten die entsprechenden Vorschriften dieses Gesetzes an deren Stelle.

Urkundlich unter Unserer Höchsteigenhändigen Unterschrift und beigedrucktem Kaiserlichen Insiegel.

Gegeben Neues Palais, den 2. Juni 1902.

(L. S.)

Wilhelm.

Graf von Posadowsky.

---

4. Gesetz, betreffend die Verpflichtung der Kauffahrteischiffe zur Mitnahme heimzuschaffender Seeleute.

Vom 2. Juni 1902.

(R.G.Bl. S. 212.)

Wir Wilhelm, von Gottes Gnaden Deutscher Kaiser, König von Preußen ꝛc.

verordnen im Namen des Reichs, nach erfolgter Zustimmung des Bundesraths und des Reichstags, was folgt:

§ 1

Jedes deutsche Kauffahrteischiff, welches von einem außerdeutschen Hafen nach einem deutschen Hafen oder nach einem Hafen des Kanals, Großbritanniens, des Sundes oder des Kattegats oder nach einem außerdeutschen Hafen der Nordsee oder der Ostsee bestimmt ist, ist verpflichtet, deutsche Seeleute, welche außerhalb des Reichsgebiets sich in hülfsbedürftigem Zustande befinden oder wegen einer nach den Reichsgesetzen strafbaren Handlung an die heimischen Behörden abgeliefert werden sollen, behufs ihrer Zurückbeförderung nach Deutschland auf schriftliche Anweisung des Seemannsamts gegen eine Entschädigung (§ 5) nach seinem Bestimmungshafen mitzunehmen. Das Gleiche gilt, wenn das Schiff nach einem anderen außerdeutschen Hafen bestimmt ist, von welchem aus die Weiterbeförderung nach einem der vorbezeichneten Häfen erfolgen kann. Deutsche Häfen im Sinne dieses Absatzes sind nur die Häfen des Reichsgebiets.

In Ansehung ausländischer Seeleute, welche unmittelbar nach einem Dienste auf einem deutschen Kauffahrteischiff außerhalb des Reichsgebiets sich in einem hülfsbedürftigen Zustande befinden, liegt den nach deren Heimathslande bestimmten deutschen Kauffahrteischiffen eine gleiche Verpflichtung ob.

Zur Erfüllung dieser Verpflichtungen kann der Kapitän vom Seemannsamte zwangsweise angehalten werden.

Das Gesetz ist öffentlich-rechtlicher Natur, R.G. 41 S. 61, und ein Theil der Armenfürsorge, H. 1897 Nr. 12 — soweit nicht jetzt die Heimschaffung Straffälliger in Frage steht. Die Einfügung der letzteren ist die Neuerung des Gesetzes gegen das frühere vom 27. Dezember 1872.

Wenn ein Seemann für seine Zurückbeförderung selbst sorgen kann, z. B. durch Beschaffung von Mitteln auf den Kredit des Rheders, liegt Hülfsbedürftigkeit nicht vor. H. 1897 Nr. 12.

Ueber die Seemannsämter im Auslande (als solche fungiren die Konsulate) und in den Schutzgebieten s. § 5 Seem.O.; über „Inland" und „Reichsgebiet" § 6 das.

§ 2.

Bieten mehrere Schiffe Gelegenheit zur Mitnahme, so sind die zu befördernden Seeleute durch das Seemannsamt nach Verhältniß der Größe der Schiffe und der Zahl ihrer Mannschaften auf die einzelnen Schiffe zu vertheilen.

§ 3.

Die Mitnahme kann verweigert werden:

1. wenn und soweit an Bord kein angemessener Platz für die Mitzunehmenden vorhanden ist;

2. wenn der Mitzunehmende bettlägerig krank oder mit einer die Gesundheit oder Sicherheit der an Bord befindlichen Personen gefährdenden geschlechtlichen oder sonstigen Krankheit behaftet ist;
3. wenn und soweit die Zahl der Mitzunehmenden bei Hülfsbedürftigen ein Viertel, bei Straffälligen ein Sechstel der Schiffsmannschaft übersteigt, oder mehr als ein Straffälliger mitgenommen werden soll;
4. wenn die Mitnahme nicht mindestens zwei Tage vor dem Zeitpunkte verlangt wird, an welchem das Schiff zum Abgehen fertig ist;
5. wenn der Hafen von einer deutschen Dampferlinie, die zur Mitnahme vertragsmäßig verpflichtet ist, auf der Heimreise nach Deutschland in regelmäßiger Fahrt angelaufen wird.

Die Entscheidung über den Grund der Weigerung steht dem Seemannsamte zu.

§ 4.

Während der Reise erhält der wegen Hülfsbedürftigkeit Mitgenommene seiner Stellung entsprechend (§ 5) Kost und Logis von Seiten des Schiffes.

Der wegen einer strafbaren Handlung Mitgenommene ist nach den vom Seemannsamte zu ertheilenden Weisungen zu behandeln. Die Bewachung liegt dem Kapitän ob, sofern nicht ein besonderer Begleiter mitgegeben wird.

Der Mitgenommene ist der Disziplinargewalt des Kapitäns unterworfen.

Von den Weisungen des Seemannsamtes hängt es ab, ob der wegen strafbarer Handlungen Mitgenommene als Untersuchungsgefangener anzusehen ist.

Ueber die Disziplinargewalt s. §§ 84—92 Seem.O.

Läßt der Kapitän den Straffälligen vorsätzlich oder fahrlässig entweichen, so ist er nach § 121 St.G.B. strafbar.

§ 5.

Als Entschädigung (§ 1) ist, in Ermangelung einer anderweitigen Vereinbarung, zu zahlen

a) bei Mitnahme Hülfsbedürftiger für jeden Tag des Aufenthalts an Bord:
   1. für einen Kapitän oder einen Schiffsoffizier 3 Mark auf Segelschiffen und 6 Mark auf Dampfschiffen;
   2. für jeden anderen Seemann $1{,}_{50}$ Mark auf Segelschiffen und 3 Mark auf Dampfschiffen;

b) bei Mitnahme Straffälliger der gewöhnliche Ueberfahrtspreis oder, falls ein solcher nicht zu ermitteln ist, das Doppelte der für die Mitnahme Hülfsbedürftiger aufgestellten Sätze und außerdem, wenn ein besonderer Begleiter nicht mitgegeben wird, eine angemessene von dem anweisenden Seemannsamte (§ 1) vorläufig festzusetzende Vergütung für die Bewachung. Für die Bemessung dieser Vergütung kann der Bundesrath bestimmte Sätze aufstellen.

Ein Rheder, der Seeleute zurückbefördert, ohne daß ihm dies auf Grund des Gesetzes auferlegt ist, ist nicht auf die Sätze des § 5 beschränkt. H. 1897 Nr. 12. Dagegen ist dies der Rheder, der auf Grund des Gesetzes befördert hat; er hat auch nicht etwa gegen den nach § 7 Abs. 2 regreßpflichtigen Rheder einen Anspruch auf Zahlung der Summe, um die die Sätze des § 5 hinter dem vollen Fahrpreis zurückbleiben. R.G. 41 S. 61; H. 1897 Nr. 120.

Die Vergütung (unter b) erhält der Kapitän persönlich.

§ 6.

Die Entschädigung wird im Bestimmungshafen durch das Seemannsamt gegen Auslieferung der wegen der Mitnahme ertheilten Anweisung (§ 1) für Rechnung des Reichs ausgezahlt.

§ 7.

Der wegen Hülfsbedürftigkeit Mitgenommene haftet für die durch die Zurückbeförderung verursachten Aufwendungen.

Die Vorschriften, welche den Rheder oder andere Personen zur Erstattung solcher Aufwendungen verpflichten, werden durch dieses Gesetz nicht berührt.

Bei Mitnahme eines Straffälligen bleibt dem Reiche der Rückgriff an den Bundesstaat vorbehalten, dessen Behörden der Mitgenommene zur Strafverfolgung oder Strafvollstreckung zugeführt wird.

Zu Abs. 2 s. §§ 547, 548, 550, 553 H.G.B., 59, 66, 72 Seem.O.

Der Bundesstaat (Abs. 3) kann sich gemäß § 497 St.P.O. an den Verurtheilten halten.

§ 8.

Wer sich der Erfüllung einer ihm nach § 1 obliegenden Verpflichtung entzieht, wird mit Geldstrafe bis zu einhundertundfünfzig Mark oder mit Haft bestraft. Für die Festsetzung der Strafe und für das weitere Verfahren kommen die in den §§ 5, 122 bis 125 der Seemannsordnung enthaltenen Vorschriften zur Anwendung.

§ 5 Seem.O.: d. h. Abs. 1, 2, nicht 3.

§ 9.

Dieses Gesetz tritt am 1. April 1903 in Kraft. An demselben Tage tritt das Gesetz, betreffend die Verpflichtung deutscher Kauffahrteischiffe zur Mitnahme hülfsbedürftiger Seeleute, vom 27. Dezember 1872 (Reichs-Gesetzbl. S. 432) außer Kraft.

§ 10.

Soweit in anderen Gesetzen auf Vorschriften des Gesetzes, betreffend die Verpflichtung deutscher Kauffahrteischiffe zur Mitnahme hülfsbedürftiger Seeleute, vom 27. Dezember 1872 verwiesen ist, treten die entsprechenden Vorschriften dieses Gesetzes an deren Stelle.

Urkundlich unter Unserer Höchsteigenhändigen Unterschrift und beigedrucktem Kaiserlichen Insiegel.

Gegeben Neues Palais, den 2. Juni 1902.

(L. S.)

Wilhelm.

Graf von Posadowsky.

5. Gesetz, betreffend die Stellenvermittelung für Schiffsleute.

Vom 2. Juni 1902.

(R.G.Bl. S. 215.)

Wir Wilhelm, von Gottes Gnaden Deutscher Kaiser, König von Preußen rc.

verordnen im Namen des Reichs, nach erfolgter Zustimmung des Bundesraths und des Reichstags, was folgt:

§ 1.

Auf die gewerbsmäßige Stellenvermittelung für Schiffsleute finden die Vorschriften der Gewerbeordnung insoweit Anwendung, als nicht nachstehend besondere Bestimmungen getroffen sind.

Ueber Stellenvermittelung s. sonst §§ 38, 75a Gewerbeordnung. Die allgemeinen Bestimmungen der G.O. gelten auch bei Anwendung dieses Gesetzes, die Einzelbestimmungen sind durch dieses ersetzt (s. auch Anm. zu § 4).

Die Stellenvermittelung durch gemeinnützige Anstalten unterliegt dem Gesetz nicht, ebensowenig Heuerbureaus der Rhedereien.

§ 2.

Wer die Stellenvermittelung für Schiffsleute gewerbsmäßig betreiben will, bedarf dazu der Erlaubniß der höheren Verwaltungsbehörde.

Die Erlaubniß ist zu versagen:

1. wenn Thatsachen vorliegen, welche die Unzuverlässigkeit des Nachsuchenden in Bezug auf den beabsichtigten Gewerbebetrieb darthun;
2. wenn der Nachsuchende eines der im § 3 Abs. 1 bezeichneten Gewerbe betreibt; die Landes-Zentralbehörden sind befugt, Ausnahmen von dieser Vorschrift zuzulassen.

Die Bekanntgabe der in jedem Bundesstaate unter den Ausdrücken „höhere Verwaltungsbehörde“ u. s. w. zu verstehenden Behörden erfolgt gemäß § 155 Gewerbeordnung durch die Landeszentralbehörde.

§ 3.

Wer die Stellenvermittelung für Schiffsleute gewerbsmäßig betreibt, darf gewerbsmäßige Vermiethung von Wohn- und Schlafstellen, Gastwirthschaft, Schankwirthschaft, Kleinhandel mit geistigen Getränken, Handel mit Ausrüstungsgegenständen für Schiffsleute und das Geschäft eines Geldwechslers oder Pfandleihers weder selbst noch durch Andere betreiben. Die Landes-Zentralbehörden sind befugt, Ausnahmen von dieser Vorschrift zuzulassen.

Der Stellenvermittler darf ferner mit Gewerbetreibenden der vorbezeichneten Art nicht dergestalt in Geschäftsverbindung treten, daß er sich für die Ausübung seiner Vermittlerthätigkeit von ihnen Vergütungen irgend welcher Art gewähren oder versprechen läßt.

§ 4.

Die den Stellenvermittlern für Schiffsleute zukommenden Gebühren werden durch Taxen bestimmt, welche von den Landesregierungen oder den von diesen bezeichneten Behörden nach Anhörung von Vertretern der Stellenvermittler, der Rheder und der Schiffsleute festgesetzt werden.

Die Gebühr ist von dem Rheder und dem Schiffsmanne je zur Hälfte zu zahlen; eine entgegenstehende Vereinbarung zu Ungunsten des Schiffsmanns ist nichtig. Der Anspruch des Stellenvermittlers auf die vom Rheder zu zahlende Hälfte erlischt, wenn der Schiffsmann seinen Dienst nicht zur festgesetzten Zeit antritt.

§ 75a G.O., nach dem der Stellenvermittler das Verzeichniß der Taxen in seinen Geschäftsräumen an einer in die Augen fallenden Stelle anzuschlagen und dem Stellesuchenden vor Abschluß die für ihn anzuwendende Taxe mitzutheilen hat, und nach dem die Taxe bei Abänderung bis zum Anschlage der neuen in Kraft bleibt, muß als gegenüber § 4 unanwendbar erachtet werden.

§ 5.

Die Landesregierungen erlassen Vorschriften darüber, in welcher Weise die Stellenvermittler für Schiffsleute ihre Bücher zu führen und welcher polizeilichen Kontrole über den Umfang und die Art ihres Geschäftsbetriebs sie sich zu unterwerfen haben.

§ 6.

Die Erlaubniß zum Gewerbebetriebe muß zurückgenommen werden, wenn aus Handlungen oder Unterlassungen des Inhabers die Unzuverlässigkeit desselben in Bezug auf den Gewerbebetrieb klar erhellt.

Die Unzuverlässigkeit in Bezug auf den Gewerbebetrieb ist stets anzunehmen, wenn der Stellenvermittler wiederholt die festgesetzte Gebührentaxe überschritten oder sich außer den taxmäßigen Gebühren Vergütungen irgend welcher Art von dem Schiffsmanne hat gewähren oder versprechen lassen, oder wenn er dem Verbote des § 3 zuwiderhandelt.

Stellenvermittlern für Schiffsleute, welche vor dem Inkrafttreten dieses Gesetzes den Gewerbebetrieb begonnen haben, muß derselbe untersagt werden, wenn Thatsachen vorliegen, welche die Unzuverlässigkeit des Gewerbetreibenden in Bezug auf den Gewerbebetrieb darthun.

§ 7.

Wegen des Verfahrens und der Behörden, welche in Bezug auf die Zurücknahme der Erlaubniß und die Untersagung des Gewerbebetriebs maßgebend sind, gelten die Vorschriften der §§ 20, 21 der Gewerbeordnung.

Rekursverfahren.

§ 8.

Mit Geld bis zu dreihundert Mark oder mit Haft wird bestraft:

1. wer den Gewerbebetrieb eines Stellenvermittlers für Schiffsleute ohne die vorgeschriebene Erlaubniß unter-

nimmt oder fortsetzt oder von den bei Ertheilung der Erlaubniß festgesetzten Bedingungen abweicht;

2. ein Stellenvermittler für Schiffsleute, welcher
   a) einen nach § 3 Abs. 1 ihm verbotenen Gewerbebetrieb unternimmt oder fortsetzt, oder welcher sich von Gewerbetreibenden der dort bezeichneten Art für die Ausübung seiner Vermittlerthätigkeit Vergütungen irgend welcher Art gewähren oder versprechen läßt;
   b) die von der Behörde festgesetzte Taxe überschreitet, oder sich außer den taxmäßigen Gebühren Vergütungen anderer Art von dem Schiffsmanne gewähren oder versprechen läßt;
   c) es unternimmt, einen Schiffsmann zum Bruche des eingegangenen Heuervertrags zu verleiten;
3. ein Gewerbetreibender der im § 3 Abs. 1 bezeichneten Art, welcher es unternimmt, einen Stellenvermittler für Schiffsleute durch Gewährung oder Versprechung von Vergütungen irgend welcher Art zu einer den Interessen des Schiffsmanns widerstreitenden Ausübung der Vermittlerthätigkeit zu bestimmen.

§ 9.

Mit Geldstrafe bis zu einhundertundfünfzig Mark oder mit Haft wird bestraft:

1. ein Stellenvermittler für Schiffsleute, welcher den im § 5 bezeichneten Vorschriften zuwiderhandelt;
2. ein Stellenvermittler für Schiffsleute oder ein Gewerbetreibender der im § 3 Abs. 1 bezeichneten Art, welcher im Inlande den von einer zuständigen Behörde erlassenen Vorschriften zur Verhinderung des vorzeitigen Betretens einlaufender Schiffe und des Anbordbringens von geistigen Getränken zuwiderhandelt;
3. der Kapitän, der im Inlande den Vorschriften einer zuständigen Behörde, im Auslande den Anordnungen eines Seemannsamts zuwider Stellenvermittler für Schiffsleute oder Gewerbetreibende der im § 3 Abs. 1 bezeichneten Art an Bord läßt oder an Bord duldet;

4. der Kapitän, welcher es unterläßt, dafür zu sorgen, daß ein Abdruck dieses Gesetzes im Volkslogis zugänglich ist (§ 10).

In den Fällen des Abs. 1 Nr. 3, 4 kommen im Auslande für die Festsetzung der Strafe und für das weitere Verfahren die in den §§ 5, 122 bis 125 der Seemannsordnung enthaltenen Vorschriften zur Anwendung.

§ 5 Seem.O.: d. h. Abs. 1, 2, nicht 3.

§ 10.

Ein Abdruck dieses Gesetzes muß auf jedem deutschen Kauffahrteischiff im Volkslogis zur jederzeitigen Einsicht der Schiffsleute vorhanden sein.

§ 11.

Dieses Gesetz tritt am 1. April 1903 in Kraft.

Urkundlich unter Unserer Höchsteigenhändigen Unterschrift und beigedrucktem Kaiserlichen Insiegel.

Gegeben Neues Palais, den 2. Juni 1902.

(L. S.)

Wilhelm.

Graf von Posadowsky.

---

6. Verordnung zur Verhütung des Zusammenstoßes der Schiffe auf See.

Vom 9. Mai 1897.

(R.G.Bl. S. 203, Berichtigung S. 462.)

Die Verordnung beruht auf Vereinbarung der Seestaaten und ist materiell-internationales Recht. Sie beruht in ihrer jetzigen Fassung auf den Beschlüssen der Seerechtskonferenz in Washington.

§ 145 St.G.B.:
Wer die vom Kaiser
zur Verhütung des Zusammenstoßens der Schiffe auf See,

über das Verhalten der Schiffer nach einem Zusammenstoße von Schiffen auf See, oder
in Betreff der Noth- und Lootsensignale für Schiffe auf See und in Küstengewässern
erlassenen Verordnungen übertritt, wird mit Geldstrafe bis zu eintausendfünfhundert Mark bestraft.

Wir Wilhelm, von Gottes Gnaden Deutscher Kaiser, König von Preußen rc.

verordnen im Namen des Reichs auf Grund des § 145 des Strafgesetzbuchs (Reichs-Gesetzbl. 1876 S. 40), was folgt:

I. Einleitung.

Die nachfolgenden Vorschriften gelten für alle Fahrzeuge auf See und auf den mit der See im Zusammenhange stehenden, von Seeschiffen befahrenen Gewässern.

Ein Dampffahrzeug, welches unter Segel und nicht unter Dampf ist, gilt als Segelfahrzeug, ein Fahrzeug, welches unter Dampf ist, mag es zugleich unter Segel sein oder nicht, als Dampffahrzeug.

Unter den Dampffahrzeugen sind alle durch Maschinenkraft bewegten Fahrzeuge einbegriffen.

Ein Fahrzeug ist in Fahrt, wenn es weder vor Anker liegt, noch am Lande befestigt ist, noch am Grunde festsitzt.

Die Verordnung gilt nicht nur für Kauffahrteischiffe. Ihr unterstehen ferner auch offene Boote. R.G.Str. 18 S. 90.

Nach R.G.Str. 20 S. 373 sind alle nicht durch Dampfkraft (bzw. Maschinenkraft) getriebenen Schiffe Segelschiffe im Sinne der Verordnung, auch geschleppte Schiffe. Für letztere ist dies hinsichtlich der Lichterführung in Art. 5 bestimmt, fürs Ausweichen geschleppter Schiffe s. aber zu V. Für Ruderfahrzeuge s. Art. 7 und Bem. zu V., über sog. Schuten H. 1895 Nr. 48.

II. Lichter u. s. w.

Der Ausdruck „sichtbar" bedeutet mit Beziehung auf Lichter gebraucht, „sichtbar in dunkler Nacht bei klarer Luft".

Artikel 1.

Die Vorschriften über Lichter müssen bei jedem Wetter von Sonnenuntergang bis Sonnenaufgang befolgt werden; während dieser Zeit dürfen keine Lichter gezeigt werden, welche mit den hier vorgeschriebenen Lichtern verwechselt werden können.

Artikel 2.

Ein Dampffahrzeug muß, wenn es in Fahrt ist, führen:

a) an oder vor dem Fockmast oder beim Fehlen eines solchen im vorderen Theile des Fahrzeugs ein helles weißes Licht und zwar in einer Höhe über dem Rumpfe von mindestens sechs Meter. Ist das Fahrzeug breiter als sechs Meter, so ist das Licht in einer der Breite des Fahrzeugs mindestens gleichkommenden Höhe zu führen, es braucht jedoch nie höher als zwölf Meter über dem Rumpfe zu sein. Das Licht muß so eingerichtet und angebracht sein, daß es ein ununterbrochenes Licht über einen Bogen des Horizonts von zwanzig Kompaßstrichen wirft, und zwar zehn Strich nach jeder Seite, von recht voraus bis zu zwei Strich hinter die Richtung quer ab (zwei Strich achterlicher als dwars) auf jeder Seite. Es muß von solcher Stärke sein, daß es auf eine Entfernung von mindestens fünf Seemeilen sichtbar ist;

b) an der Steuerbordseite ein grünes Licht. Dasselbe muß so eingerichtet und angebracht sein, daß es ein ununterbrochenes Licht über einen Bogen des Horizonts von zehn Kompaßstrichen wirft, und zwar von recht voraus bis zu zwei Strich hinter die Richtung quer ab (zwei Strich achterlicher als dwars) an Steuerbord. Es muß von solcher Stärke sein, daß es auf eine Entfernung von mindestens zwei Seemeilen sichtbar ist;

c) an der Backbordseite ein rothes Licht. Dasselbe muß so eingerichtet und angebracht sein, daß es ein ununterbrochenes Licht über einen Bogen des Horizonts von zehn Kompaßstrichen wirft, und zwar von recht voraus bis zu zwei Strich hinter die Richtung quer ab (zwei Strich achterlicher als dwars) an Backbord.

Es muß von solcher Stärke sein, daß es auf eine Entfernung von mindestens zwei Seemeilen sichtbar ist;

d) die Laternen dieser grünen und rothen Seitenlichter müssen an der Binnenbordseite mit Schirmen versehen sein, welche mindestens ein Meter vor dem Lichte vorausragen, derart, daß die Lichter nicht über den Bug hinweg von der anderen Seite gesehen werden können;

e) ein Dampffahrzeug darf außerdem, wenn es in Fahrt ist, ein zweites weißes Licht gleich dem Lichte unter a führen. Beide Lichter müssen in der Kiellinie, und zwar so angebracht sein, daß das hintere wenigstens vier und einen halben Meter höher ist als das vordere. Die senkrechte Entfernung zwischen diesen Lichtern muß geringer sein als die horizontale.

Das Wort „mindestens" unter a ist durch die in der Ueberschrift erwähnte Berichtigung eingefügt. — S. zu Art. 2 auch die gleichfalls a. Gr. § 145 St.G.B. erlassene kaiserliche Verordnung über die Abblendung der Seitenlichter und die Einrichtung der Positionslaternen auf Seeschiffen, vom 16. Oktober 1900 (R.G.Bl. S. 1003), und Bekanntmachung (des Reichskanzlers), betreffend die Einrichtung der Positionslaternen auf Seeschiffen, vom 8. Dezember 1900 (R.G.Bl. S. 1036).

Artikel 3.

Ein Dampffahrzeug, welches ein anderes Fahrzeug schleppt, muß außer den Seitenlichtern zwei weiße Lichter senkrecht über einander und mindestens zwei Meter von einander entfernt führen. Wenn es mehr als ein Fahrzeug schleppt und die Länge des Schleppzugs vom Heck des schleppenden Fahrzeugs bis zum Heck des letzten geschleppten Fahrzeugs einhundertundachtzig Meter übersteigt, muß es als Zusatzlicht noch ein drittes weißes Licht zwei Meter über oder unter den anderen führen. Jedes dieser Lichter muß ebenso eingerichtet und angebracht sein, wie das im Artikel 2 unter a erwähnte weiße Licht, jedoch genügt für das Zusatzlicht eine Höhe von mindestens vier Meter über dem Rumpfe des Fahrzeugs.

Ein Dampffahrzeug, welches ein anderes Fahrzeug schleppt, darf hinter dem Schornstein oder dem hintersten Mast ein kleines weißes Licht führen. Dieses Licht, nach welchem sich das geschleppte Fahrzeug beim Steuern richten soll, darf nicht weiter nach vorne als quer ab sichtbar sein.

Die Worte „zwei Meter" sind durch die Berichtigung eingefügt. Ueber die Lichterführung des geschleppten Schiffs s. Art. 5.

Artikel 4.

a) Ein Fahrzeug, welches in Folge eines Unfalls nicht manövrirfähig ist, muß in der Höhe des im Artikel 2 unter a erwähnten weißen Lichtes und, wenn es ein Dampffahrzeug ist, statt des weißen Lichtes zwei rothe Lichter senkrecht über einander und mindestens zwei Meter von einander entfernt führen. Diese Lichter müssen an der Stelle, an welcher sie am besten gesehen werden können, angebracht und von solcher Beschaffenheit sein, daß sie über den ganzen Horizont auf eine Entfernung von mindestens zwei Seemeilen sichtbar sind. Bei Tage muß ein solches Fahrzeug an gleicher Stelle zwei schwarze Bälle oder Körper, jeden von fünfundsechszig Centimeter Durchmesser senkrecht über einander und mindestens zwei Meter von einander entfernt führen.

b) Ein Fahrzeug, welches ein Telegraphenkabel legt, aufnimmt oder auffischt, muß an derselben Stelle, die für das im Artikel 2 unter a erwähnte weiße Licht vorgeschrieben ist, und, wenn es ein Dampffahrzeug ist, statt dieses weißen Lichtes drei Lichter senkrecht über einander und mindestens zwei Meter von einander entfernt führen. Das oberste und das unterste dieser Lichter müssen roth, das mittlere muß weiß sein, und alle müssen von solcher Beschaffenheit sein, daß sie über den ganzen Horizont auf eine Entfernung von mindestens zwei Seemeilen sichtbar sind. Bei Tage muß ein solches Fahrzeug drei Körper von mindestens fünfundsechzig Centimeter Durchmesser senkrecht über einander und mindestens zwei Meter von einander entfernt führen, deren oberster und unterster kugelförmig und von rother Farbe, deren mittlerer wie ein schräges Viereck geformt und von weißer Farbe ist. Die Körper müssen an der Stelle, an welcher sie am besten gesehen werden können, angebracht sein.

c) Die vorbezeichneten Fahrzeuge dürfen, wenn sie keine Fahrt durch das Wasser machen, die Seitenlichter nicht führen, müssen dieselben aber führen, wenn sie Fahrt machen.

d) Diese Lichter und Körper sollen anderen Fahrzeugen als Signale dafür gelten, daß das Fahrzeug, welches sie zeigt, nicht manövrirfähig ist und daher nicht aus dem Wege gehen kann. Sie sind keine Nothsignale im Sinne des Artikels 31 dieser Vorschriften.

Zu b, c: s. Bem. zu Art. 34.

Artikel 5.

Ein Segelfahrzeug, welches in Fahrt ist, und jedes Fahrzeug, welches geschleppt wird, muß dieselben Lichter führen, welche durch Artikel 2 für ein Dampffahrzeug in Fahrt vorgeschrieben sind, mit Ausnahme der dort erwähnten weißen Lichter; diese darf ein solches Fahrzeug niemals führen.

Artikel 6.

Wenn, wie es bei kleinen Fahrzeugen in Fahrt bei schlechtem Wetter vorkommt, die grünen und rothen Seitenlichter nicht fest angebracht werden können, so müssen diese Lichter doch angezündet und gebrauchsfähig zur Hand gehalten und, wenn das Fahrzeug sich einem anderen oder ein anderes Fahrzeug sich ihm nähert, an den betreffenden Seiten, zeitig genug, um einen Zusammenstoß zu verhüten, gezeigt werden. Dies muß so geschehen, daß die Lichter möglichst gut sichtbar sind, das grüne aber nicht von der Backbordseite her, das rothe nicht von der Steuerbordseite her, und beide wo möglich nicht weiter als bis zu zwei Strich hinter die Richtung quer ab (zwei Strich achterlicher als dwars) gesehen werden können.

Um den richtigen Gebrauch der tragbaren Lichter zu sichern, muß jede Laterne außen mit der Farbe des Lichtes, welches sie zeigt, angestrichen und mit einem gehörigen Schirme versehen sein.

Artikel 7.

Dampffahrzeuge unter 113 und Ruder- oder Segelfahrzeuge unter 57 Kubikmeter Brutto-Raumgehalt und

Ruderboote brauchen, wenn sie in Fahrt sind, die im Artikel 2 unter a, b und c erwähnten Lichter nicht zu führen, sie müssen aber, wenn sie diese Lichter nicht führen, mit folgenden Lichtern versehen sein:

1. Dampffahrzeuge unter 113 Kubikmeter Brutto-Raumgehalt müssen führen:
   a) im vorderen Theile des Fahrzeugs oder an oder vor dem Schornstein in einer Höhe von mindestens drei Meter über dem Schandeckel ein weißes Licht. Das Licht muß an der Stelle, wo es am besten gesehen werden kann, sich befinden und im Uebrigen so eingerichtet und angebracht sein, wie im Artikel 2 unter a vorgeschrieben; es muß von solcher Stärke sein, daß es auf eine Entfernung von mindestens zwei Seemeilen sichtbar ist;
   b) grüne und rothe Seitenlichter, so eingerichtet und angebracht, wie im Artikel 2 unter b und c vorgeschrieben, und von solcher Stärke, daß sie auf eine Entfernung von mindestens einer Seemeile sichtbar sind, oder an deren Stelle eine doppelfarbige Laterne, welche an den betreffenden Seiten ein grünes und ein rothes Licht von recht voraus bis zu zwei Strich hinter die Richtung quer ab (zwei Strich achterlicher als dwars) zeigt. Diese Laterne muß mindestens ein Meter unter dem weißen Lichte geführt werden.
2. Kleine Dampfboote, wie zum Beispiel solche, welche von Seeschiffen an Bord geführt werden, dürfen das weiße Licht niedriger als drei Meter über dem Schandeckel, jedoch nur über der unter 1 b erwähnten doppelfarbigen Laterne führen.
3. Ruder- und Segelfahrzeuge von weniger als 57 Kubikmeter Brutto-Raumgehalt müssen eine Laterne mit einem grünen Glase auf der einen Seite und einem rothen Glase auf der anderen gebrauchsfertig zur Hand haben. Diese Laterne muß, wenn das Fahrzeug sich einem anderen oder ein anderes Fahrzeug sich ihm nähert, zeitig genug, um einen Zusammenstoß zu vermeiden, und derart gezeigt werden, daß das grüne Licht nicht von der Backbordseite her und das rothe Licht nicht von der Steuerbordseite her gesehen werden kann.

4. Ruderboote, gleichviel ob sie rudern oder segeln, müssen eine Laterne mit einem weißen Lichte gebrauchsfertig zur Hand haben, welches zeitig genug gezeigt werden muß, um einen Zusammenstoß zu verhüten.

Die in diesem Artikel bezeichneten Fahrzeuge brauchen die im Artikel 4 unter a und Artikel 11 Schlußsatz vorgeschriebenen Lichter nicht zu führen.

„nur" in Z. 2 ist durch die Berichtigung eingefügt. Ueber Ausweicheregeln für Ruderfahrzeuge s. Bem. zu Art. 16.

Artikel 8.

Lootsenfahrzeuge, welche Lootsendienste auf ihrer Station thun, haben nicht die für andere Fahrzeuge vorgeschriebenen Lichter, sondern ein weißes, über den ganzen Horizont sichtbares Licht am Masttop zu führen, und außerdem in kurzen Zwischenräumen, mindestens aber alle fünfzehn Minuten ein oder mehrere Flackerfeuer zu zeigen.

Wenn sie sich anderen oder andere Fahrzeuge sich ihnen auf geringe Entfernung nähern, müssen sie die Seitenlichter angezündet und gebrauchsfertig haben und in kurzen Zwischenräumen aufleuchten lassen oder zeigen, um die Richtung, in welcher sie anliegen, erkennbar zu machen. Das grüne Licht darf nicht an Backbordseite, das rothe Licht nicht an Steuerbordseite gezeigt werden.

Ein Lootsenfahrzeug solcher Bauart, daß es längsseits der Schiffe anlegen muß, um einen Lootsen an Bord zu setzen, braucht das weiße Licht nur zu zeigen, statt dasselbe am Masttop zu führen; auch genügt es, wenn solches Fahrzeug an Stelle der oben erwähnten farbigen Lichter eine Laterne mit einem grünen Glase auf der einen Seite und einem rothen Glase auf der anderen zur Hand hat, um dieselbe so, wie im Artikel 7 unter 3 vorgeschrieben, zu gebrauchen.

Lootsenfahrzeuge, welche keinen Lootsendienst auf ihrer Station thun, müssen Lichter wie andere Fahrzeuge ihres Raumgehalts führen.

„Zeigen" eines Lichts ist vom dauernden „Führen" verschieden, H. 1893 Nr. 61 (R.G.); O S.A. 8 S 214, 10 S. 26; s. aber Art. 10.

Artikel 9

betrifft Regeln für die Fischerfahrzeuge, deren Erlaß vorbehalten bleibt.

Die in der folgenden Nummer abgedruckte Verordnung regelt die Lichterführung der Fischerfahrzeuge. Ein bevorzugtes Wegerecht besitzen zur Zeit die Fischerdampfer nicht, andere fischende Fahrzeuge gemäß Art. 26.

Artikel 10.

Ein Fahrzeug, welches von einem anderen überholt wird, muß diesem vom Heck aus ein weißes Licht oder ein Flackerfeuer zeigen.

Das weiße Licht darf fest angebracht und in einer Laterne geführt werden; die Laterne muß aber mit Schirmen versehen und so eingerichtet und so angebracht sein, daß sie ein ununterbrochenes Licht über einen Bogen des Horizonts von zwölf Kompaßstrichen — je sechs von recht achteraus auf jeder Seite des Fahrzeugs — wirft. Das Licht muß auf eine Entfernung von mindestens einer Seemeile sichtbar sein und soweit thunlich, mit den Seitenlichtern in gleicher Höhe geführt werden.

Vgl. hierzu H. 1900 Nr. 20. Ueber Ausguck vom Heck s. H. 1895 Nr. 53.

Artikel 11.

Ein Fahrzeug vor Anker muß, wenn es weniger als fünfundvierzig Meter lang ist, vorne ein weißes Licht an der Stelle, wo dasselbe am besten gesehen werden kann, jedoch nicht höher als sechs Meter über dem Rumpfe, führen, und zwar in einer Laterne, welche ein helles, auf eine Entfernung von mindestens einer Seemeile sichtbares, ununterbrochenes Licht über den ganzen Horizont wirft.

Ein Fahrzeug vor Anker muß, wenn es fünfundvierzig Meter oder mehr lang ist, zwei solche Lichter führen; das eine Licht im vorderen Theile des Fahrzeugs nicht niedriger als sechs Meter und nicht höher als zwölf Meter über dem Rumpfe, — und das andere Licht am Heck oder in der Nähe des Hecks des Fahrzeugs, mindestens vier und einen halben Meter niedriger als das vordere Licht.

Als Länge eines Fahrzeugs gilt die in dem Schiffscertifikat angegebene Länge.

Fahrzeuge, welche in einem Fahrwasser oder nahe bei einem solchen am Grunde festsitzen, unterliegen derselben Verpflichtung; außerdem müssen sie die im Artikel 4 unter a vorgeschriebenen zwei rothen Lichter führen.

Artikel 12.

Ein jedes Fahrzeug darf, wenn es nöthig ist, um die Aufmerksamkeit auf sich zu ziehen, außer den Lichtern, welche es führen muß, ein Flackerfeuer zeigen oder irgend ein Knallsignal, welches nicht mit Nothsignalen verwechselt werden kann, geben.

Artikel 13.

Vorschriften, welche bezüglich der Führung von zusätzlichen Stations- und Signallichtern für zwei oder mehrere Kriegsschiffe oder für Fahrzeuge, die unter Bedeckung fahren, erlassen sind, werden durch diese Verordnung nicht berührt. Auch wird durch sie das Zeigen von Erkennungssignalen, welche von Schiffsrhedern mit amtlicher Genehmigung angenommen und vorschriftsmäßig eingetragen und bekannt gemacht sind, nicht beschränkt.

Artikel 14.

Ein Dampffahrzeug, welches nur unter Segel ist, aber mit aufgerichtetem Schornsteine fährt, muß bei Tage einen schwarzen Ball oder runden Signalkörper von fünfundsechszig Centimeter Durchmesser führen, und zwar vorne im Fahrzeug an der Stelle, an welcher das Zeichen am besten gesehen werden kann.

III. Schallsignale bei Nebel u. s. w.

Artikel 15.

Schallsignale für in Fahrt befindliche Fahrzeuge müssen gegeben werden:

1. von Dampffahrzeugen mit der Pfeife oder Sirene,
2. von Segelfahrzeugen und geschleppten Fahrzeugen mit dem Nebelhorn.

Ein lang gezogener Ton im Sinne dieser Vorschriften ist ein Ton von vier bis sechs Sekunden Dauer.

Ein Dampffahrzeug muß mit einer kräftig tönenden Pfeife oder Sirene versehen sein, welche durch Dampf oder einen Ersatz für Dampf geblasen wird und so angebracht ist, daß der Schall durch keinerlei Hinderniß gehemmt wird, ferner mit einem wirksamen Nebelhorn, welche durch eine mechanische Vorrichtung geblasen wird, sowie mit einer kräftig tönenden Glocke. Ein Segelfahrzeug von 57 Kubikmeter Brutto-Raumgehalt oder darüber muß mit einem gleichartigen Nebelhorn und mit einer gleichartigen Glocke versehen sein.

Bei Nebel, dickem Wetter, Schneefall oder heftigen Regengüssen, es mag Tag oder Nacht sein, sind folgende Schallsignale zu geben:

a) Ein Dampffahrzeug, welches Fahrt durch das Wasser macht, muß mindestens alle zwei Minuten einen lang gezogenen Ton geben.

b) Ein Dampffahrzeug welches in Fahrt ist, aber seine Maschine gestoppt hat und keine Fahrt durch das Wasser macht, muß mindestens alle zwei Minuten zwei lang gezogene Töne mit einem Zwischenraume von ungefähr einer Sekunde geben.

c) Ein Segelfahrzeug in Fahrt muß mindestens jede Minute, wenn es mit Steuerbord-Halsen segelt, einen Ton, wenn es mit Backbord-Halsen segelt, zwei auf einander folgende Töne, und wenn es mit dem Winde achterlicher als dwars segelt, drei auf einander folgende Töne geben.

d) Ein Fahrzeug vor Anker muß mindestens jede Minute ungefähr fünf Sekunden lang die Glocke rasch läuten.

e) Ein Fahrzeug, welches ein anderes Fahrzeug schleppt, ein Fahrzeug, welches ein Telegraphenkabel legt, aufnimmt oder auffischt, und ein in Fahrt befindliches Fahrzeug, welches einem sich nähernden Fahrzeuge nicht aus dem Wege gehen kann, weil es überhaupt nicht oder doch nicht so manövriren kann, wie diese Vorschriften verlangen, muß statt der unter a und c vorgeschriebenen Signale mindestens alle zwei Minuten drei auf einander folgende Töne geben, zuerst einen lang gezogenen Ton, dann zwei kurze Töne. Ein geschlepptes Fahrzeug darf dieses Signal, aber kein anderes geben.

Segelfahrzeuge und Boote von weniger als 57 Kubikmeter Brutto-Raumgehalt brauchen die vorerwähnten Signale nicht zu geben, müssen dann aber mindestens jede Minute irgend ein anderes kräftiges Schallsignal geben.

Anmerkung. Ueberall wo diese Verordnung den Gebrauch einer Glocke vorschreibt, kann anstatt einer solchen an Bord türkischer Fahrzeuge eine Trommel, an Bord kleinerer Segelfahrzeuge, falls der Gebrauch eines solchen Instruments landesüblich ist, ein Gong benutzt werden.

Zu e s. Bem. zu Art. 34.

IV. Mäßigung der Geschwindigkeit bei Nebel u. s. w.

Artikel 16.

Jedes Fahrzeug muß bei Nebel, dickem Wetter, Schneefall oder heftigen Regengüssen, unter sorgfältiger Berücksichtigung der obwaltenden Umstände und Bedingungen, mit mäßiger Geschwindigkeit fahren.

Ein Dampffahrzeug, welches anscheinend vor der Richtung quer ab (vorderlicher als dwars) das Nebelsignal eines Fahrzeugs hört, dessen Lage nicht auszumachen ist, muß, sofern die Umstände dies gestatten, seine Maschine stoppen und dann vorsichtig manövriren, bis die Gefahr des Zusammenstoßens vorüber ist.

Das Schiff muß nicht nur mit einer gegen seine frühere Fahrt gemäßigten, sondern mit objektiv mäßiger, den jedesmaligen Umständen entsprechender, Geschwindigkeit fahren. H. 1884 Nr. 65; R.G. 3 S. 140, 23 S. 73. Es muß seine Fahrt so mäßigen, daß es Zeit zum Ausweichen hat, H. 1885 Nr. 48 (R.G.) nach H. 1901 Nr. 73 muß ein Dampfer auf halbe Sehweite zum Stillstand gebracht werden können. Nach O.S.A. 4 S. 518 muß die Mäßigung so berechnet sein, daß beim Sichten eines anderen ebenfalls mit mäßiger Geschwindigkeit fahrenden Schiffes noch Zeit zum Ausweichen bleibt, s. aber dagegen H. 1885 Nr. 48 (R.G.). Es darf aber die geringste zur Beibehaltung der Steuerfähigkeit erforderliche Geschwindigkeit behalten und braucht auch dann, wenn bei dieser ein rechtzeitiges Ausweichen nicht gesichert ist, die Fahrt nicht einzustellen, sofern das nicht durch besondere Umstände (Art. 29) geboten ist. R.G. 3 S. 138, 23 S. 73; H. 1885 Nr. 48 (R.G.); O.S.A. 6 S. 15, 10 S. 671. Das Einstellen der Fahrt hatte verlangt R.G. in H. 1888 Nr. 33 (= S.A. 43 S. 313), vgl. O.S.A. 5 S. 283.

Auf Flußrevieren entspricht es dagegen, anders als auf hoher See, der seemännischen Praxis (Art. 29), bei starkem Nebel vor Anker zu gehen. H. 1892 Nr. 7. O.S.A. 10 S. 671, vgl H. 1899 Nr. 30.

V. Ausweichen.

Gefahr des Zusammenstoßens.

Das Vorhandensein einer Gefahr des Zusammenstoßens kann, wenn die Umstände es gestatten, durch sorgfältige Kompaßpeilung eines sich nähernden Schiffes erkannt werden. Aendert sich die Peilung nicht merklich, so ist anzunehmen, daß die Gefahr des Zusammenstoßens vorhanden ist.

Art. 17—28 sind nur anwendbar, wenn ein Schiff in Sicht des andern ist. R.G. 23 S. 72; H. 1887 Nr. 126 (R.G.). Es muß die Gefahr des Zusammenstoßens bestehen, R.O. 9 S. 170, d. h. ein höherer oder geringerer Grad von Wahrscheinlichkeit, es genügt nicht die bloße Annäherung und die bloße Möglichkeit einer Gefahr. R.G. 10 S. 13. Der Schiffer hat aber auch die Herbeiführung einer Kollisionsgefahr thunlichst zu vermeiden. R.G. 21 S. 115.

Ein Hinausschieben des Ausweichemanövers bis zum letzten Augenblicke verstößt gegen die Vorschriften. B. 9 S. 84.

Wenn nur eines der Schiffe zum Ausweichen verpflichtet ist, (Art. 17, 19, 20, 24 – anders Art 18, ist es ihm überlassen, wie es das ausführen will. H. 1892 Nr. 107. Jedoch muß es nach Art. 22 vermeiden, den Bug des andern zu kreuzen.

Wenn Schiffe sich nicht ausweichen, sondern nähern wollen (z. B. bei der Uebernahme eines Lootsen, bei Hülfeleistung), sind die Ausweicheregeln nicht anwendbar. H. 1894 Nr. 2 (88). R.G. 42 S. 75. Gegenüber einem Lootsenschiffe, mit dem eine Annäherung nicht beabsichtigt wird, hat jedes Schiff der Verordnung entsprechend zu manövriren; wird eine Annäherung beabsichtigt, so müssen beide Theile gemäß Art. 27, 29 alle zur Abwendung eines Zusammenstoßes geeigneten Manöver unter gegenseitiger Unterstützung vornehmen. B. 13 S. 123. Vgl auch H. 1886 Nr. 101; O.S.A. 7 S. 474: Lootsenschiffe haben den anderen Schiffen freie Bahn zu lassen.

Für Schleppzüge gelten dieselben Ausweicheregeln wie für Dampfer, das geschleppte Schiff gilt insofern als solcher. O.S.A. 1 S. 186, 2 S. 167, 5 S. 507, 7 S. 736, 10 S. 560. (S. auch oben Bem. zu I). Die geringere Manövrirfähigkeit befreit den Schleppzug nicht von deren Befolgung, R G. 19 S. 19, ebensowenig ein angeblich entgegenstehender Gebrauch. R.G.Str 27 S. 37.

Ruderfahrzeuge gelten für die Ausweicheregeln nicht als Segelschiffe, für sie kommen vielmehr Art. 27, 29 in Betracht. O.S.A. 8 S. 212.

Ausweichen gegenüber Schuten s. H. 1895 Nr. 48.

Artikel 17.

Sobald zwei Segelfahrzeuge sich so nähern, daß die Annäherung Gefahr des Zusammenstoßens mit sich bringt, muß das eine dem anderen, wie nachstehend angegeben, aus dem Wege gehen:

a) Ein Fahrzeug mit raumem Winde muß einem beim Winde segelnden Fahrzeug aus dem Wege gehen.

b) Ein Fahrzeug, welches mit Backbord-Halsen beim Winde segelt, muß einem Fahrzeuge, welches mit Steuerbord-Halsen beim Winde segelt, aus dem Wege gehen.

c) Haben beide Fahrzeuge raumen Wind von verschiedenen Seiten, so muß dasjenige, welches den Wind von Backbord hat, dem anderen aus dem Wege gehen.

d) Haben beide Fahrzeuge raumen Wind von derselben Seite, so muß das luvwärts befindliche Fahrzeug dem leewärts befindlichen aus dem Wege gehen.

c) Ein Fahrzeug, welches vor dem Winde segelt, muß dem anderen Fahrzeug aus dem Wege gehen.

Artikel 18.

Sobald zwei Dampffahrzeuge sich in gerade entgegengesetzter oder beinahe entgegengesetzter Richtung so nähern, daß die Annäherung Gefahr des Zusammenstoßens mit sich bringt, muß jedes seinen Kurs nach Steuerbord ändern, damit sie einander an Backbordseite passiren.

Diese Vorschrift findet nicht Anwendung, wenn zwei Dampffahrzeuge, sofern sie beide ihren Kurs beibehalten, frei von einander passiren müssen.

Sie findet daher nur dann Anwendung, wenn bei Tage jedes der Fahrzeuge die Masten des anderen mit den seinigen ganz oder nahezu in einer Linie sieht, und wenn bei Nacht jedes der Fahrzeuge in solcher Stellung sich befindet, daß beide Seitenlichter des anderen zu sehen sind.

Sie findet keine Anwendung, wenn bei Tage das eine Fahrzeug sieht, daß sein Kurs vor dem Bug durch das andere Fahrzeug gekreuzt wird, oder wenn bei Nacht das rothe Licht des einen Fahrzeugs dem rothen des anderen, oder das grüne Licht des einen Fahrzeugs dem grünen des anderen Fahrzeugs gegenübersteht, oder wenn ein rothes Licht ohne ein grünes, oder ein grünes Licht ohne ein rothes voraus in Sicht ist, oder wenn beide farbige Seitenlichter gleichzeitig aber anderswo als voraus in Sicht sind.

S. auch Bem. zu Art. 25.

Artikel 19.

Sobald die Kurse zweier Dampffahrzeuge sich so kreuzen, daß die Beibehaltung derselben Gefahr des Zusammenstoßens mit sich bringt, muß dasjenige Dampffahrzeug aus dem Wege gehen, welches das andere an seiner Steuerbordseite hat.

Artikel 20.

Sobald ein Dampffahrzeug und ein Segelfahrzeug in solchen Richtungen fahren, daß die Beibehaltung derselben Gefahr des Zusammenstoßens mit sich bringt, muß das Dampffahrzeug dem Segelfahrzeug aus dem Wege gehen.

Nach R.G. in H. 1902 Nr. 94 darf ein Dampfer nicht ohne zwingende Veranlassung so nah an einem kleinen Segler vorbeifahren, daß dessen Führer den Anschein erhält, als weiche der Dampfer nicht aus und dadurch zu objektiv unrichtigem Manöver veranlaßt wird.

Artikel 21.

In allen Fällen, wo nach diesen Vorschriften eins von zwei Fahrzeugen dem anderen aus dem Wege zu gehen hat, muß das letztere seinen Kurs und seine Geschwindigkeit beibehalten.

Anmerkung. Wenn jedoch in Folge von dickem Wetter oder aus anderen Ursachen zwei Fahrzeuge einander so nahe gekommen sind, daß ein Zusammenstoß durch Manöver des zum Ausweichen verpflichteten Fahrzeugs allein nicht vermieden werden kann, so soll auch das andere Fahrzeug so manövriren, wie es zur Abwendung eines Zusammenstoßens am dienlichsten ist (vgl. Art. 27 und 29).

Die Pflicht zum Kurshalten beginnt erst, wenn Gefahr eines Zusammenstoßes entsteht. R.G. 10 S. 12. Nicht aber erst dann, wenn das Gegenschiff ein Ausweichemanöver thatsächlich beginnt oder beabsichtigt. R.G. 10 S. 14.

Nur wenn die Gefahr eines Zusammenstoßes sonst nicht abwendbar ist, ist der Schiffer zum Abweichen von der Pflicht, Kurs und Geschwindigkeit beizubehalten, berechtigt und verpflichtet. B. 9.

S. 85; O.S.A. 2 S. 782, 3 S. 311. Nimmt der Schiffer ohne Verstoß gegen die Sorgfalt eines ordentlichen Schiffers eine unmittelbare Kollisionsgefahr an und handelt danach, so ist er entschuldigt, auch wenn die wirkliche Sachlage der scheinbaren nicht entsprach. B. 9 S. 85; O.S.A. 9 S. 43. Der vom Gegensegler durch unrichtiges Verfahren verursachte Irrthum, daß ein Manöver zur Abwendung unmittelbarer Gefahr nöthig sei, fällt jenem zur Last. R.G. 21 S. 121.

Artikel 22.

Jedes Fahrzeug, welches nach diesen Vorschriften einem anderen aus dem Wege zu gehen hat, muß, wenn die Umstände es gestatten, vermeiden, den Bug des anderen zu kreuzen.

Artikel 23.

Jedes Dampffahrzeug, welches nach diesen Vorschriften einem anderen Fahrzeug aus dem Wege zu gehen hat, muß bei der Annäherung, wenn nöthig, seine Fahrt mindern oder stoppen oder rückwärts gehen.

Ueber die Anwendung dieses Artikel für Schleppzüge s. R.G. 19 S. 19.

Artikel 24.

Ohne Rücksicht auf irgend eine dieser Vorschriften muß jedes Fahrzeug beim Ueberholen eines anderen dem letzteren aus dem Wege gehen.

Als überholendes Fahrzeug gilt jedes Fahrzeug, das sich einem anderen Fahrzeug aus einer Richtung her nähert, welche mehr als zwei Strich hinter der Richtung quer ab (zwei Strich achterlicher als dwars) liegt, das heißt aus einer Richtung bei welcher die Fahrzeuge so zu einander stehen, daß das überholende bei Nacht keines der Seitenlichter des anderen sehen würde. Durch spätere Veränderung in der Peilung der beiden Fahrzeuge wird das überholende Fahrzeug weder zu einem kreuzenden Fahrzeug im Sinne dieser Vorschriften, noch von der Verpflichtung entbunden, dem anderen Fahrzeuge aus dem Wege zu gehen, bis es dasselbe klar passirt hat.

Vermag das überholende Fahrzeug bei Tage nicht sicher

zu erkennen, ob es sich vor oder hinter der oben bezeichneten Stellung zu dem anderen Fahrzeuge befindet, so hat es anzunehmen, daß es ein überholendes Fahrzeug ist, und muß es dem anderen aus dem Wege gehen.

Artikel 25.

In engen Fahrwassern muß jedes Dampffahrzeug, wenn dies ohne Gefahr ausführbar ist, sich an derjenigen Seite der Fahrrinne oder der Fahrwassermitte halten, welche an seiner Steuerbordseite liegt.

Art. 25 enthält keine das Vorhandensein einer Kollisionsgefahr voraussetzende Ausweichevorschrift und soll nicht etwa für enge Fahrwasser Art. 18 ersetzen. R.G. 44 S. 44.

Wenn ein Schiff auf der falschen Fahrwasserseite ist und Gefahr eines Zusammenstoßes entsteht, darf es nicht erst auf die richtige Seite hinüberfahren, sondern muß nach den Ausweicheregeln handeln. H. 1902 Nr. 95.

Bloße Zweckmäßigkeitsgründe befreien nicht von Befolgung des Art. 25. R.G. 19 S. 16.

Schiffe, deren Tiefgang zu groß ist, um die rechte Seite einzuhalten, müssen sich ihr möglichst nahe halten; zum Leichtern sind sie nicht verpflichtet. R.G. 20 S. 35.

Auch ein nur vorübergehendes Hinderniß befreit von Befolgung der Vorschrift. R.G. 19 S. 29.

Artikel 26.

In Fahrt befindliche Segelfahrzeuge müssen Segelfahrzeugen oder Booten, welche mit Treibnetzen, Angelleinen oder Grundschleppnetzen fischen, aus dem Wege gehen. Durch diese Vorschrift wird jedoch keinem fischenden Fahrzeug oder Boote die Befugniß eingeräumt, ein Fahrwasser, welches andere Fahrzeuge benutzen, zu sperren.

S. auch Bem. zu Art. 9.

Artikel 27.

Bei Befolgung dieser Vorschriften muß stets gehörige Rücksicht auf alle Gefahren der Schiffahrt und des Zusammenstoßens, sowie auf solche besondere Umstände genommen werden, welche zur Abwendung unmittelbarer Gefahr ein Abweichen von den Vorschriften nothwendig machen.

Beim Drohen eines Zusammenstoßes hat jede Besatzung die Pflicht, keine zur Abwendung geeignete Thätigkeit zu unterlassen. R.O. 13 S 116. Vgl. auch Bem. zu V und zu Art. 21.

VI. Schallsignale für Fahrzeuge, welche einander ansichtig sind.

Artikel 28.

Als kurzer Ton im Sinne dieses Artikels gilt ein Ton von ungefähr einer Sekunde Dauer.

Sind Fahrzeuge einander ansichtig, so muß ein in Fahrt befindliches Dampffahrzeug, wenn es einen diesen Vorschriften entsprechenden Kurs einschlägt, diesen Kurs durch folgende Signale mit seiner Pfeife oder Sirene anzeigen, nämlich:

Ein kurzer Ton bedeutet:
„ich richte meinen Kurs nach Steuerbord".
Zwei kurze Töne bedeuten:
„ich richte meinen Kurs nach Backbord".
Drei kurze Töne bedeuten:
„meine Maschine geht mit voller Kraft rückwärts".

Die Signale sind nur zulässig, wenn die Schiffe sich in Sicht haben. R.G. in H. 1887 Nr. 126; O.S.A. 5 S 159.

Das Zeichen darf nur abgegeben werden, wenn der angezeigte Kurs eingeschlagen wird, nicht aber im Sinne einer Aufforderung an das Gegenschiff, seinerseits das korrespondirende Manöver auszuführen, — außer wenn ein Irrthum in dieser Hinsicht ausgeschlossen ist. J.W. 1901 S. 852 Nr. 38.

VII. Nothwendigkeit anderweiter Vorsichtsmaßregeln.

Artikel 29.

Keine dieser Vorschriften soll ein Fahrzeug, oder den Rheder, den Führer und die Mannschaft desselben von den Folgen einer Versäumniß im Gebrauche von Lichtern oder Signalen und im Halten eines gehörigen Ausgucks oder von den Folgen der Versäumniß anderer Vorsichtsmaßregeln befreien, welche durch die seemännische Praxis oder durch die besonderen Umstände des Falles geboten werden.

Bei drohender Kollision hat jede der Besatzungen die Pflicht, keine zu deren Abwendung geeignete Thätigkeit zu unterlassen. R.G. 20 S. 144.

Der Schiffer hat den Evolutionen eines Kriegsgeschwaders möglichst fern zu bleiben, da seine Ausweicheabsichten durch Befehle des Geschwaderchefs vereitelt werden können. R.G. 21 S. 115. O.S.A. 6 S. 227. Dabei ist aber zu berücksichtigen, daß, sobald die Gefahr eines Zusammenstoßes eingetreten ist, auch Kriegsschiffe lediglich gemäß der Verordnung zu manövriren haben.

Die „seemännische Praxis" ist die Beobachtung dessen, was ein ordentlicher Schiffer in gleicher Lage zu thun pflegt, es ist damit nicht ein geringeres Maß von Sorgfalt für genügend erklärt. R.G. 42 S. 76.

Art. 29 ist anwendbar auch für die Wahl des Ankerplatzes, R.O. 3 S. 30.

VIII. Vorbehalt in Betreff der Häfen und Binnengewässer.

Artikel 30.

Vorschriften, welche bezüglich der Schiffahrt in Häfen, auf Flüssen oder in Binnengewässern erlassen sind, werden durch diese Verordnung nicht berührt.

Die bestehenden Vorschriften sind aufrecht erhalten und es können neue erlassen werden; es kann auch in einem Hafen u. s. w. Reichs- und Landesrecht neben einander gelten. R.G.Str. 31 S. 229.

IX. Nothsignale.

Artikel 31.

Fahrzeuge, welche in Noth sind und Hülfe von anderen Fahrzeugen oder vom Lande verlangen, müssen folgende Signale — zusammen oder einzeln — geben.

Bei Tage:

1. Kanonenschüsse oder andere Knallsignale, welche in Zwischenräumen von ungefähr einer Minute Dauer abgefeuert werden.
2. Das Signal NC des „Internationalen Signalbuchs".

3. Das Fernsignal, bestehend aus einer viereckigen Flagge, über oder unter welcher ein Ball oder etwas, was einem Balle ähnlich sieht, aufgeheißt ist.
4. Raketen oder Leuchtkugeln, wie solche weiterhin als Nachtsignale angegeben sind.
5. Anhaltendes Ertönenlassen irgend eines Nebelsignalapparats.

Bei Nacht:

1. Kanonenschüsse oder andere Knallsignale, welche in Zwischenräumen von ungefähr einer Minute Dauer abgefeuert werden.
2. Flammensignale auf dem Fahrzeuge, zum Beispiel brennende Theer-, Oeltonnen oder dergleichen.
3. Raketen oder Leuchtkugeln von beliebiger Art und Farbe; dieselben sollen einzeln in kurzen Zwischenräumen abgefeuert werden.
4. Anhaltendes Ertönenlassen irgend eines Nebelsignalapparats.

Artikel 32.

Vorbehaltlich des Rechtes der Kriegsfahrzeuge, Sternsignale oder Raketen zu anderweitigen Signalzwecken zu benutzen, dürfen Nothsignale nur dann angewendet werden, wenn die Fahrzeuge in Noth oder Gefahr sind.

X. Verpflichtung der Schiffseigenthümer und Schiffsführer.

Artikel 33.

Der Eigenthümer und der Führer eines Fahrzeugs haften dafür, daß die zur Ausführung der vorstehenden Vorschriften erforderlichen Signalapparate vollständig und in brauchbarem Zustand auf dem Fahrzeuge vorhanden sind.

Im Uebrigen liegt die Befolgung der Vorschriften dem Führer des Fahrzeugs ob. Führer ist der Schiffer oder dessen berufener Vertreter. Hat das Fahrzeug einen Zwangslootsen angenommen, so hat dieser die in den Artikeln 16 bis 27 gegebenen Vorschriften zu erfüllen, sofern nicht der Schiffer kraft landesrechtlich ihm zustehender Befugniß den Zwangslootsen seiner Funktionen enthoben hat. Die für die Schiffe und Fahrzeuge der Kaiserlichen Marine geltenden besonderen Bestimmungen werden hierdurch nicht berührt.

Vgl. auch §§ 33, 43 Ges. über das Auswanderungswesen vom 9. Juni 1897 (R.G.Bl. S. 463).

Zwangslootse s. Bem. zu § 738 H.G.B. S. hierzu auch die unter Nr. 9 abgedruckte Verordnung.

XI. Schlußbestimmungen.

Artikel 34.

Alle dieser Verordnung entgegenstehenden Vorschriften, insbesondere die Verordnung zur Verhütung des Zusammenstoßens der Schiffe auf See vom 7. Januar 1880 (R.G.Bl. S. 1), sowie die §§ 1 bis 3 der Noth- und Lootsensignalordnung für Schiffe auf See und auf den Küstengewässern vom 14. August 1876 (R.G.Bl. S. 187) sind aufgehoben.

Unberührt bleiben die Vorschriften im Artikel 19 des internationalen Vertrags, betreffend die polizeiliche Regelung der Fischerei in der Nordsee außerhalb der Küstengewässer, vom 6. Mai 1882 (R.G.Bl. von 1884 S. 25), sowie die Vorschriften in den Artikeln 5 und 6 des internationalen Vertrags zum Schutze der unterseeischen Telegraphenkabel vom 14. März 1884 (R.G.Bl. von 1888 S. 151).

In Geltung geblieben sind §§ 4 und 5 der (a. Gr. § 145 St.G.B., s. oben, erlassenen) Noth- und Lootsensignalordnung vom 14. August 1876 (R.G.Bl. S. 188). § 4 setzt die Lootsensignale fest. § 5 lautet:

> „Die Lootsensignale (§ 4) dürfen auf den Schiffen nur dann zur Anwendung gelangen, wenn auf ihnen Lootsen verlangt werden. Auch dürfen auf den Schiffen andere als die in § 4 bezeichneten Signale als Lootsensignale nicht benutzt werden."

Art. 19 des Vertrages vom 6. Mai 1882 (R.G.Bl. 35) betrifft das Verhalten von Fischerfahrzeugen, auf denen mit dem Grundschleppnetz gefischt wird, zu solchen, auf denen mit Treibnetz oder Grundangel gefischt wird und die den ersteren gegenüber privilegirt werden. Art. 5, 6 des Vertrages vom 14. März 1884 (R.G.Bl. S. 159) legen Schiffen auf, sich und etwaige Fischereigeräthe von Fahrzeugen, die Kabel legen und die betreffenden Signale führen (s. oben Art. 4 b. c und Art. 15 e der Verordnung) eine Seemeile und von Bojen der Kabel eine viertel Seemeile entfernt zu halten.

Artikel 35.

Diese Verordnung tritt am 1. Juli 1897 in Kraft.
Urkundlich unter Unserer Höchsteigenhändigen Unterschrift und beigedrucktem Kaiserlichen Insiegel.
Gegeben Urville, den 9. Mai 1897.

(L. S.)

Wilhelm.

Fürst zu Hohenlohe.

---

7. Verordnung, betreffend die Lichter- und Signalführung der Fischerfahrzeuge und der Lootsendampffahrzeuge.

Vom 10. Mai 1897.

(R.G.Bl. S. 215).

Ueber das Wegerecht dieser Fahrzeuge s. die vorige Verordnung zu Art. 9 und zu V. § 145 Str.G.B., a Gr. dessen die Verordnung erlassen ist, s. S 330.

Wir Wilhelm, von Gottes Gnaden, Deutscher Kaiser, König von Preußen **2c.**

verordnen im Namen des Reichs auf Grund des § 145 des Strafgesetzbuchs (R.G.Bl. 1876 S. 40), was folgt:

Artikel 1.

Bis zum Erlasse der im Artikel 9 der Verordnung zur Verhütung des Zusammenstoßens der Schiffe auf See vom 9. Mai 1897 (R.G.Bl. S. 203) vorbehaltenen endgültigen Bestimmungen treten die folgenden Vorschriften über die Lichter- und Signalführung der Fischerfahrzeuge in Kraft.

In Fahrt befindliche Fischerfahrzeuge und Fischerboote müssen, wenn sie gemäß diesem Artikel nicht andere Lichter zu führen oder zu zeigen haben, die für in Fahrt befindliche

Fahrzeuge ihres Raumgehalts durch die vorstehend bezeichnete Verordnung vorgeschriebenen Lichter führen oder zeigen.

a) Offene Boote, worunter alle Fahrzeuge zu verstehen sind, welche oben gegen das Eindringen von Seewasser nicht abgeschlossen werden können, müssen, wenn sie während der Nacht mit Fischerei irgend einer Art beschäftigt sind, ein nach allen Richtungen sichtbares weißes Licht zeigen.

b) Mit Treibnetzen fischende Fahrzeuge und gedeckte Boote müssen zwei weiße Lichter an den Stellen, an welchen sie am besten gesehen werden können, führen. Diese Lichter müssen so angebracht sein, daß die senkrechte Entfernung zwischen ihnen mindestens zwei Meter und höchstens vier und einen halben Meter, die horizontale Entfernung, in der Kiellinie gemessen, mindestens einen und einen halben Meter und höchstens drei Meter beträgt. Das untere dieser beiden Lichter muß nach dem Ende des Fahrzeugs hin angebracht sein, an welchem das Netz befestigt ist, und beide müssen so beschaffen sein, daß sie über den ganzen Horizont scheinen und auf eine Entfernung von mindestens drei Seemeilen sichtbar sind. Für die Ostsee genügt eine Sichtweite von einer Seemeile.

c) Fahrzeuge und gedeckte Boote, welche mit Angelleinen fischen, die Leinen aushaben und an denselben fest sind, müssen, wenn sie nicht geankert haben oder sonst festliegen, dieselben Lichter führen, wie die mit Treibnetzen fischenden Fahrzeuge. Während des Auslegens und Einholens der Leinen darf außer den rothen und grünen Seitenlaternen ein weißes über den ganzen Horizont scheinendes Licht vom Heck in einer Höhe von nicht mehr als einem Meter über dem Deck gezeigt werden.

d) Fischerfahrzeuge, welche mit dem Grundschleppnetze, das heißt mit einem Fanggeräthe, welches über den Meeresgrund geschleppt wird, fischen, müssen führen:

1. wenn Dampffahrzeuge — an der Stelle des im Art. 2 der im Eingange bezeichneten Verordnung unter a erwähnten Lichtes — eine dreifarbige Laterne, welche so eingerichtet und angebracht ist,

daß sie von recht voraus bis zu zwei Strich auf jedem Bug ein weißes Licht, auf der Steuerbordseite ein grünes und auf der Backbordseite ein rothes Licht über einen Bogen des Horizonts von zwei Strich auf jedem Bug bis zu zwei Strich hinter die Richtung quer ab (zwei Strich achterlicher als dwars) wirft; ferner mindestens zwei Meter und höchstens vier Meter unter der dreifarbigen Laterne, eine Laterne, welche ein weißes ununterbrochenes Licht über den ganzen Horizont wirft;

2. Segelfahrzeuge müssen eine Laterne führen, welche ein weißes ununterbrochenes Licht über den ganzen Horizont wirft; diese Fahrzeuge müssen ferner mit einem hinreichenden Vorrathe von rothen und grünen Kunstfeuern versehen sein, deren jedes mindestens dreißig Sekunden brennt. Diese Kunstfeuer müssen bei der Annäherung anderer Fahrzeuge zeitig genug gezeigt werden, um einen Zusammenstoß zu verhüten, und zwar entsprechend den Halsen, mit welchen das Fahrzeug segelt, also grün bei Steuerbord- und roth bei Backbord-Halsen.

Alle unter d erwähnten Lichter müssen auf eine Entfernung von mindestens zwei Seemeilen sichtbar sein.

e) Fahrzeuge, welche mit dem Fange von Austern beschäftigt sind, müssen dieselben Lichter führen, wie die Grundschleppnetzfischer.

f) Fischerfahrzeuge und Fischerboote dürfen nach ihrem Gefallen außer den Lichtern, welche sie nach diesem Artikel führen oder zeigen müssen, ein Flackerfeuer zeigen.

g) Jedes Fischerfahrzeug und jedes Boot muß, wenn es geankert hat, ein weißes Licht führen, welches über den ganzen Horizont auf eine Entfernung von mindestens einer Seemeile sichtbar ist. Außerdem darf es, wenn es zugleich sein Fanggeräth aushat, bei Annäherung anderer Fahrzeuge ein zweites weißes Licht, mindestens einen Meter niedriger als das Ankerlicht und wagerecht mindestens einen und einen halben Meter von diesem entfernt, nach der Richtung des ausstehenden Fanggeräths zeigen.

h) Kommt ein Fahrzeug oder Boot während des Fischens dadurch, daß sein Fanggeräth an eine Klippe oder ein anderes Hinderniß festgeräth, außer Fahrt, so muß es das für Fahrzeuge, welche geankert haben, vorgeschriebene Licht zeigen.

i) Bei Nebel, dickem Wetter, Schneefall oder heftigen Regengüssen sind Treibnetzfischerfahrzeuge, welche an ihren Netzen fest sind, ferner Fahrzeuge, welche mit dem Grundschleppnetz oder mit irgend einer sonstigen Art Schleppnetz fischen, endlich mit Angelleinen fischende Fahrzeuge, welche ihre Leinen aushaben — sofern sie 57 Kubikmeter oder mehr Bruttoraumgehalt haben —, verpflichtet, mindestens jede Minute einen Ton, Dampffahrzeuge mit der Dampfpfeife oder Sirene, Segelfahrzeuge mit dem Nebelhorn, zu geben, und danach die Glocke zu läuten.

k) Dampf- und Segelfahrzeuge oder Boote, welche mit Treibnetzen, Angelleinen oder Grundschleppnetzen fischen, müssen bei Tage, wenn sie in Fahrt sind, einem sich nähernden Fahrzeug ihre Beschäftigung durch Aufheißen eines Korbes oder eines sonstigen zweckentsprechenden Körpers an der Stelle, wo dieser am besten gesehen werden kann, zu erkennen geben. Haben solche Fahrzeuge oder Boote, während sie geankert haben, zugleich ihr Fanggeräth aus, so dürfen sie bei Annäherung anderer Fahrzeuge an der für diese passirbaren Seite ein gleiches oder ähnliches Zeichen geben.

Die in diesem Artikel erwähnten Fahrzeuge brauchen die im Artikel 4 unter a und Artikel 11 Schlußsatz der Verordnung vom 9. Mai 1897 vorgeschriebenen Lichter nicht zu führen.

Artikel 2.

Ein Lootsendampffahrzeug, welches Lootsendienst auf seiner Station thut und nicht vor Anker liegt, muß außer den für alle Lootsenfahrzeuge vorgeschriebenen Lichtern zwei und einen halben Meter unter dem weißen Toplicht ein über den ganzen Horizont sichtbares rothes Licht und ferner die für in Fahrt befindliche Fahrzeuge vorgeschriebenen farbigen Seitenlichter führen. Das rothe Licht muß von solcher Stärke sein, daß es bei dunkler Nacht und klarer Luft auf mindestens zwei Seemeilen sichtbar ist.

Wenn das Lootsendampffahrzeug auf seiner Station Lootsendienst thut und vor Anker liegt, muß es außer dem für alle Lootsenfahrzeuge vorgeschriebenen Lichte das vorerwähnte rothe Licht führen aber nicht die farbigen Seitenlichter.

Wenn das Lootsendampffahrzeug keinen Lootsendienst auf seiner Station thut, muß es dieselben Lichter führen wie andere Dampffahrzeuge.

Artikel 3.

Die Verordnung vom 16. Februar 1881, betreffend die Suspension des Artikels 10 der Verordnung zur Verhütung des Zusammenstoßens der Schiffe auf See vom 7. Januar 1880 (R.G.Bl. S. 28), ist aufgehoben.

Artikel 4.

Diese Verordnung tritt am 1. Juli 1897 in Kraft.

Urkundlich unter Unserer Höchsteigenhändigen Unterschrift und beigedrucktem Kaiserlichen Insiegel.

Gegeben Urville, den 10. Mai 1897.

(L. S.)

Wilhelm.

Fürst zu Hohenlohe.

8. Verordnung über das Verhalten der Schiffer nach einem Zusammenstoß von Schiffen auf See.

Vom 15. August 1876.

(R.G.Bl. S. 189).

Wir Wilhelm, von Gottes Gnaden Deutscher Kaiser, König von Preußen etc.

verordnen im Namen des Deutschen Reichs auf Grund des § 145 des St.G.B. (R.G.Bl. 1876 S. 40), was folgt:

§ 1.

Nach einem Zusammenstoß von Schiffen auf See hat der Führer eines jeden derselben dem anderen Schiffe und den dazu gehörigen Personen zur Abwendung oder Verringerung der nachtheiligen Folgen des Zusammenstoßes den erforderlichen Beistand zu leisten, soweit er dazu ohne erhebliche Gefahr für das eigene Schiff und die darauf befindlichen Personen im Stande ist.

Unter dieser Voraussetzung sind die Führer der betheiligten Schiffe verpflichtet, so lange bei einander zu halten, bis sie sich darüber Gewißheit verschafft haben, daß keines derselben weiteren Beistandes bedarf.

§ 145 St.G.B. ist zitirt oben S. 330.
Führer — s. die folgende Verordnung.

Der Schiffer muß am Orte des Zusammenstoßes verharren und darf sich nicht entfernen, um zu untersuchen, ob die eigenen Schäden seines Schiffs die Beistandsleistung gefährlich machen, vielmehr muß er diese Prüfung an Ort und Stelle vornehmen und darf erst weiter fahren, wenn sie ergiebt, daß die Beistandsleistung mit erheblicher Gefahr verbunden ist. Ob das andere Schiff ein Nothsignal gegeben hat, ist unerheblich. O.S.A. 4 S. 754. Ebenso ist unerheblich, ob der Zusammenstoß leicht oder schwer war. O.S.A. 11 S. 8.

Daß eine Hülfeleistung in Befolgung der Vorschrift dieser Verordnung erfolgt, schließt den Anspruch auf Hülfslohn nicht aus, wenn nicht das helfende Schiff die Nothlage selbst verschuldet hat. R.G. 3 S. 140.

§ 2.

Vor der Fortsetzung der Fahrt hat jeder Schiffsführer dem anderen den Namen, das Unterscheidungssignal, sowie den Heimaths-, den Abgangs- und den Bestimmungshafen seines Schiffs anzugeben, wenn er dieser Verpflichtung ohne Gefahr für das letztere genügen kann.

§ 3.

Im Sinne dieser Verordnung sind der See die mit derselben im Zusammenhang stehenden, von Seeschiffen befahrenen Gewässer gleichgestellt.

§ 4.

Die gegenwärtige Verordnung tritt mit dem 1. September d. J. in Kraft.

Urkundlich unter Unserer Höchsteigenhändigen Unterschrift und beigedrucktem Kaiserlichen Insiegel.

Gegeben Schloß Babelsberg, den 15. August 1876.

(L. S.)

Wilhelm.

Fürst v. Bismarck.

---

9. Verordnung zur Ergänzung der Verordnungen über das Verhalten der Schiffer nach einem Zusammenstoße von Schiffen auf See vom 15. August 1876 und zur Verhütung des Zusammenstoßens der Schiffe auf See vom 7. Januar 1880.

Vom 29. Juli 1889.

(R.G.Bl. S. 171.)

Wir Wilhelm, von Gottes Gnaden Deutscher Kaiser, König von Preußen ꝛc.

verordnen im Namen des Reichs, auf Grund der § 145 des St.G.B. (R.G.Bl. 1876 S. 40), was folgt:

Schiffsführer im Sinne der Verordnungen über das Verhalten der Schiffer nach einem Zusammenstoße von Schiffen auf See vom 15. August 1876 (R.G.Bl. S. 189) und zur Verhütung des Zusammenstoßens der Schiffe auf See vom 7. Januar 1880 (R.G.Bl. S. 1) ist der Schiffer oder dessen berufener Vertreter.

Hat das Schiff einen Zwangslootsen angenommen, so

hat dieser die in den Artikeln 13 bis 23 der letztgenannten Verordnung dem Schiffsführer auferlegten Verpflichtungen zu erfüllen, sofern nicht der Schiffer kraft landesrechtlich ihm zustehender Befugniß den Zwangslootsen seiner Funktion enthoben hat.

Unberührt durch diese Vorschriften bleiben die für die Schiffe und Fahrzeuge der Kaiserlichen Marine geltenden besonderen Bestimmungen.

Urkundlich unter Unserer Höchsteigenhändigen Unterschrift und beigedrucktem Kaiserlichen Insiegel.

Gegeben Wilhelmshaven, den 29. Juli 1889.

(L. S.)

Wilhelm.

von Bötticher.

Die Verordnung vom 7. Januar 1880 ist jetzt ersetzt durch die unter Nr. 6 abgedruckte vom 9. Mai 1897, deren Art. 16—27 den früheren Art. 13—23 entsprechen. Es sind indeß in Art. 33 der neuen Verordnung die vorstehenden Bestimmungen aufgenommen worden.

§ 145 St.G.B. ist abgedruckt im Eingang zur Verordnung vom 9. Mai 1897.

Zwangslootse s. Bem. zu § 738 H.G.B.

---

10. Strandungsordnung.

Vom 17. Mai 1874.

(R.G.Bl. S. 73).

Wir Wilhelm, von Gottes Gnaden Deutscher Kaiser, König von Preußen ꝛc.

verordnen im Namen des Deutschen Reichs, nach erfolgter Zustimmung des Bundesraths und des Reichstags, was folgt:

Erster Abschnitt.

Von den Strandbehörden.

§ 1.

Die Verwaltung der Strandungsangelegenheiten wird durch Strandämter geführt.

Den Strandämtern werden Strandvögte untergeordnet. Letztere haben insbesondere diejenigen Maßregeln zu leiten, welche zum Zwecke der Bergung oder Hülfsleistung zu ergreifen sind.

Im Auslande sind nach § 36 Ges. betr. die Organisation der Bundeskonsulate vom 8. November 1867 (s. Bem. zu § 524) die Konsuln befugt, „die erforderlichen Bergungs= und Rettungsmaßregeln einzuleiten und zu überwachen."

§ 2.

Die Organisation der Strandämter, die Abgrenzung ihrer Bezirke, die Anstellung der Strandbeamten, die Regelung des Verhältnisses der Strandvögte zu den Strandämtern, und die Bestimmung der Behörden, welche die Aufsicht über diese Aemter und Beamten zu führen haben, sowie die Feststellung der Dienstbezüge der Strandbeamten steht den Landesregierungen nach Maßgabe der Landesgesetze zu.

Der Vorsteher eines Strandamts kann für den ihm überwiesenen Bezirk oder einen Theil desselben zugleich zum Strandvogt bestellt werden.

§ 3.

Die Oberaufsicht über die Verwaltung der Strandungsangelegenheiten steht dem Reiche zu.

Zweiter Abschnitt.

Von dem Verfahren bei Bergung und Hülfsleistung in Seenoth.

§ 4.

Wer ein auf den Strand gerathenes oder sonst unweit desselben in Seenoth befindliches Schiff wahrnimmt, hat hiervon sofort dem zuständigen Strandvogt oder der nächsten Gemeindebehörde Anzeige zu machen. Der Ueberbringer der ersten Anzeige hat Anspruch auf eine angemessene Vergütung.

Im Gegensatze zum achten Abschnitt H.G.B. „Bergung und Hülfeleistung" versteht die Strandungsordnung unter Schiffen nicht nur Erwerbsschiffe, sondern alle Schiffe. R.G. 38 S. 86. S. auch Bem. zu § 740 H.G.B. — Strafvorschrift § 43.

§ 5.

Die Gemeindebehörde hat unverzüglich für die Mittheilung der Nachricht an den Strandvogt zu sorgen. Die Gemeinden sind verpflichtet, hierzu gegen eine den ortsüblichen Sätzen entsprechende Vergütung einen Boten und die nöthigen Beförderungsmittel (Pferd, Gespann, Boot) zu stellen.

§ 6.

Der Strandvogt hat unverzüglich nach Empfang der Nachricht (§ 5) sich an Ort und Stelle zu begeben und daselbst die zur Aufrechterhaltung der Ordnung sowie zur Bergung oder Hülfsleistung erforderlichen Anordnungen zu treffen. Auch hat er für schleunigste Benachrichtigung des Strandamts sowie des nächsten Zollbeamten Sorge zu tragen, bis zur Ankunft des letzteren aber das Zollinteresse selbst wahrzunehmen.

Bis zum Erscheinen des Strandvogts sind die Strand-Unterbeamten und in deren Ermangelung die nächste Gemeindebehörde zu den erforderlichen Anordnungen berufen.

S. auch § 5 der Instruktion, folg. Nr.

§ 7.

Wider den Willen des Schiffers dürfen Maßregeln zum Zweck der Bergung oder Hülfsleistung nicht ergriffen werden. Insbesondere darf wider den Willen des Schiffers weder an das Schiff angelegt, noch dasselbe betreten werden. Ist das Schiff von der Schiffsbesatzung verlassen, so bedarf es zum Anlegen an dasselbe oder zum Betreten desselben, sofern nicht dringende Gefahr im Verzuge liegt, der Erlaubniß des Strandvogts.

Auf die Thätigkeit der Vereine zur Rettung Schiffbrüchiger finden diese Bestimmungen keine Anwendung.

Auch der Strandvogt darf, selbst zur Rettung von Menschen, nicht wider Willen des Schiffers aufs Schiff. Vgl. hierzu den Kommissionsbericht, Drucksachen des Reichstags, 2. Legislaturp. I. Sess. 1874, 3. Bd. S. 215. — Strafvorschrift § 43.

§ 8.

Der Schiffer ist befugt, dem Strandvogt die Leitung des Verfahrens jederzeit wieder abzunehmen, sobald er für die etwa bereits entstandenen Bergungs- und Hülfskosten, einschließlich des Berge- und Hülfslohnes (Art. 753 des Allgemeinen Deutschen Handelsgesetzbuchs), die von dem Vorsteher des Strandamtes oder dem Strandvogt erforderlich befundene Sicherheit bestellt hat.

Jetzt § 751 H.G.B.

Ueber die Sicherstellung s. § 3 der in der folg. Nr. abgedruckten Instruktion.

§ 9.

Die Verpflichtung, den polizeilichen Aufforderungen zur Hülfe Folge zu leisten, bestimmt sich nach § 360 Nr. 10 des Strafgesetzbuchs mit der Maßgabe, daß als „Polizeibehörde" im Sinne dieser Vorschrift auch der Strandvogt gilt.

Während der Seenoth ist der Strandvogt befugt, zur Rettung von Menschenleben die erforderlichen Fahrzeuge und Geräthschaften, sowie jeden außerhalb der öffentlichen Wege zum Strande führenden Zugang auch ohne Einwilligung der Verfügungsberechtigten in Anspruch zu nehmen. Der hieraus entstehende wirkliche Schaden ist zu vergüten. Wer der Anordnung des Strandvogts nicht Folge leistet, wird mit der im § 360 Nr. 10 a. a. O. angedrohten Strafe belegt.

Die Fahrzeuge und Geräthschaften der Vereine zur Rettung Schiffbrüchiger dürfen nur, insoweit die Vereinsmannschaft nicht selbst einschreitet, zur Rettung von Menschenleben in Anspruch genommen werden.

§ 360 St.G.B.:

„Mit Geldstrafe bis zu einhundertfünfzig Mark oder mit Haft wird bestraft:

10. wer bei Unglücksfällen oder gemeiner Gefahr oder Noth von der Polizeibehörde oder deren Stellvertreter zur Hülfe aufgefordert, keine Folge leistet, obgleich er der Aufforderung ohne erhebliche eigene Gefahr genügen kann.“ Vgl. auch § 904 B.G.B.

Entgangener Gewinn ist nicht zu ersetzen. — Fahrzeuge sind auch größere Dampfer, s. den Kommissionsbericht (cit. zu § 7) S. 216.

§ 10.

Die in den §§ 4, 5 und 9 bezeichneten Vergütungen gehören zu den im Art. 745 Abs. 2 des Allgemeinen Deutschen Handelsgesetzbuchs bestimmten Bergungs- und Hülfskosten. Dieselben werden nach Maßgabe der Bestimmungen des fünften Abschnitts festgesetzt und sind, wenn anderweit die Befriedigung nicht zu erreichen ist, aus Staatsmitteln zu leisten. Auf Verlangen sind sie aus diesen vorschußweise zu zahlen.

Jetzt § 743 Abs. 2 H.G.B.

§ 11.

Der Strandvogt hat vor Allem für die Rettung der Personen zu sorgen. Im Falle der Bergung hat er zunächst die Schiffs- und Ladungspapiere, insbesondere das Schiffsjournal an sich zu nehmen, das letztere sobald als möglich mit dem Datum und seiner Unterschrift abzuschließen und demnächst sämmtliche Papiere dem Schiffer zurückzugeben.

Der Schiffer hat bei einem Unfall vor Allem für Rettung des Journals (Tagebuchs, § 519 H.G.B.) zu sorgen. O.S.A. 1 S. 216.

§ 12.

Ohne Genehmigung des Schiffers darf nichts aus dem Schiffe fortgeschafft werden. Auch hat zunächst der Schiffer darüber Bestimmung zu treffen, wohin die fortgeschafften Gegenstände sowie das Schiff selbst zu bringen sind. Sowohl jene Genehmigung als auch diese Bestimmung steht dem Strandvogt zu, wenn derselbe die Leitung des Verfahrens übernommen hatte. In Ermangelung einer Bestimmung des Schiffers oder des Strandvogts muß das Geborgene, sofern keine Hindernisse entgegenstehen, bei Verlust des Anspruchs auf Berge- oder Hülfslohn nach dem zunächst erreichbaren deutschen Hafen oder Landungsplatze gebracht und sofort der nächsten Polizeibehörde oder dem Strandvogt angezeigt werden.

Die aus dem Schiffe fortgeschafften Gegenstände sind, sobald dies thunlich, zu verzeichnen.

Bestrafung rechtswidriger Aneignung von Sachen aus einem gestrandeten Schiff: R.G. Strafs. 10 S. 84. Strafvorschrift zu Abs. 1 § 43.

§ 13.

Werden einzelne Stücke der Ladung oder des Schiffs oder sonstige Gegenstände, welche auf dem Schiffe sich befunden, oder zu demselben gehört haben, an das Land getrieben, so hat derjenige, welcher dieselben birgt, dies sofort einem der mitwirkenden Beamten anzuzeigen und auf Erfordern die Sachen abzuliefern.

Strafvorschrift s. § 43. — Vgl. auch § 20.

§ 14.

Der Strandvogt hat dem nächsten Steuerbeamten von der Bergung sofort Nachricht zu geben und bis zur Ankunft desselben das steuerfiskalische Interesse wahrzunehmen.

Die geborgenen Gegenstände werden von dem Strandamt und dem Zollbeamten gemeinschaftlich in Gewahrsam genommen.

Die Auslieferung ans Strandamt beseitigt das Zurückbehaltungsrecht des § 751 H.G.B. nicht, da das Strandamt für den Berger besitzt. H. 1896 Nr. 1.

Die zollgesetzlichen Bestimmungen s. Vereinszollgesetz vom 1. Juli 1869 (R.G.Bl. 1869 S. 317) §§ 82, 117.

§ 15.

Das Strandamt hat mit Zuziehung des Schiffers und des Zollbeamten ein Inventarium der geborgenen

Gegenstände unter Angabe der etwa vorhandenen Marken und Nummern und mit Benutzung der vorläufigen Verzeichnisse § 12) aufzunehmen, dabei auch überall den Werth und die Menge zu vermerken, soweit dieselben sich aus vorhandenen Schriftstücken ergeben oder anderweit ohne Verletzung der Verpackung festzustellen sind. Das Inventarium ist von dem Zollbeamten und dem Schiffer zu unterschreiben, die Einsicht desselben oder die Fertigung einer Abschrift ist auch anderen Betheiligten zu gestatten.

§ 16.

Die geborgenen Gegenstände sind dem Schiffer, in Ermangelung desselben demjenigen, welcher sonst seine Empfangsberechtigung nachweist, auszuliefern. Die Auslieferung darf jedoch, mit Ausnahme der für das augenblickliche Bedürfniß der Mannschaft und Passagiere erforderlichen Gegenstände, erst nach Bezahlung oder Sicherstellung der Bergungskosten einschließlich des Bergelohns (Art. 753 des Allgemeinen Deutschen Handelsgesetzbuchs) und nach erfolgter zollamtlicher Abfertigung geschehen.

Jetzt § 751 H.G.B.

§ 17.

Behufs Uebernahme der Vertretung der Betheiligten in Bergungs- und Hülfsleistungsfällen können von den Landesregierungen an geeigneten Orten ein für allemal Sachverständige bestellt werden. Dieselben sind in den einzelnen Fällen den Betheiligten von dem Strandamt namhaft zu machen. Die Wahl anderer Vertreter ist hierdurch nicht ausgeschlossen.

§ 18.

Leicht verderbliche und solche Gegenstände, deren Aufbewahrung mit Gefahr oder unverhältnißmäßigen Kosten verbunden sein würde, können von dem Strandamt öffentlich verkauft werden, jedoch bei Anwesenheit des Empfangsberechtigten nur mit Zustimmung desselben oder nach fruchtlos an ihn ergangener Aufforderung, die Gegenstände gemäß § 16 in Empfang zu nehmen.

§ 19.

Entstehen Zweifel oder Streitigkeiten über die Empfangsberechtigung, oder sind die Empfangsberechtigten nicht alsbald zu ermitteln, so hat das Strandamt die betreffenden Gegenstände oder deren Erlös (§ 18) in Verwahrung zu nehmen, und demnächst nach den Bestimmnngen des IV. Abschnitts zu verfahren.

Dritter Abschnitt.

Von Seeauswurf und strandtriftigen Gegenständen, sowie von versunkenen und seetriftigen Gegenständen.

§ 20.

Wenn außer dem Falle der Seenoth eines Schiffes besitzlos gewordene Gegenstände von der See auf den Strand geworfen oder gegen denselben getrieben, und vom Strande aus geborgen werden, so haben auch in diesen Fällen die Berger Anspruch auf Bergelohn nach den Vorschriften des Allgemeinen Deutschen Handelsgesetzbuchs, Buch V Titel 9. Sie sind verpflichtet, bei Verlust des Anspruchs auf Bergelohn von den geborgenen Gegenständen der nächsten Polizeibehörde oder dem Strandvogt sofort Anzeige zu machen und dieselben zur Verfügung zu stellen.

§§ 20 und 21 setzen Bergelohn auch für Unfälle von Nichterwerbsschiffen fest.

§ 20 behandelt die sog. „strandtriftigen" Gegenstände. Buch V Tit. 9: jetzt Buch IV Abschn. 8 H.G.B., §§ 740–753. Ueber Auslieferung ans Strandamt s. auch Anm. zu § 14. — Strafvorschrift § 43.

§ 21.

Denselben Anspruch und dieselbe Verpflichtung haben die Berger, wenn versunkene Schiffstrümmer oder sonstige

Gegenstände vom Meeresgrunde heraufgebracht, oder wenn ein verlassenes Schiff oder sonstige besitzlos gewordene Gegenstände, in offener See treibend, von einem Fahrzeuge geborgen werden.

Die Verpflichtung tritt in diesem Falle ein, sobald das bergende Fahrzeug nach der Bergung an der deutschen Küste anlegt oder vor Anker geht, fällt aber fort, wenn das Fahrzeug inzwischen an einer fremden Küste angelegt hat, oder vor Anker gegangen ist, und die Berger dort die geborgenen Gegenstände dem Eigenthümer oder einer Behörde zur Verfügung gestellt haben.

Für solche geleisteten Dienste, die nicht unter diese Regeln fallen, insbesondere also für den einem nicht verlassenen Schiffe geleisteten Beistand, kann nicht Bergelohn, sondern nur Vergütung für nützliche Geschäftsführung (ev. Bereicherung), soweit sie nach den Sätzen des Bürgerlichen Rechts zusteht, verlangt werden. R.G. 38 S. 86, vgl. Bem. zu § 740 H.G.B.

Für Schiffstrümmer und „seetriftige" Gegenstände ist ebenfalls das Erforderniß der Besitzlosigkeit zu stellen.

Strafvorschrift § 43.

§ 22.

Welche Gewässer bei Anwendung der §§ 20 und 21 der See gleichzustellen sind, bestimmen die Landesregierungen.

§ 23.

Das Strandamt hat den Berger über die Zeit, den Ort und die Umstände der Bergung sowie über den beanspruchten Lohn zu hören und für die angemessene Aufbewahrung der Gegenstände zu sorgen, auch dem nächsten Zollbeamten Nachricht zu geben. Die Bestimmungen der §§ 14, 15 und 18 finden auch hier Anwendung.

Kann der Empfangsberechtigte alsbald ermittelt werden, so ist nach der Vorschrift des § 16, andernfalls nach den Vorschriften des IV Abschnitts, zu verfahren.

§ 24.

Die Landesregierungen sind ermächtigt, Anmeldestellen einzurichten, welchen die Strandämter jede Bergung in den

Fällen der §§ 20 und 21 mitzutheilen haben. Auf diesen Anmeldestellen ist ein Fundverzeichniß über die geborgenen Gegenstände und den Ort ihrer Aufbewahrung zu führen und zur Einsicht für jedermann auszulegen. Ein Auszug aus dem Verzeichniß wird in angemessenen Fristen bekannt gemacht.

Die Bestimmungen des § 23 finden auch da Anwendung, wo Anmeldestellen bestehen.

§ 25.

Wird die Schiffahrt dadurch beeinträchtigt, daß in einem Fahrwasser, auf einer Rhede oder in einem Hafen ein Schiff oder Wrack hülflos treibt, oder gestrandet oder gesunken ist, oder Anker oder sonstige Gegenstände auf den Grund gerathen, so ist die Behörde befugt, die Beseitigung des Hindernisses zu veranlassen.

Sobald die Behörde eingeschritten und dies öffentlich erkennbar oder den Betheiligten bekannt gemacht ist, darf ohne Genehmigung der Behörde das Hinderniß nicht mehr beseitigt und von dem Schiffe oder Wracke Nichts mehr fortgeschafft werden.

Zur Deckung der Kosten der Beseitigung kann die Behörde die beseitigten Gegenstände öffentlich verkaufen, soweit nicht Sicherheit gestellt wird. Dieses Recht erstreckt sich im Falle der Beseitigung eines Schiffes oder Wrackes auch auf alle Gegenstände, welche zur Zeit des Einschreitens der Behörde auf dem Schiffe oder Wracke vorhanden waren, mit Ausnahme der Habe der Schiffsbesatzung, des Reisegnts der Reisenden und der Post. Gegenstände, welche dem Reiche oder einem Bundesstaate gehören, sind zunächst der zuständigen Verwaltung gegen Erstattung des Werthes zur Verfügung zu stellen. Mit dem nach Abzug der Beseitigungskosten etwa verbleibenden Ueberschusse des Erlöses ist nach den §§ 16, 19 zu verfahren. Nach fruchtlosem Aufgebotsverfahren (§ 26) fällt der Ueberschuß der Seemannskasse oder in Ermangelung einer solchen der Armenkasse am Sitze der Behörde zu.

Wird durch einen der im Abs. 1 bezeichneten Vorgänge die Gefahr einer Beeinträchtigung der Schiffahrt herbeigeführt, so ist der Schiffer, in dessen Ermangelung oder Verhinderung sein Stellvertreter, verpflichtet, dem nächsten Strandamt unverzüglich Anzeige zu erstatten.

§ 25 hat seine jetzige Fassung durch das Gesetz zur Abänderung der Strandungsordnung vom 30. Dezember 1901 erhalten. Nach dieser Fassung ist insbesondere eine vorherige Aufforderung des Eigenthümers zur Fortschaffung nicht mehr nöthig und ist das Recht der Behörde, die Fortschaffung der Ladung ohne die des Wracks zu verbieten, klargestellt. — Fürs frühere Recht s. R.G. 33 S. 61.

Strafvorschrift § 43.

Vierter Abschnitt.

Von dem Aufgebotsverfahren in Bergungssachen und dem Rechte auf herrenlose geborgene Gegenstände.

§ 26.

Behufs der Ermittelung des Empfangsberechtigten hat das Strandamt, sofern sich genügender Anlaß dazu bietet, geeignete Vorverhandlungen einzuleiten. Dem dadurch ermittelten Berechtigten sind die geborgenen Gegenstände nach Maßgabe des § 16 auszuliefern.

Wenn sich kein Anlaß zu Vorverhandlungen bietet, oder durch dieselben der Empfangsberechtigte nicht ermittelt wird, so tritt das Aufgebotsverfahren (§§ 27 ff.) ein.

Dieses nicht gerichtliche Aufgebotsverfahren ist durch die C.P.O. nicht berührt.

§ 27.

Im Aufgebotsverfahren werden alle unbekannten Berechtigten aufgefordert, bis zu einem bestimmten Termine bei dem Strandamte ihre Ansprüche anzuzeigen, widrigenfalls dieselben bei der Verfügung über die geborgenen Gegenstände unberücksichtigt bleiben würden.

Der Termin ist auf vier Wochen bis neun Monate

zu bestimmen. Das Aufgebot wird durch Aushang (Anschlag) an der Amtsstelle sowie nach dem Ermessen des Strandamtes durch eine oder mehrere Anzeigen in öffentlichen Blättern und Anschlag an Börsen und anderen geeigneten Orten bekannt gemacht. Zur Ersparung von Kosten kann das Aufgebot so lange ausgesetzt werden, bis eine angemessene Zahl von Gegenständen angesammelt ist.

Ein Ausschlußbescheid wird nicht erlassen.

§ 28.

Diejenigen Gegenstände, auf welche ein Anspruch nicht angezeigt ist, werden nach Ablauf des Termins den nach § 35 Berechtigten gegen Erlegung der Bergungskosten, zu welchen in den Fällen des ersten Absatzes des § 35 auch der Bergelohn gehört, nach erfolgter zollamtlicher Abfertigung ausgeliefert.

Der Empfänger ist, wenn versäumte Ansprüche später geltend gemacht werden, nur insoweit, als er sich dann im Besitze der Sache noch befindet, oder durch den aus derselben gelösten Werth noch bereichert ist, dem Berechtigten zur Entschädigung verpflichtet. In den Fällen des zweiten Absatzes des § 35 behält der Berger auch den noch in seinem Besitze befindlichen Vortheil, insoweit dieser den Bergelohn nicht übersteigt.

In den Fällen des § 35 Abs. 2 erhält der Berger die Sache selbst und wird ein besonderer Bergelohn nicht festgesetzt. Daraus erklärt sich die Fassung Abs. 2 S. 2, der dem Berger, dem der Bergelohn immer bleiben muß, in diesen Fällen dessen Aequivalent sichert. — Der Empfänger wird u. E. Eigenthümer.

§ 29.

Sind dagegen Ansprüche angezeigt, so fordert das Strandamt die nach § 35 Berechtigten auf, sich binnen einer bestimmten Frist zu erklären, ob sie diese Ansprüche anerkennen wollen oder nicht, widrigenfalls dieselben für anerkannt erachtet werden würden.

Wenn innerhalb dieser Frist ein Widerspruch seitens der Aufgeforderten nicht erfolgt, so ist die Auslieferung der

Gegenstände an denjenigen, welcher den Anspruch angezeigt hat, gemäß § 16 zu bewirken und zwar, falls das Strandamt den Anspruch für nachgewiesen erachtet, sofort, anderenfalls erst nach Ablauf des Aufgebotstermins, sofern auch bis dahin weitere Ansprüche nicht angemeldet werden.

Wenn dagegen ein Widerspruch von einem der Aufgeforderten innerhalb der Erklärungsfrist erfolgt, so sind die angezeigten Ansprüche gegen denselben im Wege der Klage auszuführen.

§ 30.

Wenn die Berechtigung zum Empfang streitig, und von keinem der nach § 35 Berechtigten ein Widerspruch erhoben ist, so bestimmt das Strandamt denjenigen, gegen welchen die sonst angezeigten Ansprüche im Wege der Klage auszuführen sind.

Diesem steht auch die Befugniß zu, gegen Leistung der vom Strandamte zu bestimmenden Sicherheit die Auslieferung der geborgenen Gegenstände zu verlangen.

§ 31.

Zur Anstellung der Klage (§§ 29 Abs. 3 und 30), welche bei dem für den Ort des Strandamts zuständigen Gerichte zu erheben ist, bestimmt das Strandamt eine angemessene Ausschlußfrist.

§ 32.

Im Falle des § 30 hat das Strandamt auf Antrag dafür zu sorgen, daß die nach Abschnit V. dieses Gesetzes festgestellten Ansprüche aus der bestellten Sicherheit oder durch den Verkauf der geborgenen Gegenstände befriedigt werden.

§ 33.

Streitigkeiten über die Empfangsberechtigung werden im Prozeßwege erledigt.

§ 34.

Die Kosten der Vorverhandlungen und des Aufgebotsverfahrens gehören zu den im Artikel 745 Absatz 2 des Allgemeinen Deutschen Handelsgesetzbuchs bestimmten Bergungskosten.

Jetzt § 743 Abs. 2 H.G.B.

§ 35.

Wenn der Empfangsberechtigte auch durch das Aufgebotsverfahren nicht ermittelt wird, so werden Gegenstände, welche in Seenoth vom Strande aus geborgen sind (§§ 4 bis 19), desgleichen Seeauswurf und strandtriftige Güter (§ 20), dem Landesfiskus überwiesen.

Unter gleicher Voraussetzung werden gesunkene und seetriftige Gegenstände (§ 21) dem Berger überwiesen.

Die Antheile mehrerer Mitberechtigter im Falle des Artikels 751 des Allgemeinen Deutschen Handelsgesetzbuchs bestimmen sich auch in Beziehung auf diesen Anspruch nach den dort vorgeschriebenen Grundsätzen. Wer die ihm nach dem § 21 obliegende Anzeige unterläßt, geht dieses Anspruchs zu Gunsten der Seemannskasse des Orts, wo das Strandamt seinen Sitz hat, und in Ermangelung einer solchen, zu Gunsten der Ortsarmenkasse verlustig.

Ob und in welcher Weise diejenigen zu entschädigen sind, welchen nach den bisherigen Bestimmungen die in den vorstehenden Absätzen der Staatskasse und dem Berger überwiesenen Ansprüche zugestanden haben bestimmen die Landesgesetze.

Der Empfangsberechtigte ist durch die Ueberweisung nicht dauernd mit Ersatzansprüchen ausgeschlossen, sondern kann sich noch später melden. S. auch § 28.

Art. 751: jetzt § 749 H.G.B.

Fünfter Abschnitt.

Von der Festsetzung der Bergungs- und Hülfskosten.

§ 36.

Wer Berge- oder Hülfslohn oder die Erstattung sonstiger Bergungs- oder Hülfskosten verlangt, hat in Ermangelung einer gütlichen Einigung seine Ansprüche bei dem Strandamt anzumelden.

§§ 36 ff. beziehen sich nicht auf die Fälle, wo über den Berge- oder Hülfslohn ein Vertrag geschlossen ist, auch nicht, wenn dieser nach § 741 H.G.B. anfechtbar ist. R.G. in H. 1891 Nr. 54; H. 1888 Nr. 122 (= E.A. 45 S. 83). Vgl. hierzu auch Bem. zu § 742 H.G.B.

§ 37.

Das Strandamt hat nach Anhörung der Betheiligten, soweit dieselben anwesend sind, eine Berechnung der aufgestellten Forderungen zu entwerfen und mit seinen gutachtlichen Bemerkungen der Aufsichtsbehörde einzureichen.

§ 38.

Die Aufsichtsbehörde hat die angemeldeten Ansprüche nach den Bestimmungen des Allgemeinen Deutschen Handelsgesetzbuchs, Buch V Titel 9, zu prüfen und durch Bescheid festzusetzen. Jedem Betheiligten ist der Bescheid zu Protokoll bekannt zu machen, oder eine Ausfertigung desselben zuzustellen.

Die Zustellung ist gültig, wenn sie unter Beobachtung der für Zustellungen in bürgerlichen Rechtsstreitigkeiten vorgeschriebenen Formen erfolgt. Die vereideten Verwaltungsbeamten haben dabei die Glaubwürdigkeit der Gerichtsbeamten.

Buch V Titel 9; jetzt Buch IV Abschnitt 8 H.G.B.

§ 39.

Gegen den Bescheid der Aufsichtsbehörde findet nur der Rechtsweg statt.

Die Partei, welche sich durch den Bescheid beschwert fühlt, hat binnen einer Ausschlußfrist von 14 Tagen — vom Tage nach der Bekanntmachung oder Behändigung des Bescheides (§ 38) an gerechnet — die Klage bei dem für den Ort des Strandamts zuständigen Gerichte anzubringen. Das Gericht kann aus Gründen, die in der Sache selbst liegen, diese Frist angemessen verlängern.

Durch rechtzeitige Erhebung der Klage verliert der Bescheid zwischen den Prozeßparteien seine Kraft.

Vor Erledigung des Vorverfahrens ist der Rechtsweg ausgeschlossen. Dies ist von Amtswegen zu berücksichtigen, R.G. 5 S. 90, 7 S. 65; ebenso wie die Wahrung der Frist. Ob das Strandamt hätte angegangen werden müssen, hat das Gericht zu entscheiden, eine Vorentscheidung des Strandamts über seine Zuständigkeit ist nicht erforderlich. H. 1890 Nr. 8 (R.G.). Hat aber das Strandamt seine Zuständigkeit verneint, so ist, ohne daß der Instanzenzug beschritten zu werden braucht, der Rechtsweg zulässig. H. 1891 Nr. 54 (R.G.).

Für die Frage, ob das Strandamt hätte angerufen werden müssen, ist nicht entscheidend, ob der Kläger seine Forderung Berge- oder Hülfslohn nennt, sondern ob thatsächlich Berge- oder Hülfslohn im Sinne des Gesetzes gefordert wird. R.G. 5 S. 90; H. 1890 Nr. 8 (R.G.).

„Anbringung" der Klage erfordert Zustellung. S.A. 45 S. 437, a. M. S.A. 50 S. 436.

Der Gerichtsstand des § 39 ist ausschließlich und § 39 insoweit eine Ausnahme von § 488 H.G.B., er bezieht sich aber nicht auf Fälle, wo die Zahlung des unangefochten festgestellten Lohnes verlangt wird. — Eine Wiedereinsetzung gegen den Fristablauf giebt es nicht. S.A. 45 S. 387.

Durch Klaganstellung tritt der Bescheid des Strandamts auch zu Gunsten des Beklagten außer Kraft, nicht aber zu Gunsten Dritter.

§ 40.

Den Landesregierungen steht es zu, die in § 38 der Aufsichtsbehörde zugewiesenen Obliegenheiten dem Strandamt zu übertragen.

Dies ist geschehen in allen Seebundesstaaten außer Preußen.

§ 41.

Die Erhebung der festgesetzten Beträge und die Vertheilung derselben unter die Berechtigten erfolgt in der Regel durch das Strandamt.

Der Vorsteher des Strandamts hat auch in dem Falle keinen Anspruch auf Berge- oder Hülfslohn, wenn er zugleich zum Strandvogt bestellt ist.

Der Strandvogt hat Anspruch auf Berge- oder Hülfslohn. S. aber auch § 2 der Instruktion, folgende Nummer.

Sechster Abschnitt.

Allgemeine Bestimmungen.

§ 42.

Schiffer im Sinne dieses Gesetzes ist der Führer des Schiffs (Schiffskapitän), in Ermangelung oder Verhinderung desselben dessen Stellvertreter.

§ 43.

Wer den Vorschriften der §§ 4, 7 Abs. 1, 12 Abs. 1, 13, 20, 21, § 25 Abs. 2, 4 zuwiderhandelt, wird, sofern nicht nach allgemeinen Strafgesetzen eine höhere Strafe verwirkt ist, mit Geldstrafe bis zu einhundertfünfzig Mark oder mit Haft bestraft.

§ 25 Abs. 2, 4 ist durch das Gesetz zur Abänderung der Strandungsordnung, vom 30. Dezember 1901, s. Anm. zu § 25, hinzugefügt worden.

§ 44.

Die Bestimmungen des Gesetzes, betreffend die Errichtung eines obersten Gerichtshofes für Handelssachen, vom 12. Juni 1869, sowie die Ergänzungen desselben werden auf diejenigen bürgerlichen Rechtsstreitigkeiten ausgedehnt, in welchen durch Klage oder Widerklage ein Anspruch aus Rechtsverhältnissen geltend gemacht wird, welche auf die Bergung außer dem Falle der Seenoth sich beziehen.

Nach § 8 E.G. z. G.V.G. kann daher die Revision nicht einem Obersten Landesgericht überwiesen werden.

§ 45.

Ob und inwieweit im Falle der Bergung des von den Landesregierungen zur Betonnung verwendeten Materials an Tonnen, Ketten und sonstigem Zubehör bestimmte Lohnsätze an Stelle des Bergelohns treten, bestimmt sich, wenn die Bergung im eigenen Gebiete erfolgt, nach dem bezüglichen Landesrecht, anderenfalls nach den etwa abgeschlossenen Staatsverträgen.

§ 46.

Die in diesem Gesetz vorgeschriebene Mitwirkung der Zollbehörde findet in den Zollausschlüssen nicht statt.

§ 47.

Die Bestimmungen der Staatsverträge über die den Konsuln fremder Staaten in Bergungsfällen zustehenden Rechte werden durch dieses Gesetz nicht berührt.

§ 48.

Dieses Gesetz tritt am 1. Januar 1875 in Kraft.

Urkundlich unter Unserer Höchsteigenhändigen Unterschrift und beigedrucktem Kaiserlichen Insiegel.

Gegeben Wiesbaden, den 17. Mai 1874.

(L. S.)

Wilhelm.

Fürst v. Bismarck.

11. Instruktion zur Strandungsordnung.

Vom 24. November 1875.

(Centralblatt S. 751.)

Auf Grund des Art. 7 Nr. 2 der Reichsverfassung hat der Bundesrath die nachstehende Instruktion zur Strandungsordnung vom 17. Mai 1874 (Reichs-Gesetzblatt Seite 73) erlassen:

Instruktion
zur
Strandungsordnung.

§ 1.

Wenn ein Schiff vor der deutschen Küste oder in deutschen Gewässern in Seenoth geräth, sind die Strandvögte der benachbarten Bezirke gleichmäßig verpflichtet, die erforderlichen Vorkehrungen zur Rettung von Menschenleben, sowie zur Bergung und Hilfsleistung zu treffen. Die Leitung des Verfahrens steht für die ganze Dauer desselben demjenigen Strandvogt zu, welcher zuerst das Schiff betritt.

Die Fürsorge für die geborgenen Gegenstände liegt der Strandbehörde ob, in deren Bezirk dieselben gelandet werden.

§ 2.

So lange ein Schiff sich in Seenoth befindet, ist es dem Strandvogt unbedingt verboten, mit dem Schiffer einen Vertrag über die Höhe des Berge- oder Hülfslohns abzuschließen.

§ 3.

Der Werthbetrag der Sicherheitsbestellung, welche im Falle des § 8 der Strandungsordnung vom 17. Mai 1874 zu beanspruchen ist, darf vom Strandvogt höchstens auf den dritten Theil des Werths der unter seiner Leitung geborgenen Gegenstände bemessen werden.

Wird die Sicherheit durch Hinterlegung von Geldern

oder Werthpapieren bestellt, so sind dieselben unverzüglich an das Strandamt abzuliefern.

Die Grenze des Abs. 1 entspricht dem § 746 H.G.B.

§ 4.

Die Polizeibehörden sind verpflichtet, den Strandbehörden auf Verlangen in allen Maßregeln ohne Verzug Beistand zu leisten, welche im Falle einer Seenoth zur Rettung von Menschenleben, sowie zur Bergung oder Hülfsleistung dienlich sind.

§ 5.

Den Rhedern und Versicherern eines in Seenoth gerathenen Schiffes, sowie den Absendern, Empfängern und Versicherern der Ladung desselben steht es frei, sich an der Bergung oder Hülfsleistung durch Gestellung von Fahrzeugen, Mannschaften u. s. w. zu betheiligen. Sie haben dabei jedoch den Anordnungen des Strandvogts Folge zu leisten, welcher ungeeignete oder seinen Anweisungen zuwiderhandelnde Personen von der Betheiligung auszuschließen berechtigt ist.

§ 6.

Strandet ein fremdes Schiff an der deutschen Küste, so hat das Strandamt dem für seinen Bezirk bestellten Konsul des Heimathlandes des Schiffes sofort Nachricht zu geben. Ist für den Bezirk ein Konsul dieses Landes nicht bestellt, so ist die Mittheilung an den nächsten im Reiche zugelassenen Konsul des Landes zu richten.

Berlin, den 24. November 1875.

Der Reichskanzler.

In Vertretung:

Delbrück.

Sachregister.

(Die Zahlen bedeuten die Seiten.)

A.

(Die Zahlen bedeuten die Seiten.)

B.

C.

D.

F.

G.

H.

J.

L.

M.

Q.

R.

(Die Zahlen bedeuten die Seiten.)

S.

T.

U.

V.

W.

Y.

Z.

(Die Zahlen bedeuten die Seiten.)

Kolibri 360 GmbH
Ferdinand-Jühlke-Straße 7
99095 Erfurt, Deutschland
produktsicherheit@kolibri360.de